武汉理工大学研究生教材专著资助建设项目资助

工程和谐管理论

Theory of Harmony Management for Engineering

王乾坤　彭华涛　左慰慰　著

中国建筑工业出版社

图书在版编目（CIP）数据

工程和谐管理论 = Theory of Harmony Management for Engineering / 王乾坤，彭华涛，左慰慰著. —北京：中国建筑工业出版社，2023.8
ISBN 978-7-112-29073-4

Ⅰ.①工… Ⅱ.①王… ②彭… ③左… Ⅲ.①工程管理—研究 Ⅳ.①F40

中国国家版本馆CIP数据核字（2023）第160329号

本书从一般工程建设理论与方法创新的角度出发，从核心理论到应用方法的研究视角，从工程和谐管理的源起到工程和谐管理评价的系统体系，在过去基础上再次创新，进一步丰富著就了"工程和谐管理论"。

本书首先构建了工程和谐管理的理论架构；明确了工程和谐管理的研究定位及其理论价值，提出了工程和谐管理的理论建构基础，建立了工程和谐管理"一个目标、两个阶段、三个维度、四个机理"体系架构。其次，揭示了工程和谐管理的运行机理，即"人和""事谐""物适""耦合进化"四大机理。最后，突出了工程和谐管理的实践应用；设计了"以人为本、集成创新、系统协调、天人合一"的工程和谐管理模式，描述了"集成组织管理、项目要素控制、工程数字建造"等工程和谐管理工具，给出了工程和谐管理的调节效应模型，并结合具体工程实践应用展开了案例研究。

本书适用于工程建设管理人员、研究人员，以及相关专业高校师生参考。

责任编辑：朱晓瑜
书籍设计：锋尚设计
责任校对：王　烨

工程和谐管理论
Theory of Harmony Management for Engineering

王乾坤　彭华涛　左慰慰　著

*

中国建筑工业出版社出版、发行（北京海淀三里河路9号）
各地新华书店、建筑书店经销
北京锋尚制版有限公司制版
建工社（河北）印刷有限公司印刷

*

开本：787毫米×1092毫米　1/16　印张：21¾　字数：411千字
2024年8月第一版　2024年8月第一次印刷
定价：78.00元
ISBN 978-7-112-29073-4
（41789）

版权所有　翻印必究
如有内容及印装质量问题，请联系本社读者服务中心退换
电话：（010）58337283　QQ：2885381756
（地址：北京海淀三里河路9号中国建筑工业出版社604室　邮政编码：100037）

序

与王乾坤教授团队相识交流已有十多年历史,当初我受中国工程院工程管理学部委托,正在组织编写"中国工程管理理论体系",提出了"工程建设要以人为本、天人合一、协调统一、构建和谐"的观点,当时,王乾坤教授团队正在撰写"军事工程建设和谐管理研究与应用"书稿,"工程和谐"成为我们思想相融的火花。在此后的时间里,王乾坤教授团队一直参加中国工程院工程管理学部的学术年会或科技交流会,多次就工程建设和谐管理的和谐思想、哲学基础、和谐机制、实践模式等做交流,特别是以军事工程建设和谐管理为主题召开了全国性学术研讨会,奠定了工程建设和谐管理理论与实践基础。

近期,王乾坤教授给我送来《工程和谐管理理论》书稿,邀我为其作序,深为他们十多年坚持不懈、孜孜以求探索工程建设和谐管理的学术精神所感动,细观全书有几个方面的深切感受。

其一,本书从工程系统角度,把工程建设理论与管理科学理论有机结合、融会贯通,真正体现了工程建设技术与管理科学理论交叉融合的学科思想。众所周知,作为一门交叉学科,工程管理理论来源于管理科学理论,工程建设管理受项目管理影响较大,但从工程项目全寿命周期系统角度,如何克服工程建设多主体、分阶段缺陷,实现更科学、可持续等共同目标,此书无疑进行了工程建设与项目管理比较充分、融会贯通的理论探索。

其二,本书从工程哲学角度,把工程建设组织、技术、项目与工程环境内在系统要素耦合,并与外在环境协同进行了有益探索,真正体现了工程建设以人为本、天人合一的和谐哲理。近几十年，伴随大规模工程建设，的确引发了人们对工程生态、工程哲学、工程管理、工程伦理等多方面的理论思考，此书无疑从工程和谐的角度另辟蹊径，对工程建设管理理论进行了创造性的理论探索。

其三，本书从工程建设角度，把建设组织、建造技术、项目管理与工程环境进行系统集成管理，大胆创新，真正体现了现代科学丛林下工程管理理论的创新发展。工程按照实施方式划分多种类型，建设类工程一般分为建设组织、建设技术、建设项目、建设环境等结构要素，如何从工程全要素、全过程、全对象、全范围进行系统集成管理，以提高工程建设效益，此书无疑从建设组织、技术、项目和谐架构、运行机理、实现模式进行了工程和谐管理的理论探索。

任何理论的研究必定是一个长期艰苦的过程，需要不断深入、丰富与发展。尽管本书还存在不同形式的缺陷，但工程和谐管理的理论源于工程建设长期实践，是实践和理论方法的统一，需要经过"实践—认识—再实践—再认识"的不断发展与完善。正因如此，不可否认本书为中国工程管理理论创新发展作出积极贡献，更希望中国的工程管理界能学习互鉴、创新发展，共同促进中国工程建设实现"以人为本、天人合一、协调统一、构建和谐"。

是为序！

何健吾

中国工程院院士

2024年7月18日

前言

2001年，武汉理工大学创建了军民结合的科技研究机构，在此后的十年间，军民融合发展成效显著，研究团队的重要理论成果《军事工程建设和谐管理研究与实践》一书于2011年出版，适逢中国工程院汪应洛院士、何继善院士等领衔"中国工程管理理论体系"等课题研究，或借此，该书也在中国工程界受到了广泛关注。因受到同行专家的鼓舞，2012年以后，团队多次参加中国工程科技论坛、中国工程管理论坛，就工程建设和谐管理的研究成果进行交流。多次高层次研讨、众多顶尖专家的报告，给我们以深刻启发，也促使我们对工程建设和谐管理理论进行更加深入的研究。任何理论的研究必定是一个长期艰苦的过程，需要不断地深入、丰富与发展。通过对工程及工程管理和谐性需求剖析，特别是工程管理发展阶段与工程项目管理理论缺陷性分析，我们认识到，基于工程哲学、工程系统、工程伦理等思想的工程和谐管理是所必然。

党的十八大以来，党中央提出"创新、协调、绿色、开放、共享"的新发展理念，党的十九大提出"建立健全绿色低碳循环发展的经济体系"，党的二十大提出"推动绿色发展，促进人与自然和谐共生"，为新时代工程建设发展指明了方向，其在推进"生态优先、节约集约、绿色低碳发展"的同时，亦对工程建设由高速增长阶段向高质量发展阶段提出了更高要求。特别是2020年，习近平总书记提出了"碳达峰、碳中和"的"双碳"目标，伴随信息技术的不断进步，建设行业进入了绿色与智能建造的新阶段，如何适应新时代建设行业发展新要求，深入进行工程和谐管理问题的研究，无疑是工程建设理论创新与实践发展的重大需求，也因如此，促使我们在《军事工程建设和谐管理研究与实践》一书的基础上，从一般工程建设理论与方法创新的角度出发，从核心理论到应用方法的研究视角，从工程和谐管理的源起到工程和谐管理评价的系统体系，在过去基础上再次创新，进一步丰富著就了《工程和谐管理论》。

第一，构建了工程和谐管理的理论架构。在问题源起、发展基础、概念界定、系统归纳的同时，从工程建设理论实际与工程实践的角度，明确了工程和谐管理的研究定位及其理论价值；从和谐管理理论分析、工程系统价值指导、理论构建哲学思考等角度，提出了工程和谐管理的理论建构基础；建立了工程和谐管理"一个目标、两个阶段、三个维度、四个机理"体系架构。

第二，揭示了工程和谐管理的运行机理。诠释了"人和"的组织行为学基础、"事谐"的现代管理科学方法基础、"物适"的工程经济与项目管理学基础、"耦合进化"的系统科学理论基础；厘清了"人—人理—人和""事—事理—事谐""物—物理—物适"概念；对人和——组织系统和谐、事谐——技术系统和谐、物适——项目要素系统和谐进行了逻辑对应；提出了针对工程"人事物"系统耦合进化的组态机制及其与环境的协同关系。由此，揭示了工程和谐管理的"人和""事谐""物适""耦合进化"四大机理。

第三，突出了工程和谐管理的实践应用。设计了"以人为本、集成创新、系统协调、天人合一"的工程和谐管理模式，描述了"集成组织管理、项目要素控制、工程数字建造"等工程和谐管理工具，给出了工程和谐管理的调节效应模型,并结合具体工程实践应用展开了案例研究。

　　《工程和谐管理论》成稿付梓,除撰写者外,首先要感谢研究团队多位高级顾问给予的充分指导及参与师生的大力协助。特别感谢原广州空军工程建设局、中建一局、湖北国际物流机场有限公司等为本书提供的应用案例资料。同时特别感谢海南省2021年重大研究项目"海洋建筑智能建造技术与智慧管理研究应用"(ZDKJ2021024)对本书提供了成果应用支持!在本书深化研究撰写过程中,参阅了工程管理界很多学者的学术著述,再次一并致以衷心感谢!在近十年的深入研究与实践中,深切地感受到我国工程管理的发展和进步,也更深切地认识到不断深化工程和谐管理理论研究的重要性,期望本书的出版能够得到工程建设管理同行更多的关注与指导,并继续得到工程管理界专家、学者以及读者的指教!更期望工程和谐管理研究能够对中国工程管理理论创新发展有所贡献。

目录

第 1 章 工程和谐管理的源起

1.1 工程与工程建设的现实问题 ················· 1
    1.1.1 工程与工程建设的概念界定 ············ 1
    1.1.2 工程建设发展存在的问题 ·············· 2
1.2 工程管理的发展与不足 ····················· 4
    1.2.1 管理与工程管理的理论问题 ············ 4
    1.2.2 工程管理发展的阶段 ·················· 4
    1.2.3 工程管理的特征与不足 ················ 5
1.3 和谐思想与和谐管理的基本逻辑 ············· 7
    1.3.1 和谐思想理论回顾 ···················· 7
    1.3.2 和谐管理基本逻辑 ···················· 8
    1.3.3 和谐管理的理论与方法 ················ 9
1.4 工程和谐管理的必要性 ···················· 11
    1.4.1 工程管理的矛盾及和谐需求 ··········· 11
    1.4.2 工程和谐管理的现状 ················· 12
    1.4.3 工程和谐管理的必要性 ··············· 17

第 2 章 工程和谐管理的理论基础

2.1 工程系统论 ······························· 21
2.2 项目管理论 ······························· 22
2.3 工程伦理学 ······························· 23
2.4 工程哲学论 ······························· 24
    2.4.1 本体论 ····························· 25
    2.4.2 认识论 ····························· 26
    2.4.3 方法论 ····························· 28

第 3 章 工程和谐管理的理论架构

3.1 工程和谐管理的核心要义 ······ 31
3.1.1 工程和谐管理的概念 ······ 31
3.1.2 工程和谐管理的内涵 ······ 32
3.1.3 工程和谐管理的目标 ······ 34

3.2 工程和谐管理的研究范式 ······ 35
3.2.1 一目标 ······ 36
3.2.2 二阶段 ······ 36
3.2.3 三维度 ······ 38
3.2.4 四机理 ······ 40

3.3 工程和谐管理的环境约束 ······ 45
3.3.1 自然生态约束 ······ 45
3.3.2 政治经济约束 ······ 46
3.3.3 人文社会约束 ······ 47

第 4 章 工程和谐管理的"人和"机理

4.1 工程和谐管理的"人和"理论诠释 ······ 50
4.1.1 冲突理论分析 ······ 50
4.1.2 激励理论分析 ······ 51
4.1.3 领导理论分析 ······ 52

4.2 工程和谐管理"人和"的概念 ······ 53
4.2.1 "人"与"组织"及"人理"关系 ······ 53
4.2.2 "人""组织"与"领导、员工、团队"的关系 ······ 54
4.2.3 "领导、员工、团队"与组织子系统"人和态" ······ 55

4.3 工程和谐管理"人和"的内涵 ······ 56
4.3.1 组织结构与环境和谐 ······ 57
4.3.2 组织与个人行为和谐 ······ 67
4.3.3 组织内部人际关系和谐 ······ 72
4.3.4 工程建设团队和谐 ······ 75

4.4 工程和谐管理"人和态"的多主体利益协调机制 ······ 78
4.4.1 工程和谐管理"人和态"的多主体利益协调基本假设 ······ 79
4.4.2 工程和谐管理"人和态"的多主体利益协调博弈模型 ······ 80
4.4.3 工程和谐管理"人和态"的多主体利益协调仿真分析 ······ 84
4.4.4 工程和谐管理"人和态"的多主体利益协调策略 ······ 96

第 5 章 工程和谐管理的"事谐"机理

5.1 工程和谐管理的"事谐"理论诠释 …………………………… 98
    5.1.1 知识、工具、方法的系统管理 …………………………… 98
    5.1.2 知识、工具、方法的科学管理 …………………………… 101
    5.1.3 知识、工具、方法的集成管理 …………………………… 106
    5.1.4 知识、工具、方法的信息管理 …………………………… 107
5.2 工程和谐管理"事谐"的概念 …………………………………… 109
    5.2.1 "事"与"技术"及"事理"关系 …………………………… 110
    5.2.2 "事""技术"与"知识—工具—方法"的关系 …… 110
    5.2.3 "知识—工具—方法"与技术子系统"事谐态" …… 111
5.3 工程和谐管理"事谐"的内涵 …………………………………… 112
    5.3.1 以技术创新为基础的工程设计、施工、管理等
         建设工具的和谐 …………………………………………… 113
    5.3.2 以技术研发为前提的新材料、新工艺、新装备
         建设手段的和谐 …………………………………………… 116
    5.3.3 以技术集成为策略的产学研合作协同创新方法的和谐 … 117
5.4 工程和谐管理"事谐态"的多对应关系适配机制 …… 119
    5.4.1 工程和谐管理"事谐态"的多对应关系适配研究设计 120
    5.4.2 工程和谐管理"事谐态"的多对应关系适配法则 …… 133

第 6 章 工程和谐管理的"物适"机理

6.1 工程和谐管理"物适"理论诠释 ……………………………… 137
    6.1.1 价值工程分析 …………………………………………… 137
    6.1.2 工程经济学分析 ………………………………………… 139
    6.1.3 项目管理原理分析 ……………………………………… 140
6.2 工程和谐管理"物适"的概念 …………………………………… 141
    6.2.1 "物"与"项目"及"物理"关系 …………………………… 141
    6.2.2 "物""项目"与"质量、工期、成本及其
         影响因素"的关系 ………………………………………… 142
    6.2.3 "质量、工期、成本"与"项目要素子系统""物适态"… 143
6.3 工程和谐管理"物适"的内涵 …………………………………… 144
    6.3.1 自然状态下的和谐 ……………………………………… 145
    6.3.2 社会条件下的和谐 ……………………………………… 147
    6.3.3 组织作用下的和谐 ……………………………………… 149

6.4 工程和谐管理"物适态"的多约束目标权衡机制 … 152
  6.4.1 工程和谐管理"物适态"的多约束目标权衡基本假设… 154
  6.4.2 工程和谐管理"物适态"的多约束目标权衡模型与结论… 158

第 7 章 工程和谐管理的"耦合进化"机理

7.1 工程和谐管理"耦合进化"的复杂自适应理论诠释 … 170
  7.1.1 系统的自组织进化机制 … 170
  7.1.2 系统的自复制进化机制 … 171
  7.1.3 系统的自创造进化机制 … 172
7.2 工程和谐管理"耦合进化"的定义、条件和特征 … 173
  7.2.1 耦合进化的定义 … 173
  7.2.2 耦合进化的条件 … 175
  7.2.3 耦合进化的特征 … 176
7.3 工程和谐管理"耦合进化"的内在机理 … 178
  7.3.1 耦合优化的合力机理 … 178
  7.3.2 协同进化的动力机理 … 184
  7.3.3 协同进化的循环机理 … 188
7.4 工程和谐管理"和谐态"的组态与协同机制 … 195
  7.4.1 工程和谐管理"和谐态"的组态机制 … 195
  7.4.2 工程和谐管理"和谐态"的协同机制 … 214

第 8 章 工程和谐管理的实现方法

8.1 工程和谐管理的实现模式 … 217
  8.1.1 工程和谐管理模式的构成 … 217
  8.1.2 以人为本的"领导—员工—团队"组织和谐模式 … 218
  8.1.3 集成创新的"知识—工具—方法"技术和谐模式 … 224
  8.1.4 系统协调的"质量—工期—成本"项目要素和谐模式… 227
  8.1.5 天人合一的"NE-SC-PE"工程目标和谐模式 … 230
8.2 工程和谐管理的系统工具 … 233
  8.2.1 组织集成化系统管理 … 233
  8.2.2 项目协同性要素控制 … 234
  8.2.3 工程全过程数字建造 … 239
8.3 工程和谐管理实现的调节效应 … 243

8.3.1 理论基础与基本假设 ……………………………… 243
8.3.2 研究设计与统计分析 ……………………………… 249
8.3.3 研究结论与管理启示 ……………………………… 258

第9章 工程和谐管理实践应用

9.1 以人为本的管理组织集成化"人和"工程实践
——岷山2号隧道工程 ……………………………… 270
9.1.1 岷山2号隧道工程项目背景 ……………………… 270
9.1.2 以人为本的组织"人和"主要做法 ……………… 271
9.1.3 岷山2号隧道工程"人和态"触发机制 ………… 274

9.2 集成创新的数字化建造技术"事谐"工程实践
——天投国际商务中心项目 ……………………… 275
9.2.1 天投国际商务中心项目背景 ……………………… 275
9.2.2 集成创新的技术"事谐"工程数字化建造
——固废源头减量化技术应用 …………………… 275
9.2.3 天投国际商务中心项目工程"事谐态"乘数机制 …… 282

9.3 系统协调的项目要素信息化"物适"工程实践
——鄂州花湖机场工程 …………………………… 284
9.3.1 鄂州花湖机场工程项目概况 ……………………… 284
9.3.2 系统协调的工程项目要素信息化"物适"管理 …… 285
9.3.3 基于BIM技术的项目要素"物适态"纠偏机制 …… 292

9.4 天人合一的项目与目标环境"和谐"工程实践
——装配式地下防护工程 ………………………… 297
9.4.1 高寒环境下装配式地下防护工程背景 …………… 297
9.4.2 天人合一的工程与目标环境"和谐态"的主要做法 … 297
9.4.3 工程项目装配化与工程目标环境"和谐态"生成机制 … 300

附录：已公开发表的论文成果 ……………………………… 303
参考文献 ……………………………………………………… 306
后记 …………………………………………………………… 331

第 1 章 工程和谐管理的源起

伴随人类社会发展，工程已历经几千年，并创造了诸如古埃及金字塔、中国古长城等大量文明奇迹；在人类文明高度发展的今天，诸如三峡工程、南水北调、载人航天等重特大工程都大规模实施，以中国为代表的新兴发展中国家正在进行"史无前例"的大规模工程建设。

然而从人类社会可持续发展角度，据统计，建筑工程全生命周期内建造与使用，约消耗地球47%的能源、42%的水资源、50%的材料，建筑全生命期排放量造成地球24%的空气污染、50%的温室效应、40%的水源污染、20%的固体垃圾、50%的氯氟烃等[1]。某种意义上而言，人造的各种"工程"已经带来了自然环境及人类自身的严重危机！人们不禁思考，工程的本质是什么？工程究竟应该如何建造？工程与工程管理的关系究竟怎样？

1.1 工程与工程建设的现实问题

1.1.1 工程与工程建设的概念界定

（1）工程概念

广义工程是一群人为达到某种目的，在一个较长时间周期内进行协作活动的过程。狭义而言，工程是"以某组设想的目标为依据，应用有关的科学知识和技术手段，通过一群人的有组织活动将某个（某些）现有实体（自然的或人造的）转化为具有预期使用价值的人造产品过程"。何继善院士认为："工程是人类为了自身生存和发展，实现特定目的，运用科学和技术，有组织利用资源，所进行的造物或改变事物性状的集成性活动。"[2]工程从性质来看，分为五类：建筑类工程、制造类工程、采掘类工程、探索类工程、其他类工程。

（2）工程建设的概念

工程的本质是以人的使用为目的的造物活动。那么，工程建设就是人为了实现自身某种功能需要，在自然环境下利用资源条件及相应技术，建造一定属性物体的实践活动。由于工程建设是人利用资源与科技手段的造物实践，所以现实生活中人们所认为的一般建造类工程就是指工程建设。殷瑞钰院士等分析认为，工程建设经历了人类"敬畏自然、征服自然、人与自然和谐共存"[3]的发展历程。当然由于工程的特点，社会管理中也出现有"民生工程""希望工程"等借用"工程项目"概念而非"工程建设"的社会类工程说法，对此不作赘述。

（3）工程建设系统

从系统工程的角度，工程存在主体、客体及其生产关系等。殷瑞钰院士认为："工程系统是为了实现基础创新和建构等功能，由人、物料、设施、能源、信息、技术、资金、土地、管理等要素，按照特定目标及其技术要求所形成的有机整体，并受到自然、经济、社会等环境因素广泛而深刻的影响。"[4]归纳起来，其基本要素公式是"工程系统=人+自然环境+物体对象达到使用功能"；而工程建设系统强调"人造物"的建设关系，即人使用工具的技术要素，所以工程建设系统可理解为由"人+自然环境+技术手段+物体对象达到使用功能"等要素组成的基本体系。

1.1.2 工程建设发展存在的问题

工程建设管理的参与方众多，涉及业主、设计、施工、监理、运营维护，以及政府部门和利益相关民众等各方。同时，工程建设管理需要控制的目标较多，包括质量、工期、成本、安全等，是一个多目标管理问题。工程质量、工期、成本、安全等目标管理首先要能够满足工程建设所要实现的技术、经济、环保等要求，包括动态和静态、直接和间接、短期和长期要求，从而进一步促进工程建设各子目标实现。工程建设管理突出表现为综合运用适用的技术和系统管理方法，重视质量、工期、成本因素的同时，加强其与外部约束环境因素的协同，推动"质量—工期—成本—安全"等多目标的有效协调，从而达到工程建设的整体目标。

工程投资多、规模大、持续时间长，工程建设管理的内容和所处的环境复杂，必然受到诸多条件的影响约束。如工程投资、建设周期、质量水平、资源条件、技术规范等。工程建设管理要求对人员、设备、材料、资金等的合理配置与优化利用，能够保证在规定时间内，数量充足、质量优秀、结构合理、成本合适的条件下满足质量、工期、成本、安全等各目标约束。工程建设管理的关键是实现质量、工期、成本、安全等目标，并在约束条件下获得相应的较优解或满意解。

工程建设作为人们"造物"和"用物"的实践活动愈加频繁，一方面对人们政治、经济、社会生活和国防安全等起到重要保障作用，但另一方面，人造的各项工程在造福人类的同时，给自然环境及人类自身也带来了严重危机！我国是工程建设投资与竣工面积最大的国家，每年新建建筑占世界建筑总量的40%左右。随着工程规模大、环境复杂、技术先进、建设与生命期长的重特大工程相继实施，以中国为代表的新兴市场主体正进行一场"史无前例"的大规模工程建设活动。从工程建设的实践看，我国的工程建设总量和能力为世界首屈一指，被称为"基建狂魔"，但在大规模的工程建设中，工程在不断改变人们物质生活面貌的同时，消耗大量资源与能源，造成自然环境和生态环境严重负荷，不科学、不合理的建设方式给自然及人类自身带来了严重问题，使得工程建设已成为一个矛盾交织系统，如能源资源供需矛盾、生态破坏、工程投资失控、质量低劣、工期拖延、工程事故等。当前，随着包括5G网络、大数据中心、人工智能在内的新型基础设施建设（简称"新基建"）按下快进键，我国工程建设进入新的发展时期，标志着进入"工程建设新时代"，新一轮以智慧工程为特征的大规模工程建设已经拉开序幕。

工程作为由多因素构成的综合整体，是人类生存和发展过程中重要而复杂的基本实践活动，具有复杂性的系统特征。宏观来看，工程内外部结构复杂，其建设参与方众多且利益诉求各异，工程目标彼此冲突，工程要素之间差异很大且受到外部环境的复杂影响，造成工程管理活动中容易产生"组织分隔""流程分离"与"信息孤岛"等现象，容易产生冲突与不协调问题，增加工程管理成本，降低管理效率。工程管理中，宏观层面存在工程组织、工程技术与外部环境的矛盾；中观层面存在组织内部参与单位、团队、管理对象之间的矛盾，项目建设中存在影响质量、工期、安全等目标和资源要素的矛盾，工程建设过程中还存在技术与管理方法的先进性、适用性矛盾等；微观层面，每一要素与要素间存在更广泛的矛盾；在信息化智慧化时代，还广泛存在数字化设计、智能化施工、智慧化管理的矛盾。以上诸多矛盾使得工程建设管理面临传统固有的方法与新的思维创新等重大挑战。

1.2 工程管理的发展与不足

1.2.1 管理与工程管理的理论问题

（1）管理本质

管理的概念纷纭，归纳相应文献，管理的本质是人为实现某种功能目标，管辖、处理、控制对象的行为。

（2）工程管理定义

工程管理定义描述有很多，美国工程管理协会定义为"对具有技术成分的活动进行计划、组织、资源分配以及指导和控制的科学与艺术"；我国根据工程管理科学发展现状研究后定义为"为实现预期目标、有效利用资源，对工程所进行的决策、计划、组织、指挥、协调与控制活动"[5,6]。工程管理起源于工程实践，工程管理学是工程科学与管理科学融合的产物，是一种面向工程的管理科学。

（3）工程管理方法

几千年特别是近代以来，工程管理的方法很多，包括工程所涉及的"决策、计划、组织、指挥、协调与控制"都是管理职能。工程管理的本质方法与管理科学的发展密切相关，因为工程管理从学科本质上看是管理科学与工程的一个分支，工程管理方法来源于管理理论的指导及工程技术的应用，工程管理方法发展本身也来源于管理理论的指导。因此，相对管理理论的发展，工程管理方法大体经历了经验管理、科学管理、系统管理、项目管理，以及现代管理理论丛林背景下的创新管理。

1.2.2 工程管理发展的阶段

有工程就有工程管理。何继善院士认为："工程管理可分为五个阶段：工程管理萌芽、经验管理、科学管理、项目管理和工程创新管理。"[7]工程管理主要受管理理论与方法制约，由于管理科学主要经历了"传统经验论、科学管理论、系统管理论"等，所以工程管理主要经历了三大阶段。

（1）工程经验管理阶段

工程自古就有管理的萌芽，在古代就创造出许多灿烂文明，但一直未形成系统的理论。直到20世纪前后，相应于传统经验管理论的产生，随着工程实践经验的不断积累，工程管理总结出了一些管理的原理与方法，如分工专业化、工作标准化、工程图谱等被广泛认识与运用，促进了传统建筑业等工程经验管理的迅速发展。

（2）工程科学管理阶段

随着生产力的发展与科学技术的进步，伴随科学管理理论的应用与发展，科学管理14原则、5大职能等得到广泛应用，自然科学与社会科学不断融合，组织行为学方法与工程建造技术不断出新，使工程管理向一门独立的专业或学科转变，工程管理进入科学管理阶段，并初步形成了工程管理的基本理论体系。

（3）工程项目管理阶段

20世纪中叶以来，随着系统论、信息论、控制论等管理理论的不断涌现，后期又出现管理权变论、满意决策论等，工程管理基于项目、信息、系统等理论，发展到了工程项目管理阶段。项目管理、网络计划技术等应用于美国国防工程，使许多重大项目获得空前成功。我国华罗庚教授创立了"统筹法"，在重点工程应用中获得良好效益；钱学森教授等提出了"工程系统论"，不仅促进了重大工程实践的成功，并且成为工程管理理论的重大成果；当前，"中国工程项目管理知识体系"已在工程管理实践中被广泛应用。

工程管理与项目管理既有联系又有区别，工程管理是在特定环境中对于特定对象形式的技术集成体的管理；而项目管理是为了完成某一特定的产品与服务所做的一次性努力，但当工程管理的主体就是为特定项目而设的时候，人们用项目管理方法实施工程管理便有了工程项目管理。工程项目管理指的就是通过一定的组织形式，用系统工程的观点、理论与方法，对项目全寿命周期内的所有工作，进行计划、组织、协调与控制，以达到保证工程质量、缩短工期、提高投资效益、保障工程安全的一种管理活动。

由于工程项目管理的广泛应用及强大影响力，人们常常将工程项目管理等同于工程管理，并且将社会科学中的许多管理对象也称作"工程"。事实上，工程管理也存在诸多不足，随着时代进步也在不断发展。

1.2.3 工程管理的特征与不足

工程管理是为有效利用各种资源，实现既定工程目标，对工程建设所进行的决策、计划、组织、指挥、协调与控制活动。传统工程管理理论方法已涉及不同建设主体的工程管理、不同建设阶段的工程管理和不同建设内容的工程管理各方面。例如，按不同建设主体，工程管理可分为业主方管理、设计方管理、施工方管理、监理方管理等；按不同建设阶段，工程管理可分为工程计划决策、工程设计、工程招标投标、工程施工、工程运维等各阶段管理；按不同建设内容，工程管理可分为工程质量管理、工程造价管理、工程进度管理、工程风险管理、工程环境保护管理、工程合同管理等。可以看出，现有工程管理活动，在工程建设不同阶段，针对不同建设主体和不同的建设内容有相应的工程管理理论方法为其实施提供支撑，但缺乏系统综合的管理方法。

近些年来，随着工程哲学、工程伦理、工程系统观、工程生态观的出现，特别是计算机科学与网络信息技术的突飞猛进，工程管理理论不断融合创新，工程项目管理的不足也显而易见，工程管理理论又到了需要理论创新的新阶段。工程项目管理作为时下最普遍的管理方法归纳起来有如下特点与不足：

（1）工程项目特点

其一是项目本质。"项目"是在一定的资源与时间等约束条件下为完成某一特定的产品与服务目标所做的一次性努力。所以工程项目管理具有"项目"管理"过程的一次性、运作的独特性、目标的确定性、组织的临时性、成果的不可挽回性"等基本特点。

其二是系统特征。由于工程建设是由工程主体组织作用于项目客体对象、利用相应技术所实现的工程功能活动，所以，工程项目管理则是由工程的各参与者组织、工程项目的资源物质、实现工程目标的相关技术以及约束环境所组成的系统整体。

其三是阶段属性。工程项目的生命期很长。一般可分为三个阶段，即策划与决策阶段、设计与施工阶段、运行与维护阶段。工程项目的参与方众多，在项目的全生命期各阶段，由不同的参与者承担不同阶段的工作任务。

（2）工程项目管理的不足

从工程生命周期的角度，工程项目管理活动在不同阶段的非连续性和多个实施主体在项目"分段管理"上的"组织分隔""流程分离""技术屏蔽"与"信息孤岛"等现象，增加了成本，造成了建设浪费，降低了管理效率，可能埋下了安全隐患。

从工程系统的角度，工程项目参与者众多，特别是工程利益相关者复杂，受利益驱使，他们的阶段行为必然影响到工程系统结果，特别是不同利益相关者有不同的期望和需求，他们关注的问题往往与工程目标相去甚远，便出现了项目建设周期与工程生命周期目标内涵上的客观差异。

从工程生态的角度，工程的决策者对工程的功能目标是否考虑人与自然的和谐而进行科学论证？工程的建设者是否考虑工程原材料及工程建造能否真正实现以人为本、环境友好与可持续发展？工程的使用者是否延续工程决策者、建设者的科学使命，使工程与人及生态环境协调发展？还有，信息时代背景下，数字设计、智能建造与智慧管理能否有机衔接？显然这些从哲学、生态、智慧角度思考的许多新问题，都凸显出传统工程项目管理的重要不足。因此，基于工程哲学、工程伦理、工程系统的工程管理理论创新应运而生。

1.3 和谐思想与和谐管理的基本逻辑

1.3.1 和谐思想理论回顾

（1）古代哲学中的和谐思想

"和谐"是中华传统文化的核心理念和精华。自古以来"以和为贵"的处世哲学、"和气生财"的价值观、"和而不同"的辩证法及"天人合一"的哲学思想，形成了以"和"为核心、兼顾多元、包容开放的中华文化体系。老子认为"万物负阴而抱阳，冲气以为和"，表达了阴阳两气最终达到和气（和谐）[8]；东汉王充在《论衡·自然》开篇中写到"天地合气，万物自生"，阐述了自然元气的理念[9]；到明清之际，王夫之在《周易外传》中阐述了"分一为二"与"合二以一"的关系[10]，提出"故合二以一者，既分一为二之所固有矣"等，都说明了和谐与协同思想的重要性。英国科学史家李约瑟认为，中国古代哲学主张的阴阳学说即"企图获得两者之间完美的和谐"。普利高津评价中国传统自然哲学之重点内涵是"关系"，重视整体协调的研究，希望达到"自发的有组织的世界"[11]。可见，中国古代的哲学和谐思想有着深远的影响力和重要意义。

西方文明中同样体现着和谐。古希腊哲学家毕达哥拉斯提出了著名的"天体和谐说"，其学说体现着对立统一内涵的和谐；古希腊的另一位哲学家，辩证法的奠基人赫拉克利特，提出对立产生和谐，相反者相成，他指出"看不见的和谐比看见的和谐更好"[8]。在柏拉图的理想中，每个人各守其德、各司其职，提出一切事物都会从"无序变成有序"。这说明和谐思想在东西方传统文化中都占有重要地位。

（2）近代科学中的和谐思想

近代自然科学研究中非常重视不同种类物质的结构、运动和系统内外不同组成部分之间关系的协调性问题。回顾哥白尼的宇宙运行论，进而到开普勒的行星运动三定律；基于原子轨道的壳层模型，到进一步的分子轨道对称守恒原理；从牛顿的机械运动定律到生物运动的协调性等，都揭示了自然界中要素之间关系的简单和谐。世纪伟人爱因斯坦指出："如果不相信我们世界的内在和谐性，就不会有任何科学。"[12]

近代社会科学研究中也有许多体现和谐思想的，马克思主义提出矛盾的对立性与同一性构成矛盾的两种不可或缺的基本属性，但两者在矛盾发展过程中的作用不同。当对立性占主导时，矛盾表现出各样的冲突，对立面之间互相碰撞，关系紧张，矛盾运动起伏动荡；而当同一性占主导时，矛盾则表现得相对和谐，对立面之间彼此促进、相辅相成，矛盾往整体协调的方向发展。

（3）近代经济学中的和谐理念

近代经济学领域也同样体现着许多和谐管理理念。1776年英国经济学家亚当·斯密发表了重要经济学著作《国民财富的性质和原因的研究》[13]，该书系统地阐述了经济自由主义的思想，提出人的本性是利己的，人们在经济行为中追求个人利益是从事经济活动的动力。同时人又是理性的，自身利益受他人利益所约束，作为理性的经济人在经济活动中一定会顾及他人利益，因此组成利益共同体，出现了人们之间关系的和谐。亚当·斯密还创作了《道德情操论》，该著作揭示了人类社会赖以维系、和谐发展的基础，尝试构建一个"利他主义"的道德屏障进而促进社会和谐，表达出他对和谐社会的向往[14]。

19世纪中期，法国经济学家弗雷德里克·巴斯夏著作的《和谐经济论》指出社会法则普遍是和谐协调的，并从各方向逐步完善人类。该著作主张自由贸易，认为社会就是交换，在交换中产生价值，在交换中逐步构建和谐的社会，提出不和谐的存在会把人们引向和谐，那它依然是和谐的[15]。波兰的古典管理理论家和实践家卡罗尔·阿达米斯基在《集体工作的原理》《劳动的和谐化》中提出了一些组织原理并提出"和谐理论"的雏形，为应用"和谐理论"制定了一些在生产中计划和控制集体工作的规则和"和谐图"，进一步保证批量作业和谐一致地进行。

由此可见，"和谐"作为一种反映社会普遍运行机理的理念，其思想发展源远流长。无论是古代哲学中和近代科学中的"和谐思想"，还是近代经济学中的"和谐理念"，由于受到当时科学水平和认识水平的限制，未能形成科学规范的组织管理理论，但是促进了科学管理理论的发展。

1.3.2 和谐管理基本逻辑

（1）和谐定义

从上述分析可知，西方"和谐"一词，来自古希腊，它是对音乐中的音阶不同构成音乐之美的一种认识。中国古代没有将"和谐"作为一个词来用，"和"字来源于对五味的调和；"谐"字，是指八音克谐，无相夺伦，与音乐有关。随着时间的演化，"和谐"合用泛指"和睦协调"（宋司马光《諅叟杀人》）、"匀称适当"（《晋书挚虞传》）等。中国"和谐"一词后来上升为一种哲学理念与社会观念，所谓"和而不同、天人合一"；西方"和谐"一词也发展为哲学思想，毕达哥拉斯提出"整个天就是一个和谐"；赫拉克利特指出"和谐产生于对立的事物"；当然马克思主义者把"和谐"上升为政治理念，提倡社会和谐。

由此可见，和谐是指人对自然和人类社会变化、发展规律的认识，是人们所追求的美好事物和处事的价值观、方法论。

（2）和谐管理

归纳上述，和谐是对立事物之间在一定的条件下，具体、动态、相对、辩证的统一，是不同事物之间相同相成、相辅相成、相反相成、互助合作、互利互惠、互促互补、共同发展的关系。那么，用和谐的思想理念指导的管理活动便是和谐管理方法。席西民教授提出"和谐管理是组织为了达到目标，在不断变动的环境中，围绕和谐主题的分辨，以优化和不确定性消减为手段提供问题解决方案的实践活动"[16]。

和谐思想是一种哲学、理念，更是一种文化、方法，既有严格，也有宽容，包含着一分为二，也包含着合二为一。因此，和谐可以是人的感受，也可以用公式表达，即满足公式就是满足和谐的条件，是事物存在的必要条件与充分条件，满足"方程公式"条件的活动就是和谐管理。

（3）工程和谐的理念

基于工程本质是以人的使用为目的的造物活动的理解，以及工程建设系统的基本要素是"人+自然环境+物体对象+使用功能+技术手段"的认识，工程和谐的理念就是"工程要与人及自然环境友好协调"。因此，工程和谐管理就是人为了实现人类某种功能物体的目标，以人为本，从工程生态协调出发，利用自然资源与发明技术等，对工程活动所进行的决策、计划、组织、协调管理活动。

工程和谐管理的关键内涵之一是工程和谐的理念，即一定要从和谐的思想出发，实现人、工程与自然资源环境的关系和谐；工程和谐管理的关键内涵之二是工程的管理要符合工程科学与管理科学理论的指导。工程和谐管理来源于工程问题，受和谐思想与管理理论的指导，工程和谐管理是工程和谐理念指导下的发展。

1.3.3　和谐管理的理论与方法

（1）和谐管理理论

汪应洛院士团队致力于系统工程理论与方法在管理领域的推广和应用，将其应用于解决中国工程管理和社会经济实际问题，提出了一种降低负效应使系统最有效发展的"和谐理论"[17]，建立了系统状态的和谐性诊断模型以及系统演变优化模型等[18]，对系统的特性、机理进行了探讨。

西安交通大学席酉民教授在其博士论文中对"和谐"进行了比较系统和深入的研究，并于1989年出版了《和谐理论与战略研究》[19]一书，提出了"和谐理论"。在此基础上，席酉民教授于2002年完成著作《和谐管理理论》[16]，该书尝试将和谐理论拓展到管理实践应用中，逐步丰富，使其成为较为系统的组织管理理论。该理论指出不和谐状态是绝对的且普遍存在的，和谐状态是相对的且暂时的，"和谐管理"的最终目的是促进系统构成要素由不和谐向和谐状态逐渐转变。和谐管理理论将管理对象看作以规则和单元自治的整体，突出子系统的能动性及子系统和谐，进而充分发挥综合功能，以合理的规则和健全的奖惩机制来作用子系统向整体最优的方向发展[20,21]。

席酉民教授的和谐管理理论[22]提出以"物"因素的"谐则"与"人"因素的"和则"两方面，核心内容是充分调动和利用子系统要素的积极性和能动性，消减、利用系统的不确定性，提高工作的有序性。将"理性设计与优化"和"环境诱导下的文化诱致"作为两条解决管理问题的途径。其关键是由"和则"与"谐则"及两者相互作用，来处理组织在不确定性和复杂环境下所面对的问题。

和谐管理理论是对规律性强、人们可以把握的实践活动进行科学合理安排。和谐管理理论是多变环境下，复杂管理问题的解决方法，它以人与物的相互作用、人与系统的自治性及能动性为前提，以"和谐"为主题及耦合作用来处理管理问题。席酉民教授所提出的"和谐管理理论"是一般意义的和谐管理，对工程领域的和谐管理具有重要参考价值。

（2）"工程和谐"问题

随着工程矛盾显现，人们逐步认识到，解决这些工程问题不能单纯地就该方面去解决，而要用系统整体思维解决问题，要运用系统工程的思维，从工程系统的部分与整体、局部与全局以及彼此相互关系方面来分析研究工程管理实践活动，促使工程与人及自然友好协调。

工程和谐是糅合中华传统文化和辩证唯物主义哲学的精华，综合工程系统论和现代管理的思想，是新时代"工程系统论"和"现代管理理论"在工程领域创新管理的一个重要体现。何继善院士认为："工程建设要以人为本、天人合一、协调统一、构建和谐"[2]，并指出"工程的本质是为人服务的，特别是重大工程建设破坏了原有平衡，需要建立新的平衡、新的和谐"[23]。何继善院士等提出了"工程要以人为本、构建和谐"的观点。

（3）"物理—事理—人理"系统方法论

20世纪80年代初，天津大学关西普[24]提出人工系统都有人在其中、使用资源进而实现特定目标的"人—事—物"系统的观点；此后，顾基发等提出物理—事理—人理（WSR）系统方法论[25]，在WSR系统方法论[26]中，对"物理""事理""人理"的内容进行了阐述："物理"指涉及物质运动的机理；"事理"指做事的道理，解决如何去安排；"人理"指做人的道理。将此称为东方系统方法论，并认为"物理、事理和人理是一个统一的过程，不能绝对划分"。WSR系统方法论的实践准则可简述为"懂物理、明事理、通人理"。

物理—事理—人理（WSR）系统方法论是一种解决复杂问题的工具和方法论。在管理和实践过程中，尤其是遇到需要处理复杂特性的问题时，该方法具有其独特性，并体现中国传统的哲学思辨，是多种方法的综合统一。WSR系统方法属于定性与定量相结合的综合集成的东方系统思想，根据分析的具体情况，WSR系统方法将方法组群条理化、层次化，达到化繁为简的效果。

（4）现代管理学理论的和谐本质

作为现代管理理论基础的系统科学的发展深刻地揭示了系统的进化是要素间非线性相互作用，通过自组织机制而涌现出新的有序化结构与功能的结果。哈肯的《协同学》实际上揭示了自组织机制是"协同"的，也就是一种和谐关系。

从工程管理的本质而言，"管"是指规范工程行为；"理"是指理顺工程关系。规范行为包括规范工程管理者的管理行为和员工的作业行为；理顺关系包括理顺目标要素关系、资源配置关系、作业工具关系、分工协作关系、团队人际关系和"质量—成本—工期"关系等。规范行为和理顺关系的本质都是追求"人理""事理""物理"的和谐有序。

1.4 工程和谐管理的必要性

1.4.1 工程管理的矛盾及和谐需求

（1）工程管理要素的矛盾

工程建设系统是由"组织主体""物体对象"及其"使用功能"、相应"建造技术"以及"自然环境"组成的有机整体，工程管理系统就是相应人的组织、功能物的项目、建造的技术以及外部环境等组成的复杂系统。从工程系统角度与项目管理角度不难分析，宏观层面存在组织管理、项目功能、建造技术、外部环境的矛盾；中观层面存在组织内部各参与单位"领导、团队、员工"要素的矛盾，项目中影响"成本、工期、质量"功能的物质资源要素存在矛盾，工程实施技术的"可行性、先进性、适用性"要素存在矛盾，目标约束环境中"自然生态、人文社会、政治经济"要素等存在矛盾；微观层面，每一子系统要素与要素间存在更广泛的矛盾，并且系统全要素如何真正在全寿命周期实现工程与人及自然和谐仍存在矛盾，因此工程矛盾、管理矛盾、要素矛盾、系统矛盾无处不在。

（2）工程管理和谐需求

工程和谐管理的理念要求工程与人及自然环境的友好协调，首先要求工程组织系统的和谐，必须达到工程决策的科学化、工程组织的集成化、工程管理的规范化，此外，工程团队的集成性与高素质，工程组织领导理念与和谐文化建设等都起着必不可少的作用；其次，工程与人及自然环境的友好协调，必须要求工程对象项目"成本、工期、质量"等功能协调，必然要求项目"材料、设备、资金"等物质资源不仅能促进项目功能的协调，同时又要与自然生态环境协调；同样的，工程实施技术要求建造项目的"知识、工具、方法"不仅要有建成项目的技术成熟性和工程适用性，还必须有与自然生态环境的协调性。因此，工程管理系统处处存在和谐的需求。某种意义上而言，工程管理的过程，就是工程系统要素、系统及其与环境诸多矛盾协调解决的过程。

（3）工程和谐管理的要素

由工程管理系统分析，工程和谐管理包含工程组织即"人"要素的协调，工程项目即"物"要素的协调，工程技术方法即"事"要素的协调，以及工程"人""事""物"系统的协调，还有工程系统核心要素与自然环境等的协调。工程和谐管理是工程系统组织、合理利用资源、运用适用技术、实现工程整体目标的管理过程，是工程生态理念下工程全生命周期管理的新发展，是工程回归"以人为本、天人合一"本性的新要求。

需要特别指出的是，从工程全生命周期过程看，工程运行是一个持续时间特别长的阶段，工程和谐管理的矛盾主要集中于工程建设阶段，故工程和谐管理主要基于工程建设阶段的和谐管理研究。

1.4.2　工程和谐管理的现状

（1）工程组织"人"系统维度工程和谐管理的研究现状

工程组织"人"系统维度工程和谐管理的目标是实现工程各参与主体之间的和

谐，这些参与主体之间和谐的关键在于利益协调。针对如何实现工程多参与主体之间的利益协调问题，许多国内外专家学者从不同角度运用不同方法展开了研究。例如，从决策冲突角度，燕雪等[27]分析了跨境工程前期多主体决策冲突的起因，并从内容维度和关系维度对决策冲突进行分类；Wei等[28]运用非合作博弈模型对多个利益相关者之间的利益冲突进行了仿真分析；陈树荣等[29]构建了多元主体利益博弈的跨界冲突—协作模型，探讨政府部门、市场主体等多个主体在跨界冲突—协作中的相互作用；Chen等[30]从组织绩效角度分析了建设项目中业主与承包商之间的三种主要冲突类型；Sheng等[31]建立监管环境下的三方演化博弈模型，探讨了影响各利益相关者策略的因素，并研究了与激励相适应的环境监管政策；Jang等[32]使用一个三阶段博弈框架来解决财务冲突问题。

从利益分配的角度，张志华等[33]分析了多主体之间协同创新问题，并提出了有效的利益分配机制；Lu等[34]基于博弈论，通过调整利益和投资分配，以最大程度地提高利益相关者的整体利益；孙宏斌[35]建立了多元主体利益分配的演化博弈模型，分析了不同监管条件下利益相关主体之间的影响机理；陈晓华[36]从利益分配的角度，基于合作博弈、层次分析和模糊综合评价等，探讨了服务创新的利益分配的原则、影响因素和方法；Billings等[37]建立了基于需求的利益成本模型；Yuqing等[38]将合作博弈与Shapley值法相结合建立了利益分配模型；Ao等[39]为了团队和谐，从利益平衡角度构建了建设项目利益相关者的博弈模型，提出了减少建筑资源浪费的关键因素。

从影响因素分析角度，段庆康[40]从公平偏好的角度运用博弈论研究了工程项目多主体间利益协调机制；Li[41]基于定价博弈模型分析运输供应链上多主体之间利益协调问题；尹涛[42]基于演化博弈论，构建了多主体利益协调的三方博弈模型，并通过模拟仿真分析了各因素的影响机理；刘沛等[43]运用系统动力学方法分析了区域运输工程中多主体利益协调问题和变化机理；Jiang等[44]建立了成本效益系统动力学模型，分析了各因素对成本效益影响的敏感性；Yong等[45]根据利益相关者利益的超额分配，建立三方博弈模型；Guo等[46]提出了一种基于进化博弈论的系统动力学模型来描述项目业主、施工监督工程师和施工承包商三方利益相关者之间复杂而动态的相互作用；Yuan等[47]分析了为实现项目绩效目标利益相关者的影响因素。

由此可见，"人"子系统维度工程和谐管理的多主体利益协调机制相关研究大多采用博弈论原理，主要从决策冲突、利益分配以及涉及的影响因素展开分析和研究。

（2）工程项目"物"系统维度工程和谐管理的研究现状

工程项目"物"系统维度工程和谐管理的目标是实现工程涉及的客体对象的和谐，这些客体之间的和谐的关键在于对约束目标权衡。针对如何实现工程多目标权衡问题，许多国内外专家学者从不同角度运用不同方法展开了研究。例如，从时间成本权衡角度，王先甲等[48]根据项目活动时间的先后次序与可更新资源约束有效确定项目时间表，提出了一个具有资源约束问题的时间—资源权衡协调问题的多目标优化决策数学模型；何威等[49]以遗传算法为基础，结合BIM新技术，构建了兼具优化与仿真模拟功能的寻优模型，对建筑项目施工期的工期—成本进行优化分析；Rogalska等[50]提出了建设项目中使用混合进化算法，实现成本与工期的优化；Cheng等[51]提出了资源约束条件下一种两阶段差分演化的时间成本优化模型；Taheri Amiri等[52]开发了一种非支配的排序遗传算法来优化时间成本权衡问题；张静文等[53]以费用最小化为目标，建立多模式资源约束型折现流时间—费用权衡项目进度的数学模型；Chen等[54]和谢芳等[55]以项目工期和成本为优化目标，基于遗传算法建立资源可用量可变约束下的多模式项目调度问题的双目标优化模型；李雪等[56]以优化项目的工期、鲁棒性和成本为目标安排各活动的开始时间，基于遗传算法建立了不确定环境下多目标项目调度优化模型；Ke等[57]提出了三种新的模糊时间成本权衡模型，其中使用可信度理论来描述活动持续时间的不确定性，并提出了一种将模糊仿真与遗传算法相结合的搜索方法来搜索准最优计划，揭示如何在模糊环境中获得完工时间和项目成本的最佳平衡。

有学者在成本与工期目标权衡研究的基础上引入了质量因素的影响，刘佳等[58]基于模糊集理论对施工项目工期、成本和质量多目标权衡优化这一问题进行系统研究，利用Pareto最优化理论，构建不确定条件下工期、成本和质量的多目标权衡优化模型；高云莉等[59]为了实现工期、成本、质量三者之间的平衡，利用模糊数表示费用变化率和质量变化率，建立工程项目多目标模糊均衡优化模型；Sathya Narayanan等[60]使用差分进化算法来解决该多目标时间成本质量优化问题。

通过进一步研究增加了安全、环境、风险等因素权衡分析，Wanberg等[61]根据行业专家的意见建立了建筑安全与质量之间的理论关系；Li等[62]、Mateo等[63]和杜学美等[64]将4个目标要素即工期、成本、质量和安全结合在一起，以工程的施工方案作为决策变量，建立了多目标优化模型并应用粒子群优化算法对模型进行求解；Koo等[65]考虑各种因素，例如时间、成本、质量、环境和安全性，集成了多目标优化模型，该模型基于帕累托前沿的概念提供最佳解决方案集；杨国森等[66]从风险造成的损失的研究视角出发，通过度量风险因素之间的相关性，建立风险的多目标优化决策模型，并通过用多目标粒子群算法对模型进行求解；郑欢等[67]研究生态环境影响的大型建设项目多目标优化决策，建立了离散时间—成本—质量—环境平衡问题的多目标优化模型及其算法；袁剑波等[68]利用效用函数理论和最优化理论，建立了绿色施工管理的多目标权衡模型。

工程项目"物"系统维度工程和谐管理的工程多目标权衡问题研究大多集中于成本与工期目标之间的权衡，随着研究的深入，进一步引入了质量因素、安全因素、环境因素和风险因素等进行多目标综合权衡分析。

（3）工程技术"事"系统维度工程和谐管理的研究现状

工程技术"事"系统维度工程和谐管理的目标是实现工程各参与主体和项目客体之间关系的和谐，这些主客体之间关系和谐的关键在于相互之间复杂的关系及适配机制。针对如何实现工程主客体之间关系与适配问题，许多国内外学者从不同角度运用不同方法展开了研究。例如，李本洲[69]从工程哲学角度详细阐述了工程中多主体和客体的特征，并分析主客体之间的相互关系；周丽昀[70]从工程哲学角度分析了工程中主客体特性，从工程实践角度解读了这些主客体之间的关系。

从匹配度角度，郭庆军等[71]从项目环境和施工技术两方面探寻地铁工程客体特征的构成，对企业与个人能力的需求，分析主体能力的构成，并建立了项目复杂模型和主体能力模型，并基于隶属度对个人能力水平确定等级，确定评价主客体匹配性的标准；杜雨露[72]认为主客体匹配是保证主体能力高效发挥和客体项目顺利进行的基础，从需求匹配角度分析了工程中多主体要素与客体要素之间的关系和匹配程度。

在工程建设数字化、信息化技术方面，丁烈云院士在数字建造与工程安全管理的理论研究、技术开发等方面进行了大量研究，提出了工程安全风险"能量—耦合"理论，创建地铁工程安全风险识别与预警体系等[73, 74]。

工程技术"事"系统维度工程和谐管理的多对应关系适配机制相关研究大多从工程哲学视角进行分析，一些学者也对工程项目中主客体匹配程度进行研究。

（4）工程"人事物"组合维度工程和谐管理的研究现状

工程"人事物"组合维度工程和谐管理耦合进化组态机制设计的目的是实现工程"人、物、事"三维度系统整体和谐，如何将这三个不同维度工程和谐管理的关键要素进行重组，从而实现工程和谐最优化，许多国内外专家学者从不同角度展开了研究。例如，从风险和安全的角度，邓斌超等[75]为了识别与厘清导致PPP项目再谈判的核心触发风险因素，借鉴物理—事理—人理（WSR）理论框架，构建了PPP项目再谈判的风险再分担流程；Ping等[76]基于WSR系统方法论开发了一个用于购买PPP电厂项目的融资风险评估的集成三维模型；段媛媛等[77]按照WSR的系统方法论，结合人员、机械、材料、技术和环境等因素进行施工风险识别，建立了安全管理三维认知结构；刘志远等[78]建立了"物理、事理、人理"三维风险管理指标体系，采用AHP确定风险管理因子的权重，基于"物理、事理、人理"建立更有针对性的风险管理方针；宋静等[79]借助WSR方法论思想，在总结工程项目风险管理特点的基础上，探讨了WSR系统方法论对工程项目风险管理的可行性，在分析的基础上建立三维结构体系，并建立基于WSR的工程项目风险管理模型；王丹等[80]从"物理、事理、人理"三个层面分析了目前国内建设工程中安全管理系统的构成，按照WSR工作流程，构建了以"人理"为核心的建设工程安全管理模型。

从工程造价与成本的角度，周一兵[81]从造价角度运用系统理论的WSR方法论，建立了基于WSR的城市燃气项目全面造价管理模型；高翡[82]基于WSR方法论对高速公路全面造价管理进行了一定的研究。

从评价指标体系建立的角度，谢中祥[83]运用WSR系统方法论系统全面地对工程项目承发包模式的评价指标体系进行了梳理；Wang等[84]使用WSR方法确定评估了页岩气行业可持续性的综合指标体系；Zhang[85]将WSR方法与层析分析法相结合，建立了评价指标体系。

从协调管理和关系界定的角度，卢明湘等[86]从"物理、事理、人理"方面对协同管理进行系统分析，构建了基于WSR系统的协同管理三维分析模型、协同管理分析矩阵和协同管理分析框架；Ji等[87]利用WSR系统方法创建用于复杂智能建筑能源管理的模型，使用WSR方法处理和优化需求与参与者之间的相互关系。

区别于民用工程，基于军事工程建设的特点，《军事工程建设和谐管理研究与实践》[88]一书系统描述了军事工程建设和谐管理的"人事物"逻辑关系及系统架构，以及军事工程建设和谐管理的人和、物适、事谐运行机理，建立了军事工程建设和谐管理的理论架构。

从上述分析可以看出，"人事物"系统方法论主要应用于风险与安全管理及评价中，还用于成本造价分析、指标体系建立与营销因素关系界定等。

（5）现有相关研究不足

综上所述，国内外专家和学者从不同的视角对工程建设领域的和谐管理问题进行了研究，并取得了一些有价值的成果。然而，现有相关研究主要集中在某一要素的研究，如质量、工期、成本的某一因素和谐，工程组织、团队、员工的某一主体和谐，资源、设备、技术的某一对象的协调研究等，或从特定领域的工程建设和谐进行研究，如"军事工程建设和谐管理"研究。归纳以往相关研究成果存在的不足，主要存在以下几点：

第一，工程组织"人"维度工程和谐管理相关研究大多集中于决策冲突问题、利益分配问题以及涉及影响因素等展开分析和研究，相关研究大多从单一因素分析，鲜有探究工程组织"人"系统的和谐机理与方法。

第二，工程项目"物"维度工程和谐管理的研究大多集中于成本与工期目标之间的协调，随着研究的深入，进一步引入了质量因素、安全因素、环境因素和风险因素等目标。但以往研究大多仅研究了这些因素之间的直接关系，很少有研究将某些因素作为调节变量进行考虑，分析这些因素之间的多约束协调关系，未能探究工程项目"物"系统的和谐机理与方法。

第三，工程技术"事"维度工程和谐管理相关研究大多从工程哲学视角进行分析和概念界定，或是对工程项目中主客体匹配程度进行评价分析。这些研究仅在单一维度进行要素分析，鲜有综合考虑"人理"和"物理"维度工程建设和谐相关要素之间的作用和影响，未能探究工程技术"事"系统的和谐机理与方法。

第四，"人事物"组合维度工程和谐管理组态机制相关研究大多基于WSR系统方法论研究风险与安全管理及评价、成本造价分析、指标体系建立与营销因素关系界定等，研究将WSR系统方法论作为理论基础建立评价指标体系，很少有研究"人事物"维度各个要素组合与优化问题。此外，从"人事物"系统维度进行的工程和谐管理研究，缺乏具体实现主体组织和谐、客体项目和谐、主客体关系技术和谐的具体运行机理，也鲜有对工程"人理、事理、物理"三维度组合机制进行的研究。

第五，针对工程"人事物+环境"系统如何达成和谐态，尚未形成工程和谐管理的理论体系与方法，这也正是工程和谐管理的立足点和需要建立的理论架构。

1.4.3 工程和谐管理的必要性

（1）工程管理理论诉求

著名物理学家普朗克（M. Planck）曾明确提出，科学是内在的整体，之所以分解为单独的部分取决于人的认识能力局限性[89]，揭示了科学内在的本质联系，随着人们认知能力的提高，各学科理论将向融合创新的整体化方向发展，当前学科的发展也证实了普朗克这个论断的科学性和正确性。在学科理论的发展中，不同学科的融合交叉，已成为现代科学技术和理论发展的显著特点。伴随这一过程出现了控制论、信息论、系统论、开放的复杂巨系统理论、和谐管理理论、思维科学、人工智能等多学科融合理论，与工程结合出现了工程控制论、系统工程、智能建造等理论。

客观世界是相互联系、相互作用的，所以反映客观世界规律的自然、社会、人文科学也是彼此联系的，不应该人为地将它们内在的联系割裂开来，而应该基于它们的有机联系去研究并解决问题。现代科学技术发展表现出高度分化和高度融合两种趋势：一方面学科不断分化、越分越细，另一方面不同学科交叉融合，这两种趋势是相辅相成、相互促进的，促进新学科和新领域产生。具体到工程建设领域，工程管理理论是工程科学、管理科学、系统科学等融合发展的产物。工程管理方法来源于管理理论在工程领域的实践及科学技术手段的应用，工程管理受到自然科学、管理科学、系统科学等多学科理论发展的影响。工程管理是一种面向工程的管理活动，工程管理理论的创新发展首先受管理科学理论发展的影响；同时工程建设的新技术、新设备、新材料、新工艺层出不穷，工程管理受到自然科学的影响；此外工程管理活动是由工程主体人实施的，人在工程系统中发挥能动作用，所以工程管理也受社会科学和人文科学的影响。

人们对工程建设活动的认识已从"敬畏自然""征服自然"到"人与自然和谐发展"的理性变迁。何继善院士认为："工程的本质是为人服务的，特别是重大工程建设破坏了原有平衡，需要构建新的平衡、新的和谐。"[23]现有工程管理理论和方法，缺乏从"人事物"系统的角度对工程建设构成子系统以及它们之间相互关系的管理方法，缺乏对工程主体组织、工程客体对象项目、工程主客体关系技术进行集成协调管理的方式方法。

工程和谐管理的目的是在各子系统之间形成一种相对稳定的协调一致状态，从而使得各子系统发展与实现整体和谐的目标一致。结合工程建设系统及其管理要素的特点，工程项目本身存在建设对象要素的目标权衡问题，也存在组织管理的利益协调问题，更存在建设技术的适配问题，同时存在与周围环境的协同关系。工程建设领域如何协调工程管理过程中的各子系统使其能够和谐发展，最终实现工程项目的建设目标和管理目标，是工程和谐管理需要探讨的问题。工程和谐管理是结合和谐管理理念与组织行为学、项目管理学、工程系统论等学科理论与成果的创新研究，工程和谐管理致力于实现工程各子系统和谐，进而使工程建设达到工程整体和谐的目标。

工程和谐管理主张用和谐理念推进工程建设管理，是"工程系统论"和"现代管理理论"在工程建设管理中创新发展的一个重要尝试。这是在新时代、新形势下对传统经典的组织行为学理论、项目管理理论以及和谐管理理论的继承，是对工程建设管理理论的丰富发展，适应工程管理理论创新的需要，是从多学科角度对于和谐理论和工程建设管理的集成研究。

（2）工程建设实践诉求

我国每年新建建筑占世界新建建筑总量的40%左右，大量重大工程相继建成并投入使用。工程管理理论是在工程实践基础上发展起来的，并通过工程建设实践对工程管理理论不断丰富、完善和创新。在工程建设新时代需要新的工程理念和工程管理理论作指导，为顺应当前工程建设实践的诉求，促进工程系统要素与社会及自然协调发展，结合工程实践和现有工程管理理论，从项目组织、项目目标、项目要素、建造技术以及约束环境等方面对工程实践进行经验总结、系统思考和理论提炼，使工程管理理论和工程实践互促互补，共同协调发展。

工程的实践过程是根据工程特定的功能，有组织、有计划地管理使用各种自然和社会要素，改造和构建人工物的过程[90]。工程建设管理理论是在工程建设实践基础上发展起来的，其基本思想方法是遵循实践方法论，将长期、大量、丰富的实践经验和典型案例，进行总结梳理、概括提炼、理性探究和理论升华；并通过工程建设实践对工程建设管理理论不断丰富、完善和创新发展。在工程建设新时代，解决工程存在的冲突，促进工程建设系统要素与社会及自然协调发展，需要新的工程建设理念和工程建设管理方法进行指导。所以有必要基于工程建设实践，从工程建设系统实施过程和构成要素（工程目标、建设组织、项目要素、建造技术）等方面对工程实践进行经验总结、系统思考和理论方法提炼。

工程和谐管理并非无本之木，其基于相关学科理论基础，更重要的是在工程管理实践问题基础上提出来的，适应新时代智慧工程建设的需要。工程作为由多要素构成的综合整体，是人类生存和发展过程中重要而复杂的基本实践活动，具有复杂性的系统特征。工程和谐管理研究遵循"从实践中来，再到实践中去"的原则，体现"理论源于实践又高于实践"的特点。工程和谐管理涵盖了工程建设管理的一般要求与特殊要求，运用和谐理念谋划、建设和管理工程，以工程建设组织为主导，以工程建设项目为纽带，以工程目标为导向，推动建设组织、建设项目、建设技术等要素从非和谐态向和谐态转变，促进工程建设系统要素的耦合进化，最终达到工程建设的主体、客体及其相互关系的协调发展。

（3）工程管理创新诉求

自然界"对立与统一的辩证关系"是普遍存在的。和谐本意是指对立事物之间辩证的统一、不同事物之间互促互补共同发展的关系。"人们不要过分陶醉于现在对自然界取得的胜利。对于每一次胜利，自然界都对我们进行着报复"[91]。从工程实践的历程来看，从"征服自然"到"人与自然和谐共存"是人们在改造和利用自然过程中理念的变迁，也是人们对工程建设活动从哲学层面进行反思的结果。从工程哲学角度看，工程是整体性、复杂性的存在[90]。工程在实现人类的某种功能需要时，必须尊重和保护自然，必须服务人、发展人，也就是强调天人合一、以人为本。工程建设从本质上呼唤着工程建设必须和谐管理。

工程是以人的使用为目的的造物活动，即人造物活动。基于经典系统论中对于系统人、物、事的划分，将工程建设系统所涉及的诸多要素归类为人要素、物要素、事要素。工程建设"人事物"系统是具有特定目的的复杂"人事物"系统。工程建设"人事物"系统中"人"即工程建设主体，"物"即工程建设客体对象，"事"即工程建设主体"人"作用于项目客体对象"物"的相互关系。某种意义上而言，基于"人事物"系统的工程和谐管理，就是工程"人事物"系统要素、系统结构及其与环境之间诸多矛盾协调解决的过程。工程和谐管理需解决的问题：一是工程建设组织系统"人"的和谐；二是工程建设项目"物"的和谐；三是工程建设过程中人作用于"物""事"的和谐；四是"人事物"各系统要素之间的和谐，以及子系统与外部环境的和谐。工程管理理论创新是工程发展的必然趋势。

第 2 章 工程和谐管理的理论基础

工程和谐管理具有典型的交叉融合特征,其建构和发展离不开工程系统论、项目管理论、工程伦理学、工程哲学论等多个学科的理论支撑。

2.1 工程系统论

(1) 工程系统概念

工程是一群人在一定时间内,为达到既定目标进行协作的过程,工程管理则是为实现工程目标,所进行的计划、组织、领导和控制活动,其重要理论基础之一为工程系统论。由人、材料、设施、环境、技术等一系列要素按照既定排列和目标形成的有机整体可称为工程系统。工程系统论的核心出发点是钱学森、许国志、王寿云等在《组织管理的技术——系统工程》中所提出的思想,即"如何将笼统的、抽象的初始研制转变为所有参与者的具体工作,以及这些工作的总和如何最终汇集成一个技术先进、成本偏低、研发周期短和协调运转效率高的系统,并且使该系统成为其有效组成部分"[92]。该思想亦组成了工程系统问题的基础,是工程和谐管理的重要思想源泉。

(2) 工程系统和谐要求

所谓和谐,是对立事物在一定条件下的协调和统一。工程破坏了事物原本的平衡,因此需要建立新的和谐。李喜先等学者在2007年所著的《工程系统论》中从系统科学的角度论述了工程的系统和谐,即从子系统、大系统以及巨系统三个方面追求不同层次的和谐。通过工程系统的演进可以发现,工程系统趋于和谐的引导或决定因素存在于多个方面并不断变化。由权势主导的工程系统可能趋于违背系统自身的物理规律,而经济主导可能导致其约束条件以及追求目标的狭隘。若要发挥人类的主观能动性，只能由智力主导，最终实现人、系统与环境的天人合一。工程系统管理从某种程度来说是实现一种工程系统和谐，其涵盖从微观上的资源分配到宏观上的资源利用，从系统内部调配资源到系统外部的环境耦合。

（3）工程和谐管理的系统论基础

"人事物"系统是系统科学的重要概念，"人""事""物"子系统是构成系统整体的要素，他们之间存在错综复杂的作用与被作用关系。工程和谐管理基于"人事物"要素，结合工程建设特点，研究工程和谐问题。工程建设系统的"人""事""物"要素是工程和谐管理的重要对象，是通过"人理""事理""物理"要素的协同作用，促进系统全要素耦合优化与协同进化。

工程和谐管理追求建立组织或系统内外诸多要素间的最佳关系，致力于目标合理、方法可行、技术适用，以实现工程效益与管理效率最大化。工程和谐管理强调最大限度地挖掘和发挥各系统要素的积极作用、减少消极因素负面影响，从而实现工程建设组织内外结构与建造关系的协同化，实现工程质量、工期、成本的最优化。由此可见，工程和谐管理是工程管理的一种融合发展，工程系统论是工程管理和工程和谐管理的一类重要科学基础。

2.2 项目管理论

（1）项目管理内涵

项目管理和工程管理的区别在于项目管理是为了某一产品所做的一次性努力，是管理者学习知识、运用工具、开发技能、开展实践以满足甚至超越项目人员期望的一种管理活动。由于工程发生在特定的人、事、物中，表现为工程人员为工程价值的实现所付出的对物的建造活动，离不开管理的决策、计划、组织、指挥、协调、控制、激励等职能，因此项目管理有管理的普通特性，即针对特定的时间、资源和目标，实行价值创造的基本生产活动和辅助生产活动。同时，项目管理是对项目周期的管理，包括对项目前期的计划与决策、项目中期的跟进与运营以及后期的跟踪反馈等全过程管理；亦是对项目各方面的管理，包括物资采购、技术安全、项目质量等全要素，对于每一阶段应有不同的管理方法与手段。

（2）项目系统管理

工程项目管理具有系统性，其是由工程的参与者、各类资源、先进技术以及外部环境等要素组成的系统。由于工程项目管理的复杂性，其有必要通过组织管理来适应环境变化、实现系统目标，从而使整体功能最优。工程系统论认为"系统本身功能、内部结构与外部环境之间存在着一种复杂的关系，因此仅有结构不能决定系统的功能，而是应该由三者共同决定"[93]。实际上，系统管理包含的领域多、范围广，涉及工程项目本身、组织、技术以及外部环境，其有效性与系统集成化息息相关。集成化的核心在于将一个个分开的设备与功能进行整合，利用系统思想，创造性地使系统成为一个有机整体，从而更加协调，保障系统内部的联系更加顺畅。因此，可以说集成化是项目系统管理优化、完善、走向和谐的一个重要过程。

（3）工程和谐管理的项目管理理论基础

项目管理是工程和谐管理的重要支撑，是进行一系列活动以达到或超越工程利益相关方的需求和收益[94]。工程和谐管理的基本要素来源于工程建设技术、管理方法以及工程项目各目标的协调控制手段。从本质来说，工程和谐管理以管理学为基础，采用工程建设管理模式，以质量、工期、成本和安全等目标作为工程建设管理的重要约束，是间接的、隐性的物化要素。质量、工期、成本、安全等目标之间互相联系、互相制约，既对立又统一，共同构成工程和谐管理的多目标系统。工程和谐管理的目标控制是一个多约束目标权衡的过程。从系统整体出发，工程和谐管理"物适态"是在多约束目标权衡的基础上，寻求工程建设目标之间的协调和均衡，保证多约束目标系统的均衡性、合理性和可达性，力求实现多目标系统的整体优化，从而最终提高工程建设管理活动的总体效率、效果、效能与效益。因此，项目管理理论是工程和谐管理的重要支撑。

2.3　工程伦理学

（1）工程伦理学的概念

工程是人类创造力的表现，是一种工程理念与思想的外化造物活动。工程创造出一些新物品，改变物品的形态，如今人类所生活的世界亦是由其所创造，因此有必要从伦理的角度来评价[93]。人类的创造服务于人自身的需要，例如建筑为人提供住所，机器提高生产效率，车辆使人出行便捷等。人类发现自然界中的资源，对其进行改造和利用，以此创造所需物品，满足生存需要的过程本身就是一种工程建造。工程和谐管理的伦理价值体现为人在满足需求、实现工程的过程中要尊重、服务、发展人，强调以人为本，不能轻视、伤害甚至是毁灭人。同样，在人类世界快速发展、高度文明的今天，资源并不是取之不尽的，自然环境的损坏已经威胁影响到人类的基本生存与发展。在人类竭尽自然界资源、发展技术、满足自身需要的同时需要明白不能仅仅顾及自身的发展，人与自然需达到平衡方能长久。也就是说，工程不仅仅是要以人为本，在区域经济、社会、生态等一体化的工程时代，工程还需要实现天人合一，塑造和谐，才是工程和谐管理的核心所在。

（2）工程伦理学的价值

工程伦理学"讲道理、尽哲理、应伦理"，是工程管理的文化价值来源，探索工程伦理与价值获取之间的和谐，讲究人、事、物之间的作用规律。其中，"讲道理"表现为彰显"人"的本性、遵循"事"的规律、体现"物"的常态；"尽哲理"要求"人尽其才、物尽其用、事尽其功"；"应伦理"则是对工程管理的全面考虑，从安全、健康、利益、生态等多角度深入研究。根据工程的实践特征及其伦理价值取向，现代工程表现为智慧和伦理的集合[95]。特别是现代工程伦理已经不单单是指工程人员的职业道德、工程活动的操作规范以及工程管理的伦理价值，而是拓展到工程管理的和谐与约束，并致力于在工程活动中的行为与结果、资源与环境之间实现和谐。可以说工程伦理是实现工程和谐管理的认知道德前提以及人文素质保障，影响着工程活动的相关人员的操作行为规范、技术学习与应用，以及对于物理对象的伦理、价值取向和判断。

（3）工程和谐管理的工程伦理学基础

近些年，随着工程建设规模大和持续时间长的重特大工程增多，以及工程伦理学研究的不断深入，人类所建造的工程越来越受到工程伦理方面的评价。学术界认为"工程是一种改变事物状态的造物活动，不断创造出自然界所没有的物品……，它必须受到伦理方面的评价"[96]。自然界的资源和环境承受能力是有限的，工程建设对资源的消耗和环境的破坏已经到了严重威胁到人自身生存发展的程度。工程伦理的发展已经拓展到对于对象要素和过程的约束和要求，致力于工程建设活动的行为与结果，达到工程与资源环境的和谐。也就是工程建设要尊重和承认自然存在事物的合理性，减小对自然资源和环境的影响破坏，工程管理过程中要将构成工程的对象要素作为生态循环的一个环节，不应在工程建设中破坏子孙生存发展空间以及其他生态要素的发展。

2.4 工程哲学论

在人类认识的进程中，科学、技术、工程、产业、社会形成了一个链条，人类认识对象的自然、科学、技术、工程、产业和社会分别有对应的哲学。工程哲学重点探究人类世界中工程形成与发展的一般发展规律，分析在工程中出现的各种问题，将工程和哲学联通。哲学的研究包括主观世界、客观世界、知识世界和人工世界四个方面，其中对于人工世界的研究具有更为特殊的意义。工程哲学包括对于工程本体论、工程认识论等认知的研究，亦是跨学科、跨领域的研究。其涉及从工程系统观、工程生态观以及工程社会观，再到工程哲学与工程管理学、社会学、历史学等学科之间的关系，以及协调工程理论与价值之间的冲突、协调工程设计与建造中的矛盾等。

哲学基础是任何一种理论的支撑条件，对于工程和谐管理亦是如此。工程本体论的核心在于回答工程和谐的基本构成，探讨工程活动的本质与基质，即"人"与"物"之间的和谐，工程组织主体和工程项目客体之间的和谐问题，以及工程和谐构建之间的关联，即工程建造对象——"事"的和谐问题。认知是对于自然科学界规律的客观揭示，工程认知遵循程序化的逻辑。工程认知论表明工程和谐管理是工程中各类组织对象之间的矛盾，或是针对组织内部与环境的冲突问题提出的解决方法。其是对工程问题的求解，是对于工程和谐的本质与结构问题的探讨。工程方法论则是研究工程建造中的方法与规律的科学，是认识工程和谐问题的基本思想方法。工程是一种实践活动，工程和谐管理还需从实践的角度对其方法进行系统总结和梳理。

工程和谐管理的理论体系建构，必须以工程哲学为指导，即必须首先回答：工程和谐管理是什么？怎么认识？用什么方法来认识？

2.4.1　本体论

（1）本体论含义

本体论，被称为"第一哲学"，其探究的是世界的本原或基质，从广义上指一切实在的最终本性，是存在、成为和现实之间的概念分支。知识和工程领域的本体论分析是经验的、演绎的、自下而上的本体论。从目的来说，构造本体的根本目标是实现某种程度的知识共享和重用：其一，知识表示的基础来源于本体分析澄清的领域知识结构；其二，知识分析重复领域的避免是因为本体可以厘清差异；其三，知识共享依赖于统一的术语和概念。

本体论在西方哲学史中起源于对万事万物本原的探索和追问。本体论诞生于17世纪，是一个哲学术语，派生于希腊语的"onto"（"存在"）和"logia"（"箴言录"），其关注点为世界上存在的本质，或是存在的一些实体。本体论实际上关注的并不是"自我"，而是一种哲学上的"存在"。人类世界中究竟具有什么样的物质或者什么类别的物质，其探索的是世界上存在的事物的本源或机制，以及一切存在的最终机制本性。本体论在已有知识的基础上，对人类世界真实存在的事物进行客观叙述。现实中，人类对于"存在"的问题开展了深入的探讨，这也与哲学的发展紧密联系。哲学研究的一个分支"Metaphysics"就是有关"存在"的问题研究，一段时间内，本体论即为"Metaphysics"同义词。随着科技革命的不断推进，"Metaphysics"逐渐涵盖艺术、价值等哲学研究领域，而本体论则继续等同于"存在"。

（2）工程和谐管理的本体论分析

根据工程哲学的理论，工程本体论包括：实体本体论和关系本体论。实体本体论回答其本源"基本构件"是什么；关系本体论则回答其本源构件之间的"关联"是什么。例如，"墙"的本体是"砖"和"砂浆"按一定"秩序"的组合。墙的实体本体是"砖"和"砂浆"；关系本体是一定"秩序"。但是，仅"砖"和"砂浆"实体，或仅"秩序"关系，都不代表墙，也都不能回答"墙"是什么的问题。

从实体本体论的视角看，工程和谐管理的构成主要分为工程建设管理的主体要素和客体要素。其中，从广义上讲，主体要素是指组织或人，主要兼具组织的领导者、组织的团队成员等在内的泛义上的"人"的群体。客体要素从广义上讲主要是指项目需要用到的物质要素或"物"，包括材料、设备、资金等在内的泛义上的"物"的群体。

基于关系本体论，工程和谐管理具有主体和客体之间的一切相互关系，即泛义的建设技术、方法或"事"。

整合实体本体和关系本体两种视角，有利于从建构和系统两个维度深入探讨工程和谐管理特征。一方面，工程建设管理的主体要素以及客体要素能够从实体本体的角度解答工程和谐管理问题。另一方面，工程建设管理的主客体关系能够从关系本体的角度解答工程和谐管理问题。工程建设的高质量和创新性，要求工程建设系统重视要素与优化关系。因此，工程和谐管理理论的哲学基础，应是基于实体本体论与关系本体论结合的系统本体论哲学观。

2.4.2 认识论

（1）认识论原义

认识论聚焦于认识的本质与结构。唯物主义强调物质的客观存在，认为认识是由物质本身发展成为意识。辩证唯物主义将辩证观引入认识论，强调实践是一切认识的基础。认识论与本体论相对称，研究如何认识则为认识论，而研究一切事物的最终本性为本体论。

基于理论实际与人类经验认知的不同以及各类理论知识之间的差异，科学认知发展的困难相继产生。在传统认知中，科学是通过充分的观察和了解后，利用已有理论等对事实推导后产生的结论。因此，传统观点下的科学往往难以基于旧理论证明新事实，由此产生科学发展的矛盾与困难，需要通过更新现有理论体系对该问题进行解决。

与科学发展不同的是，技术产生于人类改造世界过程中面对的困难，需要采用一定的手段解决问题。在某种意义上，技术是人类需求或者潜在需求不能被满足时，产生的解决方案。基于现有的物质基础，通过一系列技术手段，解释现存事物、推理不存在的理论，成功达成人类改造世界的各种目标。

总的来看，科学研究与技术研究虽然都源于人类改造世界过程中的问题，但是解决问题的方式并不相同。科学从现象中提出假设，然后对假设进行理论与经验的检验，进而产生新问题，提出新研究领域。技术从满足一种预期开始，不提出问题，而进行多种设计，并对设计进行探讨与检验，最后实施方案以解决问题。

（2）认识论对工程和谐管理的指导

根据工程哲学的理论，认识论包括结构、过程、进化、系统和文化五种认识论。结构认识论主要探讨事物的构成；过程认识论主要探讨事物的生成；进化认识论主要探讨事物的长时间的演化；系统认识论将事物置于系统内进行探讨；文化认识论主要探讨事物的文化观点，探究其精神作用。例如，关于如何认识一栋建筑，从结构认识论的视角，建筑是由梁、板、柱有序组合的；从过程认识论的视角，建筑是由钢筋、水泥、砂石等材料以合适的方式凝结形成，经过适当时间建造的结果；从进化认识论的视角，建筑是由岩石矿藏经过数千年的漫长风化，进而高温淬炼，最终形成的钢筋、水泥、石材等建筑材料的组合体；从系统认识论视角，建筑不仅是其与自然环境相适应的结果，更是人类生存生活的人为选择的结果；从文化认识论视角，建筑不仅是人类文化的一部分，而且还可能是人类文明传播与交流的结果，也许还承载着人类变迁的历史。因此，无论上述哪一种认识论，都从某个特定视角接近事物真相，但同时所形成的认识也都是片面的，都没有能够完整地回答如何认识"一栋建筑"的问题。只有多视角认识论的综合集成，才是科学、理想的认识论。

从结构认识论的视角，探究工程建设管理的构成要素；从过程认识论的视角，探究工程建设管理的要素间相互作用；从进化认识论的视角，探究工程建设管理的系统与环境关系及其衍化；从系统认识论的视角，探究工程建设管理的系统环境、功能、结构、特征、演化；从文化认识论的视角，探究工程建设管理的组织、制度、精神和文化。工程和谐管理的理论建构需要从结构、进化等多个视角，建立工程和谐管理的内在逻辑，结合主体和客体要素，探讨系统协调与和谐的问题。

2.4.3 方法论

（1）方法论哲学内涵

Ethridge将方法论定义为一门学术研究，即探索某一领域问题的途径研究。在人们发现世界、探索世界和改造世界的过程中，面对人类已有认知基础无法理解、难以解决的困境时，需要在已有知识、资源和能力的基础上，创造性地利用一定的思路和原则去分析与解决问题。在解决问题的过程中，需要利用具体的、有针对性的技术、手段和工具，对认知、探索和解答此类问题进行一定程度上的辅助作用。总的来说，方法论就是利用一定的软工具（即思想、思维等精神层面的软工具）和硬工具（即技术、工具等物质层面的硬工具）对已有认知无法解决的难题，进行探索并找到解决问题的途径。这就是探讨某一领域问题时需要使用到的方法论。当前，工程建设面临的问题需要利用该领域的方法论体系进行探讨，在工程建设的管理领域中，方法论主要包括以下三类：

1）程序化管理

程序化管理，顾名思义就是对某一组织下的一定群体给予明确的、规定的、制度性的管理规则和管理流程，以达到提高组织成员劳动生产率、强调组织成员纪律等目标的科学管理手段。程序化管理主要是规定员工在岗、出勤、出差等一系列工作时间内应当完成的工作任务，对员工的工作行为做出具体要求，明确员工工作准则。程序管理主要是在施工现场以固定的制度和程序进行的科学管理，其主要目的是提高员工的劳动生产率，以获取最高水平的工作成果。通过科学化、标准化的管理手段，对工人的工作任务进行分解，确定相应的工作定额标准，做好工人的培训、计划编制以及职能工长制等，为获取高工作绩效提供基础保障。

2）系统化管理

系统化管理顾名思义就是将员工的一系列管理规则和管理流程置于庞大的系统中，这就要兼顾员工工作过程中需要利用到的科学方法等配套的基础性手段以及技术手段配套的辅助性手段。系统化管理需要兼顾工程项目上的方法和技术等全局问题，对项目工程的组织与管理进行统筹协调。目前，系统化管理主要表现为项目管理，其强调以项目计划为基础，通过对项目资源的整合、利用、协调和配合来保障项目目标的达成。现阶段，工程建设管理中系统化管理主要是对工程质量、工程成本和工程进度等多方面进行统筹管理。

3）复杂性管理

事物都具有多面性，单纯地考虑某一事物的管理问题已经难以满足现有哲学领域认识、了解某一事物的需求，需要多层次、多维度对其进行探究。复杂性管理的前提是认为事物是复杂的，单一考虑事物的某一方面并不能全面地认识和解决问题，认识、分析事物需要考虑事物的多层次问题。钱学森曾提出认知复杂性问题的方法论，即综合集成方法论。该方法论的基本思想是：针对复杂系统问题需要从系统层面进行探究，整合不同领域、层次和维度的信息、资源和知识，综合专家的集体智慧，采用人机联动的方式，探讨定性定量相交互的研究集成。该研究集成具有三类子系统组成的管理功能复杂系统：第一，认识和分析管理对象的认识系统；第二，协调管理主体结构功能、运作机制等的协调系统；第三，对于建设工程现场各项功能的实施、目标达成以及任务管理等的控制与协调系统。

（2）方法论对工程和谐管理的启示

在工程哲学的研究领域中，所要用的方法论主要分为两类：第一，理论方法论。与其他领域的方法论相同，这是一种以思想、思维等精神层面为基础，自上而下来探讨改造世界的实践与行动的指导思想。在工程哲学中，理论方法论是工程建设及项目管理中需要用到的纲领性理论。第二，实践方法论。实践方法论则是在理论方法论的基础上，总结以往的实践经验做出行动指引。在工程哲学中，实践方法论是最为广泛的方法论研究方法。

工程和谐管理的理论建构源于工程建设管理的长期实践，其基本思想方法是遵循实践方法论，将长期、大量、丰富的实践经验和典型案例，进行总结梳理、概括提炼、理性探究和理论升华。与此同时，以工程系统论为指导，针对工程建设管理这一特定对象（工程系统），从工程系统环境、功能、结构、特征、演化等方面，探究工程建设管理的结构要素（如人、组织、资金、材料、设备等硬结构要素，技术、管理等软结构要素）、要素相互关系（如领导—员工—团队、技术—工具—方法、质量—工期—成本等），以及工程目标与自然生态、政治经济、人文社会等环境协调的规律。

从实践方法论出发，研究团队20多年工程建设和管理的实践中，在组织建设、文化建设、工程建造管理、科技创新管理、协同创新模式等方面均积累了大量的成功案例，取得了丰硕的实践成果，形成了丰富的实践经验，需要对其全面系统地总结梳理，深入地研究提炼。从理论方法论出发，工程哲学和工程系统论为构建工程和谐管理理论框架提供了思想方法和理论指导，需要应用于工程建设管理的理论建构、和谐机制和调节模型等方面，形成管理的具体思想、机理和方法。

　　总的来说，工程建设管理的方法论与实践紧密联系，相辅相成。一方面，工程建设管理方法论体现为工程实践中的分析方式与理论支撑，主要是对项目建设起到理论支撑的作用。另一方面，工程建设管理实践对工程建设中的不同阶段、不同层次发挥了重要的作用，对理论分析起到了重要的证明和促成的作用。工程和谐管理是一门重要的理论研究，亦是一门重要的实践指导，其集成了工程建设管理的理论与实践两类方法论，同时也需要经历不断的再实践与再认知的发展与完善过程。

第 3 章 工程和谐管理的理论架构

3.1 工程和谐管理的核心要义

3.1.1 工程和谐管理的概念

工程建设与管理是一个广义的大系统，在工程管理系统中，组织系统是各参与组织单位"人"的集成，是系统实施主体；项目系统是对象"物"的功能及其物质资源要素的集成，是系统实施客体；技术系统是"人"作用于"物"的工具"事"，反映主、客体系统关系；"人事物"三个系统均受环境系统"自然生态、政治经济、社会人文"等制约，三个系统的"耦合""进化"，可以实现工程系统整体和谐。

从系统论而言，工程和谐管理是从工程系统要素和谐出发，以建设组织为主体（"人"维度的和谐为"人和"），以建设项目为对象（"物"维度的和谐为"物适"），以建设技术为手段（"事"维度的和谐为"事谐"），以建设系统与环境耦合进化为目标（系统及其与"环境"的和谐为"耦合进化"），力求系统内部耦合优化与整体协同进化的创新管理活动，如图3-1所示。

工程和谐管理强调人的因素的作用，是着眼于提高人的素质和团队核心竞争力，以"人和"带动"事谐""物适"，最终使"人—事—物"系统与环境耦合进化的管

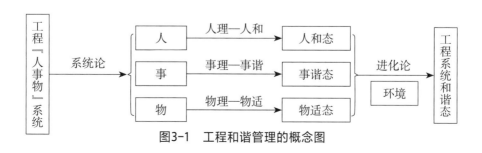

图3-1 工程和谐管理的概念图

理理论，其本质上是以人为本的组织行为学理论在工程管理领域的创新。与此同时，工程和谐管理更强调从工程系统和谐的视角出发，实现"人事物"系统的耦合优化及其与环境的协同进化。

3.1.2 工程和谐管理的内涵

工程和谐管理是立足工程和谐的特质与和谐管理的本质，兼顾工程管理主体、客体、主客体关系等条件以及外部政治经济、社会人文、自然生态等环境，协调工程项目质量、工期、成本与风险等关系，综合运用系统的和谐理念、思想、工具与方法，实现工程结构合理、功能完善、价值最优的行为与过程。工程和谐管理的内涵主要体现为如下四个方面。

（1）可持续

从工程自身而言，绿色、节能、环保、低碳等可持续特征已成为工程和谐管理的首要。在碳中和、碳达峰背景下，绿色建筑与建筑节能、绿色低碳与工程节能等已成为行业发展趋势并将持续引领未来发展方向。基于此，工程和谐管理致力于通过行之有效的决策、计划、组织、协调、控制、激励等诸多手段，充分考虑能源问题、环保问题、健康问题、生态问题、碳排放问题等，实现工程与自然环境、生态环境的和谐共生共存。相对而言，工程和谐管理的可持续强调工程嵌入和依赖于自然和生态环境，但又必须将工程建设活动可能产生的负外部性以及价值负向溢出等降为最低抑或完全避免。工程和谐管理是追求工程自然属性、推动工程绿色创新、挖掘工程生态价值，进而实现工程建设可持续发展的行为及过程。与此同时，工程和谐管理亦是从设计、施工、运营、维护及更新等全过程及全生命周期中，立足当前、面向长远，赋予工程自身及工程管理更多可持续理念、思维及行为的活动。从这一角度出发，工程和谐管理表现为质量的持续提升、成本的持续降低、进度的持续跟进、风险的持续控制等，以此实现对于工程和谐管理的可持续帕累托改进。

（2）高质量

党的十九大报告中提出的"建立健全绿色低碳循环发展的经济体系"为新时代下高质量发展指明了方向，其在鼓励发展绿色经济、循环经济、低碳经济、生态经济等的同时，亦对工程建设由高速增长阶段向高质量发展阶段的过渡与跃迁提出了更高要求。工程和谐管理的高质量不仅仅意味着狭义的工程质量有所提高，更在于通过产业技术升级、产业链条攀升、产业跨界融合等推动工程以及工程管理从非和谐态的粗放型、要素驱动型、传统经验型向和谐态的集约型、创新驱动型、科学决策型转变。工程和谐管理体现的高质量既体现为对于工程自身的高标准与严要求，更是对工程管理过程中处理好工程整体与项目局部、资源配置效率与公平、工程建设新旧动能转换、生态环保与经济建设等之间关系的和谐统一。工程建设的高质量发展作为工程和谐管理的重要表现形式之一，是实现工程经济效益、社会效益、生态效益非线性而螺旋式上升并实现和谐状态的重要途径和方式。

（3）权变性

工程管理中通常存在资源面临较大缺口、能力存在较大差距、环境陷入较大困境等诸多不确定性条件，因此工程项目质量、工期、成本、安全等诸多目标难以完全得到最优解。换言之，资源、能力、环境等一系列约束条件，迫使工程管理必须运用权变原理，结合柔性化的思想，对于资源缺口予以补偿、能力差距予以削减、环境约束予以突破，进而取得满意解，达到和谐态。权变并不意味着工程和谐管理将原则与底线降低、退而求其次，也并不等同于兼顾所有目标的平均主义与盲目平衡，更不是应对工程建设中诸多矛盾、冲突等不和谐因素的临时应对。基于权变原理，工程和谐管理是在不确定性的环境约束和相对确定的工程项目目标指引下，立足有限资源和有限理性，动态调整目标并适应环境，不断追求帕累托改进的演进过程。

（4）协同学

工程和谐管理的对象按照"人事物"系统、设计建设运营管理全生命周期、质量工期成本安全等不同目标的不同分类方法，可以分为若干相互影响、关联甚至制约的子系统。工程领域的各子系统既遵循自身的有规则或无规则的独立运动，同时又因交叉关联与影响而产生协同运动。在此过程中，工程和谐管理扮演着重要的序参量的角色。亦即，人力资源的动机、行为与目标可能是非一致的甚至是相悖的，物质资源的配置与利用可能是低效甚至是无效的，管理手段、策略与方法可能是不适用甚至是错误的，等等。从协同学的视角而言，工程和谐管理这一序参量，作为工程系统的宏观参量，其作用正在于推动工程各子系统从量变到质变、从无序到有序、从低效到高效。生物系统领域的反应循环与超循环等在工程和谐管理中均有所体现，突出表现为其支配着工程系统的若干行为，并主宰着工程系统的演化规律。工程和谐管理的内涵界定见图3-2。

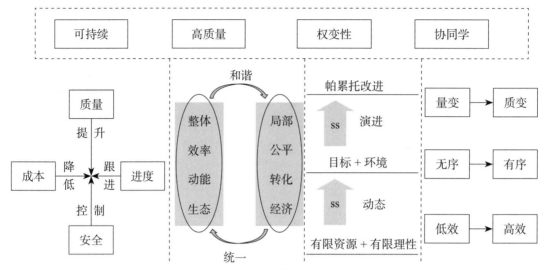

图3-2 工程和谐管理的内涵界定

3.1.3 工程和谐管理的目标

工程和谐管理所追求的目标是一组复杂的目标体系，尽管目标是多方面的，且分类方式各不相同，但各目标之间并不矛盾和冲突，且是相互促进的。

（1）工程整体利益最大化

工程和谐管理追求在综合考虑政治利益、社会利益以及长远经济利益、生态效益基础之上的工程整体利益最大化。这一目标可以激励工程单位在考虑经济成本与短期收益的条件下仍积极从整体利益角度推进工程建设的设计、施工与管理活动。工程和谐管理需要协调可能导致政治利益、经济利益、社会利益、生态效益等存在矛盾或冲突的若干不协调因素，在自然生态、社会人文、政治经济等环境目标优先的条件下追求工程项目的整体利益最大化。

（2）工程实施过程协同化

工程和谐管理追求在多点施工、复杂环节并行、有限资源调配条件下，高质量、强时效完成工程建设任务所必需的耦合优化与协同进化。在工程面临应急快速反应、工程单位需要快速重组和调配、应急预案充分考虑各类优先权时，工程建设实施过程协同化的要求更为明显。基于此，工程和谐管理的目标之一在于，培育协同工作的环境、打造协同工作的平台、创造协同工作的条件。其有助于工程建设实施且避免不必要的业务流程和工程活动，实现程序的有效对接和过程的有效协同。

（3）工程资源要素集约化

工程资源要素是指可被工程建设组织直接管理或使用的工程各类资源要素，工程资源要素是工程建设不可或缺的，并通过和谐管理活动的集约整合实现增值目的。工程资源要素既是工程和谐管理的前置条件，同时又是工程和谐管理的对象。因此，工程建设追求在明确资源缺口与资源差距的基础上，通过资源内化、资源外化、资源显性化、资源网络化等多种形式实现工程资源要素的集约化，确保工程资源的快捷获取、优化配置与合理使用。

（4）工程建设技术动态优化

工程和谐管理追求政、产、学、研、用等开展广泛的战略联盟合作，建立工程建设技术合作动态联盟的长效合作机制。因此，工程和谐管理是建立在动态、开放的技术合作联盟系统基础之上，以工程任务为目标、工程项目为纽带、工程建设资源网络化为途径的工程建设技术动态优化管理。

3.2 工程和谐管理的研究范式

工程和谐管理以实现工程系统和谐为一个目标，以"人事物"系统的耦合优化以及"人事物"系统与外部环境的协同进化为两个阶段，以工程人、事、物为三个维度，以与工程"人事物"系统外部环境相对应的工程组织"人"经"人理"到"人和"（工程组织及其"人"要素的和谐）、工程项目"物"经"物理"到"物适"（工程项目及其"物"要素的和谐）、工程技术"事"经"事理"到"事谐"（工程技术"事"作用下的主客体关系的和谐）、"人事物"经组态机制"耦合优化"与环境的协同机制形成"耦合进化"（工程人、事、物与环境作用的系统整体和谐态）为四个机理。工程和谐管理的逻辑架构如图3-3所示。

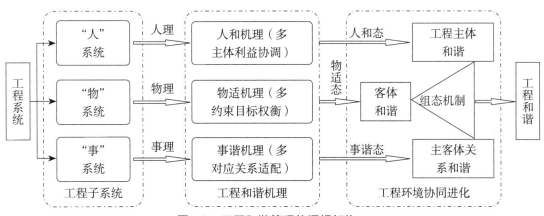

图3-3 工程和谐管理的逻辑架构

3.2.1 一目标

工程和谐管理追求的目标,是在综合考虑政治利益、社会利益以及经济利益、生态效益基础之上的工程整体利益最大化(图3-4)。首先体现为工程自然生态层面的和谐,包括工程从理念、技术、材料、工艺、装备等角度,充分考虑绿色、节能、低碳、环保、可持续等诸多因素,使得工程作为"人造物",不仅不影响自然与生态环境甚至有助于改善生态环境;其次体现为工程项目建设层面的和谐,亦即充分考虑工程项目、工程管理等理论,工程活动中力求人际关系和谐、资源配置和谐、技术手段和谐等等,在工程组织、工程计划、工程技术、工程方案等方面尽可能将工程建设活动的负外部性降至最低,此为建设项目层次的工程和谐;最后体现为工程社会人文层面的和谐,亦即工程有助于人类对美好生活的向往,有助于区域经济与社会又好又快的发展,有助于和谐社会的建立。整体而言,工程和谐管理的目标是从工程的内涵出发,将和谐贯穿于工程的全员、全要素、全周期、全过程、全方位所实现的工程和谐。

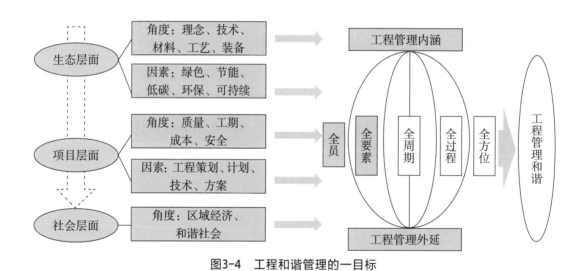

图3-4　工程和谐管理的一目标

3.2.2 二阶段

工程和谐管理的阶段分为第一阶段耦合优化和第二阶段协同进化。工程涉及的人、事、物总是处于动态的环境中,其不仅遵循工程利益关联方、工程项目自身以及工程技术等"人事物"自身固有的特性及规律,同时亦必须与动态变化的自然生态环境、人文社会环境、政治经济环境相适应。因此，综合考虑工程内部与外部的联系、工程和谐具体的静态与动态属性、工程和谐的浅层次与深层次区别，工程和谐管理第一阶段表现为"人事物"各自独立、两两作用以及三者交互等实现的耦合优化，第二阶段表现为"人事物"在外部环境作用下的动态适应与调整，工程和谐态不断跃迁和升级所实现的协同进化（图3-5）。

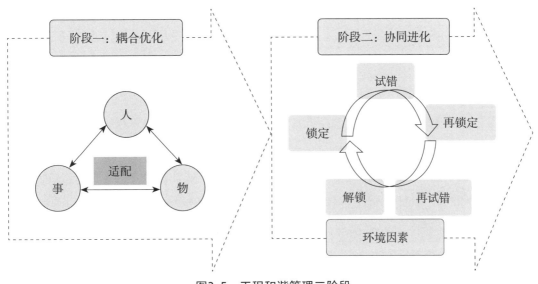

图3-5　工程和谐管理二阶段

（1）第一阶段：耦合优化

工程"人事物"系统中，"人"的主观能动作用可以弥补"物"的缺陷与不足，可以让"事"更具效率、效能与效益，切实做到人尽其才、才尽其用、用尽其能；"物"的数量与质量、合理配置与有效利用等作为工程和谐管理重要的物质基础与保障，与"人"、与"事"的有效匹配可以实现物尽其用、物有所值、物超所值；"事"的可行性、先进性、科学性等属于工程和谐管理的必要条件，其作用于"人"和"物"，可以实现事得其法、事达其功、事半功倍。以此为前提，工程和谐管理的耦合优化主要体现为人、事、物独立及交互而具备的适配特征，其将尽可能消除或避免"人维度"的内耗现象及负面冲突，"物维度"的浪费或冗余、机会成本或沉没成本，"事维度"的方法弊端及工具漏洞，等等。

（2）第二阶段：协同进化

工程和谐管理的协同进化意味着随着工程环境的不断变化，"人事物"各自维度的和谐态及其所依赖的条件并非一成不变的，耦合优化所实现的和谐随之动态调整。

在考虑外部环境的条件下，"人事物"各自维度的结构与功能将因为外部环境的触发效应、挤出效应、连锁效应等而发生涨落，导致已处于耦合优化阶段的工程和谐会再次从有序状态进入无序状态。工程绝对不是孤立的系统，在协同进化过程中与外界交换物质或能量，从而打破既有的平衡态。因此，工程和谐管理协同进化的过程亦是"人事物"各系统在不同的环境下"试错—锁定—解锁—再试错—再锁定"的反复过程，亦可认为协同进化阶段工程涉及的"人事物"均将经历从量变到质变、从静态均衡到动态均衡、从简单反应循环到超循环的过程。

3.2.3　三维度

（1）人维度

"人"是工程和谐管理最为主导的因素——即工程组织，其涉及投资方、建设方、运营方、使用方等不同的利益关联方，且具有"经济人""社会人""复杂人"等多维属性。"人"的意识形态、价值观、性格特质、职业操守、工作态度、能力倾向、为人处世等，共同决定了工程和谐最终的内涵与外延。人维度的工程和谐管理体现为充分运用马斯洛需求层次理论、公平理论、双因素理论、X理论和Y理论等激励手段，调动人的主观能动性与工作积极性，使得参与工程管理的个体、群体、团队、组织等广义的"人"和睦相处、志同心合、一团和气。人维度的工程和谐管理意味着化消极冲突为积极冲突，变被动应付与主动应对，做好选人、育人、用人、留人工作，充分彰显人的个性、挖掘人的潜能、体现人的价值。换言之，强化工程"人"的和谐理念、激励工程"人"的和谐行为、制订工程"人"的和谐体制、塑造工程"人"的和谐氛围，等等，均将使得人维度的工程和谐有效实现。

（2）物维度

"物"是工程和谐管理重要的保障要素——即由物理要素形成的工程项目，其涉及项目质量、工期、成本、安全等功能相关的机械、设备、材料、资金等诸多广义的"物"要素。物维度的工程和谐管理意味着物要素总能够得到合理配置与有效利用，即便是在急难险重任务条件的远程、异地、多点、并行施工，仍可以满足工程和谐管理对于物要素的需求。亦即，在各类物要素充分时，工程管理的投入产出相对高效，尽可能将资源冗余、沉没成本等降至最低；在各类物要素缺乏时，能够通过有效手段弥补不足或者在有限资源条件下投入产出效率达到最高。相对而言，针对物要素的工程和谐管理体现为通过资源优化、资源整合、资源集成、资产运营等多种手段和方式,将"物"的作用发挥至极致,确保物竞天择、适者生存。其他情形,比如生态环保型、绿色节能型、低碳型材料和设备等物化因素的选用,也是工程和谐管理的重要推动器。

(3)事维度

"事"是工程和谐管理必要的手段、工具与方法——即工程建造技术,其要求科学有效的建设技术、集成管理与信息化方法、全寿命周期管理等诸多技术方法,均须结合工程和谐管理的特点,力求筛选并运用切实能够做到事达其功、事得其法、事半功倍的技术手段。事维度的工程和谐管理要求能够实现工程和谐的若干理念与思路必须程序化、工具化、方法化、具象化。亦即,工程和谐管理需要针对工程"物"的特质及工程"人"的特点,有针对性、有意识地开发针对性的工具箱及软件包等,将其打造为实现工程和谐管理的有效利器。

工程和谐管理中的"人""物""事"并非孤立地存在,比如君子善假于物,"人"通过"事"作用于"物",明人理、通事理、晓物理等。亦即,如要实现工程和谐,"人""物""事"各维度子系统必须具备合适的要素、功能、层次与结构,遵循特定的"人理、物理与事理",转变为工程相应的"人和、事谐与物适",实现工程系统从"人"向"人和"态、"事"向"事谐"态、"物"向"物适"态的转变。因此,从"人物事"的三维度而言,工程和谐管理体现为单一维度的标量叠加与多维度的矢量合成,是各个维度不断演进的过程。

工程和谐管理的三维度如图3-6所示。

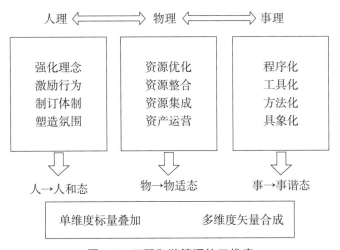

图3-6 工程和谐管理的三维度

3.2.4 四机理

(1) 人理——人和机理

人理是做人的基本原则和规律，包括经济人、社会人、复杂人在内的各类"人"所拥有的气质、性格、偏好、需求、价值观等多方面因素，"人和"是自然状态下工程建设参与"人"的"理"性表现。"人"维度下的工程和谐管理是前提，对工程和谐管理起主导作用。"人"维度下工程和谐管理即"人和"，表现为工程组织、团队和个人等在实现各自理想和利益过程中表现出的行动规则、原则与准则的一致性，具体指参与工程的组织、团队、个人等主体间组织关系、组织架构、组织价值以及内外部环境的协调，致力于达成工程建设组织协同化，但并不要求"人"的行为规范和准则完全一致，允许多主体多利益存在，只要达到工程目标的组织和谐状态即可。从"人"的自由无序状态向"人理"的规则、有序状态转变，通常不需要过多地借助系统外界的干扰作用，依靠人的本身反应和自然选择，即可实现这一转变。如工程建设参与方中的经济人会根据经济利益和个人利益最大化目标做出自己的行为选择；工程建设参与方中的社会人将更多地根据其所在组织中的安全感和情感依赖而决定其行为；工程建设参与方中的复杂人将因为人员构成多样性、需求层次性、动机差异性等而表现出复杂的行为选择方式。人维度的工程和谐管理重点是对涉及的所有参与主体的多主体利益的协调。具体而言，"人"维度的工程和谐管理"人和"体现为：

1) 人尽其才、才尽其用、用尽其能

针对参与工程的设计、施工、监理、运营等不同技术工种、不同素质禀赋、不同技能专长的人员，加强引导和激励，充分彰显人才个性、挖掘人才潜质、探究人才规律。以能力作为横轴，潜质作为纵轴，将工程领域各类人才划分为"人才"（能力强—潜质高）、"人材"（能力一般—潜质高）、"人财"（能力强—潜质一般）、"人裁"（能力弱—潜质低）。遵循人的成长规律，鼓励人才的正常流动，包括工艺团队、标段团队、项目团队、跨项目团队内的岗位轮换、人流调配与职务晋升等；通过人文关怀、文化建设、物质激励、职业通道等多种方式增强工程相关组织的归属感、凝聚力和向心力，尽可能避免人员流失。以此为前提，"人"的才华得到充分认可，才能得到充分展示。

2) "人"的结构合理与科学运行

从人理的视角而言，广义的"人"是集领导、员工、团队等工程组织于一体的集合体。工程能否实现和谐,既取决于领导对于工程和谐是否具有战略思维、大局观念、长远目标和社会责任,还在于员工能否理解、认可和遵循工程和谐的价值理念、行为准则与规章制度,同时亦要求团队众志成城、万众一心地围绕工程和谐目标而齐心协力地开展工作。与此同时,从工程组织设计而言,管理的层级与幅度、责权利能的设定、业务流程的优化等均必须充分考虑工程"人"的和谐动机、行为及结果,确保组织内部潜在的矛盾、冲突、对立、混沌等因素尽可能得到控制,不会影响工程和谐目标的实现。

(2)物理——物适机理

工程和谐管理的"人事物"系统中,物维度的"物"即工程客体对象,是工程项目属性"工期、质量、成本、安全"等物质资源要素的集成,也包括常规意义的物质要素,如资金、设备、材料、能源等。工程建设管理的"物理"表现为工程建设管理所涉及的各类物要素相对固化且属于物质层面的内容,发挥本身的物理属性、体现应有的功能价值而遵循的规则、原则与准则。"物"维度下的工程项目客体"物"相"适"应,是工程和谐管理的功能目标。物维度的工程和谐应该是"物尽其用"所达到的状态,即所有的物理要素能够切实保证工程目标的完成,所有影响因素的资源属性能够得到有效体现而无重复或浪费,资源的配置和利用充分合理且恰到好处。工程质量、工期、成本、安全所需的资金、设备、材料、能源等,是否种类越广泛、数量越充分、渠道越通畅就越能发挥作用,等等,显然并非如此。物质因素种类越广泛越可能产生冗余,数量越充分越可能配置不经济,渠道越通畅越可能形成路径依赖。可见,自然状态的"物理"必须不断优化才能实现"物适"和谐态。

工程"物适"层面的和谐影响因素及其作用机制能够有效促进工程和谐并提高工程项目成功的可能性。质量、工期、成本和风险是实现工程和谐的关键要素,但彼此之间并不是互相独立,而是存在错综复杂的相关性。国内外学者对质量、工期、成本、安全与实现工程和谐之间的关系展开了大量的研究,通过理论和实证研究广泛讨论了质量、工期、成本和风险在实现工程和谐过程中的权衡,但关于影响的具体机制仍存在较大争议。因此有必要对"物"维度的质量、工期、成本、安全因素影响工程和谐的具体机制进行综合研究。所以试图针对已有关于质量、工期、成本、安全等目标与工程和谐的关系存在差异化结论甚至悖论的相关研究,运用元分析的研究方法,对于多目标约束下的工程和谐展开较为系统的研究。以质量、工期、成本、安全为主要约束条件所形成的工程质量可靠、工程期限可控、工程成本可支付、工程风险可承受情境定义为物维度的工程和谐管理。物维度的工程和谐管理——即"物适"主要体现为"晓物理"，具体包括：

1）物尽其用、物有所值、物超所值

物维度的工程和谐管理表现为机器、设备、材料、资金等各类物要素不存在浪费或冗余现象，机会成本或沉默成本尽可能最低，物质要素的固有价值及其衍生价值尽可能达到最高，即物尽其用。特别是在复杂的工程环境和稀缺的工程资源条件下，跨区域、跨项目、跨团队、跨部门的资源调配显得尤为重要。与此同时，物质资源的显性价值与隐性价值、直接价值与间接价值、短期价值与长期价值等得到有效整合与统一，确保资源优化、资源整合、资源集成等行为行之有效，资源属性、资本属性与资产属性等特性有效转化。

2）数量质量兼顾、供给需求平衡、配置利用高效

物维度的工程和谐管理表现为工程所需的各类物质资源数量与质量均能满足要求，自有以及通过拼凑、整合、集成等方式获取的资源供给与工程对于资源的动态需求均能相互平衡，物质资源宏观、中观层面的配置以及微观层面的利用均能实现高效。在此基础上，工程质量、工期、成本、安全等整体目标随之实现。换言之，工程和谐管理的"物理"要求工程所需的各类物质资源从供给侧与需求侧优化的角度出发，均可以在数量与质量、配置与利用方面实现平衡与交互，并共同推进工程项目层面的质量、工期、成本、安全等资源和谐利用。

（3）事理——事谐机理

工程和谐管理的"人事物"系统中，事维度的"事"即工程主体"人"作用于工程客体对象"物"的相互关系——即建造技术，包括实现工程的价值、目标与建设任务等所需要的各种工程科学技术、方法与工具等。工程和谐管理的"事理"表现为工程建设总能够根据形势和条件的变化做出"知识"适应性调整，总能够应对各种错综复杂形势做出"工具"必要性调整，总能够满足对于系统功能动态需求的"方法"有效性选择而遵循的规则、原则与准则。

"事"维度下的工程和谐管理——即"事谐"是手段，是"人理"作用于"物理"的方法与途径，是指涉及工程建设各项任务及工程技术、管理方法和要素等技术方法的和谐，即工程建设的"知识、工具、方法"等"事达其功"时所处的状态。尽管目标合理、方法可行、技术适用即可保证工程和谐管理所涉及的各类"事"合情合理，但目标完成并不等于目标合理，方法可行并不等于方法最佳，技术领先并不等于技术适宜。因此，"事理"必须不断优化调整——形成"事谐"，才能保证事维度的工程

整体和谐的实现。事维度的工程和谐管理，以技术与方法创新为基础，引导工程建设走向系统和谐。

工程项目往往涉及多利益主体与多对应关系适配的处理，方法与工作程序错综复杂，且面临的技术与管理环境也处在持续变化中，这对于工程的有序进行提出了更为严格的管理需求。从系统论的角度而言，工程作为一种人造物，其能否实现系统和谐，是人、事、物相互作用的结果，具体体现为业主、设计方、施工方等利益关联方作为主体对于工程项目中的材料、设备、能源、资金等客体要素的技术手段、管理方法的和谐，亦即工程主客体关系的和谐。工程主体和谐，并不等同于实现工程的技术方法和谐。主体作用于客体的"事得其法""事半功倍"所实现的主客体关系和谐才能有效推动工程系统的和谐。然而，由于资源的有限性、能力的局限性以及环境的复杂性，工程管理的主体难以实现对于材料、设备、资金、能源等客体的全面兼顾，从而满足适宜的工程功能，由此使得事维度的工程和谐管理往往难以真正实现。"事"维度的工程和谐管理——即"事谐"主要体现为：

1）技术要素与管理要素相匹配

工程和谐管理中技术是根、管理是魂，两者不能完全独立和分离。工程技术必须以有效的人力资源管理、市场管理、知识管理、流程管理、制度管理等为支撑，在此基础上重构生产函数并形成互补机制，做到相得益彰。相对而言，工程和谐管理属于典型的技术创新与管理创新的结合体，在此过程中新技术、新工艺、新产品、新市场、新组织等均属于典型的创新类型，但其从基础研究、创新研究、应用研究、工程化、产业化等全过程创新链中必须嵌入合适的管理行为、过程及目标。相应地，在具备充分的管理创新条件下，技术创新亦必须随之调整，亦即创新链、管理链、工程链呈三螺旋上升的结构。

2）管理方法与工作程序相适应

工程数字化、绿色化、智能化、高端化等发展趋势对于工程和谐管理提出了更高要求。因此，在采取相应的手段和方式以适应工程发展趋势时，必须充分考虑现行的工作程序是否满足要求。比如现有的业务流程与财务流程能否做到业财一体化，支撑协同设计以及BIM的公司的现有OA系统能否满足要求，围绕全过程工程咨询、总承包制、建筑师负责制等转型所需的管理方法，等等。亦即，工程和谐管理所需的各类管理手段必须与工作程序相适应。当既有工作程序无法满足管理方法创新的匹配要求时，工作程序也应该相应地做出调整。事实上，工程和谐管理涉及的知识管理、业务流程再造、预警监测体系等缺失需要以必要的工作程序优化作为支撑。

（4）组态与协同机制——耦合进化机理

组态机制反映的是"人""事""物"单一维度、两两或三维的组合影响关系，遵从一般耦合优化原理；而"人事物"三维系统与环境的组合，则反映了系统整体的协同，其催化循环或迭代机制遵从系统协同进化原理。组态视角和定性比较分析是基于整体的视角，整合案例研究和变量研究的优势，将研究对象视为条件变量不同组合方式的组态，并通过集合分析要素组态和结果的集合关系，探寻多重并发的因果关系、因果非对称性以及多种方案等效等问题[97]。工程和谐涉及"人""物""事"等各个维度的和谐，组态分析可保证工程"人事物"系统和谐，提高自身的适应性、动态性和调整性。

耦合进化是指工程涉及的人、事、物要素的耦合优化及与环境的协同进化，将形成系统的创新能力与核心竞争力，促进工程建设有序协调发展。"耦合进化"机理可使工程建设系统的各要素，通过线性和非线性相互作用，以及序参量或吸引子主导机制，自组织生成耦合有序的状态，实现系统全要素优化，并促进工程建设绩效提高。其中，"人和"在工程和谐管理中具有序参量或吸引子的作用，工程系统在人要素、物要素与事要素依次达到人和态、物适态和事谐态之后，促进其耦合进化的进程。耦合进化也可能有正面与负面，如果控制不当让负面耦合发挥主导作用时，将发生错误的叠加放大效应。工程要素耦合进化是建立在人和、物适、事谐的反应循环、催化循环基础之上的耦合进化的超循环。

工程和谐管理视角下的工程项目必须保证投资、质量和工期相互和谐统一，而且"人"要素与"物"要素实现和谐统一，最大程度地开发和利用主体因素的能力和潜力，尽可能地积累客体要素质量、工期、成本的协调处理办法及质量、工期、成本影响因素的配置和利用方法，实现主客体及其作用机制所产生的耦合进化和谐态。基于主客体的和谐化，协同优化内部与外部系统的交流与共进，保持与时俱进的发展势头，实现内部系统与外界的自然生态、政治经济、社会人文环境的耦合进化。必须承认，实现工程和谐管理所需的人、物、事虽然属于充分条件，但是往往很难同时、整体进入最优状态。因此，实现工程和谐管理的人理、物理、事理具有组态效应，实现工程三维度及其与环境的作用遵从耦合进化机制。

工程和谐管理四机理如图3-7所示。

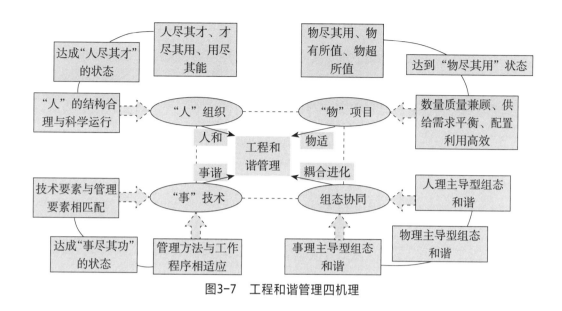

图3-7　工程和谐管理四机理

3.3 工程和谐管理的环境约束

工程所处的自然、经济、人文、社会等外部环境形成了对于工程和谐管理有形或无形的约束，亦为工程能否和谐以及如何和谐提出了新的挑战和要求，使得工程和谐管理往往不得不打破陈规、积极开展探索性创新与开发性创新，以此突破环境约束，为实现工程和谐努力创造条件。

3.3.1 自然生态约束

工程所处的地形地质地貌等自然条件约束将显著提高工程技术与管理难度，增加工程有形或无形成本，制约工程与外部环境的合理融合。自然生态约束要求工程和谐管理必须考虑更为复杂的施工环境与条件，更为动态的设计及施工方案调整需求，更为系统的预警预控预案编制，等等。闻名历史的长城、都江堰等工程，以及当代知名的青藏铁路、港珠澳大桥等工程，无一不是在特殊的自然环境约束下发挥巧夺天工、鬼斧神工般的创新思维与能力创造的奇迹。自然生态约束是工程和谐管理过程中的硬约束，是直接决定工程和谐管理目标能否实现的最基础条件。相对而言，复杂与恶劣自然环境约束下的工程和谐管理涉及的事往往是非常态、非常规的，涉及的物可能需要更多的"冗余"考虑以及应急储备，涉及的人往往是更具经验、知识与能力的优秀团队以及更难同时兼顾其诉求的诸多利益关联方。具体而言，自然生态约束对于工程和谐管理的影响体现为：

（1）冗余设计

当自然生态约束较为明显，特别是在极端的自然环境条件下，设计及施工等各类指标及参数的选取不得不考虑上限或极限，以确保安全和稳定。冗余设计为"人事物"维度的工程和谐管理预设了若干弹性系数、柔性条件、变通方式和可改选项，使得即便在高度不确定的自然环境下，既有的工程和谐管理方案可以确保实现既定工程和谐目标。冗余设计中的"冗余"部分意味着在特定的自然约束下，工程管理不得不应对原本未能充分考虑到的不确定性条件与非和谐因素。相应地，通过"冗余"来减少或消除自然约束导致的物质不充足、方法不合理、人力不充分、设备不适用等问题，进而提升工程和谐管理的动态能力。

（2）应急反应

自然生态约束为工程和谐管理的资源配置与利用、方法选择与应用、人力管理与服务等均提出了新的挑战，并将使得工程和谐管理的目标必须在急难险重的条件下做出决策。基于此，建立集风险感知、风险识别、风险学习、风险分担、风险转移、风险承受等于一体的自然环境约束下的应急反应方案显得尤为重要，包括针对复杂自然环境下的设计、施工及运营等，应做好必要的应急管理团队建设、应急物流配送体系、应急演练常态化管理、应急预案编制等若干工作。因此，应通过科学、高效的应急反应方案"以不变应万变"，确保工程和谐目标的实现。

（3）生态保护

任何工程建设必须通过严格的环境影响评价方能开工建设，广义评价指对拟建工程可能造成的环境影响（含不利影响和有利影响）进行分析、论证的全过程，并在该基础上提出将采取的防治措施和改进对策。自然生态是人类社会得以产生的物质前提，也是人类赖以生存和发展的外部环境。人们的衣食住行都必须从生态环境中进行索取。伴随科学技术的发展，社会生产力水平越来越高，人类改造自然的能力不断增强。工程作为人造物的过程，是人类社会重要的活动，如果人类以自己的生存为中心，忽视自然生态的保护，人类社会将面临严重的危机，如能源危机、环境污染、温室效应等。由此可见，自然生态保护与每个人息息相关，关系到人类社会的生存和发展，工程建设过程中加强生态环境保护具有非常重要的意义。

3.3.2　政治经济约束

（1）经济基础是工程建设的重要前提

和平年代的工程建设受到经济条件的重要约束，工程和谐管理必须兼顾考虑特定的经济要素,并实现与经济环境的融合与协调。经济新常态条件下,中国经济增长速度放缓,进入增长决定性阶段,增长方式亦由要素驱动、投资驱动转变为创新驱动。当前,政府投资工程项目受到诸多宏观政策的影响,比如财政部门对地方政府发行债务的最高上限提出了要求。"三去一降一补"政策对于工程建设领域的去产能、去库存、去杠杆、降成本、补短板等要求同样使得工程和谐受到一定的约束。简言之,当经济增速与方式转变、经济面临调整和优化时,工程和谐试图追求的绿色、低碳、节能、环保等若干生态和可持续目标需要以更优的质量、更高的成本、更长的周期为代价,其往往难以保证。因此,经济基础或经济发达程度是工程和谐的重要前提。

(2) 工程建设是经济发展的重要动力

工程建设作为特殊的产业,与设计业、建筑业、咨询业、监理业、工程材料业、信息技术服务业等上下游产业、配套产业、衍生产业等密切相关并能带动其发展。工程建设作为投资的"三驾马车"之一,是经济的重要支撑力量,历来作为推动经济增长、解决社会就业、打造新的经济增长点的重要途径和方式。工程建设中嵌入的和谐价值链、和谐经营理念、和谐工程哲学等对于经济发展而言,具有重要的战略意义与期权价值。工程建设的和谐目标从短期角度而言,经济价值、社会价值、生态价值等并不明显,但其必将成为经济发展的加速器与源动力。亦即,融入和谐理念的工程更能够经受住社会、时间和历史的检验,更能体现其无形价值,更能推动经济发展。

(3) 工程和谐管理是工程与经济实现的协同进步

工程全寿命周期管理所需要的各类费用能否得到有效满足,并根据形势变化动态跟进并稳定、持续地保持支出,对于工程和谐管理的影响是至关重要的。工程和谐管理需要兼顾和应对工程多主体参与引发的利益兼顾复杂性、多要素集成引发的成本构成多元性、多阶段交替引发的投资追求可能性。同时,亦需要充分考虑工程的智能化、可视化、绿色化发展等趋势对于经济环境的依赖性以及经济目标的权衡性。不同经济发展周期的经济增长速度、方式与类型对工程亦提出了层次性、差异化的要求。因此,工程和谐管理是协调微观层面的工程特质与宏观层面的经济形势而实现的协同进步。

3.3.3 人文社会约束

从广义的工程概念而言,其已经不局限于纯粹、完全的"人造物"这一物化的概念,其被赋予更多的人文内涵,包括设计理念中是否融入人文因素,施工现场管理中是否具有人文关怀,工程相关的物质文化、行为文化、制度文化、精神文化如何,等等。

工程领域的诸多正式制度与非正式制度对于工程和谐管理起着无形的制度引领与约束作用，强调在政策允许、制度可行、合规合法的条件下实现工程和谐。制度约束是双刃剑，尽管其在某种程度上增加了工程和谐管理的条件和难度，但其具有重要的信号示意与条件触发作用。

（1）文化植入

人文社会约束对于工程和谐管理的重要影响即在于文化植入。工程的文化内涵与设计师文化、工程师文化等已浑然融为一体，物化的工程从人文的视角而言已经超出物理维度本身的内涵。党的十八大以来，习近平总书记围绕劳模精神和工匠精神发表了一系列重要论述。习总书记强调要"大力弘扬劳模精神、劳动精神、工匠精神""培养更多高技能人才和大国工匠"。工程和谐管理离不开设计、施工、管理等各类人员的工匠精神，鼓励和支持其以"绣花功夫"参与工程建设及运营管理。工程和谐管理中的文化植入包括通过创意设计、绿色施工、人性化管理等多种途径方式，形成特定的工程品牌文化、工程团队文化、工程精神文化等等。文化植入赋予工程和谐管理更多的可以积累、沉淀、传承与创新的经典文化内涵与底蕴。

（2）制度规范

尽管学术界、工程界及政府层面均未对工程和谐以及工程和谐管理的内涵、形式及标准等作出明确的规定，相应的规范亦未形成，但是若干制度的颁布与出台正在引导工程和谐管理的制度规范。绿色建筑是工程和谐的重要表现形式之一，住房和城乡建设部对于绿色建筑单方造价增量参考指标、绿色建筑技术增量成本单项参考指标等予以明确。其将引导一星级、二星级、三星级绿色建筑标识逐步建立科学的规范。尽管工程和谐不局限于工程的绿色发展，但是相关制度文件确实对于工程招标投标相关的规范与准则、工程质量工期成本等的协调与平衡、工程人员的职业道德操守与素养、工程与环境的和谐统一等起着重要作用。可以预见，制度约束将引导工程和谐以及工程和谐管理的评价维度与指标、表现形式与内涵、操作规程与步骤、检验标准与方式等逐步形成并广泛推广。

（3）社会发展

在中国历史上，工程经历了从无到有、从小到大、从易到难、从经验管理到科学管理、从工程大国到工程强国等发展及演变的过程，对于工程和谐内涵的理解亦在不断深入，与之相配套的制度正在逐步精细化和规范化。以建筑节能为例，住房和城乡建设部印发的《北方采暖地区既有居住建筑供热计量改造工程验收办法》、《"十四五"建筑节能与绿色建筑发展规划》以及《既有建筑节能改造智能化技术要求》GB/T

39583—2020等系列文件与规范相继出台。其说明围绕工程和谐的政策层面的制度正在初步趋于成熟、完善与系统，跨部门、跨区域、跨流域、跨层次的制度正在形成合力。同时，制度跃迁所体现的历史阶段特征表明社会对于工程和谐正在达成高度共识，对于工程和谐管理的参与力度与执行效率均在不断提升。相应地，随着制度跃迁带来的能力层级不断增加，更高水平的工程和谐态亦将随之产生。

第 4 章 工程和谐管理的"人和"机理

4.1 工程和谐管理的"人和"理论诠释

组织行为学研究的重点为个体、群体团队及其组成结构对组织内部行为的影响机理,并通过运用这些知识来提高组织的有效性,组织行为学探索人在组织中的作用,研究其行为变化如何影响组织的绩效[98]。为激发工程建设主体组织中个人和团队的工作效率、积极性及创造力,并促使个体与组织、组织与环境等要素之间的协调发展,工程和谐管理基于组织行为学的相关理论与方法对主体和谐进行管理,从而提高工程建设组织的绩效并促进工程建设整体目标的实现。

工程和谐管理从组织行为学角度强调人的因素作用。工程和谐管理"人和态"的多主体利益协调中,参与工程建设的业主、监理方、承包方等主体利益协调属于组织行为学范畴。工程建设项目目标确定、物资材料供应、设施设备保障、施工方案组织、技术方法选择等,都依靠工程建设主体中领导个体或团队的知识体系和行为变化。在工程和谐"人事物"系统中,人或组织是起主导作用的要素,是工程和谐管理获取功能价值最大化的关键要素。由于人的知识局限性和行为的不确定性,可对工程建设系统产生消极影响,但是通过人与人的竞争、沟通与合作可促进工程建设组织内集成创新,从而提高工程和谐管理的组织凝聚力与核心竞争力。

4.1.1 冲突理论分析

冲突理论起源于功利与竞争。人的个性、信息交流、组织文化、利益冲突与管理方式等均会产生个体或群体冲突。化解冲突的方法很多,一是可以选择强化定律,二是进行积极有效沟通。美国学者斯金纳由强化实验得出行为定律:一种行为后伴随一种有利的刺激,那么会增加该行为重复发生的概率,即行为是结果的函数,因而可以选择积极强化措施。沟通可以协调各组织、各团队、各组成要素，是提高企业凝聚力的必然过程，是领导激励员工实现领导职能的基本途径，是建立企业与外部环境之间联系的桥梁。总之，积极有效沟通是组织或系统化解矛盾、解决冲突、协同一致的重要方法。

工程建设组织内部由于参与人员的心理、性格、阅历、能力等差异性将导致个体对于组织目标的认识存在偏差，工程建设参与人员个性偏好和需求层次等差异性将导致个体目标与工程项目组织目标存在偏差。同时，工程建设组织中的沟通因素、组织结构因素以及个人行为因素等均会使得工程建设组织中的个人与组织冲突加剧。实现工程建设组织与个人行为的和谐必须在工程项目管理中设置超级目标、运用行政手段等策略以有效化解冲突。工程和谐管理在有效避免工程建设群体冲突的同时，认同适度的冲突对提高工程建设组织绩效是有利的。从组织行为学的角度而言，工程和谐管理不应该消除工程建设组织中所有的或必然存在的冲突，而应该设法利用冲突为提高工程建设组织绩效服务。因此，工程和谐管理鼓励合理的组织冲突，主张在合理冲突过程中发现矛盾、解决问题、化解工程建设管理的若干不和谐因素。工程和谐管理通过培育和塑造和谐的组织文化、工作模式，有助于完成工程建设过程中不同岗位的工作丰富化设计，实现不完全意义上的工程建设组织边界拓展，形成工程建设组织变革与发展的和谐动力，从组织行为领域实现工程和谐管理。

工程建设的组织行为学理论是研究工程建设组织中人的心理和行为表现及其客观规律，提高工程建设主体特别是管理者预测、引导和控制人的行为的能力，以实现工程建设组织既定目标的科学。

4.1.2 激励理论分析

美国心理学家亚伯拉罕·马斯洛提出，人的需要有五个层次，即从生理、安全、社交、尊重、自我实现五个层次需求由低向高。美国著名心理学家，赫茨伯格提出了双因素理论，将企业有关因素分为满意因素和不满意因素，把让企业员工感到满足的因素称为激励因素，常常与工作性质及内容有关。让员工产生意见和消极行为的因素称为保健因素，往往与工作环境及条件有关。

事实上，员工是工程和谐管理最为重要的个体，有效激发工程项目人员的主观能动性以及工作积极性是工程和谐管理的重要前提与根本保证。因此，工程和谐管理可依据马斯洛需求层次理论满足广大团队及相关人员的差异化需求以及不断升级的需求。

在工程建设管理中，运用双因素理论对不同岗位的工作性质、工作内容、工作环境和工作条件等进行全面考虑，合理分工并制定有效的薪酬方案，实现对于工程建设所有参与人员的保健和激励；在工程建设管理中尽量减少人员的公平缺失感以及非理性攀比心理，以此保证所有参与人员之间的相对公平。从员工视角而言，工程和谐管理需要实现严谨的工程作风和宽松的工作环境、严格的要求与完善的激励政策、差异化的工程建设环境与相对一致的工程项目人员技术、人格和态度等的辩证统一，有效保证工程建设在个体行为领域的和谐管理。具体举措包括在物资供应、政治待遇基本平等的基础上，实施以荣誉表彰为核心的激励机制，强调团体激励，以解决团队中的短板为目的，提倡正面激励来抵消人的消极行为，激发全体人员的积极性与创造性，等等。

按照马斯洛需求理论，除了五个基本需求层次外，还有"求知的需求"和"超越自我的需求"。"求知需求"介于"尊重的需求"和"自我实现的需求"之间，实质上是知识创新需求。从人类社会发展历史看，"求知的需求"应作为人的基本需求层次。马斯洛将"超越自我的需求"归入"自我实现的需求"。但从社会发展史看，"超越自我"是人类精英追求理想的需求，代表人类需求层次进化的方向，应是比"自我实现的需求"更高的需求层次。按照赫茨伯格双因素理论中的激励因素，工作本身的因素对于行为主体的激励效果更为明显。因此，在工程建设管理中，更应该发挥人的求知欲望和学习能力，构筑工作学习的氛围和平台，打造以学习型领导、团队及员工为核心的学习型组织。基于以上做法，实现建立在求知需求和工作激励基础之上的组织和谐。

4.1.3　领导理论分析

在现代管理学中，有一种"四分图"领导理论，它把领导行为分为两个维度：结构维度和关怀维度（表4-1）。结构维度的领导行为重视工作任务的完成；关怀维度的领导行为以人为主，强调建立领导者与被领导者之间的尊重和信任关系。根据以上两个维度将领导行为划分为四种类型。

领导理论四分图表　　表 4-1

低结构 高关怀	高结构 高关怀
低结构 低关怀	高结构 低关怀

有学者在此基础上提出"双高假说",认为一个领导者必须把这两维度结合起来,方可进行有效的领导,即兼具高结构、高关怀才是最好的领导方式。工程建设的专业团队、项目团队、跨团队以及临时团队等所形成的群体,在工程建设中固然受到"令行禁止"等纪律作风的影响,使得群体在目标、行为和思想等方面具有较强的一致性,但仍然不可避免地会出现群体沟通障碍、群体决策失效、群体组织冲突等现象。基于以上问题,在工程建设管理过程中,是否有一个具有强大影响力、号召力和感召力的领导显得尤为重要。工程和谐管理可以充分发挥工程建设管理人员中领导的指挥、协调与激励作用,按照四分图理论的双高假说,推行领导的"高组织"和"高关心"人行为以及俱乐部型行为和团队型行为,倡导工程建设的说服式、参与型工作方式,消除不同类型群体的冲突因素,实现对于工程建设参与群体的和谐管理。

4.2 工程和谐管理"人和"的概念

工程和谐管理的"人事物"系统中,人维度的"人"泛指参与工程建设的所有个人、群体、团队或者组织等利益关联方,是系统实施的主体,具体是指由工程建设业主、设计方、承包方、监理方等组成的一个集成式组织系统。

4.2.1 "人"与"组织"及"人理"关系

人理是人从自身最基本的需求出发,真实展示自己的性格、品质、兴趣、价值观而遵循的客观规则。狭义的"人"在没有融入"组织"之前,其所展示的"人理"属于本我和自我的表现。本我反映为参与工程建设的人,表现出个人生存最基本的欲望、冲动与生命力,按照自己的想法和原则去为人处事,不在意外在的行为规范与道德准则。"人"的本我表现所体现出的"人理"属于无意识的、不被个体所决策的本能反应。自我反映为参与工程建设的人能够意识到自己在想什么、做什么、想得到什么,但其行为表现的主要出发点仍在于个人的需要得到满足,追求满足需求的快乐而保证自身不受到伤害。可见,独立的、狭义的、单一的"人"对应于利己主义下的"人理"。不为个人利益、一心追求真善美的"自我超越"需求,才是突破"自我价值实现"层次的理想人。所有为理想社会、为科学真理、为艺术献身的人,都是"理想人"。工程中的理想人,是永不满足现状、追求工程完美和利益共享、一生致力于工程创新的人。以工程理想人为核心建设的工程团队,不仅是和谐一致的团队,而且是创新发展的团队。虽然，"人"表现出个体最真实和本性的一面，但该"人"若不遵循组织一定的规则，显然并不能真正实现工程和谐管理，无法达到广义组织"人"的和谐态。

组织是指工程建设参与单位的集合体，狭义是指设计、施工及建设参与者等。当工程建设的个体融入工程建设"组织"之后，有了上下级组织纪律、相互对应的工作关系，受组织文化的熏陶和感染，受组织内部模范人物的示范和带动作用，受组织中核心领导的教育和指引，其将超越本我、自我而成为超我。在此条件下，工程建设的"人"与"组织"完全融合，共同通过内化道德规范、内化社会及文化环境的价值观念来约束、规范、监督的行为。超我要求自我按照工程建设组织可接受的方式去满足本我，所遵循的是理想和超越状态下的"人和"原则。

4.2.2 "人""组织"与"领导、员工、团队"的关系

工程和谐管理所涉及的"人"属于广义的概念，组织内部涵盖的个体和群体均属于"人"的范畴，因此主要包括领导、员工、个体、团队等，见图4-1。

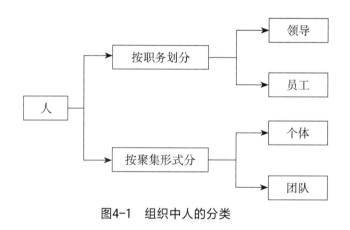

图4-1 组织中人的分类

领导是工程建设组织的核心人物和灵魂人物，领导文化在一定程度上代表了工程建设的组织文化和单位文化，领导的价值观、品行、素质、修养以及行为风格能够反映工程建设组织整体的行为表现，领导的决策能力与水平几乎可以直接决定一个工程项目组织的生存与发展。"铁打的营盘流水的兵"，工程建设过程中人员的流动性较大，相对稳定的是建制和机构。因此，在参与工程建设的各类"人"中，领导扮演着重要的催化剂和胶粘剂作用，属于工程建设的特殊个体。

工程建设的员工包括参与工程建设的所有参与人员，如设计、施工单位以及其他

单位相关一线人员，是工程建设的重要主体。做正确的事和正确地做事，对于工程建设同等重要，领导可以决定做正确的事，但如何正确地做事则需要依靠员工来完成。因此，员工是工程建设主体的主要组成部分和力量构成，但因为员工的需求、能力、偏好等诸多素质特征存在差异性，因此员工所代表的工程建设参与人将表现出差异性较大的经济人、社会人、复杂人等多种类型，使得对于员工的管理同样存在难度。

工程建设的团队作为"人"维度特殊的群体，由工程建设系统本身的动态属性所决定。工程建设的专业团队、标段团队、项目团队以及跨团队等均将伴随工程建设任务具有复杂性。在一定程度上可以认为，工程建设的若干项目团队属于工程建设中"人"的特殊表现形式。

4.2.3 "领导、员工、团队"与组织子系统"人和态"

领导、员工、团队作为"人"要素的3类具体形态，对于组织子系统"人和态"的形成均具有积极的影响作用。

（1）领导的影响

依据不同领导对于组织和任务的关注重点相对不同，可将领导划分为不同类型。不同类型领导的决策能力、亲和力与感召力等将决定领导为人处事的风格，其对于能否让员工感觉到信服和安全感，能否团结广大员工并有效协调组织内部的关系，能否通过示范和引领为员工树立良好的榜样，能否引领一个团队或组织的和谐发展等等，具有重要影响。因此，不同类型领导对于工程建设"人和"的影响在于：领导的态度、思维、行为等将影响领导自身在工程组织中能否处于"人和"的核心地位，也将通过领导与员工的和谐关系推动组织内部"人和"的可持续发展。

（2）员工的影响

员工之间整体关系融洽与否、信息沟通顺畅与否、员工内部是否存在非正式组织及核心人物、员工中存在的冲突是否合理以及是否可缓解或消除、员工中是否存在和谐的文化氛围以及是否愿意遵守统一的规则等等，均将从员工个体或群体层面对于工程和谐管理"人和态"产生影响。员工的人员构成及能力表现决定其是否具有岗位胜任能力并融合组织被组织所接受，员工的世界观、价值观、人生观决定其在组织中的价值取向并影响组织内部的归属感、凝聚力和向心力，员工心理契约影响工程建设的组织承诺并将决定"人和态"的稳定性和持久性。

（3）团队的影响

团队是工程建设的骨干力量，是工程建设合力的重要来源。工程建设项目团队作为特殊的群体，不同于员工个体以及一般群体对于工程和谐管理的影响。团队内存在的领导者、团队内形成的统一使命和目标、团队内塑造的良好的团队文化、团队对于员工个人行为的影响和感染、团队在分解与重新组合过程中对于文化和知识的传承等，均将在较大范围内对于工程建设组织整体的和谐氛围产生影响。一个高素质的团队不仅影响甚至可以决定一个组织的和谐程度。团队文化是影响工程建设"人和态"的重要途径，团队中存在的奉献、合作、奋斗、敬业等文化可为塑造良好的"人和态"奠定坚实的基础。

从工程建设系统分析，建设组织是工程建设整体和谐的子系统，而"领导、员工、团队"是建设组织子系统的基本要素，组织要素的和谐将促进组织子系统"人和态"，而各子系统的耦合优化及与环境协同进化将推进系统整体和谐态。

领导、员工和团队所共同形成的组织子系统的"和谐态"离不开创新要素的驱动作用。创新型领导比一般领导更能引领组织的创新突破发展与新格局，创新型员工比一般员工更能提高工作的效率、效果与效益，创新型团队比一般群体更能发挥群策群力、集思广益的作用。领导、员工、团队等广义"人"所具有的创新意识、思维与能力为组织内部的人力资源耦合优化以及与外部环境的协同进化创造了必要的条件。

4.3 工程和谐管理"人和"的内涵

人维度下工程"人和"是工程和谐管理的前提，对工程和谐管理起主导作用。工程和谐管理"人和态"主张人尽其才、才尽其用、用尽其能，各利益关联方的多主体价值取向一致、利益协调均衡，进而实现工程和谐管理。

"人"维度的工程和谐管理的表现为工程建设组织、团队和个人等在实现各自理想和利益过程中表现出的行动规则、原则与准则的一致性，具体指参与工程建设的组织、团队、个人等主体间组织关系、结构、价值以及组织内外部环境的协调，致力于达成工程建设组织协同化，但并不要求"人"的行为规范和准则完全一致，允许多主体、多利益存在，只要达到工程目标的组织和谐状态即可。

众多研究和实践表明，与"人"的因素相关的矛盾主要有四类：组织结构与环境的矛盾、组织与个人行为的矛盾、组织中人与人之间的矛盾、项目团队之间的矛盾。因此，工程建设"人和"机理也涉及四个方面：组织结构与环境的和谐、组织与个人行为的和谐、组织内部人际关系的和谐、项目团队的和谐，四种矛盾类型与和谐状态如表4-2所示。

四种矛盾类型与和谐状态　　　　　　　　　　表4-2

矛盾类型	矛盾原因	可能造成的损失	希望达到的和谐状态
组织结构与环境的矛盾	组织结构的刚性无法应对环境的变化	环境的变化引发的问题无法通过组织的功能解决,可能造成问题的发展和恶化	组织有一定的适应环境变化的弹性,同时也具有随环境而改变的塑性
组织与个人行为的矛盾	组织目标与个人期望不符合	员工消极工作,偷懒,抵制命令,造成工作效率低下,增大管理难度	组织目标与个人期望相统一,人们努力工作时仍能精神舒畅,主观能动性充分发挥,实现帕累托最优
人与人之间的矛盾	每个人的性格、阅历、价值观、习惯等不同,容易造成误会、反感甚至敌对情绪	人员之间勾心斗角,严重损害组织的凝聚力,造成斗志涣散,甚至可能会引发冲突	人们之间相处融洽,团结友爱,相互配合和理解,形成一种"人人为我,我为人人"的局面
项目团队之间的矛盾	由于团队的专业分工不同,彼此间缺乏了解和沟通,一方的某些举动可能会损害另一方的利益	团队之间不配合,各自为战甚至相互拖后腿,相互争夺资源,出了问题相互推诿,严重影响管理和工作的效果	团队之间信息畅通,相互体谅和配合,工作井然有序

4.3.1　组织结构与环境和谐

系统论有一条重要的论断:结构决定功能。而功能又是为了实现具体目标而制定的。目标的实现程度又常常受到环境中不利因素影响,对于工程项目更是如此。因此,为了使得项目目标和组织目标能够实现,要求组织必须有柔性的结构以与环境相匹配,减弱或消除环境对项目目标的不利影响,达到一种和谐状态,即组织结构与环境的和谐。组织结构与环境的和谐形式主要有适应性和谐、优化型和谐、变革型和谐三种,分别对应不同的情况,见表4-3。

三种和谐类型　　　　　　　　　　表4-3

名称	作用对象	作用结果	作用解释
适应性和谐	由环境变化引发的较小的问题	组织不需改变结构,即可将问题解决	适应性和谐所能解决的问题大小和范围取决于组织的应急功能和补缺功能的强弱
优化型和谐	由环境变化及组织自身缺陷引发的问题	组织需要做一定程度的优化才能将问题解决	优化是在大框架不变的情况下对组织的某部分进行微调,可以解决较大的问题
变革型和谐	由于环境剧烈变化导致组织结构严重不适应环境的问题	组织需要做彻底的变革才能解决问题	变革型和谐能解决非常严重的问题,但组织的变革需要付出较大的代价,而且变革时间较长,也有很大的风险,因此不常用

(1) 适应性和谐

①组织结构适应性和谐概念。组织结构适应性和谐是指，以工程化的组织和制度为前提及保障，以工程建设为纽带，既定的工程项目组织结构形式具有较强的动态适应性、自我稳定性，从而能够满足工程建设在复杂环境下对于组织结构的特殊需求。适应性和谐组织的突出特点是目标明确、机制灵活、人员精炼，并强调组织内外优势互补。

无论是职能式组织结构或是矩阵式组织结构，其目的均在于满足工程建设的实际需求。然而在工程建设运用过程中，组织结构相对应的各部门的功能与职责能否得到具体体现，如采购部门能否保证工程建设所需要的大型建筑机械、高质量的建筑材料、复杂的辅助设备等准确到位；技术部门能否为工程建设提供准确无误的施工方法和相应图纸，以及快速解决工程项目施工过程中出现的各类问题；人力资源部门能否为工程建设提供其所需要的各类管理人才、技术人才及一线操作工人才，均取决于组织结构与项目的匹配程度。工程建设的组织结构适应性和谐反映为依照既定的工程化组织所确立的等级制组织机构，结合工程单位实施工程建设所惯用的项目管理组织结构，能够保证实际的组织结构与工程建设具体运作的需求能够很好地适应和匹配，实现工程化组织到工程项目组织的有序衔接和平稳转接。

②组织结构适应性和谐分析。组织结构适应性和谐并不意味着工程项目组织结构本身能够从组织架构、幅度设置、功能选择、职责分工等多个角度满足复杂多变的工程建设需求，其基本要求在于建立在工程组织、工程作风以及工程管理制度等基础之上的工程项目组织结构的工程特征能够弥补组织结构本身存在的不足，如图4-2所示。

第一，工程和谐管理对于组织结构具有补缺功能。在工程项目组织的科层式组织架构中，依照具体分工，各部门及部门内的各岗位均有详细、严格、缜密的工作说明

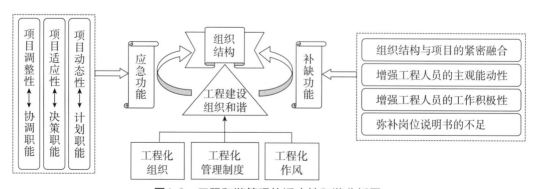

图4-2 工程和谐管理的适应性和谐分析图

书。针对工程建设对各部门提出的具体要求，各部门及岗位拥有相应的权限、承担相应的任务、履行相应的职责，全力配合和支持工程建设施工。然而，在岗位分工中不可避免地存在任务交叉、权责重复等现象，其可能会引发工程建设管理的不和谐现象。工程和谐管理在一定程度上打破了工程化组织结构中岗位职责严格的条条框框，能够对岗位分工中无法具体界定的任务与职责进行补充，同时以项目为纽带，实现组织结构与项目的紧密融合。工程和谐管理的补缺功能来源于和谐管理，能够增强工程建设各类人员的主观能动性以及工作积极性，其能够弥补岗位说明书存在的不足。

若要比较有无补缺功能系统的作用，可以采用因果循环图加以解释。在"无补缺功能"时，系统因果循环图如图4-3所示。

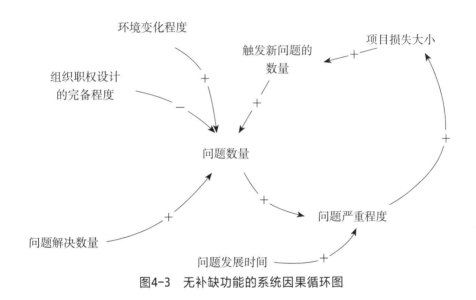

图4-3　无补缺功能的系统因果循环图

在图4-3中，当工程建设开始时，组织职权设计已经完成，因此其完备程度通常是个常量。针对出现的问题，组织职权既定的完备性在一定程度上能够减少问题的数量。在组织不具备补缺功能时，显然无法解决所有的问题。没有任何部门对问题负责或者多个部门对问题负责，必然导致彼此相互推诿。因此某些特定的问题不会得到处理，都会任其发展，所以问题解决数量相对有限，甚至为常数。在无补缺功能的组织中，问题解决的数量越多，对于组织的依赖性越强，反而会使得问题的数量越多。

由于工程建设所面临的环境无时无刻不在变化，环境的变化将触发众多问题，导致问题数量开始增加。于是激发了右侧的"问题数量—问题严重程度—项目损失大小—触发新问题的数量"增强回路，问题开始自行增长。这时的增长与环境无关，是由系统自发形成的，只要系统不改变，问题将持续增长。因此，一边是环境变化导致问题的发生，一边是系统让问题持续增长和恶化，如此愈演愈烈，最终对工程建设造成巨大的损失。因此，"存在补缺功能"的系统因果循环图如图4-4所示。

若存在补缺功能，则情形又大不一样，刚开始仍然按照无补缺功能的状态发展，问题的数量将增加，只是问题数量太少，影响太小，尚不能被识别出来。然而一旦问题数量增加到一定程度，终将被识别出来。并且由于人和状态下，个人和组织都有较高的识别问题的意愿，在知识和能力足够的前提下，一般这类问题很快会被识别。一旦识别出来，将触发补缺功能。具体而言是触发三条调节回路。

第一条调节回路是"识别问题数目—自行解决问题或协助他人解决问题的意愿—

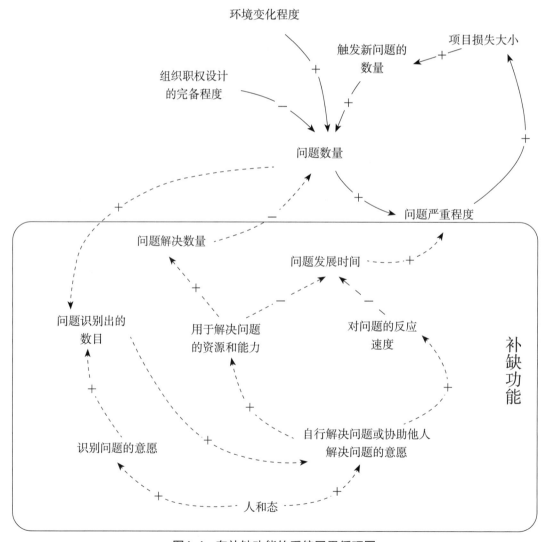

图4-4 有补缺功能的系统因果循环图

用于解决问题的资源和能力—问题解决数量—问题数量"；第二条调节回路是"识别问题数目—自行解决问题或协助他人解决问题的意愿—用于解决问题的资源和能力—问题发展时间—问题严重程度—项目损失大小—触发新问题数量—问题数量"；第三条调节回路是"识别问题数目—自行解决问题或协助他人解决问题的意愿—对问题的反应速度—问题发展时间—无部门问题严重程度—项目损失大小—触发新问题数量—问题数量"。这三条调节回路将努力保持无部门问题的数量维持在一定范围内，从而减弱甚至抵消增强回路造成的问题增加，控制项目可能造成的损失。这正是补缺功能的作用所在。

第二，工程和谐管理对于组织结构具有应急功能。对应于工程项目组织结构的适应性和谐，往往需要依靠工程项目组织结构本身所具有的特点与功能实现工程建设的动态性、适应性和调整性，其对于组织的计划职能、决策职能、协调职能等要求较高，而这些职能都离不开信息的支持。通常情况下，工程项目组织结构对于信息的搜集并非绝对高效，对于工程建设相关问题的解决可能具有滞后性，对于工程建设的补救方案可能具有不完备性。基于此，在处理突发事件和应急问题时，一线工程项目人员往往比组织结构中位于顶层和中层的领导人员更能了解实际情况，工程和谐管理的作用正是在于发挥其对于工程建设难题及遗漏问题的应急功能，有助于实现组织结构与项目的和谐发展。即在和谐管理模式下，即便工程项目组织结构与项目要求存在不匹配情形时，和谐管理能够将可能存在的隐患进行有效预警，或者在出现不和谐因素时予以消除。没有应急功能时，系统因果循环图如图4-5所示。

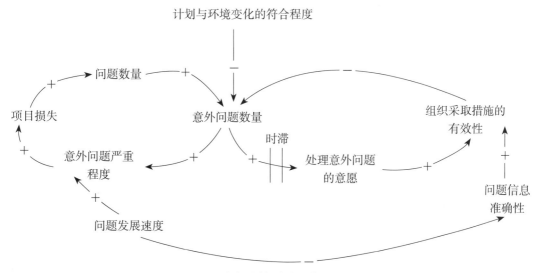

图4-5　无应急功能时的系统因果循环图

图4-5由一个增强回路和一个调节回路构成，左侧是一条增强回路，该回路与补缺功能中提到的增强回路类似，只要意外问题出现，该回路将自动让回路中的诸要素增幅，对项目的损失持续增大，最终达到不可收拾的地步；右侧是一个调节回路，意外问题的增加将增加组织处理意外问题的意愿，该意愿越高，表明组织越愿意采取行动和投入资源应对意外问题，在问题信息准确性相同的情况下，组织采取措施的有效性将提升，从而减小意外问题的数量。然而，由于组织远离项目，项目信息层层上报最终到达决策层需要时间。这段时间由于项目人员没有接到组织的指示，不会对意外问题进行应急处理，因此问题将继续发展。由于问题的发展，项目汇报给组织的问题信息将由于过时而变得不准确，组织基于不准确的信息而制定出的应对计划，其有效性自然会降低，从而影响组织采取措施的科学性，则调节回路的作用将大打折扣，于是，一边是问题不断增多，损失不断增大；一边是马后炮似的控制措施，实际上是杯水车薪，远水近火，将无法阻止项目的损失愈演愈烈，最终无可挽回。当"人和"状态存在时，上面的系统因果循环图将变为图4-6的形式。

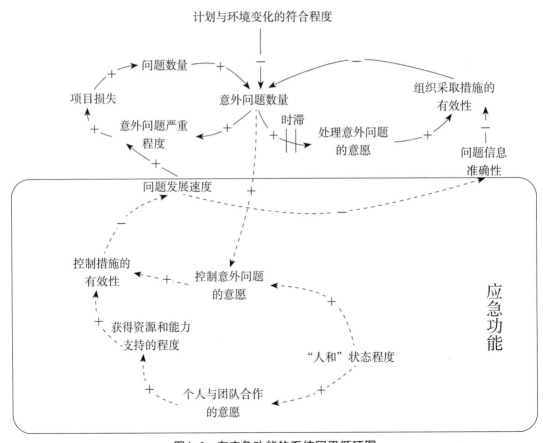

图4-6　有应急功能的系统因果循环图

增加了应急功能后,实际上是增加了一条调节回路,这条调节回路是"控制意外问题的意愿—控制措施的有效性—问题发展速度—问题信息准确性—组织采取措施的有效性—意外问题的数量",这条回路的作用机理是:意外问题数目的增加将激发项目团队控制该问题的意愿,由于项目团队处于项目第一线,因此二者之间没有时滞,项目团队立刻采取措施控制问题,使得问题发展速度减慢,由于问题发展速度减慢,其结果是问题现实状态离问题刚发生时的状态差别不大,而组织获得的信息描述的是问题刚发生时的状态,因此信息失真程度降低,从而提高组织采取措施的有效性,最终控制新问题的产生。值得注意的是,应急功能与"人和态"程度的高低有关,"人和"程度越高,应急功能越强,系统表现出的对应急问题的调节能力也越强。

(2)优化型和谐

①**组织优化型和谐的定义**。当工程项目组织结构中存在较为严重的权力交叉或职责缺失现象,基于组织结构的工程建设管理模式不能适应工程建设的特定需求,或者组织结构无法正常发挥其功能与作用时,很有必要对既定的工程项目组织结构进行优化调整。工程项目的组织结构在经过定位调整、模块变更以及优化设计后能够以工程建设为导向,并能为工程建设的高效运行提供支撑与服务,即为工程建设的组织结构优化型和谐。

工程建设组织结构的优化型和谐建立在对组织结构中的部分部门进行重构、若干流程进行重组、大的组织框架保持不变,而对工程项目组织的管理幅度和管理层级进行适当调整的基础之上,能够满足工程建设对于组织结构的长远需求,使得组织结构与工程建设需求的吻合程度逐步提升。严格意义上讲,工程项目组织结构的优化型和谐既包括在对工程项目组织结构进行优化以满足项目需求时所体现出的和谐,亦包括对于工程建设管理的"和谐态"进行优化后所实现的帕累托优化。

②**组织优化型和谐的方式**。工程建设组织形态有学习型组织、机构调配式组织、内部自由组合式组织、相互借调式组织,这些组织形式又分为正式组织形式和非正式组织形式,在运用的过程中应根据项目变化及时变化项目组织机构和规模,根据实际情况及时调整技术力量和整体能力,根据进展阶段及时调整组织模式。

鉴于工程项目组织正式在编人员的编制数量有限,工程项目组织的岗位设置及组织结构安排在很大程度上取决于工程建设上级主管部门,对于组织结构的优化必然引发人事变动,因此难以实质性地开展工作。因此,组织结构优化所能够改变的主要不是工程项目的组织结构,而是针对工程建设的管理机构。比如常见的优化方式为"职能制+矩阵制+网络式"的组织结构,即在工程项目组织内部保留相对集权和等级制的职能式组织结构，这种组织结构优化方式兼顾了工程项目组织内部组织结构的刚性特征以及工程建设管理外部结构的柔性特征，是对原工程项目组织机构的帕累托改进。

③组织优化型和谐的途径。工程项目组织结构实现优化型和谐的途径包括：转变项目工作方式、改善信息沟通环境、提高资源集成效率三种，见图4-7。

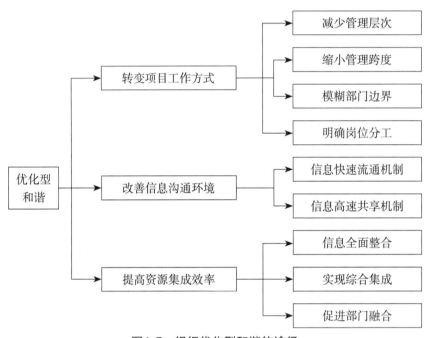

图4-7　组织优化型和谐的途径

第一，转变项目工作方式。工程建设的组织结构优化可以降低管理的层次，减少管理的幅度，模糊部门之间的边界，明确岗位职责的分工，从而提高工程建设的决策效率。通常情况下，在工程建设组织中，一线和底层的工程项目人员难以参与决策，项目管理决策多采用从上往下强制推行的方式。工程建设组织结构优化在一定程度上从组织架构设置的角度推动一线和底层的工程项目人员参与决策，能够弥补工程建设管理中存在的问题与不足，以工作方式转变促进了工程建设的和谐管理。

第二，改善信息沟通环境。如图4-7所示，对于一般工程项目而言，信息沟通的方便快捷与否直接影响工程项目的效率，对于工程建设而言更是如此。在区别于一般工程建设的质量与进度等指标中，其对应的质量相关信息、进度相关信息等能否在抗噪声、抗干扰、无扭曲、无滞后等条件下进行传播和流动，对工程建设完成的最终效果具有重要影响。位于工程项目组织结构最底层的信息对于工程建设决策具有复杂性效应，同时在工程信息化快速发展的今天，工程项目组织结构优化必须与工程信息化建设相对应，以此通过信息快速流通机制、信息高度共享机制以及信息全面整合机制等实现对工程和谐管理的信息保证。通过管理信息系统的建立，原本无序的沟通方式变得规范化，频繁的项目交流得以次序化，使得项目内部及项目间的联系更为紧密，沟通更为便利高效。

第三，提高资源集成效率。工程建设组织结构优化型的重要前提在于参与工程建设的诸多单位来自于各类研究机构、院校以及施工单位，组织结构优化能够促进部门之间的融合，在组织结构优化过程中能够实现对于工程建设所需的各类资源的综合集成。

（3）变革型和谐

①**变革型和谐的定义。**变革型和谐是在大幅度改变先前的工程项目组织结构条件下，探索适合工程建设特定要求的新型组织结构及其管理模式，推动工程项目组织内部积极的冲突和全新的平衡，从而提高组织运行效率、改善组织内外关系、增强组织灵活程度、突出组织适应能力，最终实现组织结构与环境的和谐。

由于变革涉及对组织机构的深刻改变，因此将引发前两种变革都不曾碰到的动荡和抵制，而这些也将成为影响变革型和谐程度的重要因素，因此，需要实现"变革型和谐"，必须首先做到"和谐型变革"。工程建设的组织结构和谐型变革是指在特定背景条件下，通过合理的组织变革合理化解冲突隐患，规避组织变革风险，实现工程项目组织顺利转变和平稳过渡。

②**组织变革的动因。**随着知识经济时代的来临以及技术形态信息化的转变，智能化的工程建设形态越来越凸显。对于工程建设管理而言，工程项目组织需要借助信息化建设提高管理效率，或者工程建设管理已经不可避免地开始综合运用各类信息技术，信息技术在工程建设管理领域的应用已经成为工程组织变革的重要引致因素，如图4-8所示。

第一，工程信息化对工程建设组织的信息化水平提出了更高要求。工程建设组织在强化信息化建设的同时，必然引发工程项目组织的组织变革冲突。包括在组织结构中增强了信息技术部或技术管理部，信息化建设导致沟通渠道和沟通效率发生变化，工程建设中人员的编制将发生变化，出现部分岗位人员增加或减少的情形，因此利益冲突和人事变动在所难免，在变革的初始阶段，工程信息化对于工程和谐管理是一把双刃剑，若处理不当，由于组织内部阻力的作用，变革可能会受到较大的抵制与干扰，甚至导致变革付出沉重的代价。

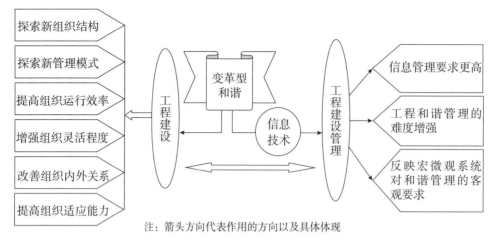

图4-8 变革型和谐的分析图

为了发挥结构变革和谐的功效，实现这类变革的"软着陆"，对信息化建设的必要性和重要性而言，必须实现工程建设与工程项目信息化的协同管理，发挥信息化对于组织变革的积极作用并扬长避短。

第二，科技在增强工程建设水平的同时增加了组织机构的和谐难度。 知识经济时代下的工程项目组织，技术人员、管理人员、施工人员等的学历和知识水平越来越高，学习能力越来越强，文化、知识、技能、素质等整体水平的提高为工程和谐管理创造了条件，体现为技术娴熟度、技能匹配度、知识吻合度等均会增强工程项目组织结构的稳定性。但随着工程项目组织内团队素质越来越高，以及知识型工程组织和项目团队的出现，工程建设管理沿用的早期的行政式管理、粗放式管理以及命令式管理不再符合新时期工程项目组织和谐管理的需要，因此，变革迫在眉睫。

为了满足变革和谐的要求，工程项目组织机构的变革需要充分考虑新时期知识型工人的思维复杂性、行为多样性和品质可塑性，以及知识型工程组织的开放性、灵活性和成长性，在用知识武装和充实工程项目组织的同时，推动工程项目组织在变革中实现和谐管理。

第三，组织结构变革型和谐是工程建设组织管理的客观需要和必然反映。

耗散结构理论认为，开放系统在远离平衡的条件下通过不断地与外界物质和能量进行交换，可以形成新的稳定有序结构。工程建设的参与方很多，与各类高校及科研院所联系紧密，总能够获取有关经济发展、政治动态等的外部信息，因此工程建设系统是一个开放的系统；工程建设系统中各类资源要素、能力要素、管理要素等相互之间的关系是非线性的，并且需要依靠不断地输入能力来维持，因此，工程项目组织系统具备从无序状态过渡到耗散结构的必要条件。在工程项目组织处于平衡态和近平衡态时,变革作为涨落因素是一种破坏稳定有序的干扰,但在远离平衡态时非线性作用使涨落扩大而达到有序。工程项目组织结构的变革型和谐正在于使得偏离平衡态的工程建设系统通过涨落,在达到临界点后经过"自组织"形成耗散结构,该状态是稳定的。

4.3.2 组织与个人行为和谐

由于组织的目标与个人的期望不完全一致,因此组织与个人之间难免存在矛盾。如何让二者的矛盾达到一种和谐状态,就是组织与个人行为和谐所关注的焦点。常见的方法有群体规范、协调博弈和冲突化解,如图4-9所示。

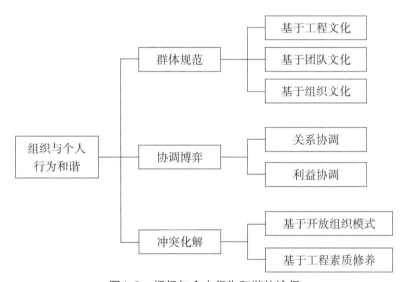

图4-9 组织与个人行为和谐的途径

(1) 群体规范

①**组织群体规范的效应**。群体规范指各成员应当遵守的已经确立的思想、行为及评价标准。工程建设的参与人员可能来自全国各地,由设计单位、施工单位、项目委托单位或其他合作单位的人员构成,因此工程建设组织内由成员的文化差异、观念差异、偏好差异、态度差异等所导致的组织与个人行为冲突在所难免。群体规范建立在工程建设管理"一切行动听指挥",组织内部成员行为的从众心理、互助学习以及趋同反应基础之上,其所具有的路径依赖效应以及同化效应能够使得工程建设的组织与个人行为实现和谐。

②**组织群体规范的方式**。工程管理和谐强调工程管理人员、技术人员及施工人员的责任、奉献与团结，其对工程建设参与人员除业务能力以外的其他素质提出了更高要求。能否激励员工在工程建设中不计个人得失、不怕流血牺牲、不畏艰难险阻，不仅与工程建设参与人员的个人思想境界有关，还取决于各部门能否在项目实施全过程中相应地培育好有助于将员工更好地融入项目之中的群体规范。

由于工程建设参与方众多，各方的利益诉求都不同，无法也没必要采取强制手段进行统一，因此可以采取基于文化引导的方式进行。文化的影响具有广泛性和持续性的特点。广泛性体现在文化可以对较大范围内的所有个体都产生影响，持续性表现在只要文化不消亡，则它将对个体产生持续的影响。对于多个个体组成的群体而言，这种影响将表现为个体在思维方式、价值标准、行为准则、处事规范等方面有趋同的态势。尽管文化对个体的影响程度因人、因时、因事而异，但如果文化与组织的目标相匹配，则在文化的影响下，个体的期望也将潜移默化的与组织的目标相匹配，个体与组织的矛盾将在一定程度上减小，系统更容易进入和谐态。

工程和谐管理的群体规范如图4-10所示。

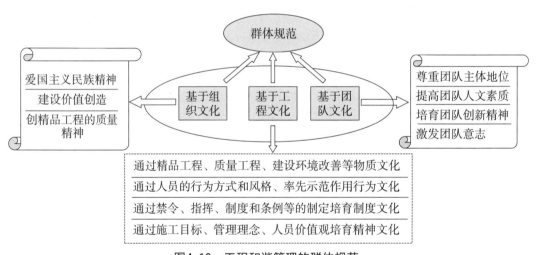

图4-10 工程和谐管理的群体规范

第一，**基于工程文化的群体规范**。工程建设的工程文化是在工程项目设计、施工及管理等全过程中所形成的、能够被所有工程人员理解和接受的、约定俗成的思维习惯、行为风格、工作作风等群体规范。其对工程建设按时、保质、保量完成意义重大，对工程建设管理中组织与个人的行为和谐具有重要的促进作用。基于工程文化的群体规范的最终目标，是以工程建设为纽带，以工程建设的组织为载体，所有工程人员的行为表现和价值取向以工程建设为导向,服务和服从于工程项目组织内的群体规范。

基于工程文化的群体规范可以从下述途径实现:在工程建设的物质文化层面,可通过精品工程、质量工程、施工环境改善等方面培育工程建设的物质文化;在行为文化层面,可通过规范项目参与人员的行为方式和风格、部门负责人的率先示范作用等培育工程建设的行为文化;在制度文化层面,可通过令行禁止、一切行动听指挥等培育工程建设的制度文化;在精神文化层面,可考虑通过在项目施工过程中形成良好的建设目标、管理理念、人员价值观等方式培育工程建设的精神文化。

第二,**基于团队文化的群体规范**。团队文化管理是对工程人员、工程项目本身以及工程项目组织最高境界的管理。形成整体分工、纪律节约、上下协调、组织严密、奖罚严密、荣辱与共的团队文化。尊重团队主体地位、提高团队人文素质、培育团队创新精神等,是工程文化管理的根本原则。

团队文化的作用主要表现在:其一,在特定的工程文化背景条件下,工程人员的素质、政治信仰使得工程人员更多地倾向于不考虑个人得失、不计个人荣辱,在保障施工后勤方面保持思想统一、行动一致,是工程和谐管理的重要前提。其二,在工程建设中注重塑造和发挥思想文化、道德文化、制度文化、科技文化、谋略文化等,注重培养工程项目组织的软实力,形成工程建设管理中具有特色、先进的工程文化,彰显团队文化对于工程人员行为规范的凝练和塑造功能。

第三,**基于组织文化的群体规范**。组织文化有助于潜移默化地形成和培育工程建设管理中的群体规范,包括和谐文化能够消除工程项目组织的正式组织与非正式组织的群体思想和行为差异、弱化工程项目组织中参与方组织以及参与方组织的价值取向和利益偏好差异等。组织文化是对社会文化和纯工程文化的融合,其将以爱国主义为核心的民族精神、创精品工程的工匠精神等各类精神融会贯通,赋予群体规范全新的内涵,是实现工程项目管理中组织与个人和谐的最高层次要求。

(2)协调博弈

①**组织协调博弈的内涵**。在博弈论相关论著中,协调博弈是在给定其他参与人行为策略的条件下,没有人为激励改变其行为策略,并且没有参与者希望其他参与者会愿意改变其行为的博弈。工程建设参与方众多,工程和谐管理需要协调处理多方关系,包括在工程建设研发联盟中需要协调工程项目组织内技术人员、高校人员、科研院所工作人员等不同个人与研发联盟组织的关系;在工程项目施工过程中,需要协调不同个人与工程项目施工组织的关系;在工程项目整体组织中,需要协调设计人员、

施工人员、采购人员、管理人员等个人与整个工程项目组织的关系等等。协调博弈有助于在工程项目组织内部成员的群体博弈以及个人与组织的合作博弈过程中,实现个人与组织的共赢与多赢以及由此产生的组织与个人行为的和谐。尽管工程项目大多以命令、行政方法下达和推进,但仍在工程建设管理中存在大量有待协调的具体工作。

②组织协调博弈的路径。

第一,关系协调。 实现工程建设的和谐管理,在多数情况下需要实现组织内部的多方关系协调,主要包括三个方面:内部关系、近外层关系和外层关系的协调,如图4-11所示。

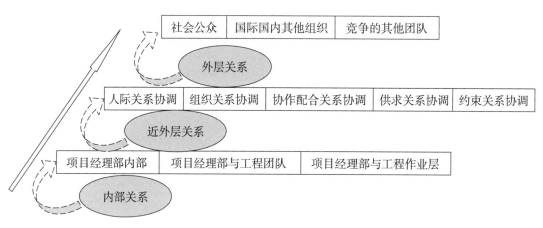

图4-11　工程和谐管理的关系协调图

内部关系包括工程项目经理部内部关系、工程项目经理部与工程团队的关系、项目经理部与工程作业层的关系。近外层关系是指与工程项目部有直接和间接合同的关系,包括与监理单位、质检站、设计单位、后勤部门、分包单位以及合作的高等院校、研究所等之间的关系。

外层关系包含与工程项目组织虽无直接或间接的合同关系,却有着法律法规及社会公德等约束关系,包括参与工程项目竞争的其他施工单位、经济利益可能会受到工程项目施工影响的社会公众、关注工程建设可能存在的不利影响的国际国内其他组织等。

通常情况下,近外层关系的协调是工程项目协调的重点,协调的要素多、工作量大。近外层协调的内容主要包括人际关系协调、组织关系协调、供求关系协调、协作配合关系协调、约束关系协调五个方面,如表4-4所示。

近外层关系协调的内容　　　　　　　　　表 4-4

名称	内容	说明
人际关系协调	①内部人际关系的协调 ②关联单位的人际关系的协调	协调的重点是相关工作结合过程当中人与人之间在管理工作中的联系和矛盾
组织关系协调	①工程经理部与施工管理层之间关系的协调 ②项目经理部与分包单位、劳务作业层之间的关系	
供求关系协调	①后勤物资供应部门与项目经理部之间的关系协调 ②各生产要素供需单位之间的协调	
协作配合关系协调	①项目经理部内部各部门之间的协调 ②上下级之间、管理层与作业层之间以及与各协作单位之间的协调	
约束关系协调	项目经理部与外层关系的协调	具有法律法规、社会道德、国际公约等约束作用的各单位以及有合同约束关系的建设单位之间关系的协调

第二，利益协调。 市场经济意识对于工程项目组织冲击性较大。这是因为在工程项目组织中虽然存在不少高素质、高信仰、纯粹精神化的人，但同样存在一定的"经济人"和"复杂人"，由于利益导向的不同将会导致各种冲突的发生。实践证明，若不能有效调和各方利益，化解冲突，缓和矛盾，工程建设目标将遭到非常严重的破坏。

为了调和这些冲突，学术界和业界都在进行探索。当前，已有诸多学者针对工程项目组织的"持久战"战略、"以时间换空间"战略、"防御的进攻性高估冒算主义"战略和"持久的速决性高估冒算主义"战略等，从经济理性、政治理性和理性的角度展开了批判性审视。工程项目组织在工程项目设计、施工及管理过程中，对于经济利益的追求本身无可厚非，但从工程项目的招标投标、监理、目标权衡等工作和阶段而言，工程项目组织与其他工程项目组织、监理单位、设计方等之间存在大量的利益冲突问题。当前，地方上诸多高校、科研院所，特别是施工单位参与工程项目之后，其市场意识和经济意识高，因此在项目管理过程中协调不同参与方的利益关系，对于实现工程项目组织与个人之间的和谐具有积极影响。

(3) 冲突化解

冲突化解是指各种缓和或消除风险的方式和手段。常见的方式有两种：第一，若冲突可以避免，则将可能引发冲突的不和谐因素通过各种可能途径和手段消除于无形。第二，若冲突不可避免，则将冲突可能引发的风险控制在可接受范围之内或者将冲突的负面效应逐步向正向效应引导。通过冲突化解方式来实现工程建设管理中个人与组织和谐的原因在于：群体规范失效或低效时，意味着未从群体行为规范的角度消除不和谐因素，此时协调博弈的均衡解为非合作状态、静态条件下的均衡解，当群体行为向合作状态转变时，可以实现该解的帕累托改进。

①**以开放组织模式化解冲突**。工程项目组织特有的等级制、科层式管理模式以及由上至下指挥命令形式的沟通模式，在一定程度上形成了工程项目组织内部沟通的障碍因素，因此将行政化管理转为项目制管理尤为重要。在工程项目的不同项目部中，部分资源在不可共享的条件下，在不同项目部之间的分配、不同项目部之间的业务衔接、时间匹配或思路整合等存在困难时，组织内部的冲突往往难以化解。

针对这一情形，较为可行的方式是降低或消除工程项目总部与分部之间的权力等级和区域距离，以大部制、开放式的组织方式实施工程项目管理，以减少项目管理层次。即在工程项目设计、施工及管理全过程中，均能够从技术角度拥有一定的话语权和参与权。开放式组织是对工程建设常规管理模式的一种变革，其有利之处在于消除了工程建设以特定部门、特定项目部等为单位所形成的观念偏执、利益倾轧、职责交叉等问题。

②**以工程素质修养化解冲突**。在工程建设管理的全过程中，不可能要求项目参与人员思想、行为、目标等均能保持一致，成为标准化的人。工程建设的多方参与性以及工程项目内工程人员的多区域性，决定了工程项目组织与个人之间的关系必然是矛盾的统一体。

为了化解冲突，可以采取如下措施：对于工程项目单位内人员，可以考虑通过提高其工程素质修养以减少个人与组织存在冲突的潜在因素，对于不属于单位内相关工程人员，则需要用工程化的思想去感染和熏陶，用工程素质来示范和表率，以此培养其工程素质修养，以此有效化解冲突。

4.3.3 组织内部人际关系和谐

工程和谐管理中的组织内部人际关系和谐主要包括三个类型：利益型关系和谐、工具型关系和谐和情感型关系和谐，如图4-12所示。

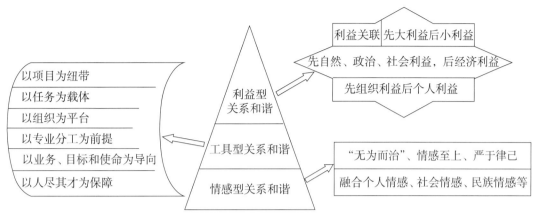

图4-12 工程和谐管理的组织内部人际关系和谐图

（1）利益型关系和谐

工程项目组织中不可避免地存在需求层次较低的若干参与方成员，其对于经济利益的需求较大。因此，广义的工程项目组织中存在以经济利益为纽带的人际关系和谐，但工程项目组织内部的利益型人际关系和谐并非完全建立在纯粹的功利主义和拜金主义基础之上，其是针对马斯洛需求层次较低的工程建设的设计人员、施工人员、管理人员等提供必要的物质激励，以此形成的工程项目组织内部个人与个人、个人与组织之间的利益关联以及利益联盟。需要特别指出的是，工程项目组织内部的利益型关系和谐仅为低层次和初级阶段的人际关系和谐，属于动态稳定的人际关系和谐。

工程项目组织内部的利益型关系和谐并不是指工程项目内各工程人员经济利益最大化条件下的狭义和谐，而是建立在先组织利益后个人利益、先政治利益和社会利益后经济利益、先大利益后小利益基础上的利益型关系和谐。工程项目组织内部的各类工程人员绝大多数是集"精神人""经济人"和"社会人"于一体的"综合型人"，其对于经济利益的追求本身无可厚非，但必须在合情合理合法范围内，以不危害国家和民族利益、不损害组织和他人利益的前提下开展逐利行为。因此，在工程项目组织内加强领导的理论素养、重视员工的思想觉悟、提高团队的政治修为均有助于消除和杜绝工程项目组织内工程人员的收入攀比心理以及非理性逐利行为。

（2）情感型关系和谐

当工程项目组织内部存在以丰富的亲缘、地缘、业缘、学缘等为纽带的人际关系，汇聚了浓厚的亲情、友情、感情等情感因素时，其将使得工程项目组织内部的人际交往能够不计较个人得失、不考虑经济回报，崇尚真诚、乐于奉献、互帮互助、和平共处、共同发展，由此所形成的组织内部人际关系和谐称为情感型关系和谐。情感型关系和谐除了能激发人的干劲，营造人性化的工作范围外，还有助于推动工程项目内非正式组织的形成，推动正式组织与非正式组织的融合式发展，以及合理正确利用工程建设的正式组织，同样有助于促进工程建设的和谐管理。情感型关系和谐属于工程建设领域"无为而治"、情感至上、严于律己的最高层次的人际关系和谐。

工程建设管理表面上是对项目本身的管理，但其实质是对参与工程建设的各类人员的管理。工程建设的各参与人员的情感型关系和谐与中国传统的"家"文化不可分割，包括在施工队伍中，尽管人员流动性大，人员相互之间接触面广，但地缘文化、业缘文化、学缘文化等已经根深蒂固。显然，构建以社会网络关系为纽带的人际关系有助于实现工程项目组织中人际关系的情感型和谐。这一类型的情感型关系和谐有可能会因为非正式组织以及小集体等而导致团队与团队之间的关系很难真正实现融合，因此工程和谐管理并不主张和提倡这种情感型关系和谐。真正意义上的情感型关系和谐，必须是在职业兴趣和个人发展方面志同道合、在项目合作和处理朋友之间关系方面情投意合、在工作思路和方法方面不谋而合等，由此所实现的理性的情感型关系和谐。可见，工程项目组织内人际关系的情感型关系和谐是融合个人情感、民族情感等多种情感所实现的人际关系和谐。工程建设管理组织内人际关系的情感型关系和谐相对于利益型关系和谐和工具型关系和谐而言，人际关系亲密程度最高、合作伙伴关系最为紧密、目标导向最为明显、同事及朋友之间的情谊最为浓厚，因此是档次和层次最高的人际关系和谐，其能够以相对较低的成本、相对较为快捷的途径以及相对可行的模式实现工程建设的和谐管理。

（3）工具型关系和谐

工具型关系是指纯粹为了完成任务、达到目标、攻克难关等建立的人际关系，具有目标导向性或者任务导向性等特点。工程项目组织中的工具型关系同时具有利益型关系和情感型关系的特点，工程项目组织内的工具型关系和谐是以项目为纽带，以组织为平台，以任务为载体，以专业分工为前提，以人尽其才为保障而实现的业务导向、目标导向和使命导向的人际关系和谐，是一种建立在资源、技术、流程、能力、管理等具有工具属性基础上的人际关系和谐。其受到工程项目组织内部成员互信、互动、互惠、互嵌等因素的影响较大，其利益性特征或关系性特征取决于组织内部成员在获取信息、知识、关系等资源过程中利益因素和情感因素的有效程度。

由于工程建设是一项复杂的系统工程，其所涉及的工具型关系和谐表现为按照专业分工、角色分配、任务分解、资源禀赋等所形成的各类人员协同工作关系，即组织内部各成员受共同使命的召唤、共同目标的引导、共同利益的驱动以及共同制度的约束，组织内部各成员将在兼顾考虑利益因素和情感因素的条件下实现组织内部的人际关系和谐。

为了实现工程项目组织内工具型关系和谐，有两点至关重要：第一，施工人员根据现场发现的问题及时联系设计方，协助设计单位完成设计变更，以保证工程建设的设计过程充分考虑后期的施工能否顺利实现，从而实现设计人员与施工人员的工具型关系和谐；第二，按照工程建设的若干子项目的保密程度和重要程度不同，确立团队介入程度及时间，充分发挥工程施工队伍的差异化能力，从而实现工程人员的工具型关系和谐。

4.3.4　工程建设团队和谐

工程建设组织一般情况下都属于动态组织，在工程建设参与人员流动的同时，也为工程注入了新鲜血液。如何维系团队核心，如何使生力军适应团队环境并不断成长是工程和谐管理的基本要求。

工程和谐管理"人和"的重要目标之一即在于构建适应于工程建设的各类团队，包括学习型团队、创新型团队、成长型团队、精英型团队等等，这既是工程和谐管理的主要产出之一，也是重要任务之一。工程建设团队和谐的示意图如图4-13所示。

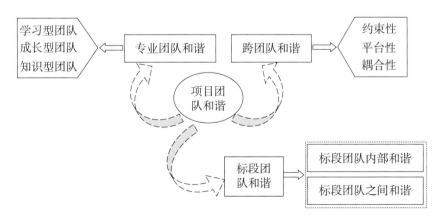

图4-13　工程建设团队和谐分析

（1）专业团队和谐

工程建设团队由完成工程建设所需要的各类工种构成的若干专业团队构成，涉及工程建设的诸多工艺模块。工程建设专业团队和谐是指就工程建设某一业务领域的专业人员所构成的专业团队而言，其在工艺的标准化、模块化、集成化过程中，由专业团队内部成员之间业务技能的娴熟性、业务水平的一致性、业务范围的相似性、业务学习的同步性所催生的团队和谐。

专业团队是工程建设所有类型团队中最为基础的团队，其可以是按照工程队伍中各类专业工种所划分的人员组成的团队，亦可以是按照工程建设所涉及各类工艺流程而对各类工程人员进行的群体划分，两者异曲同工，相差不大。对于工程建设而言，专业团队并不同于其他团队，后者需要经常拆分和重组，人员流动性和变动性很大。工程建设中的专业团队通常有统一编制，能够作为一个固定的核心团队参与工程建设，由此使得在人员构成复杂、人员流动性强的工程建设中，仍可以形成较为稳定和成熟的专业团队。此外，专业团队内不同成员之间接触的频率高、接触的范围广、接触的机会多，由此使得工程建设的专业团队具有学习型团队、成长型团队、知识型团队等多种属性。专业团队内团队成员的相互帮助、相互支持、相互学习、相互同化等所具有的互信、互动、互惠、互嵌等属性使得专业团队和谐随之产生。

专业团队是工程建设其他团队构成的基本单位，是各种类型工程建设团队和谐的基础。工程建设专业团队和谐必须借助于一定的手段和策略来实现，包括对专业团队内所有成员的统一培训和示范以使之符合统一标准；在相互学习和模仿过程中，树立标杆和典范，以促使其他成员的能力和水平能与其保持一致；在长期的合作中形成无论应对如何复杂的工程建设，均能够保持步调一致，配合默契。

（2）标段团队和谐

工程建设团队通常由若干个可分解的标段团队构成，而每一标段团队由若干专业团队构成。在各标段范围内，工程和谐管理需要对工程建设关键技术、施工技术、施工组织等在内的因素进行全要素、全过程与全周期管理，且必须综合运用工程学、材料科学、计算机技术等多种理论和方法。工程和谐管理并不是对工程建设多个标段团队及其任务的简单管理，而是保持各标段团队结构合理、任务紧凑，各标段团队业务活动之间相互关联，依托不同的专业团队能够实现标段范围内各工序环节的有效衔接、工种的前后呼应以及各专业模块的有效并行等，此即为工程建设的标段团队和谐。

工程建设在不同施工环境下的多点并行施工，必然导致工程管理与一般工程建设类似，即授权给各标段或项目部的项目经理或项目负责人，以各标段或项目部为单位实施对于工程建设的考核与管理。在此过程中，必然会出现部分关键技术人员或技术专家需要同时服务于多个标段或项目部，部分大型关键设备需要轮流供应各个标段或项目部使用，不同项目部门需要彼此协调相对有限或不可重复使用的资源等情形。基于此，工程建设的标段团队和谐建立在不同项目团队之间对于资源进行有效配置和协调，对于需要衔接的时间节点进行有效设置和调整，对于标段分目标与项目整体部门之间的统一性进行协调等基础之上，由此在保证不同标段工程和谐管理的同时，实现标段团队和谐。

具体而言，标段团队和谐包括标段团队内部的和谐以及标段团队间的和谐。前者是指在标段团队内，不同专业团队之间分工明确、配合默契，所有团队成员目标明确、行为一致；后者是指在不同标段团队之间，无工作分歧、无观念差异、无利益冲突、无目标偏差。

（3）跨团队和谐

以工程建设为纽带，工程建设的团队往往具有跨专业、跨地域、跨学科、跨单位、跨项目等跨团队属性，并突出表现为工程建设团队构成的灵活性、团队知识学习的溢出性以及团队业务活动的外部性。基于此，工程建设的跨团队和谐是指来自不同工程建设的团队成员所组建的跨团队能够集思广益、群策群力，充分发挥团队合作精神以及功能互补优势，推动工程建设跨团队高效率运作，由此所实现的工程建设团队和谐状态。

以跨团队为单位，各类团队成员在工程建设中才能有计划、有组织、有步骤地开展各类工作，才能让各类团队成员有序地融入工程建设中。缺乏跨团队的约束和凝聚作用，各类团队成员在工程建设中只能是一盘散沙。具体而言，跨团队的组织融合作用体现为约束性、平台性、耦合性三大作用。

①**约束性作用**。工程和谐管理的前提在于各类团队成员能够遵守共同的行为规范，实行标准的行为准则，保证工程项目组织内外部关系的和谐共处，因此借助于跨团队所具有的刚性约束和柔性约束可以达到上述效果。

②**平台性作用**。跨团队为工程建设的各类团队成员提供了活动的空间和发展的平台，以项目为纽带，集成不同团队的资源和能力，才能保证工程建设整体目标的综合实现。当团队成员在项目参与中能够找到自己的职业定位从而制定发展计划，能够在跨团队中找到个人发展的平台，其才愿意更好地融入组织与项目中。

③**耦合性作用**。严格来讲，在工程建设各个周期、各个阶段，都必须存在各类团队与其相对应，组织亦必须存在相应的职责。以组织的行政职能为辅助，才能够实现跨团队与组织较好的对接和融合。

4.4 工程和谐管理"人和态"的多主体利益协调机制

工程和谐管理"人和态"主张人尽其才、才尽其用、用尽其能，各利益关联方的多主体价值取向一致、利益协调均衡，进而实现工程建设和谐[99]。工程和谐管理要求各利益方按各自的责任义务进行生产性活动，努力寻求利益协调均衡，杜绝监理方和承包方非生产性活动的寻租行为。多主体利益协调是工程和谐管理"人和态"的重要前提条件。多主体利益协调问题在工程和谐管理"人和态"中占有越来越重要的地位。工程建设主体利益协调是通过各自行为决策变化引起的，贯穿于工程建设的始终，每个主体的逐利行为及其决策的变化均会对工程建设目标产生重要影响，也将对工程建设各主体的利益实现产生重大影响。整体而言，工程建设各利益关联方的根本利益是一致的，即通过各方的协同合作，按期按质按量完成工程建设项目，保证项目按既定的目标计划完成相关任务，以项目为载体实现各自的利益。但是项目各主体又各自成为一个利益体，为了追求自身利益的最大化，可能会产生合谋及寻租行为。这必然会影响工程建设项目的质量、工期、成本目标，造成业主利益的损失[100]。因此，工程和谐管理"人和态"是否实现以及实现的效率如何，在很大程度上取决于工程建设多主体利益协调中形成的均衡决策。由于信息不对称、权力过于集中、权力随意性大、权力缺乏监督以及经济人的属性等诸多原因，工程腐败寻租行为、合谋行为、搭便车行为等屡禁不止[101]。以上行为引发的不公平竞争格局、不合理资源配置、不对等合作机制等均可能成为工程和谐管理"人和态"的制约因素。

工程和谐管理"人和态"的多主体利益协调是建立在业主、监理方、承包方等多利益主体行为决策不断变化的基础之上，各主体利益协调主要是通过各自行为变化决策引起的，其实质就是工程建设的各参与方不断学习、分析、决策和博弈的动态行为变化过程。在工程建设管理中，参与工程的各利益关联方信息不完全和参与人的有限理性问题是显而易见的。因此，有限理性演化博弈论是分析工程主体利益协调的有效工具[102]。为了解工程参与组织的构成及相互作用关系及工程建设参与主体利益的冲突，运用系统动力学能从参与主体的内部找到造成利益不和谐的原因，直观表达各主体博弈的动态变化关系，所以将系统动力学软件Vensim应用到动态模拟分析和算例研究中，以期找出工程主体寻租决策导致工程建设不和谐的原因，提出规范和约束工程主体行为、推动工程和谐的方法与对策[103]。

4.4.1 工程和谐管理"人和态"的多主体利益协调基本假设

（1）"人和态"三方行为特征分析

参与工程建设的主体众多，各类相关方又包含若干组成单位或联合体。工程和谐管理"人和态"的多主体利益协调机制主要是研究不同类别的主体之间博弈决策变化对工程和谐的影响，故将工程管理的同类型多个参与方按类别归类视为对同一个主体进行研究，不考虑主体多元化影响和同类型主体不同单位的合作关系影响等。此外，工程建设目标和主体利益的实现主要受业主、承包方和监理方行为决策的影响，对每一个工程建设主体行为进行分析不现实也无必要，所以这里主要是对在工程建设系统内起关键作用的业主、监理方、承包方的三大主体行为进行研究，忽略其他参与方。

在工程建设业主、监理方和承包方行为博弈中，业主与承包商两者之间是工程承包合同所规定的工程承揽合同关系，业主与监理两者之间是监理合同所明确的委托代理关系，而监理与承包方之间则是一种监督与被监督的关系[104]。业主委托监理方对承包方的行为进行监理，但为了额外利益监理方可能会选择与承包方合谋损害业主利益，此时监理方和被监理的承包方两者间是合作博弈的关系，双方并不知道业主是否开展监督检查，同样业主也不知道是否会发生寻租行为，并且承包方和监理方都选择寻租策略时才产生寻租。此外，业主开展监督检查时也不知道是否督查成功，即该博弈是一个不完全信息博弈问题。

业主是工程建设的直接投资者，业主一般希望以较低的投资费用、最优的使用功能和较短的工期获得工程建筑，所以选择高质量和可靠的工程承包单位和分包单位对工程按期保质完工相当关键。但是作为独立经济实体的工程建设承包单位有自己的利益目标。与业主或监理等其他工程参与方不同，承包单位的行为过程是为实现自身可能利益的最大化，理应选择利润率高、信誉度高且资金力量雄厚的业主合作。而监理单位与业主之间是典型的委托代理关系，其以协议的方式代表业主对质量、进度和成本进行管理。

承包商为了获得更高的利润，有可能违背自己的工程职业道德而做出与承包合同不符的行为，同时监理单位为了追求额外利润，也很可能违背自己的监理职业道德，选择寻租，与承包商合谋，这必然会严重影响项目的目标和功能，造成业主方利益的损失。为保证工程建设目标实现，降低工程建设风险，业主与承包商、监理单位合作的同时进行着一场博弈。业主可通过自己或聘请监督机构进行工程监督，防止承包方与监理方的寻租行为。所以，业主、承包方和监理方之间三方的博弈实质就是业主监督承包方与监理方寻租活动的演化博弈。

（2）"人和态"三方博弈基本假设

基于参与工程建设主体的业主、监理方、承包方的利益协调行为特点和工程建设实际，做出如下研究假设：用字母A、B、C分别表示工程建设过程中的业主、监理方和承包方。业主监督时聘请第三方（用S表示）对监理方和承包方进行监督检查并产生监督成本dP，其中P代表工程规模的大小，d为监督成本系数；当不发生寻租行为时，业主的正常收益为V，其支付给监理方的监理劳动报酬为eP，其中e为监理报酬系数。d和e根据工程建设实践经验和历史成本数据统计而来。若监理方与承包方发生权力寻租行为，承包方获利R，监理方受贿kR，且$V>R$。具体假设如下：

1）参与工程建设的业主、承包方、监理方均有两种策略：业主可选择聘请S开展监督或不开展监督；监理方可选择寻租与不寻租；承包方可选择参与寻租和不参与寻租。

2）假设业主决定开展监督时，聘请第三方S开展监督工作需支付成本dP。当业主监督且查证成功时，会采取处罚措施：对承包方的收益R处m倍的处罚，对于监理方受贿所得kR处n倍的处罚。

3）假设业主采取监督行为的概率是x，则不采取监督行为的概率是$1-x$，业主监督成功的概率是q，则监督不成功的概率是$1-q$；监理方进行寻租活动的概率为y，则不进行寻租的概率为$1-y$；承包方参与寻租行为的概率为z，则不参与寻租的概率为$1-z$。

4）以上所有假设变量均为正实数，其中$0<x<1$，$0<y<1$，$0<z<1$，$0<q<1$，$0<k<1$，$e>0$，$d>0$，$P>0$，$m>1$，$n>1$。

4.4.2 工程和谐管理"人和态"的多主体利益协调博弈模型

（1）"人和态"三方博弈的效用矩阵与得益

基于演化博弈的理论和方法，参与工程建设的业主、监理方、承包方的行为决策取决于各自所选策略的效用，根据工程建设各方行为策略和利益机制，构建业主、监理方、承包方的博弈效用矩阵，见表4-5。

业主、监理方、承包方三方博弈的效用矩阵　　　　　　　　　　表 4-5

		业主 A 监督（x）		业主 A 不监督 （1-x）
		监督成功（q）	监督不成功（1-q）	
监理方 B 进行寻租 （y）	承包方 C 参与 寻租（z）	$[V+(m+nk)R-dP-eP,$ $(1-n)kP+eP,$ $(1-m-k)R]$	$[V-R-dP-eP,$ $eP+kR,$ $(1-k)R]$	$[V-R-eP,$ $eP+kR,$ $(1-k)R]$
	承包方 C 不参 与寻租（1-z）	$(V-dP-eP, eP, 0)$	$(V-dP-eP, eP, 0)$	$(V-eP, eP, 0)$
监理方 B 不进行寻 租（1-y）	承包方 C 参与 寻租（z）	$(V-dP-eP, eP, 0)$	$(V-dP-eP, eP, 0)$	$(V-eP, eP, 0)$
	承包方 C 不参 与寻租（1-z）	$(V-dP-eP, eP, 0)$	$(V-dP-eP, eP, 0)$	$(V-eP, eP, 0)$

根据建立的工程建设业主、监理方、承包方之间的博弈效用矩阵，分别构建业主、监理方、承包方的效用模型如下：

1）业主的效用分析

设业主选择监督策略时的效用为 E_{A1}，选择不监督策略时效用为 E_{A2}，则可得：

$E_{A1}=yzq[V+(m+nk)R-dP-eP]+yz(1-q)[V-R-dP-eP]$
$\quad+y(1-z)q[V-dP-eP]+y(1-z)(1-q)[V-dP-eP]$
$\quad+(1-y)zq[V-dP-eP]+(1-y)z(1-q)[V-dP-eP]$
$\quad+(1-y)(1-z)q[V-dP-eP]$
$\quad+(1-y)(1-z)(1-q)[V-dP-eP]$

$E_{A2}=yz(V-R-eP)+y(1-z)(V-eP)+(1-y)z(V-eP)+(1-y)(1-z)(V-eP)$

化简可得：

$E_{A1}=yzq[V+(m+nk)R-dP-eP]+yz(1-q)[V-R-dP-eP]$
$\quad+(1-yz)[V-dP-eP]$
$\quad=V-dP-eP+yzR[(m+nk+1)q-1]$ （4-1）

$E_{A2}=yz(V-R-eP)+(1-yz)(V-eP)=V-eP-yzR$ （4-2）

2）监理方的效用分析

设监理方选择寻租策略时的效用为 E_{B1}，选择不寻租策略时效用为 E_{B2}，则可得：

$E_{B1} = xqz[(1-n)kR+eP] + x(1-q)z(eP+kR) + (1-x)z(eP+kR)$
    $+ xq(1-z) \times eP + x(1-q)(1-z) \times eP + (1-x)(1-z) \times eP$

$E_{B2} = [zxq + zx(1-q) + z(1-x) + (1-z)xq + (1-z)x(1-q) + (1-z)(1-x)] \times eP$

化简可得：

$E_{B1} = xqz[(1-n)kR+eP] + z(1-xq)(eP+kR) + (1-z) \times eP$
    $= zkR(1-nxq) + eP$ （4-3）

$E_{B2} = eP$ （4-4）

3）承包方的效用分析

设承包方选择寻租策略时的效用为 E_{C1}，选择不寻租策略时效用为 E_{C2}，则可得：

$E_{C1} = xqy \times [(1-m-k)R] + x(1-q)y \times (1-k)R + (1-x)y \times (1-k)R$

$E_{C2} = 0$

化简可得：

$E_{C1} = yR(1-k-xqm)$ （4-5）

$E_{C2} = 0$ （4-6）

（2）三方复制动态方程及稳定性分析

为了进一步分析参与工程的业主、监理方、承包方的三方演化博弈过程，根据演化博弈论，分别构建复制动态方程得：

$$\frac{dx}{dt} = x(E_{A1} - \overline{E}_A) = x\{E_{A1} - [xE_{A1} + (1-x)E_{A2}]\} = x(1-x)(E_{A1} - E_{A2}) \quad (4\text{-}7)$$

$$\frac{dy}{dt} = y(E_{B1} - \overline{E}_B) = y\{E_{B1} - [yE_{B1} + (1-y)E_{B2}]\} = y(1-y)(E_{B1} - E_{B2}) \quad (4\text{-}8)$$

$$\frac{dz}{dt} = z(E_{C1} - \overline{E}_C) = z\{E_{C1} - [zE_{C1} + (1-z)E_{C2}]\} = z(1-z)(E_{C1} - E_{C2}) \quad (4\text{-}9)$$

将构建的业主、监理方、承包方各行为决策的效用式（4-1）~式（4-6）代入复制动态方程式（4-7）~式（4-9）可得：

$$\frac{dx}{dt} = x(1-x)(E_{A1} - E_{A2}) = x(1-x)[yzqR(m+nk+1) - dP] \quad (4\text{-}10)$$

$$\frac{dy}{dt} = y(1-y)(E_{B1} - E_{B2}) = y(1-y)zkR(1-nxq) \quad (4\text{-}11)$$

$$\frac{dz}{dt} = z(1-z)(E_{C1} - E_{C2}) = z(1-z)(1-k-xqm)yR \quad (4\text{-}12)$$

下面分别对业主A、监理方B、承包方C策略的演化稳定性进行分析：

1）业主A策略的演化稳定性分析

式（4-10）为业主A的复制动态方程：$\dfrac{dx}{dt}=x(1-x)[yzqR(m+nk+1)-dP]$，令 $F(x)=\dfrac{dx}{dt}=x(1-x)[yzqR(m+nk+1)-dP]$。业主方策略稳定性具体分析如下：

①当 $yz=\dfrac{dP}{qR(m+nk+1)}$ 时，则 $F(x)$ 的值恒为零，即 $F(x)\equiv 0$，此时任意 x 均为稳定点。

②当 $yz\neq\dfrac{dP}{qR(m+nk+1)}$ 时，令 $F(x)=0$ 求解出 $x=0$ 与 $x=1$ 为该复制动态的两个稳定状态。然后讨论相应稳定状态的邻域稳定性，即讨论对于微小的偏离扰动具有稳健性的均衡状态。根据演化博弈稳定策略性质和微分方程稳定性定理可知，一个稳定状态必须对微小扰动具有稳健性才为博弈复制动态的演化稳定策略（ESS），也就是必须满足在稳定状态 x^* 处 $F(x)$ 的导数 $F'(x^*)$ 小于零，即当 $\dfrac{dF(x^*)}{dx}<0$ 时，x^* 为演化稳定策略（ESS）。即该博弈中 $\dfrac{dF(x)}{dx}=(1-2x)[yzqR(m+nk+1)-dP]<0$。由此可见：

若 $\dfrac{dP}{qR(m+nk+1)}>1$，则 $yz<1<\dfrac{dP}{qR(m+nk+1)}$，此时 $x=0$ 为演化稳定策略（ESS）。

若 $\dfrac{dP}{qR(m+nk+1)}<1$，又分为两种情况：

当 $\dfrac{dP}{qR(m+nk+1)}<yz<1$ 时，$x=1$ 为演化稳定策略（ESS）；

当 $yz<\dfrac{dP}{qR(m+nk+1)}<1$ 时，$x=0$ 为演化稳定策略（ESS）。

2）监理方B策略的演化稳定性分析

式（4-11）为监理方B的复制动态方程：$\dfrac{dy}{dt}=y(1-y)zkR(1-nxq)$，令 $F(y)=\dfrac{dy}{dt}=y(1-y)zkR(1-nxq)$。监理方策略稳定性具体分析如下：

①当 $x=\dfrac{1}{nq}$ 时，则 $F(y)$ 的值恒为零，即 $F(y)\equiv 0$，此时任意 y 均为稳定点。

②当 $x\neq\dfrac{1}{nq}$ 时，令 $F(y)=0$ 求解出 $y=0$ 与 $y=1$ 为该复制动态的两个稳定状态。然后讨论相应稳定状态的邻域稳定性，即讨论对于微小的偏离扰动具有稳健性的均衡状态。根据演化博弈稳定策略性质和微分方程稳定性定理可知，一个稳定状态必须对微小扰动具有稳健性才为博弈复制动态的演化稳定策略（ESS），也就是必须满足在稳定状态 y^* 处 $F(y)$ 的导数 $F'(y^*)$ 小于零，即当 $\dfrac{dF(y^*)}{dy}<0$ 时，y^* 为演化稳定策略（ESS）。即

在该博弈中 $\dfrac{\mathrm{d}F(y)}{\mathrm{d}y} = (1-2y)zkR(1-nxq) < 0$。由此可见：

若 $\dfrac{1}{nq} > 1$，则 $x < 1 < \dfrac{1}{nq}$，此时 $1-nxq > 0$，得 $y=1$ 为演化稳定策略（ESS）。

若 $\dfrac{1}{nq} < 1$，又分为两种情况：

当 $\dfrac{1}{nq} < x < 1$ 时 $1-nxq < 0$，得 $y=0$ 为演化稳定策略（ESS）；

当 $x < \dfrac{1}{nq} < 1$ 时 $1-nxq > 0$，得 $y=1$ 为演化稳定策略（ESS）。

3）承包方C策略的演化稳定性分析

式（4-12）为承包方C的复制动态方程：$\dfrac{\mathrm{d}z}{\mathrm{d}t} = z(1-z)(1-k-xqm)yR$，令 $F(z) = \dfrac{\mathrm{d}z}{\mathrm{d}t} = z(1-z)(1-k-xqm)yR$。承包方策略稳定性具体分析如下：

① 当 $x = \dfrac{1-k}{qm}$ 时，则 $F(z)$ 的值恒为零，即 $F(z) \equiv 0$，此时任意 z 均为稳定点。

② 当 $x \neq \dfrac{1-k}{qm}$ 时，令 $F(z)=0$ 求解出 $z=0$ 与 $z=1$ 为该复制动态的两个稳定状态。然后讨论相应稳定状态的邻域稳定性，即讨论对于微小的偏离扰动具有稳健性的均衡状态。根据演化博弈稳定策略性质和微分方程稳定性定理可知，一个稳定状态必须对微小扰动具有稳健性才为博弈复制动态的演化稳定策略（ESS），也就是必须满足在稳定状态 z^* 处 $F(z)$ 的导数 $F'(z^*)$ 小于零，即当 $\dfrac{\mathrm{d}F(z^*)}{\mathrm{d}z} < 0$ 时，z^* 为演化稳定策略（ESS）。

在该博弈中 $\dfrac{\mathrm{d}F(z)}{\mathrm{d}z} = (1-2z)(1-k-xqm)yR < 0$。由此可见：

若 $\dfrac{1-k}{qm} > 1$，则 $x < 1 < \dfrac{1-k}{qm}$，此时 $1-k-xqm > 0$，得 $z=1$ 为演化稳定策略（ESS）。

若 $\dfrac{1-k}{qm} < 1$，分为两种情况：

当 $\dfrac{1-k}{qm} < x < 1$ 时 $1-k-xqm < 0$，得 $z=0$ 为演化稳定策略（ESS）；

当 $x < \dfrac{1-k}{qm} < 1$ 时 $1-k-xqm > 0$，得 $z=1$ 为演化稳定策略（ESS）。

4.4.3 工程和谐管理"人和态"的多主体利益协调仿真分析

将演化博弈论与系统动力学理论结合，基于工程建设业主、监理方、承包方的博弈效用模型和复制动态方程，运用系统动力学软件Vensim构建式（4-10）、式（4-11）和式（4-12）对应的系统动力学模型，并进行预测分析、动态分析以及模拟分析，多主体博弈的系统流图如图4-14所示。

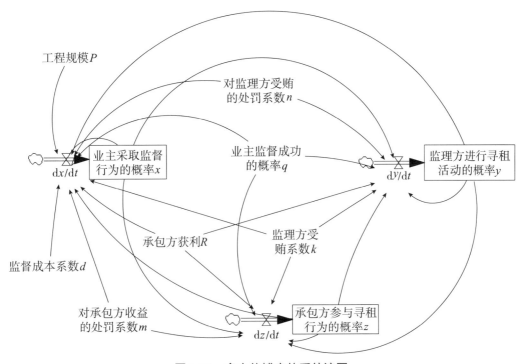

图4-14 多主体博弈的系统流图

基于工程建设过程中三方博弈效用矩阵和复制动态方程，通过构建的系统动力学模型进行模拟分析，为了清晰直观地进行预测和动态模拟比较，这里以GS工程为例进行模拟计算。为了参数设计的一般性，参数符合条件：$\dfrac{dP}{qR(m+nk+1)}<1$，$\dfrac{1}{nq}<1$，$\dfrac{1-k}{qm}<1$。具体取值，项目规模为5，正常完工时业主的收益V为10万元，业主支付监理方的工资为1.5万元（e取0.3），业主聘请S监督的成本dP为1万元（d取0.2），承包方通过寻租获利R为0.8万元，监理方寻租受贿kR为0.32万元（k取0.4），业主监督成功概率为0.7，业主发现寻租行为时对监理方的受贿获利处以2倍（n=2）处罚，对承包方获利处以1.5倍（k=1.5）处罚，具体算例参数值见表4-6。

工程建设三方主体博弈的参数取值　　　　　　　　　表 4-6

参数名称	参数值	参数名称	参数值
V	10	R	0.8
P	5	k	0.4
q	0.7	n	2
d	0.2	m	1.5
e	0.3		

（1）"人和态"的多主体利益协调演化博弈的稳定性分析

对博弈模型的稳定性进行分析是演化博弈的首要任务。对 (x, y, z) 分别取不同初始值（0.3，0.2，0.2）、（0.5，0.2，0.2）、（0.7，0.2，0.2）、（0.5，0.5，0.5）进行模拟，可得四组初始值对应的模拟结果，如图4-15所示。

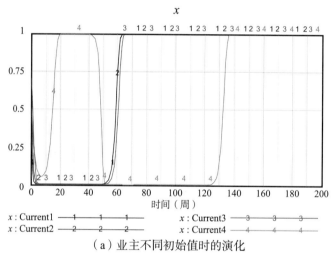

（a）业主不同初始值时的演化

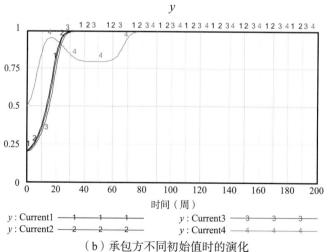

（b）承包方不同初始值时的演化

图4-15　初始值变化的模拟结果图

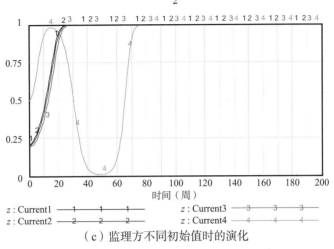

(c)监理方不同初始值时的演化

图4-15 初始值变化的模拟结果图（续）

由图4-15可知，工程建设业主、监理方、施工方选择不同的初始概率值，x、y、z经过动态演化后的值均为1，即进化稳定点为（1，1，1），业主、监理方、承包方稳定于（监督、寻租、寻租）状态。其结果可以阐述为：①无论业主聘请S进行监督的概率为多大，监理方和承包方最终都会选择寻租行为，以获取更多的超额利益。监理方和承包方之所以最终都会选择寻租行为，究其原因是工程投入资金量大、参与人员多、建设周期长，工程管理目标多包括质量、工期、成本、安全、环保等，并且工程处于不断变化的经济社会环境中，很难运用工业产品生产控制方法对其进行精细控制，导致监理方、承包方可进行寻租的机会较多。②无论监理方和承包方选择寻租的初始概率为多少，业主最终都会选择聘请S对监理方和承包方行为进行监督。因为监理方和承包方作为独立的经济人，具有各自的利益追求，会产生违背职业道德损害业主利益的行为，业主有必要对其进行监督。

（2）工程规模对工程和谐管理的影响分析

分析工程规模P大小变化对工程和谐管理"人和态"的各主体行为影响，（x，y，z）取初始值（0.5，0.2，0.2），工程规模P逐步变大，分别取$P_1=4.5$、$P_2=4.8$、$P_3=5.1$、$P_4=5.4$进行模拟，可得工程规模P变化的模拟结果如图4-16所示。

由图4-16可知，工程规模P的变化对业主、监理方、承包方视角的工程和谐管理影响各不相同。其具体影响分别阐述如下：①对业主的影响。随着工程规模扩大，其进入督查稳定状态的时间逐步延后。表明随着工程规模变大，工程越复杂，工程造价和工期相应增大，业主延缓了选择监督策略的时间。一方面业主需要花费更多的精力于工程上；另一方面工程规模增大，业主需要投入更多的监督成本对寻租行为进行监

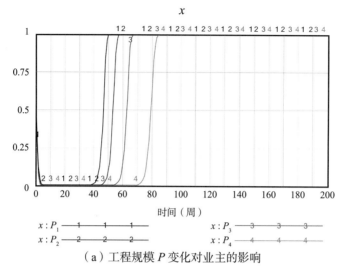

（a）工程规模 P 变化对业主的影响

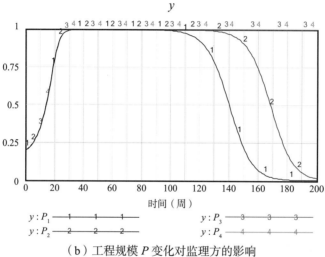

（b）工程规模 P 变化对监理方的影响

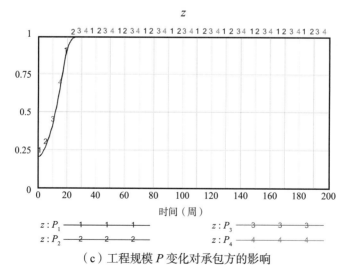

（c）工程规模 P 变化对承包方的影响

图4-16 工程规模变化的模拟结果图

督,否则工程和谐难以实现。②对监理方的影响。当工程规模增大时,监理方改变了其行为策略,从不寻租转向寻租。该结果表明工程规模小,工程造价、工期和工程复杂程度相应较低,此时监理方的寻租行为更容易被发现。为规避风险,监理方选择不寻租策略,相应地工程和谐管理目标随之实现。③对承包方的影响。无论工程规模大小如何变化,其选择寻租策略不变。承包方之所以选择寻租行为不动摇,可归结为巨大的利益驱使,作为独立市场经济主体,其行为更多考虑自身目标,而非工程项目全生命期目标。此时,工程和谐管理目标的实现具有一定难度。

(3)监督概率对工程和谐管理的影响分析

分析业主监督概率x变化对工程和谐管理"人和态"的各主体行为影响,(y,z)取初始概率值(0.5,0.5)不变,业主监督的概率分别取x_1=0.5、x_2=0.7、x_3=0.8、x_4=0.9进行模拟,可得业主监督概率变化的模拟结果如图4-17所示。

由图4-17可以看出,业主监督概率的提高对于监理方和承包方选择寻租行为均具有延缓作用,即监理方和承包方更晚进入寻租稳定状态。该结果表明:业主督查概率增大,虽然不能使监理方和承包方完全舍弃最终的寻租策略,但可以有效延缓其寻租行为的发生时间,为工程项目创造良好的发展环境提供更多时间,从而推动工程和谐发展。亦即,业主监督概率提高所具有的约束性、警示性与负激励性,在一定程度上可以约束多利益主体的不合法、不合理逐利行为,推动工程管理从不和谐态向和谐态的转变。

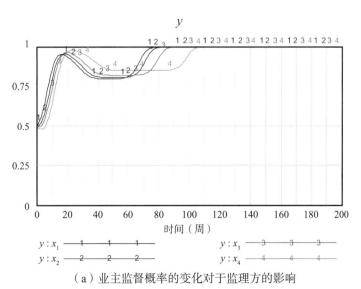

(a)业主监督概率的变化对于监理方的影响

图4-17 监督概率变化的模拟结果图

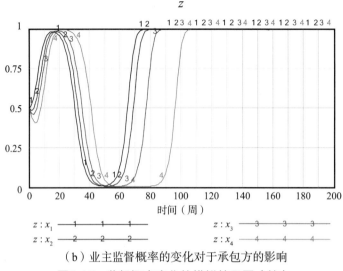

(b) 业主监督概率的变化对于承包方的影响

图4-17 监督概率变化的模拟结果图（续）

（4）监督成功率对工程和谐管理的影响分析

分析业主监督成功率q变化对工程和谐管理"人和态"的各主体行为影响，(x,y,z)取初始值$(0.5,0.2,0.2)$，业主监督成功的概率分别取$q_1=0.3$、$q_2=0.5$、$q_3=0.7$进行模拟，可得业主监督成功率变化的模拟结果如图4-18所示。

由图4-18可知，监督成功率的变化对业主、监理方、承包方的行为决策有不同影响。其影响如下：①对业主的影响，表现在两个方面。第一，随着监督成功率增大，其稳定策略发生变化，由不监督变为监督。第二，监督成功率增大，业主更早达到监

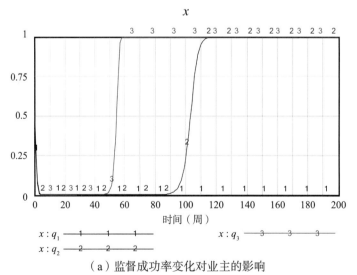

(a) 监督成功率变化对业主的影响

图4-18 监督成功率变化的模拟结果图

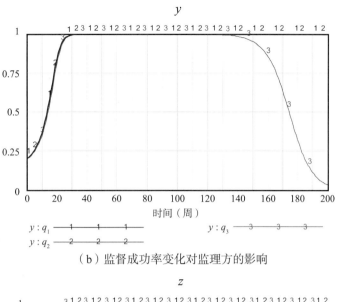

(b)监督成功率变化对监理方的影响

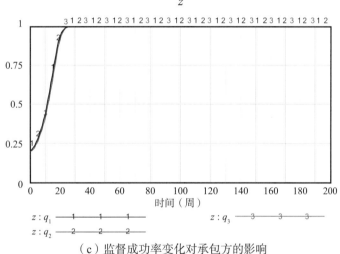

(c)监督成功率变化对承包方的影响

图4-18 监督成功率变化的模拟结果图（续）

督稳定点。从该结果可见，聘请专业机构对监理方和承包方进行监督时，应选择专业知识扎实，有良好口碑的机构，以提高监督成功率。②对监理方的影响。监督成功率增大，动摇了其选择寻租策略行为，当成功率增大到一定程度时，监理方会改变行为策略最终选择不寻租。可见监督成功率提高可有效控制监理方寻租行为的发生。③对承包方的影响较小。无论监督成功率如何变化，其选择寻租策略不受影响。

（5）监督成本对工程和谐管理的影响分析

分析业主监督成本 dP 变化对工程和谐管理"人和态"的主体行为的影响，当工程规模一定时，监督成本与 d 正相关，故分析 d 值变化对工程主体行为的影响。（x，y，z）取初始值（0.5，0.2，0.2），监督成本系数 d 分别取 d_1=0.18、d_2=0.19、d_3=0.20进行模拟,可得监督成本变化的模拟结果如图4-19所示。

由图4-19可知,监督成本的变化对业主、监理方、承包方的行为决策影响也各不相同,相应地工程和谐管理"人和态"效果亦随之不同。具体影响分别阐述如下:①对业主的影响。d越大时业主更晚达到监督稳定状态,即随着监督成本增加,业主需要投入更多的人员、资金和时间,导致业主延迟选择监督,亦即业主视角的工程和谐状态达成具有滞后性。②对监理方的影响。监督成本的增加,使其行为决策从不寻租向寻租转变。该结果表明在监督概率和成功率不变的情况下,单纯增加监督成本,投入更多的人员和资金并不能有效减少寻租行为及不和谐诱因,相反投入大量的人力物力使监理方更易发现其被监督,采取逃避监督手段。由此可认为监理方视角的工程和谐管理具

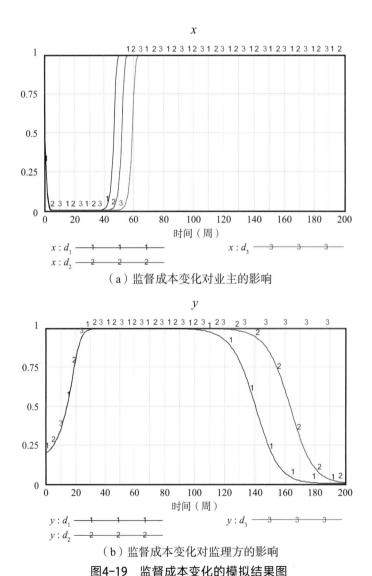

(a)监督成本变化对业主的影响

(b)监督成本变化对监理方的影响

图4-19 监督成本变化的模拟结果图

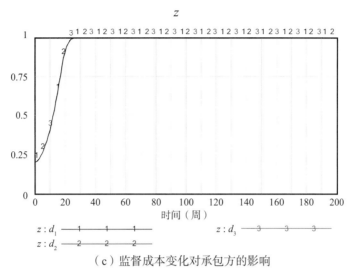

(c) 监督成本变化对承包方的影响

图4-19 监督成本变化的模拟结果图（续）

有溢出性和负外部性，必须尽可能减少这一现象。③对承包方的影响。无论监督成本如何变化，其行为策略不变，表明工程实施过程中，承包方受巨大利益驱使，存在侥幸心理，其行为决策中更多考虑经济目标，相应地工程和谐管理亦很难实现。

（6）处罚力度变化对工程和谐管理的影响分析

1）业主对监理方的处罚力度n变化

首先，分析业主对监理方的处罚力度n变化对工程和谐管理"人和态"的各主体行为影响。(x, y, z)取初始值$(0.5, 0.2, 0.2)$，对监理方的处罚力度n分别取$n_1=1.8$、$n_2=2.2$、$n_3=2.5$进行模拟，可得监理方处罚力度变化的模拟结果如图4-20所示。

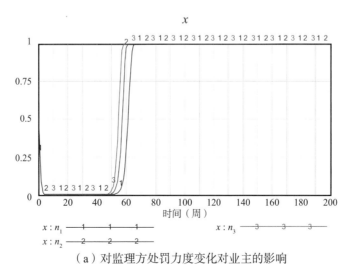

（a）对监理方处罚力度变化对业主的影响

图4-20 监理方处罚力度变化的模拟结果图

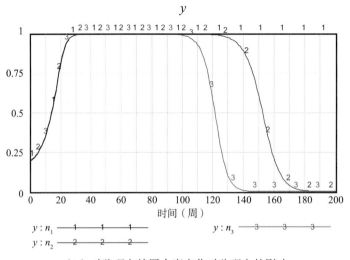

（b）对监理方处罚力度变化对监理方的影响

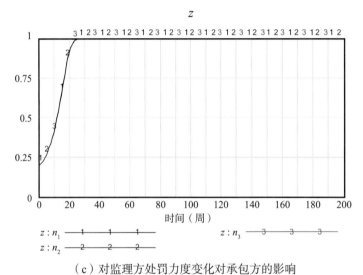

（c）对监理方处罚力度变化对承包方的影响

图4-20　监理方处罚力度变化的模拟结果图（续）

2）业主对承包方的处罚力度m变化

然后，分析业主对承包方的处罚力度m变化对工程和谐管理"人和态"的各方主体行为影响。(x, y, z)取初始值（0.5，0.2，0.2），对承包方的处罚力度m分别取$m_1=1.3$、$m_2=1.5$、$m_3=1.7$进行模拟，可得承包方处罚力度变化的模拟结果如图4-21所示。

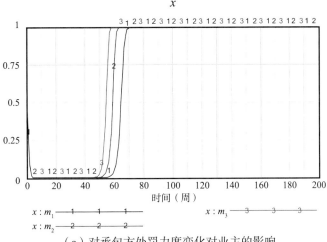

（a）对承包方处罚力度变化对业主的影响

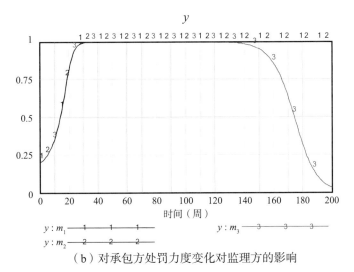

（b）对承包方处罚力度变化对监理方的影响

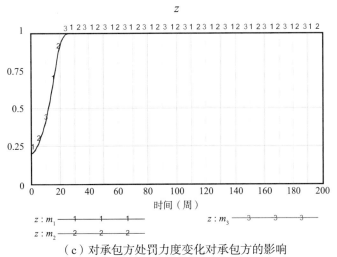

（c）对承包方处罚力度变化对承包方的影响

图4-21 承包方处罚力度变化的模拟结果图

3）处罚力度变化的影响分析

由图4-20和图4-21可知，处罚力度的变化对工程和谐管理"人和态"的影响效果比较明显，特别是对工程建设监理方的影响较大。其具体影响分别阐述如下：①对业主的影响。增大对监理方和承包方的处罚力度，业主行为更早达到监督稳定状态，即随着处罚力度的加大，业主更有动力选择监督策略，会更早采取监督手段，从而推动工程和谐管理"人和态"形成。②对监理方的影响。处罚力度的增加，迫使监理方改变了行为策略，即其策略从寻租向不寻租转变。并且处罚力度的进一步增加使监理方更早进入不寻租稳定状态。该结果表明加大对寻租行为的处罚力度，对监理方起到明显的震慑作用，可以有效遏制监理方的寻租行为，迫使其放弃寻租策略以推动工程和谐。③对承包方的影响。处罚力度变化对承包方的行为策略影响不大。表明在多利益主体博弈中，承包方始终具有获得额外报酬的冲动，其受巨大利益驱使铤而走险，不利于实现工程和谐。

4.4.4 工程和谐管理"人和态"的多主体利益协调策略

（1）通过对工程建设业主、监理方、承包方的演化博弈分析，可以得到业主、监理方、承包方行为变化对工程主体"人和态"和谐的影响结果

1）在工程建设多利益主体协调博弈过程中，业主、监理方、承包方的行为决策相互影响、相互制约，但影响大小各不相同。工程建设业主、监理方、承包方的三方行为受其他两方行为的影响，同时也受工程规模、监督成功率等前置因素的影响，从而决定工程和谐管理的最终效果。

2）对业主而言，监督成功率的提高和对寻租行为处罚力度加大，会促进其更早选择监督行为；而工程规模增大和监督成本增加会延缓其监督行为。特别需注意的是在监督概率和监督成功率不变的情况下，单纯增加监督成本，投入更多的监督人员资金并不能有效减少寻租行为，相反投入大量的人力物力使监理方更易发现其被监督，会导致其采取逃避监督手段，不利于实现工程和谐。

3）对监理方而言，工程规模增大和监督成本增加到一定程度会导致其最终选择寻租行为，监督概率提高会延缓其选择寻租行为，而监督成功率增大和处罚力度的加大会则会使其改变寻租策略向不寻租转变，并且处罚力度进一步加大会促使其尽早选择不寻租策略，有利于规范工程建设主体行为促进工程和谐。

4）对承包方而言，受巨大利益驱使，存在侥幸心理，更多考虑经济目标等，各因素变化均不改变其最终选择寻租策略。但是也有一定的作用，具体为监督概率变化会延缓其寻租行为，而工程规模、监督成功率、监督成本、处罚力度变化对其行为策略选择影响极小。

（2）基于以上分析结论，从工程建设业主角度提出规范工程建设多方主体行为促进工程和谐管理"人和态"的对策

1）对规模较大单项工程的监督可以适当减小项目规模，按单位工程或子项分别进行监督。

2）适当提高监督的频率以增大监督概率，可有效延缓寻租行为发生。

3）聘请专业的监督机构以提高监督成功率，而盲目投入过量的监督人力物力增加监督成本会适得其反。

4）加大对监理方和承包方的处罚力度，对监理方起到明显的震慑作用，可以有效遏制监理方的寻租行为，但是对承包方影响较小，所以应加强对承包商招标的管理和控制，选择技术水平高、实力强、信誉好的承包方，从源头上规避承包方寻租行为的发生。

第 5 章 工程和谐管理的"事谐"机理

5.1 工程和谐管理的"事谐"理论诠释

工程建设"事谐"包括知识、工具、方法的系统管理、科学管理、集成管理和信息管理。系统管理主要包括系统知识、系统方法论和系统管理工具;科学管理包括知识显性、工具标准和职责量化;集成管理有知识集成、技术集成和方法集成;信息管理可以分为情报信息管理、人与组织的信息化和建设技术的信息化三个方面。

5.1.1 知识、工具、方法的系统管理

(1)系统整体原理

工程项目管理学中将每个具体项目管理所需的知识分为一般管理知识和项目所属专业知识。一般管理知识包括职能管理方面的知识、资源管理方面的知识和其他一般管理的知识。项目所属专业的知识包括专业的技术知识、专门的行业知识和专业的管理知识[105]。

美国项目管理协会(PMI,Project Management Institute)在PMBOK中对现代项目管理中所要使用的各种知识、理论、方法和工具及体现其之间相互关系的知识体系进行了划分和构建。PMBOK中构建的知识管理体系主要包括十大方面的知识管理领域:整合管理、范围管理、进度管理、成本管理、质量管理、资源管理、沟通管理、风险管理、采购管理和项目相关方管理。这些要素的逻辑框架如图5-1所示,第一部分是项目目标层,包括对项目时间、费用和质量的管理与控制;第二部分是项目资源与条件的控制(人力资源、采购、风险及沟通);第三部分是对范围与过程的管理与控制(范围管理、整合管理)[106]。

从上述逻辑框图中可以看出,工程项目管理知识体系符合系统管理原理。系统是

指由若干彼此联系、彼此作用的部分组成，在特定环境条件下具有特定功能的有机整体。它强调的是要素、结构及环境之间的关系，以及在特定关系下呈现出的系统功能，即$F=f(C, S, E)$。

系统的特征表现为集合性、层次性和相关性。从系统的整体性原理可知，若要实现"整体大于各个孤立部分的总和"就得统筹考虑项目时间、费用和质量三大控制目标之间的关系。动态性原理强调范围控制与过程控制的重要性。系统的开放性原理指出单个项目与环境、项目、组织之间的物

图5-1 工程管理知识体系逻辑框架图

质、能量与信息交换的重要性，强调了项目管理中沟通与范围管理的重要性。因此，工程建设的管理，应是常态的质量管理与动态的创新管理相结合的工程创新管理。其所需的知识应更具有全面性、前沿性和创新性。

（2）系统方法论

1）还原论方法——从整体到部分

还原论方法的核心是将一个事物分解成部分，认为各部分研究清楚了，那么整体就清楚了[107]。简单地说，还原论将复杂难以直接解决的事情，分解成相对容易解决的小部分，如果小部分仍难以解决则再继续分解，最后将对小部分的研究成果组合起来形成对复杂事物的清晰准确的认知。

还原论方法具有整体往下分解和研究越来越细的优势，但即使局部研究得再清楚，由下往上组合时有时候处理不了系统整体问题，尤其是复杂系统的整体性问题，这是还原论的局限性。将整体分解为小部分，只着眼于分析其中的某个部分，会切断该部分与其他部分的联系。因此，还原论方法可以解决$1+1 \leqslant 2$的问题，但处理不了$1+1>2$的问题，只使用还原论方法是远远不够的，解决不了由部分到整体的问题，即复杂性问题中称之为"涌现"的问题。

2）整体论方法——从整体到整体

生物学家贝塔朗菲最早在生物体研究中就已意识到还原论方法的局限性，作为分

子生物学家,该学科研究已发展到分子生物学,但是他发现对生物在分子层次上研究越多,对生物整体认知反而越模糊。基于此,20世纪40年代,他提出了整体论和整体论方法,强调从生物体整体的角度来解决问题。但受当时科学技术水平所限,几十年基本上处于概念的阐述阶段,未能解决整体论的具体方法的问题,使整体论仍然从整体到整体,从定性到定性。即整体论强调从系统整体上分析问题,即1+0=1的问题。整体论的提出是现代科学技术发展的一次很大的进步,对现代科学技术发展做出了重要贡献。

3)系统论方法——先从整体到部分,再从部分到整体的有机结合

随着国内外复杂问题的研究,还原论方法和整体论方法的局限性越来越显现。针对复杂问题,我国科学家钱学森提出了整体论和还原论辩证统一的系统论方法,该方法把还原论方法和整体论方法有机结合起来。其基本思想是研究问题首先从系统整体出发进行分解,在分解研究的基础上再综合集成到整体。即先整体再部分,然后从部分再到整体,实现1+1>2的效果,最终达到从整体上解决问题的目的。可以看出系统论方法避免了还原论方法和整体论方法各自的局限性,既超越了还原论方法,也发展了整体论方法。钱学森提出的系统论方法促进了系统科学的快速发展,随着系统论方法的快速应用,对自然科学、社会科学等也产生深刻的影响。

从以上分析可以看出,还原论方法具有整体往下分解和研究越来越细的优势,整体论方法强调从系统整体上分析问题,而系统论方法把还原论方法和整体论方法有机结合起来,从系统整体出发进行分解,在分解研究的基础上再综合集成到整体。由于思想和理论不同,使得学者在研究和认识客观事物的方法和技术方面也不相同。

(3)**系统管理工具**

系统管理是指通过组织管理使系统的整体功能最优,并能适应环境的变化,实现系统的目标。系统管理强调整体性、关联性、开放性、动态性和演化性、多元性的思维方式;强调组织的柔性、和谐性与适应性。系统管理与传统管理的区别如表5-1所示。

传统管理与系统管理的区别　　　　　　　　　　　　表 5-1

传统管理	系统管理
相对刻板的结构	不断演化的结构
认为有一种最正确的组织方式	根据不同的环境应该有不同的组织方式
严格定义的组织边界	分形变换的边界

续表

传统管理	系统管理
严格定义成员资格与上下等级	成员间有不同联系方式，网络结构比单一的上下级结构更有效
集中全盘控制、直接指导雇员	半自治单位组成，允许存在自组织行为，给组织的个体与团队赋予权力和能力，以增强创造力
合作或竞争	竞争中合作，合作中竞争
有序的管理变化	在组织内创造组成部分可自我调整变化的空间和余地
着重战略计划，努力实现特定目标	强调系统演化设计，创造演化的未来远景，注重演化竞争力

工程建设的管理者必须确立基本的系统观念，运用系统管理方法与工具，以全局的观念，系统地观察问题、解决问题，做全面的整体的计划和安排，减少系统失误；追求项目整体的最优化，强调系统目标的一致性，强调项目的总目标和总效果，而不是局部性；根据项目的特点和目标进行系统的集成，比如职能集成、过程集成，实现工程建设"事谐态"。

5.1.2 知识、工具、方法的科学管理

（1）知识显性

1995年，被誉为"知识管理之父"的野中郁次郎提出了知识相互转化的SECI模型[108]。该模型包括社会化（S）、外化（E）、组合化（C）和内化（I）四种知识交互模式（图5-2），经过这四种模式的转化，实现个人、项目、组织、跨组织的知识流动与创新（图5-3）。

1）社会化（S）——潜移默化

它是一个通过共享经历建立隐性知识的过程，社会化的结果表现为知识主体的扩大。在社会化进程开始之前，隐性知识仅仅被少数具有特殊技能、特殊能力的人所占有和使用，并且这些知识尚未显性化，而其他人不具有这些知识；为了将其传播给后者，社会化开始发挥作用。其作用机理是：后者开始有意识地对前者进行观察、模仿和实践，从而逐步学习和掌握前者的知识。具体到工程建设领域，知识可以划分为技术知识和管理知识。在技术知识社会化方面，学习的途径包括跟踪技术研发过程、体验技术应用、学习技术难题攻关和现场解决问题的实践；在管理知识社会化方面，包括学习新的管理理念、组织模式在具体项目中的应用。通过观察、模仿和实践，实现隐性知识的挖掘并形成自身的隐性知识。在实践过程中始终把技术培训放在很重要的

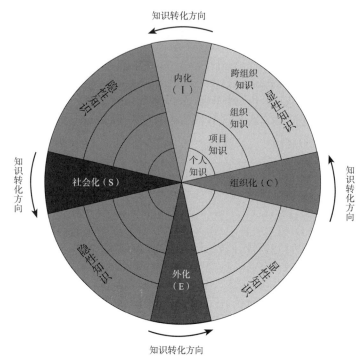

图5-2 野中郁次郎提出的SECI模型

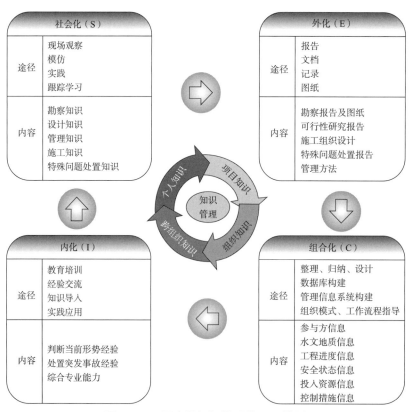

图5-3 工程建设知识管理的SECI模型

位置，强调个体知识向群体知识的转化，鼓励组织中的每个人成为技术多面手，实现知识主体的扩大化。

2）外化（E）——外部明示

该知识交互模式是把隐性知识用显性化的概念及语言清晰表达的过程，外化的结果表现为隐性知识显性化。工程建设具有大批量和多点同时建设的特点，这就要求短时间内隐性知识的规范化扩散。其特点表现为跨项目、跨组织的知识传递与共享。即项目全寿命周期内的知识共享，共享的内容包括施工流程与过程控制方法、关键技术应用、资源调配方案、组织管理方法等核心要素。其转化的途径包括隐性知识的显性化表示，以及这些知识的高效传播。

3）组合化（C）——汇总组合

工程建设与管理过程是集勘察、设计、施工、管理于一体的综合判断分析与控制的过程，显性知识或被显性化的知识呈多元异构特性，并且显性知识之间存在一定的关联性，因此显性知识的组合化对具体工程更具有指导意义。例如可建立项目综合信息管理系统，将项目水文地质信息、工程进度信息、施工工法信息、组织管理信息、关键技术应用等信息归纳整理为综合信息，实现其组合化过程，各项目之间共享这些具体信息以供参考与交流。组合化的实施途径离不开组织模式、组织分工和工作流程的约束和指导。

4）内化（I）——内部升华

知识内化的过程是知识创新的过程，反应在既有的显性知识通过学习进入人脑，被人脑加工重构后，产生新的隐性知识的现象。知识内化的过程可以通过教育培训、经验交流、知识导入激发，并通过工程实践与已有的显性和隐性知识进行融合与修正而完成。知识的内化是一个质变的过程，外在表现为突发事故解决的能力和项目全过程控制的能力的提高。

工程和谐管理的过程即知识管理过程，知识管理的目的是更好地实现项目管理，知识管理的内在驱动力是知识创新，知识管理的工具和途径需借助信息管理平台，以实现知识的社会化、外化、组合化和内化。

（2）工具标准

1）设备及工具标准化

工程建设所需的设备及工具主要包括大型机具设备和为保障现场作业所配备的辅助生产机具。大型机具设备一般包括混凝土搅拌站、混凝土泵送设备、试验检测设备、运输车辆、吊装机械、焊接机械等。大型设备来源分为购买和租赁两种方式。在大型设备使用过程中贯彻人、机操作维护规范，实行"全员培训"，大力提高机械人员合理使用机械的能力与水平，对工人加强技术培训，提高安全操作技术水平。同时通过合理调度，充分发挥现场所有机械设备的使用价值。对于辅助生产机具，要考虑与大型设备的配套使用，构建系统的配套设备体系，对操作要求较高的小型器具应配备专门的操作人员，以保证质量并提高效率。

2）辅助管理工具科学化

①**工程项目管理辅助工具**。工程项目管理辅助工具的使用可以大大提高工作效率，提高对项目目标（质量、进度、投资、安全）的控制能力。Project软件可方便地绘制时标网格图、网络图，并能实现对进度跟踪、优化与管理的功能。具有资源分配与调整的功能，并整合了关键路径计算（CPM）、计划评审（PERT）、挣值法（Earned Value）等进行分析，方便快捷。BIM系列软件的功能更为强大，深度实现项目进度协同、费用控制、资源优化功能。这些工具的使用为管理的科学化提供了发展空间。

②**信息化平台的应用**。在工程建设中信息主要包括3个方面：管理和组织信息、项目信息、情报信息。3种不同的信息可以通过不同的信息平台进行管理，也可以整合为同一信息平台。实现信息的集中存储、正确流转和可追溯应用。工程建设信息分类如图5-4所示。

工程和谐管理要求正确、全面的信息存储、传递和共享，快速的信息沟通和科学

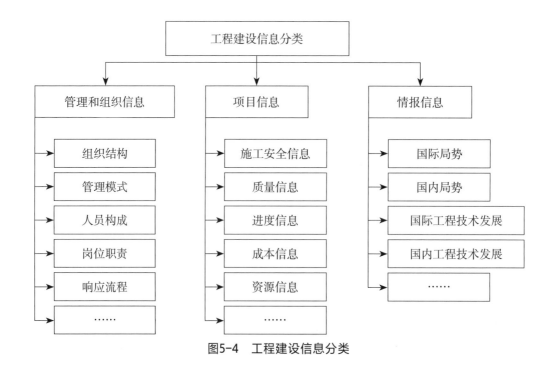

图5-4 工程建设信息分类

先进的施工辅助手段。信息化施工与管理是必然要求。OA 系统、项目管理信息系统和项目数字化建造系统是信息化施工的基本组成部分。

③**模拟计算模型**。应用计算机仿真技术，在虚拟环境下模拟因变量与自变量及环境的关系，构建关系 BIM 模型，找出特定条件下的演变规律及发展趋势，并进行现场实验，对模拟结果进行完善和修正，指导现场施工。例如针对主体筒壳高强钢纤维混凝土施工中的高水化热问题，建立混凝土温度—应力变化计算机仿真模型，可以解决筒壳大体积混凝土温度开裂问题。

3）技术标准规范完备化

①**关键技术标准的制定和验证**。工程质量关系到公共利益和公众安全，如果发生质量或安全事故，则对经济社会影响巨大，所以工程建设必须依据科学、合理的技术标准，并保证满足国家强制性标准的要求。关键技术标准是工程建设阶段的重要技术保证。由于关键技术往往会结合施工现场作业条件和某种特殊要求，对技术标准水平的要求会提高。此外，开展工程建设技术标准的综合验证，对技术标准的要求、检验方法等进行协调、整合创新，保证技术的先进性，逐步提高技术标准的整体水平和适用性，加快新技术在工程中的应用。

②**充分借鉴工程标准体系，丰富工程标准内涵**。由于工程建设的普遍性和通用性，其各种标准体系对工程而言较为完善，虽然工程具有特殊要求，借鉴工程标准体系构建具有工程特点和管理特点的体系具有积极的意义，包括构建产品标准、施工技术标准和施工验收标准等。

（3）职责量化

在明确企业级和项目级管理模式的基础上，岗位职责应具体到每位职工，岗位职责量化管理是推行精细化管理的基础，是实现各项工作任务、落实管理标准、推行绩效考核管理的核心。职责量化管理应确立每个岗位的工作目标任务，并将每项具体工作内容和相关责任层层分解落实到岗位职工，以规范的形式确立各岗位的具体责任，体现分工精细、责任明确到位，避免多头管理、重叠管理和管理缺位，建立岗位之间、部门之间的无缝隙责任链条，环环相扣、相互制约，互不交叉重叠地形成工作闭合环路。岗位职责量化是建立和推行精细化管理、实现考评实证管理的基础，是实现各项管理目标任务的保障。

岗位职责量化通常以岗位职责量化评价表的形式展开，主要内容包括岗位职责、岗位权限与流程、岗位技能及重要程度、岗位主要量化指标，即任务频次、工作内容、任务量等。

5.1.3　知识、工具、方法的集成管理

工程项目集成化管理是一种基于信息技术的新型项目管理模式，目的在于综合规划项目全寿命周期过程中各阶段的要素体系与目标体系构成，确立多个要素体系与目标体系的投入产出模式，构建各个参与方之间的职责与利益的权变关系，协同各工程参与方的工作任务，以提高工程项目整体效益与效率。工程建设管理是以质量目标、进度目标与成本目标为导向，合理配置资源要素、技术要素与管理要素，并对其实行集成化的综合管理的过程。具体而言，工程建设集成管理的内容包括：

（1）知识集成

工程建设管理是多学科知识综合运用的结果，需要总结项目施工过程中已形成的宝贵经验，挖掘项目施工过程中已积累和沉淀的知识。如系统论、运筹学、管理学等知识可解决工程和谐管理过程中的论证决策、指挥协调、机构设置、人员调配、材料筹集、质量控制、安全保证等问题；项目工作分解结构、挣值法、项目计划评审知识可定量辅助项目管理，提高管理效率；材料学及力学等知识应用于材料优选、施工工艺优化、设备改造与更新等方面可解决建设过程中技术要求高等难题。工程和谐管理很有必要实现对多类知识的综合集成。

（2）技术集成

技术集成包括一般技术、关键技术和新技术的集成。技术集成的含义是依据一定的技术原理和功能目标，将两个或多个技术经过重组而获得具有统一整体功能的集成技术。技术集成往往可以实现单个技术实现不了的技术需求目的。但是，在集成新技术的过程中，必须强调新技术的匹配性、适用性和引入成本，另外要重视新技术引入对技术整合过程的影响和对企业的贡献。这些集成技术的应用在攻克了技术难题的同时，提高了安装质量并节约了时间。

（3）方法集成

方法一般是指为获得某种东西或达到某种目的而采取的手段与行为方式。所处的环境复杂，时间紧迫，动态性和不确定性更为突出，因此工程建设管理的方法应更能适应这些特殊性，综合集成方法能有效解决上述问题。

综合集成方法的实质是把专家体系（以人为主的信息、知识和智慧）和计算机体系有机结合起来，构成一个高度智能化的人—机融合体系。综合集成方法的实施步骤包括定性集成、定性定量相结合集成和从定性到定量的综合集成。定性综合集成以形象思维为主，依据专家的科学理论、经验知识与创造智慧，结合、融合对自然、社

会、人文不同层面的认识。定性定量相结合综合集成通过建模、仿真和实验等，将定性综合集成提出的问题、经验假设、判断上升到系统定量描述（描述指标、评价指标、数量关系等）。从定性到定量综合集成是将定性综合集成提出的问题、经验假设、判断完成到系统定量描述后，专家体系再一次进行综合集成。人—机交互、反复比较、循环往复、逐次逼近，直至得到满意的结论。

5.1.4 知识、工具、方法的信息管理

随着信息技术的不断发展，信息化已渗透到各个行业，工程和谐管理所涉及的知识、工具、方法可以信息管理平台为依托，实现标准化、流程化和具体化。工程建设还须借助信息管理平台进行以技术信息获取、利用为目的的情报信息管理。搜集的情报信息均应建立数据库，并组织力量研究预测，形成可供选择的决策方案。

（1）情报信息管理

当前，随着信息技术的迅猛发展，引发了一场崭新的以信息化为核心的变革。对于工程建设而言，情报信息管理的主要内容包括需求信息搜集分析和支撑信息搜集分析。

1）需求信息搜集分析

需求信息有国内外技术需求信息和行业市场供求与竞争信息。根据国际、国内局势以及工程技术发展搜集建设需求信息，结合企业自身技术能力评估承接的可行性，并结合市场供求与竞争程度，分析供给与需求对接的可能性及发展方向，为承接潜在的任务做充足的需求分析及预测。

2）支撑信息搜集分析

支撑信息有投资方信息和需补充的人力、物资资源信息等。信息服务于决策，工程建设所处的环境越来越复杂，决策层对信息的需求量越来越大，对信息质量的要求也越来越高。搜集的情报信息均应建立数据库，并组织力量研究预测，形成可供选择的决策方案。

（2）人与组织的信息管理

人与组织的信息管理包括企业级管理和项目级管理两个层面，企业级管理以OA系统为主，项目级管理以PMIS系统为主。

OA系统即办公自动化系统，采用网络信息技术，基于工作流的概念，使企业方便、高效地协同工作。OA系统的主要模块应包括基本单位管理，领导、部门及个人工作安排，信息沟通管理，协同管理，工作流程管理，审批管理，会议管理，公文系

统,企业知识管理系统等。

1)企业级OA系统

随着科学技术发展和社会的进步,传统的决策模式不能适应瞬息万变的信息工程建设环境。为了提高企业效率和效益,加快组织内部信息沟通交流,做到快速、准确地决策,需提供高信息化水平、自动化的OA系统。OA系统功能主要有建立信息发布的平台,实现工作流程的自动化,实现知识管理的自动化、辅助和协同办公几个方面。

2)项目级PMIS系统

工程建设项目具有涉及面广、工作量大、约束强、时间紧迫等特点,PMIS系统即项目管理信息系统,是针对工程建设项目的以上特点开发的系统,应用PMIS系统可有效解决由于上述特点所带来的管理难题。PMIS系统包括进度、质量、成本控制子系统,以及合同、安全、文档、知识、招标投标、人力资源和管理决策等子系统(图5-5)。

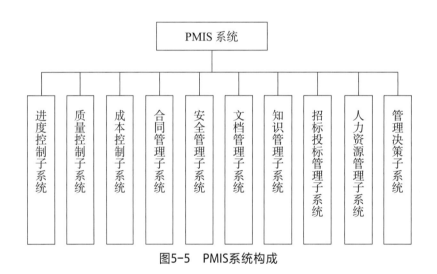

图5-5 PMIS系统构成

项目管理信息系统的实施提高了信息传递的效率,提供了信息沟通的工具,为工程化建设提供了支撑平台。工程建设项目管理信息化的意义重大,有利于减轻工程参与者日常管理工作量,有利于各工程参与者高效协同工作,有利于对各管理环节进行及时便利地督促检查,有利于工程项目知识系统化、结构化地存储和进行后期分析调用。因此,对工程建设项目实行信息化管理,可有效地利用有限的资源,最大化完成工程投资、质量、工期目标,从而实现工程的社会经济效益最大化。

(3) 建设技术的信息管理

建设技术的信息管理贯穿于建设项目全过程，目前以三维可视化技术与信息技术结合的BIM技术应用较为前沿，可实现的功能包括前期阶段的选址与方案对比、设计优化与属性管理、虚拟施工与进度管理、施工过程可视化监控和使用阶段辅助维护管理几个方面。

1）前期策划阶段，利用可视化建模技术将不同备选方案的工程结构、外观和建设效果等信息以三维的形式进行展示，综合优选建设方案。

2）设计阶段各专业独立设计，常常引发由于在二维CAD图纸中难以发现的冲突或错误导致施工阶段返工的现象，影响工程工期和费用，因此在三维设计平台上协调设计可大大减少此类错误，借助三维可视化集成管理平台可保证施工图设计质量，消除各独立专业间的信息不对称，提高工作效率，保证设计进度。施工图设计阶段结束后可添加设计信息属性，便于今后查询和运维管理。

3）施工阶段施工过程中的重要技术方案可借助信息化手段进行动态模拟，不断完善，实现关键施工过程和施工流程的动态可视化管理。在工程建设施工过程中远程可视化监控技术的应用也十分必要，可视化技术有着更为直观的三维表现功能，如GIS技术可以满足用户对空间信息的管理，并依靠其强大的空间分析和可视化表达功能，进行各种辅助决策，两者相辅相成，给工程信息管理带来了全新的管理方法。与传统的项目管理系统相比较，可视化监控系统的优点体现在：实现快速可视化双向查询，界面友好性强，有利于推广使用；方便管理人员分析设计信息和在建工程项目的关系；加强远程现场监督，保证现场施工安全并完善企业应急管理机制，实现高效管理与科学决策。

4）使用维护阶段可视化信息管理体现在三个方面：一是辅助使用，直观了解项目功能分布；二是用于维修方面；三是由于现代化更新而发生的拆除、重建或调整。

5.2 工程和谐管理"事谐"的概念

工程建设"事谐"是指工程建设主体作用于客体对象的关系要素和谐，是实现工程整体和谐的关键。"事"主要是指工程实施技术与方法，表示主客体之间的关系，"技术"通过一定的"事理"完成"事"，经要素耦合"事达其功"，最终达到"事谐态"。"技术"概括为知识、工具、方法三类要素，工程建设所需要运用到的知识类别多，工具具有组合特征，方法具有可复制转移特征。因此工程建设主客体关系要素的"事理"和谐，需要强调决策力与执行力的一致协调，做正确的事与正确地做事相并重，促进知识、工具、方法的集成创新与发展，从而保证工程建设主体作用于客体对象的关系要素和谐。

5.2.1 "事"与"技术"及"事理"关系

在工程和谐管理特定的"人—事—物"系统中，"人"是主体，指工程建设组织团队和人员，"物"是客体，指工程项目及其物质要素，"事"指实施技术、方法，表示主客体之间的关系。

"技术"泛指工程建设过程中所涉及的所有工程技术，包括一般施工技术和满足特殊要求下所进行的改进技术和创新技术。"技术"由知识、工具、方法三类要素构成。

"事理"泛指工程建设实施中的技术原理与建造准则等，包括"人"作用于"物"的技术手段与方法，即强调工程建造方式的适应性和先进性。工程和谐管理中的"事理"强调特定组织作用于特定项目对象时的方法和原理。

"事谐机理"的内涵是组织和员工使用工具实现项目目标的协调性，技术与工程管理要素的匹配性，以及工程管理方法的科学性和流程的合理性等，实现工程建设主客体关系的"事理"要素和谐态。"事谐机理"是提升工程建设绩效、促进工程建设和谐的关键机理，是现代管理科学指导下主体作用于客体对象的关系要素向"事谐态"的转变机制。

通过上述定义可以看出，"技术"通过一定的"事理"达成"事谐"，经要素耦合"事达其功"，最终达到"事谐态"。

5.2.2 "事""技术"与"知识—工具—方法"的关系

"知识—工具—方法"是构成"技术"的三类要素，其中知识具有全面性和前沿性的特点，工具具有先进性和组合性的特点，方法具有集成性和非排他性的特点，"知识—工具—方法"的集成创新可使技术得以正确运用，解决"事"的有机组合，促使技术子系统实现"事谐态"。

工程和谐管理"事谐"是现代管理科学原理结合工程知识、工具、方法等要素的集成创新。由于工程发生在特定的人、事、物中，表现为工程人员为工程价值的实现所付出的对物的建造活动，离不开现代管理科学理论的决策、计划、组织、指挥、协调、控制、激励等职能。工程和谐管理的基本要素来源于工程建设技术、管理方法以及工程项目各目标的协调控制手段。从本质上来说，工程和谐管理以现代管理科学理论为基础，采用工程建设管理模式，运用工程知识、工具、方法等工程建设不可或缺的三类技术要素，从而最终提高工程建设管理活动的总体效率、效能与效益。由此可见，工程和谐管理的"事谐"机理，本质上是现代管理科学理论在工程建设技术上的指导与发展。

工程和谐管理的本质要求："管"即规范工程行为，"理"即理顺工程关系。规范行为包括规范工程管理者的管理行为和员工的作业行为；理顺关系是指运用"知识、工具、方法"理顺目标要素关系、资源配置关系、作业流程关系、分工协作关系、团队人际关系等。规范行为和理顺关系的本质都是追求"事理"的和谐有序。

工程和谐管理所需的集成管理模式，相对于一般工程项目，又有其特点。其施工组织更强调协作，自然生态保护更为严格。因此，工程建设涉及的知识更为综合，工具更具先进性，方法更具创新特征。

5.2.3 "知识—工具—方法"与技术子系统"事谐态"

前面已述，"事谐"指工程建设系统涉及的建设工具、技术手段、管理方法等事理要素的和谐。"事谐态"则指工程建设"人—事—物"系统涉及的核心技术、规范标准、创新管理等"事理"要素对于工程建设对象的和谐结果，也可以表达为工程建设的方法、手段、策略等达到"事尽其功"时所处的状态。

工程建设"事谐"是实现系统整体和谐的关键。工程和谐管理必须以集成创新为保障，推进知识、工具、方法有效集成创新，集成创新是工程和谐管理不可或缺的技术手段，是工程建设主客体作用的重要途径，是推动"事理"要素向"事谐态"转变的强大动力。

具体而言，工程和谐管理"事谐"包括：

1）技术的有效性。为保证工程建设更为高质量、强时效完成而采取的高端的设计技术、前沿的建造技术和施工工艺，以及先进的管理技术的有效性。

2）方法的针对性。为推进大批量、可复制、可分解、多点并行的工程建设，可采取的工程化管理的针对性。

3）管理的适用性。为实现工程建设质量目标和进度目标优先、兼顾成本目标，要采用的多目标协调管理。

4）信息的主导性。在知识、科技以及参与工程建设的整体素质提高的背景条件下，工程建设管理中将较多地推行信息化建设，在此基础上工程项目的信息化建设与管理势在必行。

5）资源的集成性。为保证工程建设顺利开展而集成各种资源要素，宜采取内部资源外化、外部资源内化和资源网络化集成管理。

5.3 工程和谐管理"事谐"的内涵

工程和谐管理的"人事物"系统中，"事"即工程建设主体"人"作用于项目客体对象"物"的相互关系，包括实现工程的价值、目标与建设任务等所需要的各种工程技术、管理方法与施工方案等。

"事理"维度的工程和谐管理表现为工程建设总能够根据形势和条件的变化做出"工程技术、管理方法和知识"的适应性调整，总能够应对各种错综复杂形势做出"工程技术、管理方法与知识"的必要性调整，总能够满足对于工程建设系统功能动态需求的"工程技术、管理方法与知识"的有效性选择而遵循的规则、原则与准则。"事"维度下的工程和谐管理是手段，是"人"作用于"物"的方法和途径。工程作为一种人造物活动，其能否实现和谐，是人、事、物相互作用的结果，具体体现为业主、施工方、监理方等作为工程建设主体对于工程建设项目中的材料、设备、资金等要素形成的项目工期、质量、成本、安全目标等客体功能的技术手段、管理方法的和谐态，即工程建设主客体关系"事理"维度的工程建设和谐。也就是说，"事理"维度的工程和谐主张事得其法、事半功倍，实现工程建设主客体关系和谐，进而有效推动工程和谐。"事理"维度的工程和谐态是指涉及工程建设的工程技术、管理手段和管理工具等主体作用于客体间作用关系的结果，也就是工程建设管理的技术、方法和手段等达到"事尽其功"的状态。尽管目标达到、方法可行、技术先进即可保证工程和谐管理所涉及的各类"事"合情合理，但目标达到并不等于目标合理，方法可行并不等于方法优化，技术领先并不等于技术适宜。因此，"事理"必须通过不断优化调整才能保证"事理"维度的工程建设和谐的实现。"事理"维度的工程和谐管理以创新为基础，引导各方面工作顺利展开，主要体现在技术与管理要素相匹配、管理方法与工作程序相适应、组织与员工目标相一致等方面。

工程建设"事谐"机理涉及三个方面的内容：以技术创新为基础的工程设计、施工、管理等建设工具的和谐；以技术研发为前提的新材料、新工艺、新装备等建设手段的和谐；以技术集成为策略的产学研合作协同创新方法的和谐。

5.3.1 以技术创新为基础的工程设计、施工、管理等建设工具的和谐

工程设计、施工、运维管理的技术创新是实现工程和谐管理的重要手段。以工程建设管理的实际需求出发，在传统设计、施工、运维管理的基础上，通过技术创新，对现有建设工具进行功能拓展或者开发新的建设工具，实现以技术创新为基础的工程设计、施工、管理等建设工具的和谐。

近年来数字技术在各个行业的广泛应用已经颠覆了许多传统行业的生产和管理组织模式，极大地推动了行业的进步，而数字技术与工程相结合催生的工程数字技术，正在逐步颠覆传统工程建设行业的生产和管理组织模式，推动传统设计模式走向工程数字设计，推动传统施工模式走向工程智能施工，推动传统运维模式走向智慧运维，以技术创新实现工程设计、施工、管理等建设工具的和谐。这也是技术发展的必然结果，同时也是工程建设行业高质量发展和创新发展的必然选择。

（1）工程设计数字化

工程设计数字化是指将工程设计中的各种信息转变为易于存储和调用的数据信息，通过构建工程设计数字化模型，集成工程设计各专业信息，便于后期工程施工管理和监管，这就是工程设计数字化的基本内涵。

传统二维CAD设计由于设计工具及手段的限制，禁锢了设计师的创造力和生产力，设计师大部分精力都耗费在制图和图纸的修改上而非设计的创造力上，图纸的"错、漏、碰、缺"等问题在工程设计行业依然比较普遍，造成设计质量和效率低下，同时问题图纸也给后面的施工及项目管理带来诸多新问题，引发系列工程质量问题，导致"事倍功半"，使得"事理"难以真正实现。工程数字化技术与工程设计相结合催生的工程数字设计，正在引起传统设计行业的变革。工程数字设计指基于数字化技术的协同化、集成化设计，与传统的CAD设计技术相比，具有典型的三维可视化、参数化、协同化和可模拟性等特征。以技术创新为基础的工程设计的和谐就是通过数字化的工具或手段，在工程建设的设计阶段解决可能存在的"错、漏、碰、缺"等不和谐的问题。当前的工程设计实践证明，工程数字设计在提高多专业协同效率、整体设计质量方面具有明显的优势，而且

工程数字设计可把施工可行性和运维的合理性通过虚拟仿真手段前置到设计阶段来实现，将工程的诸多不确定性降到最低。设计方从源头对"人""物"等因素进行系统思考，保证后续施工阶段"以逸待劳""事半功倍"，有效弱化蝴蝶效应的影响。

（2）工程施工智能化

工程项目的施工阶段是资源投入规模最大的阶段，也是管理难度最大的阶段，资源依赖、能力短板、环境约束等不和谐因素对于工程建设主客体关系和谐存在破坏性影响。工程建设管理中的业主、设计方、施工方等不同利益主体的有限理性以及材料、设备等客体对象要素的复杂属性，使得"人"作用于"物"要素的效率、效果与效应会因为风险偏好、认知偏差、角色定位、利益导向等因素的影响而产生差异化的结果，使得工程主客体关系难以趋于和谐态。

工程施工智能化主要是运用数字化技术辅助工程建造，通过人与信息终端交互进行，主要体现为表达分析、计算模拟、监测控制以及全过程的连续信息流的构建。工程施工智能化的本质在于以数字化技术为基础，驱使工程组织形式和施工过程的演变，最终实现工程施工过程的变革，达到工程主客体关系的和谐。从外延上看，工程智能施工是以数字信息为代表的新技术与信息驱动下的工程建设方式的转移，包括技术形式、管理模式、施工过程等全方位的变迁，工程智能施工将使工程施工作业方式从根本上发生改变。

数字化技术的推行，能够革新施工现场的安全管控模式，实现对施工现场人员、机械设备和环境等状态的全方位立体化安全监控，摒弃工程建设中严重依赖于人的安全管控模式，大大提升工程建造的安全保证能力。如智慧工地的应用是技术与管理要素相适配的体现，智慧工地以施工过程管理为主线，综合运用物联网、云计算、大数据等技术，建立统一的云端智慧工地管理平台，满足施工过程信息数据互联互通、协同共享要求。智慧工地管理平台便于工程各参与方实时掌握施工信息，便于管理层能够全面了解实时信息进行决策，从而大大提高工程施工过程中的质量和效益，智慧工地的应用是以技术创新为基础的工程施工和谐的重要体现。

工程施工智能化集成了BIM、物联网、计算机仿真等技术的应用，一方面在工程建设的施工阶段可以继承设计阶段的数字化模型，在此模型基础上开展包括深化设计、施工组织及工序模拟等工作，提前对施工过程中的重难点做出预判，发现问题，提前解决问题，实现施工阶段的"以逸待劳""事半功倍"。在施工过程中，基于项目协同管理平台，通过物联网、互联网、移动终端等技术实现对施工过程各施工要素的实时监测与控制，助力施工质量、成本、进度和安全目标等"物"要素功能的实现；基于项目协同的数字化平台保证设计方、施工方等利益相关方在信息共享、知识互动等方面开展合作互补，以期在同等条件下实现工程价值最大化，避免分阶段进入和信息孤岛对于工程后续阶段的负外部性、范围和规模不经济等不和谐问题。近年来的工程实践表明，工程施工智能化能够改变传统工程施工的组织模式，实现工程施工由劳动密集型向科技密集型的转型升级，大幅度提高劳动生产率、生产功效以及资源利用率，最大程度降低工程建造对环境的影响，实现"事理"维度的工程和谐。

（3）工程运维智慧化

工程项目在竣工交付以后，开始进入运维阶段，为了保证建筑物的正常运行和维护，需要对其开展全方位的运维管理，以期实现运维阶段的工程和谐态。传统的运维管理实际上就是通常认为的物业管理，现代的运维管理可以结合数字化技术进行更为高效的管理。

随着数字化技术在工程项目的设计、施工等整个建设阶段的应用，数字交付物成为伴随工程实体交付的孪生交付物，为后期的运维管理提供了一种新的信息源，即通常认为的竣工数字模型。基于竣工模型的可视化和数据集成优势，以技术创新为基础，结合运维管理的目标，开发智慧运维管理信息系统，使得工程智慧运维成为代替或改善传统运维方式的新手段，达到工程运维管理的和谐。工程智慧运维是基于数字化技术，综合运用物联网、移动终端、大数据等现代信息技术实现对工程实体的运维管理。工程智慧运维不仅实现了传统运维管理的再造升级，而且也实现了竣工模型等数字资产的再利用。工程智慧运维与传统运维相比并没有改变运维的对象，只是在运维管理的技术手段和措施上有所创新。工程智慧运维通常包括基于数字化技术的结构安全管理、工程空间管理、设施设备管理和维护、安防、消防与应急管理、能源与环境管理等内容。工程智慧运维结合大数据、人工智能等技术的综合应用，将具有自我感知、自我分析、自我决策等高度智慧化特征，从而对工程运维阶段的目标进行有效控制，避免因管理不善和技术水平不足所带来的风险与问题，最终为工程和谐管理提供可靠的技术和管理要素。

5.3.2 以技术研发为前提的新材料、新工艺、新装备建设手段的和谐

材料、工艺、装备的改进与研发是实现工程建设技术上的渐进跃迁和核心能力提升的主要途径。以工程建设管理实际需求出发，在预研成果基础上对国内外先进技术的消化、吸收和再创新研究，也可通过由施工现场人员在实践中提出合理化建议、技术革新等途径，持续改良既有的施工技术和管理方法，实现以技术研发为前提的新材料、新工艺、新装备等建设手段的和谐。

（1）新材料的研发

基于工程性能的要求，工程建设新材料的研发需求更为急迫、要求更为严格。新材料的研发驱动力表现为技术高要求和满足施工工艺两个方面。因此新材料的研发应与施工工艺的研用相结合，以满足适用性要求。以光纤传感技术为例，研究用于光纤传感的高纯度优质玻璃棒，建立新型敏感材料的制备体系，研究材料的传感机理，在此基础上，研究开发新型光纤阵列传感器，可实现对重要物理、化学和生物量检测技术的创新。

（2）新工艺的创造

工程建设技术必须与时俱进，在发展中不断采取各种先进的施工工艺，从而提高产品的质量以及市场价值。以光纤传感技术为例，光纤传感技术与电类传感技术相比优势明显，如防爆、抗干扰、耐久性强、耐高温、体积小等，所以光纤传感技术特别适合于复杂恶劣环境。但是现有的基于时分复用的分布式光纤传感技术和基于波分复用的传统光纤光栅传感技术虽然具有一定的优点，但存在明显的工程应用缺陷，如时分复用的分布式光纤传感技术信号微弱、响应速度慢，基于波分复用的传统光纤光栅传感技术对光源带宽要求较高等。因此，现有的光纤传感技术难以满足工程建设智慧化和智能化的要求，需要发展新型的大容量、多参量、高精度光纤传感技术。

（3）新装备的使用

新装备的研制动力来源于两个方面：一是改善现场恶劣施工环境下的人工作业条件；二是满足施工技术高要求和施工工艺高效率而进行的装备改进与研发。以光纤传感技术为例，武汉理工大学光纤传感技术中心在含18%（摩尔分数）GeO_2和10%（摩尔分数）B_2O_3的Ge/B共掺光敏光纤上，采用相位掩模板在光纤拉丝过程中成功制备了全同弱光纤光栅阵列，率先研制成功单纤超过10万个且传输损耗小于0.5dB/km的大容量密集型光栅阵列传感器。全套拉丝塔成栅工艺与装备如图5-6所示。

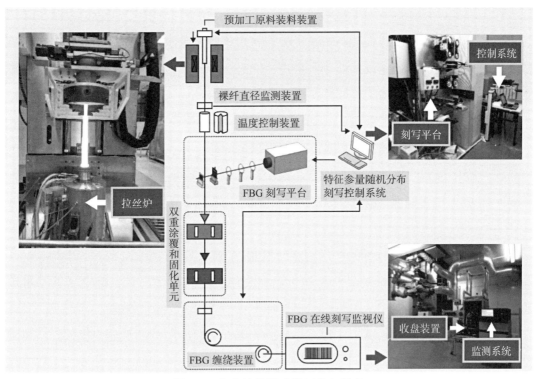

图5-6 全套拉丝塔成栅工艺与装备

光纤光栅传感器具备无电检测、抗电磁干扰、实时监控等优势。光栅阵列传感网络提出了光纤探测热应变信号与机械应变信号的快速解耦技术,突破了光纤光栅热应变探测受机械应变影响的国际性技术难题。光纤光栅传感器对温度和应力双重敏感,1g张力对应1℃,普通光缆内光纤应力有几十克且无法对每个光栅单独封装,光纤光栅传感器采用特殊的光纤并带技术,成功地将光栅的温度、应力的交叉敏感进行分离。光纤光栅传感器将移动通信理论与智能感知、信号处理以及信息安全技术相结合,研究基于光纤光栅传感和异构网络系统的智能感知理论和技术及相匹配的信息安全机制,重点研究弱光栅阵列相互干扰和散射的理论、传感器网络设计与布设,以及高空间分辨率、高灵敏度解调的新型理论与方法,并在此基础上,建立了信息安全保障机制和系统,达到国际先进水平。

5.3.3 以技术集成为策略的产学研合作协同创新方法的和谐

(1) 以技术集成为目标的产学研合作体制

产学研合作体制是指企业、大学与研究单位以技术创新为目标形成的"融合式"组织或联盟。

在工程建设特别是重大工程实践中存在许多复杂的科技问题，工程建设单位必须注重发挥地方科研院校的人才与科技优势，将工程建设需求及科研技术需要与科研单位实施有效对接，工程建设才能顺利推进；同时，科研单位的力量及其新材料、新技术、新装备等成果只有与工程实践结合才有机会更好地为工程建设服务并促进自身技术提升。因此，科技与工程重大实践结合与互动才是技术进步的真正动力。

以技术创新为目标的产学研合作体制发展的思想，是科技发展的重要途径。在工程建设过程中遇到的技术问题与地方高校、科研院所和其他部门合作，充分发挥各方优势，解决了很多技术难题，提高了建设效率，推进了科技成果与工程实践的结合应用。

（2）以技术集成为目标的产学研运行机制

如以技术创新为目标的某产学研创新研究院，经过详细论证，确定了其基本定位、主要任务、运行模式，主要运行机制如下：

①基本定位。研究院属于"常态小核心、柔性大联合"的新型研究机构，主要围绕我国工程建设领域的重大问题和关键技术，开展以新技术和新材料开发、工程应用实证、工程项目管理创新等为重点的科学研究，并通过管理创新、技术创新与综合集成，努力提高工程建设关键技术与项目管理水平，为加强工程建设技术交流、催化工程技术成果推广应用提供创新平台。

②主要任务。一是发展战略论证。探索适合工程科研社会化总要求、有利于高效开展工程科研与建设实践的新思路和新方法。二是应用技术研发。根据工程建设的科技需求，研究开发新技术、新材料、新设备，解决工程建设的施工难点与关键技术。三是工程管理研究。总结工程实践中科技创新和管理创新方面的成功经验，凝练工程建设和谐管理、科学发展的新理念和新模式，丰富和发展工程建设与管理的理论体系。四是资源整合协调。协调工程建设管理部门、研究机构、建设单位与大学及其他地方科研院所，建立长效的工程建设科研协调机制，促进工程建设科技信息沟通、资源利用、力量整合与项目开发。五是成果转化推介。根据需求对地方科研院所已有新技术成果进行系统收集、分析、整理后有组织地推介。同时，将工程建设科技成果向重大工程推广应用。六是工程人才培养。利用大学培养或定制培训人才，为建设单位输送高素质的工程技术与工程管理人才。

③运行模式。一是"融合式"管理体制。该研究院实行"学术委员会"指导下的院长负责制，严格执行相关规章制度及有关科研与保密的规定，采取"小核心、大联合、优势互补、共同发展"的运行机制，以研究院为平台，下设若干研究室，广泛集

成校内外科技力量联合攻关。二是"小核心大联合"组织形式。该研究院采取专职与兼职人员相结合的组织形式，本着共同的价值观、共赢的合作观、联合的博弈观，形成由研究院领导及主要研究员、由部分研究院特聘顾问组成的"小核心"团队，其核心任务是组织协调、管理创新与项目论证；形成根据不同项目与任务由学校内部多学科及社会参与的"产学研大联合"的工作模式；确立"不求为我所有，但求为我所用"的人才队伍观念，专职人员根据任务需要动态流动，兼职人员则采取隶属关系不变，带着项目和任务到研究院工作或委托在原单位合作的形式。三是"创新合作、优势互补"协同运行方式。对于论证、推介和研发项目管理采取首席专家负责制，根据项目特点分别采取研究院独立承担、研究院牵头再联合多家科研机构共同完成、研究院牵头再委托专业科研机构分包等灵活多样的方法进行，并在社会挑选战略科学家和相关专业专家组成专家指导咨询组建立起专家咨询制度，对重大项目的选题立项以及研究内容、指标、方案、结果进行指导咨询、评审把关与成果验收。

（3）以技术集成为目标的产学研组织方法

融合式科技创新模式是一种高效的技术创新机制。融合式科技创新模式不仅遵循了一般的"企业主体、市场导向、产学研结合"的技术创新机制规律，其根据社会与学校实际，更多强调"建设企业主体+工程需求导向+产学研结合"模式，即主体建设单位不仅密切与工程建设需求结合，同时也主持建设项目科研，而学校及研究院既持续了解工程建设需求又参与联合技术攻关，其间优势互补、协同创新，还可以为工程科技持续发展培养合格的建设人才，因而是一种高效的技术创新机制。

融合式科技创新模式是一种高效的管理创新方法。一般来讲，管理创新既强调管理思想的创新，同时也强调运行机制的创新，融合式科技创新模式强调"小核心大联合的组织基地+先进性创新性技术成果+应用型开发性的工程项目"模式，这是一种广义的"人—事—物"系统，通过工程和谐管理实现"人和—事谐—物适"及耦合进化，达到工程建设的最佳目标，这里面既包含管理思想的创新，也包含运行机制的创新，因而是一种高效的管理创新方法。

5.4 工程和谐管理"事谐态"的多对应关系适配机制

从系统论的角度而言，工程作为一种"人造物活动"，其能否实现系统和谐，是人、事、物相互作用的结果，具体体现为业主、设计方、施工方等利益关联方作为主体对于工程建设中的材料、设备、员工等客体要素的技术手段、管理方法的和谐，亦即工程建设主客体关系"事理"维度的工程和谐，包括新的生产方式、新的技术条件变化带来的工程建设主体、客体之间对应适配关系变化，对工程和谐产生的影响。"人"作用于"物"的"事得其法""事半功倍"所实现的主客体关系和谐才能有效推动工程和谐。然而，由于资源的有限性、能力的局限性以及环境的复杂性，工程建设的各参与主体难以实现对于材料、设备、器械等客体的全面兼顾，由此使得"事谐"难以真正实现[109]。从已有研究来看，其主要关注业主、设计方、施工方等不同利益关联主体视角的组织及团队和谐[110, 111]，表现为尽可能发挥各类工程参与主体的工作积极性和主观能动性，减少员工、团队及组织之间的利益、文化、心理、人际、角色等各类冲突因素。亦即通过消除"人"的因素对于工程管理狭义及广义对象的主观性、不确定性或负面影响，在此基础上实现"人"与工程建设的和谐统一。此外，学术界亦开展了大量针对材料、资金、设备等客体对象角度的和谐管理[112-114]，其表现为致力于参与主体多目标的协调和权衡，以及相应的管理工具、手段和方法具备更强的适用性、有效性、针对性，在此基础上实现"物"与工程建设的和谐统一。相对而言，如何兼具主体的能动性与客体的约束性，工程建设主体的"人"如何适配工程建设对象客体"物"等问题尚未得到有效解决。基于此，工程和谐管理"事谐态"的多对应关系适配机制试图结合工程实例及内容分析方法，从工程建设主客体关系"事谐"的角度出发，明确"人"与"物"多对应关系的适配机制，以及"事"作为连接路径在工程建设主、客体间的角色分配中如何影响工程和谐展开研究[109]。

5.4.1 工程和谐管理"事谐态"的多对应关系适配研究设计

（1）工程和谐管理"事谐态"的多对应关系适配的内涵

1）基于BIM全寿命周期的工程和谐管理"事谐态"的多对应关系适配

从工程建设全寿命周期角度而言，工程和谐离不开固有的功能结构与人及自然的和谐共存发展。换言之，工程和谐建立在对于工程项目的规划、设计、施工、运营、维护、保养、回收再利用等环节均予以通盘考虑的基础之上，在业务衔接、时间预留、失效补偿、应激反馈等方面均可以实现有效对接[115]。然而，需要特别指出的是若要真正实现工程和谐，全寿命周期各个阶段、环节及时间节点的主体责任分工如何，材料、设备、人员管控如何，所需调配的资源及其来源和方式如何，风险点分布及预警、预控、预案如何等，均不可孤立地看待，其所涉及的各类"人"系统及要素与"物"系统及要素在全寿命周期中各阶段及时点可无缝对接和交互作用。因此，业主、设计方、施工方等利益主体需要立足当前、面向长远，高瞻远瞩、长远谋划，从动态规划的角度对"人"与"物"的主客体关系予以优化调整，从项目评价的角度对主客体关系展开技术经济评价、风险收益评价、投入产出评价等[116]。

随着信息技术的不断发展，信息化已渗透到各个行业，工程和谐管理所涉及的知识、工具、方法可以信息管理平台为依托，实现标准化、流程化和具体化。建设技术的信息管理贯穿于建设项目全过程，目前以三维可视化技术与信息技术结合的BIM技术应用较为前沿，可实现的功能包括前期阶段的选址与方案对比、设计优化与属性管理、虚拟施工与进度管理、施工过程可视化监控和使用阶段辅助维护管理等多个方面。例如工程和谐管理的特点体现在涉及面广、工作量大、制约性强、时间紧迫、信息流量大，应用PMIS系统可有效解决由于上述特点所带来的管理难题。同时，数字化技术的推行，如智慧工地的应用，能够革新施工现场的安全管控模式，实现对施工现场人员、机械设备和环境等状态的全方位立体化安全监控，摒弃工程建设中严重依赖于人的安全管控模式，大大提升工程全生命周期的安全保证能力。

工程设计、施工、运维管理阶段的信息技术创新应用是实现工程和谐管理的重要手段。以工程建设管理的实际需求出发，在传统设计、施工、运维管理的基础上，通过信息技术创新应用，对现有建设工具进行功能拓展或者开发新的建设工具，实现以信息技术为基础的工程设计、施工、管理等建设方法与工具和谐。

2）基于BIM集成管理的工程和谐管理"事谐态"的多对应关系适配

工程建设中业主、设计方与施工方因其角色的差异性，代表不同的利益主体，往往存在利益冲突和管理分割，使得对于决策阶段、招标投标管理阶段、施工阶段的介入时间和作用方式相对孤立。从集成管理的视角出发，工程建设和谐既注重专业分工、责权明确，也强调界面的模糊性，通过各主体间的资源整合、能力互补，使得不同利益关联方的委托代理成本和沟通协调成本有效降低。

工程和谐实现资源及材料、设备、器械等"物"因素的集中配置与优化利用。工程和谐所具有的相关非线性特征使得业主、设计方、施工方等不同利益主体对于材料、设备等客体要素的作用不能简单叠加[117]。比如业主对于材料调配、设备检查、管控的方式和手段，在工程立项、设计、施工、验收等阶段的参与广度、深度和精度等，均可能引发工程建设中的振荡、分岔和混沌等现象。同样地，设计方从源头对于人员、材料等因素的系统思考，将直接影响后续施工阶段能否"以逸待劳""事半功倍"，有效弱化蝴蝶效应的影响。

要实现工程建设系统的和谐，就必须采取数字化的建造方式，以BIM技术为基础，集成运用GIS、BIM、PBS、ERP等，完善工程项目全生命周期建造信息系统架构，探索涵盖建设、设计、施工单位的集成信息化管理方式方法。利用BIM技术实现设计阶段的集成化技术管理，可以减少设计成本，加强各设计专业间的沟通，提高设计的质量和效率，最终可以得到一个高质量的精细化设计模型。精细化设计模型对施工具有明显的指导意义，极大地降低传统施工过程中的返工现象。

集成管理本身具有和谐有序性这一特征，其主张包括"人"与"物"在内的各种元素互相渗透、融合、吸纳而形成新的有机体[118]，通过系统的自稳定、自适应来推动工程从"无序"走向"有序"。整体而言，基于集成管理的工程和谐淡化了利益关联方的组织边界，突破了参与主体固有的资源和能力，发挥了外部环境的正向反馈性，使得工程建设主客体关系不断趋于和谐态。

（2）"事谐态"多对应关系适配的数据来源及方法

1) 数据来源

武汉轨道交通5号线位于武汉长江南岸，是连通武昌沿江重要客运交通走廊，途经武昌区、洪山区、青山区，覆盖了诸多城市热点区域，并设计与多条线路的换乘，促进了相关区域的紧密联系，是武汉轨道交通网中的重要干线。选取该工程作为研究对象，该项目具有以下特点：

①该工程涉及站点众多，连接了众多热点区域，沿线经过多个大型商务区、住宅区。部分站点人流量大，安全、质量要求高，建造难度大，复杂程序多。由于轨道交通对于地面交通具有较强的疏通和补充作用，在武汉轨道交通中，5号线亦是重要干线，该工程建设的时间紧、任务重、要求高，对于施工方、设计方和业主而言，合理配置材料、设备与协调员工，并实现"人"与"物"多对应关系和谐是完成任务的关键。

②武汉轨道交通5号线工程综合运用集成管理、前景理论等理论与方法，实现了在诸多不确定性条件下的多标段工程主客体关系和谐态生成。该工程的实践背景与研究的主题具有较好的契合性。

这里主要选取武汉轨道交通5号线施工安全预警月报、周报共59项资料作为质性研究的样本，以上资料详尽、真实地记录了业主、设计方、施工方等不同利益关联方在工程建设过程中对于工程材料、工程机械、工作设备、工作环境等客体要素的作用手段、途径和方式，便于客观地了解"人"系统及要素与"物"系统及要素的耦合优化及协同进化过程。

2）研究方法

内容分析法作为一种将定性的文献材料转化为定量数据的研究方法，可针对特定研究主体开展词频统计、聚类、共现分析、共现矩阵等多种分析，已被广泛用于从纷繁芜杂的海量文本信息中搜寻内在的、深层次的逻辑规律，具有系统性、客观性和定量性等特点。在工程管理、项目管理等领域，内容分析法已被广泛用于项目特征等相关问题的研究中[119-122]。基于文本分析和共词网络分析的综合运用，可以获得文本高频词汇的密度图以及各关键词的中心性等若干指标，有助于把握事件内在运行规律，从文本视角提出相关材料案例距离试图解决的问题和达到的目标尚存在的缺陷和不足，依此提出优化机制。

（3）"事谐态"的多对应关系适配的文本量化分析

1）开放性编码及范畴提取

运用NVivo 11 Plus对工作周报、月报等文本内容进行质性分析，通过词频查询，生成词汇云如图5-7所示，图中按字号的大小、字体深浅反映出词语出现频率的高低，由软件反映出的结果可见，在收集的材料文本中出现频率最高的是"施工"，共出现5833次，占比2.25%；其次是"监测"，出现5312次，占比2.05%，可得所选用材料文本与工程活动有关。就其他高频词来看，"安全"（1.05%）、"数据"（0.94%）、"及时"（0.75%）反映出在工程建设管理的相关记录中对主体行为的捕捉

图5-7 词汇云

程度及客体的最终结果相关性较大；而"加强"（1.10%）、"表示"（0.89%）、"单位"（0.67%）则反映了材料对参与主体行为的聚焦程度；"沉降"（0.77%）、"异常"（0.5%）等可以总结为工程建设客体不和谐的表现形式。列举出现频率前20名的词汇，如表5-2所示。

表 5-2 词频统计

词汇	次数	出现频率（%）
施工	5833	2.25
监测	5312	2.05
加强	2842	1.10
安全	2717	1.05
数据	2427	0.94
表示	2299	0.89
沉降	2001	0.77
及时	1932	0.75
变化	1847	0.71
单位	1736	0.67
开挖	1502	0.58
区间	1416	0.55
分析	1339	0.52
情况	1311	0.51
现场	1311	0.51
异常	1299	0.50
项目	1254	0.48
速率	1235	0.48
进行	1226	0.47
爆破	1199	0.46

通过对材料文本的高频词统计，对案例中可能存在的内容的重点有大致了解。针对59份工程材料中关于"利益主体""合谋""治理"等内容进行了通读、归纳、整合，基于高频词的软件统计结果提取出反映主题的相关段落，而后根据其大意提炼出更精简的行为及现象，再依据已提炼的具体现象分类到不同的概念下，最后对概念进行整合得到能反映出研究主题的范畴。通过NVivo 11 Plus进行开放式编码，共提炼出3个范畴合计15个概念，其中范畴对应节点，概念对应子节点，如表5-3所示。

工程建设和谐的主客体关系开放性编码　　　　　　　　　表 5-3

材料文本	行为现象	概念	范畴
桥梁公司承建的武汉地铁 5 号线二标段高架区间桩基开钻，成为四个标段中率先开工的单位……	桥梁公司承建……	A1 设计单位	A 工程建设主体
		A2 施工单位	
		A3 业主单位	
桩径达 1.25m，桩长 35m，设计为摩擦桩，共有桩基 124 根，依次穿越粉土层、粉砂层、细砂层，地质条件复杂，施工难度大……	施工设计规范施工现场情况工程实施情况……	B1 工程材料	B 工程建设客体
		B2 工程机械	
		B3 工作设备	
		B4 工作环境	
项目部积极组织与区、街道办事处和烽火社区协调，积极做好"三通一平"、组织团队、设备进场、率先实现装机开站……	积极协调沟通组织调配物资……	C1 沟通	C 工程建设主客体关系
		C2 管理	
		C3 监测	
		C4 监督	
		C5 检查	
		C6 调配	
		C7 维护	
		C8 组织	

2）基于主轴编码的核心范畴提取

上述针对案例文本的编码彼此仍然比较分散，难以凸显其内在逻辑，因而为了进一步明晰各个范畴之间的关系，基于已有的范畴，提炼出与研究主题联系更紧密的核心范畴。通过NVivo 11 Plus软件的三级编码，针对每一个核心范畴进行渐次分析，探究其内在之间的逻辑联系，形成工程和谐管理相关范畴的关系网络。研究共整合出3个核心范畴，包括工程建设主体、工程建设客体、工程建设主客体关系。其中，工程建设主体包括三个子节点，分别是设计单位、施工单位和业主单位；工程建设客体范畴包含四个子节点，分别是工程材料、工程机械、工作设备以及工作环境；工程建设主客体关系共有八个子节点，分别是沟通、管理、监测、监督、检查、调配、维护和组织，具体如表5-4所示。

工程建设和谐的主客体关系基于主轴编码的核心范畴　　　　表 5-4

核心范畴	子节点	材料来源数量（篇）	参考点数量（个）
A 工程建设主体	A1 设计单位	4	4
	A2 施工单位	44	78
	A3 业主单位	31	45
B 工程建设客体	B1 工程材料	22	26
	B2 工程机械	7	8
	B3 工作设备	17	20
	B4 工作环境	5	5
C 工程建设主客体关系	C1 沟通	17	19
	C2 管理	13	14
	C3 监测	8	11
	C4 监督	17	18
	C5 检查	37	49
	C6 调配	27	36
	C7 维护	2	2
	C8 组织	11	11

由表可知，在工程建设客体节点中，出现次数最多的是工程材料和工作设备，对应的资料数分别是22篇和17篇。而在工程建设主体节点下，涉及次数较多的是施工单位和业主单位。在工程建设主客体关系节点中，"检查"一词出现频率最高，共有37篇原始资料提及，49个句子包含这一词。结合已经得出的节点和子节点，初步发现在工程建设中参与主体主要是施工单位和业主单位，在工程建设阶段，参与主体对于工程材料、工作设备的重视性较高，而工程建设主客体之间的联系主要表现在检查、调配以及沟通、监督上。

表5-4所示的所有材料来源数量和参考点数量均由NVivo 11 Plus软件统计分析得出。材料来源数量指所有原始资料中提及范畴内容的具体资料数目，参考点数量指所有原始资料中提及该范畴的具体段落数量。

①工程建设主体

工程建设的复杂性、重要性必然会引入多个主体共同参与，狭义上来讲主要包括设计单位、施工单位、业主单位三方。设计单位负责规范设计，施工单位负责承接施工，业主单位负责监督及招标。结合工程建设全生命周期管理理念，三方关系交织错综复杂，设计阶段可能出现业主与设计方的抉择问题、设计方质量问题等；施工阶段可能出现业主与施工方的抉择问题、设计方与施工方的对接问题、设计方设计问题、施工方操作问题等；交付阶段可能出现业主与施工方的质量纠纷问题等。各主体之间的不和谐极易导致工程建设过程中出现各类信息不对称、时间不充裕、质量不过关、资金不到位，最终结果差强人意，即"人不和"而"物不适"必"事不谐"。

②工程建设客体

工程建设是一个极其复杂的过程，涉及范围十分广泛，包括材料选择、机械类别、地形地质、水文条件、气象变化、施工技术、操作方法、管理措施等，并因此影响工程质量、工期、成本、安全。质量目标作为工程项目管理中最重要和最具竞争力的因素，对项目和企业的经济效益起到至关重要的作用。工程客体是工程管理的承接主体，并通过接受管理以保障工程质量水平，从而满足工程主体的要求或符合设定的标准和规范，确保合同和计划在项目管理过程中的顺利实施，保障工程与人、自然、环境等均可以和谐共生，体现"事理"。工程建设理念的应用和实施需要以专业的工程建设管理人员和施工人员作为载体，通过采购合格的工程材料、严守标准操作工程机械、装配符合规定工作设备、保证舒适安全的工作环境，实现对工程建设的全过程管理。通过优化资源配置创造平衡，以此实现工程建设绩效最优，促进工程和谐。工程的价值可以通过工程相关的质量水平进行衡量，保证工程质量的同时减轻工程工期和成本可能造成的负面影响。

③工程建设主客体关系

工程建设的主体复杂性必然导致项目运行中产生大量的沟通成本，而达成工程建设和谐的前提则是问题被解决。因而运用科学合理的手段有效解决各个主体的冲突是工程和谐的保证，具体包括沟通、管理、监测、监督、检查、调配、维护、组织等。第一是多主体之间的沟通问题，多人参与的活动或多或少会存在信息不对称的问题，合理合适的沟通是及时解决问题、避免蝴蝶效应的重要手段；第二是加强管理，工程建设的复杂性必然会存在制度漏洞和管理缺失，刚性制度的弊端则进一步使机会主义行为盛行，由此导致的各类问题单一主体难以独善其身，也必然导致质量、工期、成本、安全等多类客体受到影响；第三是有力监督，包括事前监察、事中监测与事后监督，事前主体浑水摸鱼的投机行为极易导致事中、事后资金链断裂，质量受损，社会问题频发，社会资源浪费等问题；第四是调配治理，包括对现有资源的合理调配及潜在问题的预防治理。工程和谐依赖多主体的共同维护，承担相应责任才能实现整个建设环境运行的风清气正。一是满足工程建设的合理需求，认同在可接受范围内做出适当让步；二是加强对违法行为的约束和惩戒；三是优化权力监管约束机制，权力需要制衡，监督者也需要被监督；四是各个主体应自觉自制，通过自我约束、自我规范加强自我管理，以"人理"促"物理"而彰显"事理"。

3）基于关联性编码的矩阵验证

根据主轴编码的核心范畴提取，形成了3个研究主题相关的核心范畴。可对不同核心范畴之间可能存在的先后、因果关系进行区分。在工程建设过程中，因果条件是由于多个主体出于各自目的引发的不同行为，使得"人理"因素影响了"物理"的和谐，即工程材料、工程机械、工作设备、工作环境受到工程主体行为错位的影响出现的不和谐事件。对工程建设主客体关系和谐的适配机制做进一步验证，通过NVivo 11 Plus软件的矩阵搜索功能，将"人"维度（设计单位、施工单位、业主单位）作为矩阵的列属性，将"物"维度（工程材料、工作环境、工程机械、工作设备）作为矩阵的行属性，通过矩阵查询，构建出"人"维度与"物"维度工程建设和谐的适配关系矩阵编码，如表5-5所示。

"人"维度与"物"维度工程建设和谐的适配关系矩阵编码（单位：次） 表 5-5

工程主体角度	工程材料	工作环境	工程机械	工作设备
设计单位	0	0	0	0
施工单位	12	5	1	13
业主单位	3	0	0	3

从表5-5中数据可看出，矩阵进一步验证了工程建设主客体不和谐在工程主体角度最易出现在施工单位，在工程建设客体角度最易发生在工作设备方面，其次是工程材料方面。

对"人"维度与"事"维度工程和谐的主体角色分配进行矩阵验证可得，通过NVivo 11 Plus软件的矩阵查询功能，将"人"维度（设计单位、施工单位、业主单位）作为矩阵的列属性，将"事"维度（沟通、管理、监测、监督、检查、调配、维护、组织）作为矩阵的行属性。运行矩阵查询之后，构建"人"维度与"事"维度工程建设和谐的主体角色分配关系矩阵编码，如表5-6所示。基于矩阵数据可以发现，在对工程建设主体角色分配进行来源分析时，施工单位最常维系工程建设主客体关系和谐。考虑到施工单位本身作为工程建设的主力，既要维持与业主单位的缔约履约关系，也要处理好与设计单位的对接事务，以及接受监理方监督、社会力量监管、政府部门监察等，会更倾向于采取手段主动调节工作关系以满足工作需要。其次是业主，考虑到业主作为工程建设的发起者和接收者，工程建设的质量、成本、工期、安全等因素均会受到重视，因而在工程建设中尽管并未直接参与施工过程，亦会授权于监理单位对施工质量、施工进程、施工用料进行监察核对。在对工程建设主客体关系和谐的路径进行探究时，检查作为最重要的功能性角色在维持工程建设主客体关系和谐的过程中影响最大，其次是调配，亦即满足工程建设中的日常消耗，在材料、机械、设备等方面满足需求。

"人"维度与"事"维度工程建设和谐的主体角色分配关系矩阵编码（单位：次） 表 5-6

工程主体角色	沟通	管理	监测	监督	检查	调配	维护	组织
设计单位	3	1	0	1	2	0	0	0
施工单位	5	10	10	4	24	24	2	7
业主单位	15	2	0	12	21	6	0	4

对"物"维度与"事"维度工程建设和谐的客体角色分配进行矩阵验证可得，通过NVivo 11 Plus软件的矩阵查询功能，将"物"维度（工程材料、工作环境、工程机械、工作设备）作为矩阵的列属性，将"事"维度（沟通、管理、监测、监督、检查、调配、维护、组织）作为矩阵的行属性。运行矩阵查询之后，构建工程建设主客体关系和谐的客体角色分配关系矩阵编码，如表5-6所示。基于矩阵数据可以发现，在对工程建设客体角色分配进行来源分析时，工程材料对主客体关系和谐最为重要。考虑到工程材料对于工程质量、工期、成本等因素具有直接的影响，因而对其标准的适用性、沟通的及时性、安排的有序性提出了新的要求，通过及时的监管、检查、调配等手段，充分发挥工程材料的最大效用。其次是工作设备的好坏等，工程作为人造物所具备的使用性特点会对其特性有区别要求，在设计及施工过程中也会对成品、方法做出特殊规定，材料、机械、设备是否合乎要求对工程质量、工程进度、施工安全均有影响，必须采取适当手段加以管控。在对工程建设主客体关系和谐的路径进行探究时，调配作为最重要的功能性角色在维持工程建设主客体关系和谐的过程中影响最大，由表5-7可知调配相关性最强的是工程材料与工程设备，亦即人、材、机的供需和谐，保障工程建设的有序进行。其次是管理，亦是与工程建设相关的人、材、机的资源管理，以保证工程质量过关、工程按时交付、工程成本可控。

"物"维度与"事"维度工程建设和谐的客体角色分配关系矩阵编码(单位:次) 表 5-7

工程客体角色	沟通	管理	监测	监督	检查	调配	维护	组织
工程材料	1	6	0	2	1	8	0	0
工作环境	0	1	0	0	0	1	0	0
工程机械	0	0	0	0	0	2	0	0
工作设备	1	4	0	0	2	9	0	0

基于NVivo 11 Plus软件文本分析所得出的结论,验证了工程建设主客体关系在"人""物"两个维度下的适配关系和角色分配。由表5-5可见,实现"人"要素作用于"物"要素的和谐状态有待于业主、设计方、施工方的共同参与及全面合作,对已有的资源进行集成管理,并在工程建设阶段采取相对应的措施,合理做出计划和调整,实现"人""物"和谐。对于不同利益主体而言,其与"物"之间的关联程度存在差异,要求在"人理"基础上完善权变管理,实现"物理"。整体而言,对于工程材料、工作设备、工作环境等"物"要素的关注程度及投入力度,普遍表现出施工单位最高,业主单位次之,设计单位稍显薄弱。对于业主单位、设计单位、施工单位等不同利益主体而言,表现较为一致的是一线工人最受看重,其次是所需的工作设备,而后是工程材料,这亦体现了工程项目管理中的"以人为本"。由表5-6可发现,在对于工程建设中材料、设备等客体要素的管理中,设计单位更多偏重于沟通,而施工单位和业主单位则更重视检查的环节。其一方面原因是不同参与主体的职能差异,设计单位的作用多表现在工程设计阶段;另一方面是工程建设客体的归属关系,施工单位作为建设主力管理范围更大。除此之外,业主单位还重视沟通与监督,施工单位比较重视"物"的调配和组织。由表5-7可见,在对工程材料、工作设备等客体要素的管理中,工程材料、工作设备等"物"的调配是工程建设管理的核心。

4)共词网络分析

通过对工作月报、周报等进行关键词提取,并建立共词矩阵,导入ucinet 6中,绘制出高频词汇的可视化网络结构图,如图5-8所示。图中的网络节点对应的就是高频词汇,依据可视化网络结构图进行高频词汇的网络中心性分析。网络中心性表示网络结构图中各个节点之间的紧密联系程度,其中心性主要通过度数中心度、中间中心度、接近中心度来分析说明。

高频词汇网络中心性分析如表5-8所示。度数中心度表示共词网络中某一网络节

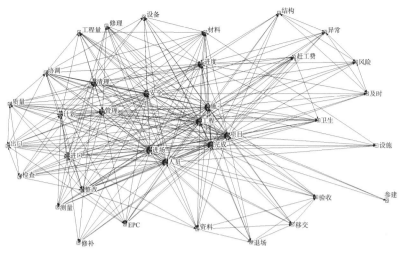

图5-8 高频词汇可视化网络结构图

点与其他节点之间有直接联系的数量。相对而言,点度中心性越大,网络节点的中心地位和重要性亦越大。中间中心度表示共词网络中某一网络节点控制其他网络节点之间产生联系的能力,以及对于纽带的控制程度。接近中心度表示共词网络中某一网络节点传播信息时不依靠其他节点的程度,也可以反映该节点与其他节点的接近程度。

高频词汇网络中心性分析(单位:次)   表 5-8

编号	中心度	度数中心度	中间中心度	接近中心度	编号	中心度	度数中心度	中间中心度	接近中心度
1	安全	28	23.469	78.000	17	施工	33	42.478	73.000
2	材料	15	1.758	91.000	18	退场	9	0.000	97.000
3	风险	9	0.000	97.000	19	完成	35	58.769	71.000
4	工程	33	46.845	73.000	20	卫生	11	0.100	95.000
5	设备	12	0.000	94.000	21	项目	34	58.769	71.000
6	管理	23	6.846	83.000	22	协调	18	2.011	88.000
7	及时	9	0.000	97.000	23	修补	7	0.000	99.000
8	计划	22	6.370	84.000	24	修理	11	0.000	95.000
9	检查	14	0.143	92.000	25	验收	9	0.000	97.000
10	结构	9	0.000	97.000	26	移交	9	0.000	97.000
11	进场	30	27.702	76.000	27	异常	9	0.000	97.000
12	进度	23	12.820	83.000	28	整改	16	1.361	90.000
13	进口	19	3.170	87.000	29	质量	16	0.440	90.000
14	清理	23	8.332	83.000	30	资料	12	1.286	94.000
15	人员	30	27.702	76.000	31	测量	11	0.000	95.000
16	设施	6	0.000	100.000	32	出口	15	0.492	91.000

①度数中心度分析

由表5-8可见,"完成"的度数中心度最大,表示计划完成、已经完成、累计完成在工程和谐中的整体地位和重要性是最大的,是"事理"的最终目的,也是工程和谐关注的核心。其次度数中心度较大的是"项目""施工""工程",表示业主、设计方、施工方等都聚焦于工程建设的施工和工程本身,项目施工的计划、进度、质量等都将影响项目过程中所需的资源,是工程建设主、客体共同作用的基础、"事理"的承接平台,也是实现工程和谐的前提。而"人员""安全""管理"的度数中心度亦较高,表示工程和谐需要依靠"人",业主、设计方及施工方对于人员进行管理和合理分配,一是作为工程建设主体的管理层,在计划、交接、决策等方面应充分发挥顶层管理职能,协同促进"事理";二是作为工程建设的基层员工,既应做好基层管理,也要保证一线施工的专业性、协调性、有序性。安全是工程和谐的重要标准之一,要求质量可靠、风险可承受,也是对多个主体的技术及管理能力的考验。成果的安全必然来源于高质量的过程把控、高水平的技术优势、高频次的人际沟通,因而监督工作亦应该常抓不懈,加强大数据和互联网的应用,设计合理的监督频次、环节与处罚力度,尽可能保证参与主体的可信性承诺和可行性威慑,提高监督管理的针对性和适用性。通过工程建设主体协同管理,多方助力以促成"事理"。

②中间中心度分析

"完成"的中间中心度最大,一方面说明工程建设的进度需要结合目前已完成的、尚未完成的工作量合理协调,强调计划的制定和实施,达到工程建设的具体目标;另一方面则必须保证每个工程段的完成度,不仅做完更要做好,要求各施工组衔接度高,既应承接前者的努力成果,也要为下一阶段建设奠定坚实基础。其次中间中心度较大的是"工程""项目",表示工程建设本身的连接作用,其不仅是工程和谐的最终结果,也是工程和谐的连接开端。工程建设需要多主体的参与,也必须促进多主体的协同作用,既有串联亦有并联。"施工"的高中间中心度也凸显出施工单位及其职能的重要性。对施工单位而言,既与业主单位存在博弈、缔约关系,也与设计单位、分包单位存在对接合作关系。对一线施工者而言,丰富的专业知识和实践经验一定程度上决定了工程建设质量,施工计划和排班流水则考验管理层统筹部署能力。对施工用具而言,其充足、精良与否既体现了工程建设主体参与建设的决心,也决定了工程质量、成本等方面正常与否。中间中心度更多地衡量了节点的中介性和传递性,亦即证明无论是工程建设主体还是客体,节点并非孤立存在或产生刚性影响,而是通过工程建设主体间行为的多重中介作用柔性影响客体,多参与方博弈也在缓慢而复杂的过程中不断演化并最终达成相对满意的结果,即"事理"包含着多重作用关系。

③接近中心度分析

"设施""及时""修补""移交"等的接近中心度最大,其次是"设备""检查"等,说明这些关键词与网络结构图的其他关键词的接近程度较大,亦即与工程建设有关的设备完善性、工程建设各方面的时效性、工程建设最终目标的完成性等方面的相关工作可能会较大程度地涉及高频词汇中的其他词汇。比如保证设备完善性要求工程建设主体细致的前期规划及过程管理;建设时效性要求材料设备供给及时、问题处理及时、交付成果及时;目标完成性要求工程建设不仅着眼于交付成果的质量审核,更应做好全过程质量管理、阶段管理,出现问题即查即改。为了使工程建设中的"人"与"物"达到和谐,需在项目建设中进行各方面的检查,采取相对应的措施,以"人理""物理"促"事理",达成工程和谐的需求。同样,检查工作也正是需要对工程建设主体所供给的材料、设备、机械、参与建设的行为等进行详尽审查。此外,工程建设中各个阶段同样也会涉及以上相关内容。由此可以认为,通过检查、修补、整改相关工作来破解工程建设过程不和谐问题,可以起到纲举目张的作用,其相关工作不需要依赖其他高频词汇所涉及的相关工作。换言之,注重资格审查、强化过程控制、规范主体行为将形成工程和谐长效机制的核心举措。在某种程度上亦可认为,当前阶段想要破除工程建设中的不和谐仍需重点在以上三方面进行突破,比如资格审查上建立工程建设参与主体的全过程跟踪系统,包括对于招标投标行为、缔约履约过程以及市场绩效等的全方位无死角动态监控,加强监督检查的电子化和信息化水平,引入代理的第三方评价机制等。过程控制方面坚持问题导向、结果导向,加强监控力度,把握关键环节,以问题推原因,以过程促结果。规范主体行为方面则对应工程建设客体要求,坚守一对多的映射关系,落实个体责任制。通过主体规范、过程控制等方式紧抓主要矛盾,满足"人理""物理""事理"水到渠成。

5.4.2 工程和谐管理"事谐态"的多对应关系适配法则

工程作为多因素集合体,具备复杂性、差异性、重要性等特征,亦即参与方利益诉求不同、各要素间差异较大、满足人类活动的功能性需求等,因而基于工程建设主体视角要求各利益相关者达成和谐,基于工程建设客体视角要求各要素间达成和谐。结合案例的特定背景可以发现,在既定的工程建设管理问题及目标导向下,工程和谐体现为不同利益关联方表现出对于特定客体对象相对稳定和一致的关注点,并且对于行动策略亦相对聚焦。"人理"与"物理"并非相互割裂或孤立发展的关系,通过"事理"相互作用相辅相成的作用机理有效连接二者,才能共同达成工程和谐。需要特别指出的是,尽管本案例对象具有一定的特殊性,相关结论亦可以反映出在极度不和谐状态下,多利益主体应对优先次序相对不同的多客体对象实现工程和谐的客观规律。其管理启示在于:

(1) 工程和谐是工程建设主体应对客体对象缺口及短板时按照客体对象优先等级开展的一致性行动反应的结果

当工程建设面临人员、机器、原料、方法、环境等缺口和短板时,往往迫切需要通过帕累托改进来实现工程和谐。比如,最大化利用和配置已有的材料、设备与人员,并基于前景理论,提前做好"人"与"物"合理调配的计划与方案,规避资源缺口或滞后产生的项目风险。基于不同的优先等级,工程和谐管理将赋予不同生产要素差异化隶属度,以及主体要素与客体要素的多对多映射关系,并采取一致性的行动策略。在规定项目周期内,业主、设计方、施工方对于因不确定性因素引发的资源缺口补偿、能力差距弥补、环境约束破解等能否达成一致[123],包括不同利益关联方对于工程建设引发的人员流动、材料、设备或器械等资源的整合、调配等均可以共同做出调整,业主、设计方、施工方愿意集成资源和能力来调整工程建设周期并优化前景判断。因此,可以认为工程和谐是在客体对象存在缺口和短板但又具有目标实现优先权时的应激反应[124],是多利益主体为消除工程建设不确定性而采取的主动行为,亦是合作博弈受到外界干扰时群体共同采取的理性一致性行为。

基于此,对于工程建设而言,要实现工程建设系统的和谐,必须采取数字化的建造方式,以工程建设管理的实际需求出发,在传统设计、施工、运维管理的基础上,通过信息技术创新应用,对现有建设工具进行功能拓展或者开发新的建设工具,使"人"与"物"有机结合,达到"人尽其才、物尽其用",实现"人"与"物"的和谐统一,实现以信息技术为基础的工程设计、施工、管理等建设方法工具促进全生命周期内的工程和谐。

基于目标管理视角,工程建设主体应共同制定质量、工期、成本等目标,与传统工程建设交付模式的业主导向相比,应同时发挥施工单位及设计单位的作用,明确各方利益后更能保障目标执行。基于合同管理视角,工程建设主体共同签订多方关系型合同,共负责任、共担风险、共享收益,与传统工程合同相比更注重工程建设过程而非最终结果,在合同中对各方权利及义务予以详细说明,规定项目的执行过程与利益分配机制。基于关系管理视角,比起传统工程管理中自上而下的指令模式,将各主体利益与项目收益绑定,组建收益池,强调利益主体协同管理信息透明,平等参与决策，平衡多方利益，化解利益冲突实现多赢。基于运作管理视角，首先应做到工程建设主体间财务公开，保持公平、坦诚的合作关系共担风险，避免出现隐藏财务风险的情况；第二是各工程主体早期即介入，协同管理，可有效减少变更、返工等情况，统一办公地点方便交流，强化会议制度，定期交流协调工作现状，及时解决问题。第三是强化精益管理，通过精细化管理提升工作效率。基于技术管理视角，以BIM为核心的工程信息化管理不断深入，基于专业软件的信息整合渠道应更为开放，计价软件的使用则进一步降低造价偏差，物联网下网络交流平台畅通有助于专业人员进一步交流。通过优化工程管理系统，以"事理"进一步促进"人理"与"物理"的精准适配。

（2）工程和谐管理事谐是"人"系统及要素作用于"物"系统及要素的主体责任和开放式责任形成合力的结果

业主、设计方、施工方的价值理念、行为方式、态度能力等决定了不同利益方对于材料、技术、设备等客体对象的管理具有差异化的效果。同时，从利益关联方对于工程介入的力度和时间来看，业主、设计方、施工方对于材料、技术、设备等承担的责任具有差异性。工程和谐通过集成管理的方式突破了不同利益主体的责任边界，其在要求"人"系统及要素承担主体责任的同时，更倾向于发挥积极性、能动性和主观性[125, 126]，通过开放式职责推动不同利益主体全程参与工程建设的管理。"人"系统及要素作用于"物"系统及要素的主体责任和开放式责任共同围绕"监督"和"检查"工作展开，同时又鼓励不同利益关联方结合自身的资源禀赋和能力采取差异化的职责分工。简言之，为确保特定的工程目标能够实现，工程和谐致力于推动业主、设计方、施工方的全要素集成、全方位前景预判，以期避免和消除工程管理中的缺位、错位和越位。亦可认为工程和谐是在独立的业主、设计方、施工方等资源和能力相对有限条件下[127]，不同利益主体应对材料、设备、技术等进行管理时对于各自职责的补位、正位与退位。因此，工程管理在明确不同利益关联方的职责分工、强调责权利对等的同时[113, 128]，亦可以设计具有针对性的开放式岗位职责。

（3）工程和谐管理事谐是人尽其才、物尽其用，"人"系统运用差异化管理手段协调"物"要素并最终形成合力的结果

在工程建设过程中，既需要业主、设计方和施工方的全程参与和管理，亦离不开施工的材料、设备及工艺技术，因此二者之间的"事理"是工程项目追求的一大目标。业主、设计方和施工方都需要相应的人员参与到项目中，基于不同的利益视角，运用差异化的管理方式，对项目涉及的人员进行合理分配，通过前景预判、风险分析，作用于材料、设备等"物"要素，形成最优选择。此外，业主、设计方和施工方的监督与检查贯穿于工程建设全过程。基于前景理论的损失规避，采取一系列奖励和惩罚机制，正激励和负激励结合，通过对项目施工中的材料、设备、人员进行监督和检查，实现最小成本下的最优表现，达到"人"与"物"的和谐统一。

在工程建设过程中，应设计并构建项目建设期的业主、设计方与施工方协同管理机制，在项目的各个阶段分配合理的人员、材料与设备，并跟进监督和检查，实现最低成本的最优绩效，并制定一定的激励机制。工程设计、施工、运维管理阶段的信息技术创新应用是实现工程和谐管理的重要手段。要实现工程建设系统的和谐，必须采取数字化的建造方式，在传统设计、施工、运维管理的基础上，通过信息技术创新应用，集成运用GIS、BIM、PBS、ERP等，完善工程项目全生命周期建造信息系统架构，探索涵盖建设、设计、施工单位的集成信息化管理方式方法。

基于过程协同视角，工程建设过程需要多个工程主体共同参与，积极主动地调节各个阶段蕴含的关联和制约关系，从而实现每个阶段交叉部分的衔接，进而进行整体管控。基于组织协同视角，工程建设集群式的项目部制组织结构重构了原有的组织结构，以具体项目为目标将参与者紧密结合，要求组织内部人员能有效交流、共同努力，作为自组织的工作形式充分发挥自身能力，推动组织发展。基于信息协同视角，工程建设过程中的海量信息，可借助于大数据、物联网等技术进行整合、共享，建成工程建设信息平台，连接各方信息资源使之相互协调、整体优化。基于资源协同视角，资源管理关键是实现供求平衡和资源优化配置，使得工程建设的既有资源达成互补性并实现资源最大化利用，因而必须基于各主体编制详尽的资源需求计划及供给计划。基于目标协同视角，整个工程建设过程必须坚持目标导向，明确各个目标间的独立性、层次性、耦合性。其不仅是局部完成和局部优化，各主体应抱有"共襄盛举"的决心而非"各扫门前雪"的心态，在全过程视角下充分考虑后果及隐患，实现工程质量可靠、工程期限可控、工程成本可支付、工程风险可承受。通过过程协同、组织协同、信息协同、资源协同、目标协同形成合力，形成学习效应、规模效应、范围效应，在降低成本的同时提升单位绩效，通过整体协同达到工程建设的协同，本质上仍是通过"事理"助力"人理""物理"的精准适配，最终实现工程和谐。

第6章 工程和谐管理的"物适"机理

6.1 工程和谐管理"物适"理论诠释

从工程经济学的视角出发,成本作为目标函数的相对性和参与方利益与其他利益的协调性,可达到基于质量、工期与成本三角协调关系的工程建设"物适态"。单因素价值改进、双因素价值改进和多因素价值博弈,同样有助于达到基于价值分析的工程建设"物适态"。

6.1.1 价值工程分析

(1)价值工程原理

价值工程(VE)基本原理是以分析对象的功能为核心,以提高其价值为目的,以团队集体智慧为基础,以科学分析方法为手段,希望用最低寿命周期成本支出实现所必需的最合适的功能的一种科学方法。价值工程分析的三个基本要素是价值、功能和寿命周期成本。

(2)工程建设"物适"机理的价值工程分析

从工程和谐管理价值工程出发,其设计与施工的一次性特征更为明显,寿命周期更长,同时经费使用比重更大,从而使得在价值分析中将多角度考虑成本与功能的最优化调整问题。工程价值工程分析的目的是以较低的工程投资费用,可靠地实现工程项目的必备功能,对工程的功能、成本所进行的有组织的分析研究活动。工程建设"物适"机理的价值工程论所包含的内容见图6-1。

1)单因素价值改进

基于价值工程的思想,价值=功能/成本,如资源为成本目标的重要因素,技术和组织为成本目标的相关因素,因此可以从功能不变、成本降低或者功能增加、成本不变的角度提高工程建设"物适"的价值,进而推进工程建设管理多维目标的实现。

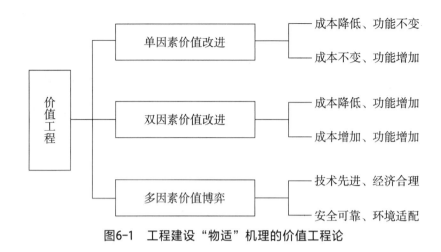

图6-1 工程建设"物适"机理的价值工程论

成本降低、功能不变。工程建设所具有的规模经济性能够有效降低工程项目施工与管理在人员、材料、设备、资金等方面的单位固定成本支出，工程对于相同或类似项目的资源、技术与管理模式的通用性，特别是范围经济性能够有效降低项目建设的复制成本与学习成本。因此，可认为在工程建设管理所具有的质量目标实现功能、进度目标推进功能、成本目标保障功能等保持不变的条件下，项目建设的规模经济性与范围经济性将通过降低成本（减少分母值）而达到价值改进的目的。

成本不变、功能增加。在工程建设管理所投入的资源要素成本一定以及技术要素和管理要素对于成本维度目标的影响相对固定和可控的条件下，建设工程管理的成本可近似看作常数。在工程建设推进过程中，项目建设管理所涉及的技术要素逐渐趋于稳定和成熟，管理要素逐渐趋于适用和高效，两者对于质量目标和进度目标的正向影响效应逐步凸显，从而使得项目建设管理的价值得到持续改进。

2）双因素价值改进

双因素变化条件下的价值改进主要是指工程建设管理的成本降低、功能增加的情况，以及成本和功能共同增加的情况。

成本降低、功能增加。通过在工程建设管理过程中推行关键路线流水作业或项目工序并行管理模式，人力、材料、设备、资金等成本得以有效缩减，与此同时，通过持续的技术创新和管理创新以及有效的业务流程再造等工作，工程建设管理能够同时兼顾成本降低与功能增加。通常表现为项目建设管理在降低质量成本的同时提高了质量目标，在降低进度成本的同时强化了进度目标，从而使得整体价值得以提高。

成本增加、功能增加。不同于传统工程项目的管理，工程建设管理并不刻意主张在降低成本的条件下保持功能不变或者增加功能，以此增强工程建设管理的价值。多数情况下表现为通过必要的质量成本和进度成本增加，引发建设管理对于质量目标与进度目标升值空间的挖掘，最终达到增强工程建设管理价值的效果。

3）多因素价值博弈

在工程建设中应综合考虑技术先进程度、经济成本、安全可靠度和环境的适配性等因素。一方面，由于新技术的应用，进行技术创新，既提高了必要功能，又降低了成本，看似价值大幅度提高，但应充分考虑到新技术在批量应用过程中的安全可靠程度和单项工程的环境适配性所带来的成本增加。另一方面，由于投资或工期的限制必须进行技术创新。再者在特殊作业环境中应充分考虑作业人员的安全，这时对工程施工技术创新的要求要大于经济要求。

6.1.2 工程经济学分析

（1）工程经济学属性体现

工程建设"物适"机理具有工程经济学的特性，通常是工程价值、经济价值、社会价值、环境价值、人文价值等的综合体现。从工程经济学的角度而言，工程和谐管理对应于工程建设的能动主体既不会增加投入，亦不会减少投入，但利益最优化、效用最大化等目标恰在此点实现时的均衡状态，其对应于边际效用条件下的工程建设和谐态。在工程建设过程中存在利益冲突时，工程建设的能动主体（包括个人、团队和组织）作为理性的博弈双方达成和谐协议时所作出的决策能够保证所有局中人的预期都得到满足，博弈各方所选择的策略都是最优的，其所达成的和谐状态使得工程建设的博弈各方均不愿改变当前的策略，从而使得纳什均衡得以实现。当工程建设的质量、工期、成本等微观目标以及工程、经济、技术等宏观目标达成和谐状态时，若不存在改进策略能够提高整体目标和利益而无须降低质量目标或损害相关方利益，则称之为工程和谐管理达到了帕累托最优。

（2）工程项目利益与其他利益的协调性分析

传统的工程建设（公益项目除外）在市场经济条件下多数为营利性项目，对影响质量、工期、成本的若干物化要素的配置与利用往往极力追求经济利益最大化，甚至可能会牺牲社会利益、生态利益换取经济利益。工程和谐管理中对于质量、工期、成本及其影响因素的主要考虑在于工程建设特有的工程目标，其所追求的经济利益、技术利益等目标建立在工程生态利益、政治利益以及社会利益优先保证的基础之上，综合考虑质量、工期、成本及其影响因素的权衡与协调，有序推进个人目标、项目目标以及组织目标的协调一致。因此，工程建设质量、工期、成本及其影响因素的管理是以目标为前提的多维要素协调管理，相对于工程建设而言更为注重物化要素对于目标长期性、间接性和综合性实现的管理。

6.1.3 项目管理原理分析

（1）项目质量、工期与成本三角关系

质量、工期、成本既是工程项目管理的三大目标，又是间接的、隐性的类物化要素，三大目标的具体要求在合同中有明确的规定（图6-2），三大目标共同组成工程项目管理的目标系统，三者间互相制约、互相影响，既对立又统一（图6-3）。在项目的策划、设计、计划过程中，三个目标都将经历从总体到详细、从概念到实施、从大到小的过程，形成一个目标控制体系。

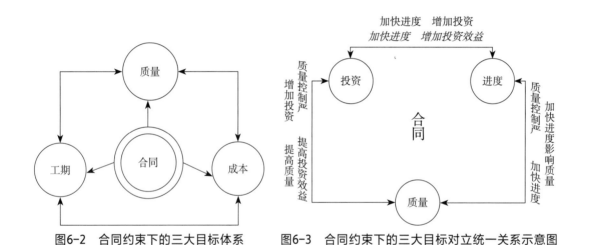

图6-2 合同约束下的三大目标体系　　图6-3 合同约束下的三大目标对立统一关系示意图

工程和谐管理的目标控制是一个多目标协调的过程，从系统的角度出发，它追求的不是工程某一个目标的最优，而是在资源的约束下和在多个目标优化的基础上，寻求彼此之间的协调均衡，保证三个目标构成的均衡性、合理性，力求达到工程目标系统的整体最优，从而实现工程建设管理的总体效率和效果的提高，如图6-4所示。

为在时间要求情况下保证质量，往往需要投入较多的费用（图6-5），但是从系统论的角度来看，通过技术、组织和管理等手段可以在保证质量达标、把握关键工期节点的同时节约费用。

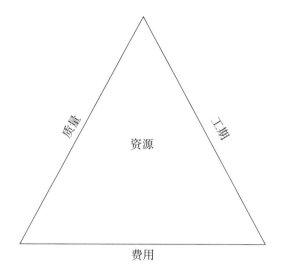

图6-4 工程项目管理三个基本目标及其关系

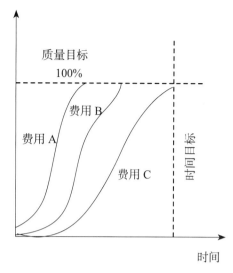

图6-5 费用—时间—质量综合集成关系

（2）成本作为目标函数的相对性

传统工程目标是质量、工期与成本的多目标函数，且往往追求该多目标函数的最优解，即努力追求质量最优、工期最短、成本最低。工程和谐管理虽然也强调对质量、工期与成本的三大目标控制，但质量、工期、成本三大目标控制的具体体现为：在成本可预计和可支付的条件下致力于工程建设质量、工期的最优化，同时为保证工程建设的质量与进度要求，必须考虑在既定成本预算下对于质量成本和工期成本的合理支出。工程建设目标控制过程中，质量、工期与成本构成非等边控制三角形，其中因考虑大的和谐环境目标，对于质量、工期的目标控制力度一般要高出对于成本的控制力度。

6.2 工程和谐管理"物适"的概念

"物"要素形成的"项目物"属于工程建设主体作用的对象，其本身必须依靠"人"与"事"的作用才能体现属性、实现价值和完成功能目标。

6.2.1 "物"与"项目"及"物理"关系

工程和谐管理的"物"属于广义的概念，并不局限于材料、资金等纯物质范畴的项目管理内容，还包括质量、工期、成本等间接、隐性的类"物化"要素的项目管理内容。在"人"与"事"等因素一定的条件下，对于材料、资金等的管理决定了质量、工期、成本等项目目标的实现程度。同时，质量、工期、成本等目标也决定了材料、资金等因素的需求状况。因此，质量、工期、成本等项目管理目标是纯物质资源的约束条件，而纯物质资源则是工程项目质量、工期、成本的实现结果，二者是辩证统一的，如图6-6所示。

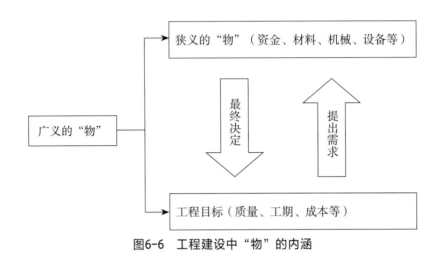

图6-6 工程建设中"物"的内涵

可以认为，在对工程和谐管理中，"物"或物化的"项目"均是客体，均属于工程建设管理的对象和目标，统称为"物"的因素。因此，从"物"角度而言的"物理"是指各类物质要素的自然属性、经济属性、社会属性等得以有效发挥的机理准则。从项目角度而言的"物理"还包括质量、工期、成本等项目要素相互的有效协调和灵活处理机制，确保整体项目"物"要素功能目标的实现。

6.2.2 "物""项目"与"质量、工期、成本及其影响因素"的关系

狭义的"物"要素以及"项目"要素综合而言，统称为"质量、工期、成本及其影响因素"，均属于广义的"物"的概念。"物"要素与"项目"要素不可分割，设备、材料、资金等物质要素直接构成了"项目"物，并在很大程度上决定了项目的质量、工期、成本等功能能否有效实现。并且，项目要素中的质量、工期、成本在一定程度上直接依赖或间接受控于设备、材料、资金等狭义的"物"要素。从哲学的角度而言，"物"要素"项目"属于工程建设主体作用的对象，其本身必须依靠"人"的作用才能体现属性、实现价值和功能目标。亦可认为工程建设管理直接作用于"物"

要素，但间接实现工程建设的质量、工期、成本等项目功能，并相应成为其影响因素。

6.2.3 "质量、工期、成本"与"项目要素子系统""物适态"

"物适"从字面意义上讲，是指质量、工期、成本及其影响因素能够适应工程建设所要实现的工程、技术、经济等目标实现的静态和动态要求、直接和间接要求、短期和长期要求。显然，单纯依靠设备、材料、资金等物质要素固有的资源属性无法有效实现这一目标。质量、工期、成本及其影响因素协调管理的核心思想在于，挖掘质量、工期、成本及其影响因素的部分社会属性，运用权变的思想对于质量、工期、成本及其影响因素进行系统协调。具体而言，第一层次的"物适"在于对设备、材料、资金等物质资源的合理配置与优化利用，能够保证在数量合规、质量合格、结构合理、成本合适的条件下适应质量、工期、成本的要求。第二层次的"物适"在于实现质量、工期、成本的多目标函数获得相应的最优解或满意解。基于此，工程建设管理的"物适"不是狭义的"物适"，而是包括质量、工期、成本在内的广义的"物"的"物适"；不是"物"要素自身角度的被动适应，而是借助科学的管理方法进行协调管理所实现的外在的、人为的"物适"。其不是一次性的、静态的物适，而是在反复协调、不断优化调整过程中实现的"物适"，是动态的、修正的"物适"，如图6-7所示。

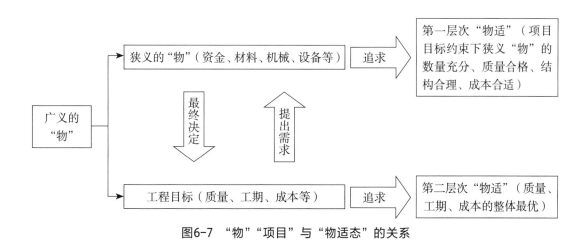

图6-7 "物""项目"与"物适态"的关系

6.3 工程和谐管理"物适"的内涵

工程和谐管理的"人事物"系统中,"物"维度的"物适"即工程建设客体对象,是物质资源要素作用对象的集成,包括常规意义的物质要素,如资金、设备、材料、能源等,还包括广义的物化的项目功能要素,如工期、质量、成本、安全等。

"物"维度下的工程和谐管理是基础,是工程和谐管理的功能目标。"物理"维度的工程和谐强调物尽其用、物有所值、物超所值,遵循"物理"准则,达到"物理"维度的工程和谐"物适"应该是"物尽其用"所达到的状态,即所有的"物理"要素能够切实保证工程建设目标的完成,所有影响因素的资源属性能够得到有效体现而无重复或浪费,资源的配置和利用充分合理且恰到好处。工程建设所需的资金、设备、材料、能源以及项目质量、工期、成本、安全及其产生影响的若干物质因素,是否种类越广泛、数量越充分、渠道越通畅就越能发挥作用等等,显然并非如此。物质因素种类越广泛越可能产生冗余,数量越充分越可能配置不经济,渠道越通畅越可能形成路径依赖。可见,自然状态的"物理"必须不断优化才能实现"物理"维度的和谐态。协调工程建设客体要素实现"物理"维度的工程和谐,具体体现在"物理"要素供给和谐、"物理"要素关系和谐、"物理"要素属性和谐三个方面。

任何纳入人类活动范围的"物"都具有三种属性:自然属性、社会属性和组织属性。自然属性是指"物"自身所具有的,与人类社会条件无关的特征,如强度、刚度、导电性、延展性、抗氧化性、低温冷脆性等,而社会属性则是与人类社会状态和生产活动密切相关的性质,如单价、产量、可获得性、运输条件、社会影响等等。而在特定的建设条件和组织作用下,不同"物理"要素的自然属性和社会属性的结合,就形成了另外一种属性——组织属性。这三种属性是工程建设中"物理"要素和建设目标之间的矛盾产生的原因,因此,工程建设"物适"机理包括三个方面:第一,实现自然属性与建设目标匹配的自然状态下的和谐;第二,实现社会属性与建设目标相匹配的社会条件下的和谐;第三,实现组织属性与建设目标相匹配的组织状态下的和谐。三种和谐所关注的侧重点不同,如图6-8所示。每种状态下"物适"机理的内涵如图6-9所示。

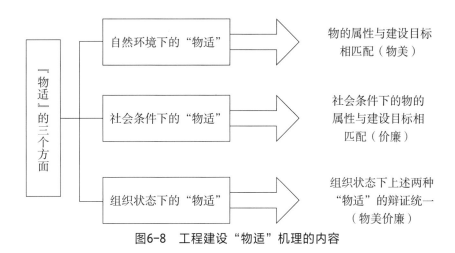

图6-8 工程建设"物适"机理的内容

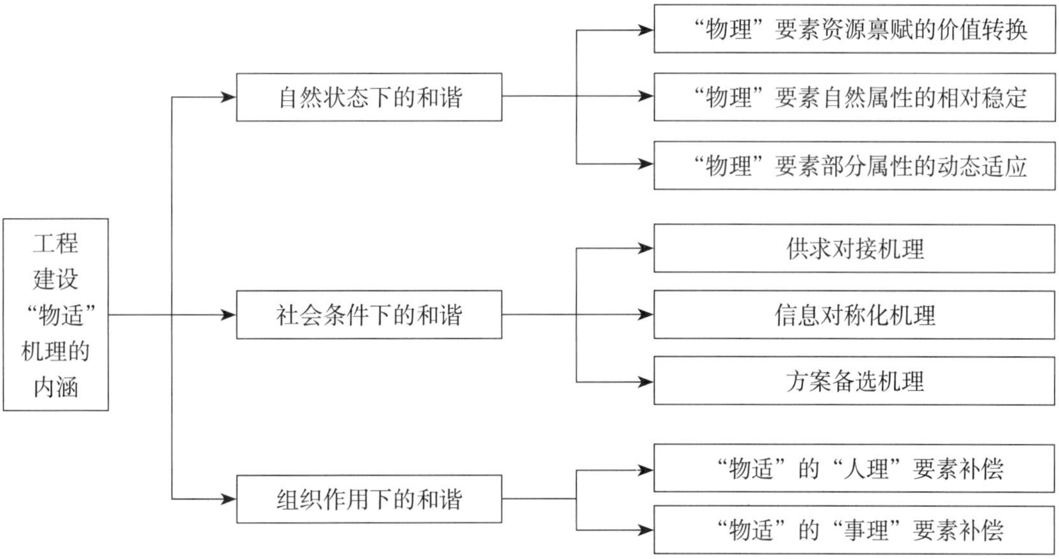

图6-9 工程建设"物适"机理的内涵

6.3.1 自然状态下的和谐

自然状态下的"物适"机理是在无人为作用和干扰的条件下，工程建设单位本身所拥有的设备、材料、资金等能在原始状态下有效发挥作用。自然状态下的"物适"机理还体现为，当工程建设具备天时地利的条件下，这一特殊"物理"环境能够为工程和谐管理创造物质条件，提供物质层的便利。

工程建设自然状态下的"物理"与"物适"存在内涵区别，但又有联系。自然状态下的"物理"要素强调工程建设不可或缺的各类物质要素的数量、质量、规模、性能、型号、规格等自然属性或既定属性，包括工程建设所涉及的所有物化要素及其相关属性。自然状态下的"物适"是指"物理"要素的数量满意、质量吻合、技术适用以及结构匹配,是"物理"要素符合特定条件之后所处的状态。具体而言,工程建设的"物理"要素向"物适态"转变遵循的原理如图6-10所示。

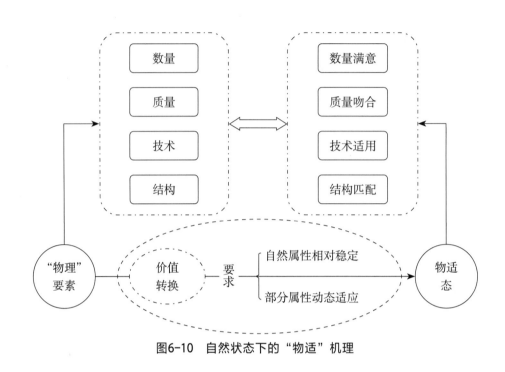

图6-10 自然状态下的"物适"机理

1)物理要素资源禀赋的价值转换

工程建设所涉及的"物理"要素相对于传统工程而言具有特殊性,包括工程所在地的地形地质地貌更具合理和可利用性,设备、材料等更具专用和排他性,等等。以上各类"物理"要素的特殊性在提高工程建设对于"物理"要素的选择标准、增加工程建设对于"物理"要素的获取难度的同时,本身所具有的资源禀赋特征在一定程度上增强了"物理"要素的价值转换能力,从而为"物理"要素向"物适态"转变提供了便利。比如特殊地理条件使得工程建设的可利用性更突出,特殊的设备和质量使得工程建设的质量和性能更优。虽然"物理"要素自身不具备自组织和自适应能力,但受到特定工程项目的触发作用,"物理"要素的形态特征、数量规格、功能属性等均未发生变化,处于自然状态的"物理"要素将根据工程建设的特定需求而被赋予相应的价值属性。

2)"物理"要素自然属性的相对稳定

自然状态下的"物理"要素在无需人为干预及事理作用的条件下就可有效满足工程建设特定要求的重要体现为,在不增加工程建设成本支出、不调整工程建设主要任务、不改变工程建设原定计划的条件下，仍能够有效满足工程和谐管理对于"物适"的具体要求。从这一内涵出发，工程建设自然状态下"物适"的重要基本条件之一为"物理"要素的自然属性相对稳定，即当且仅当工程建设所需"物理"要素在工程建设不同的施工阶段、施工环境、施工条件、施工项目中均能够保持属性稳定，从而保证"物理"要素总能够发挥其应有的积极作用。由于受到自然条件变化、物质的化学反应、要素的时间价值等影响，在工程建设的推进过程中，"物理"要素自然属性难免发生变化，由此使得"物理"要素在自然状态下始终处于和谐态的稳定性受到影响。因此自然状态下的"物适"对于"物理"要素自然属性的稳定性和适应性要求很高。

3）"物理"要素部分属性的动态适应

工程建设过程中所获取和利用的各类"物理"要素的自然属性很难一成不变，因为受到多种不确定性因素的综合影响，其部分固有属性必然发生变化，并使得工程建设"物适"维的和谐难以保持稳定。"物理"要素部分属性的变化包括来自于自然环境中若干自然资源的物理和化学性质发生变化，机器由于自然的原因发生磨损和折旧而改变性能，资金因为时间价值的作用而使得实际支付能力减少，技术因为施工环境的影响以及技术革新本身的进步而使得应用性降低，相互匹配和组合的若干"物理"要素因为某一要素的属性发生变化而使得其他要素属性随之变化，等等。"物理"要素部分属性发生变化之后，自然状态下的"物适"应该建立在部分属性的变化不足以改变整体属性和大部分属性的稳定，并且仍能够在相对自然的状态下动态适应工程建设对于"物理"要素"物适态"的需求。

6.3.2 社会条件下的和谐

社会条件下的"物适"是在工程建设过程中，借助社会力量获取的各类物质资源能够在数量、质量、性能、结构等属性方面有效满足工程建设客观和现实需求的"物理"维度和谐态。社会条件下的"物适"向"物适态"转变所依赖的条件介于自然状态下的"物适"和组织作用下的"物适"之间。在一定程度上可认为，社会条件下的"物适"与"物理"要素本身所具备的属性有关，但离不开"人理"要素和"事理"要素的交叉影响，同时又不完全取决于"人理"要素和"事理"要素的作用。

工程建设功能目标决定了"物理"要素的数量、质量、性能、结构等属性，这些属性是"物理"要素本身所固有的，本身无法改变。当这些属性与功能目标达到完美匹配时，就实现了自然状态下的"物适"。然而，光达到这点还远远不够，由于"物理"要素最终转化为项目是在特定的社会条件下进行的，因此能否达成"物适态"，还需要考虑社会条件下"物理"要素的获取途径、方式、规则、过程等，这就是社会条件下的"物适"关注的焦点。例如，对于武汉段的某条天然气管道铺设工程需要特定规格的无缝钢管，而国内只有宝武、鞍钢、首钢能够提供这种无缝钢管，尽管所提供原料的规格相同，但选择不同的地方作为货源，对项目质量、工期、成本的影响肯定不同：货源地较远的，运输时间长，从而挤压了施工时间，对工期不利；运输费用高，造成了成本的上升，对成本控制不利；运输中材料更易损坏，对工程质量不利，等等。如何解决这些问题，就是社会条件和谐所关注的焦点。显然，社会条件下的"物适"在一定程度上受到"人理"要素和"事理"要素的干预和影响，基于此，社会条件下的"物适"机理体现为：供求对接机理、信息对称机理、方案备选机理。

（1）供求对接机理

依靠社会力量所获取的各类物质是否为工程建设顺利完成所必需的"物理"要素，是否能够准确反映工程建设对于各类物质要素的客观需求，对于工程建设单位而言是否为最优的物资供给方案，是工程建设"物理"要素供求对接的前提所在。

工程建设所需物质在数量、质量、性能等方面的供求对接，既依赖于工程单位依据工程任务对于外部环境和内部条件进行现状分析和趋势预测之后所确定的资源需求计划，还取决于工程建设对于各类资源"物理"属性的详细说明和准确规定，同时也与各类"物理"要素的供应单位能否准确理解需求并提供相应的物质资源有关。供求对接为"物理"要素在通过社会力量获取之后发挥其固有的自然属性创造了条件，同时亦大大降低了社会条件下的"物理"要素出现非"物适态"的风险。

"物理"要素供求对接工作需要把握工程建设对于"物理"要素的静态和动态需求、短期和长远需求、直接和间接需求、现实和潜在需求、节点和总体需求，确保工程建设所需各类物质的供求对接能够有效满足"物适"要求。工程建设"物理"要素的供求对接，建立在工程建设单位与有资格、有能力、有条件的设备及原材料等供应商，有效沟通和动态反馈的基础之上，否则可能会导致因信息传递失效、需求认知偏差等引发的"物理"要素不和谐形态。

（2）信息对称机理

与传统工程建设中的物资供给相比，虽然社会条件下的工程建设所需各类"物理"要素供给较少受到市场经济的冲击，但其对于"物理"要素从非和谐态向和谐态转变的影响同样不容忽视。

经济学中的道德风险与逆向选择现象同样存在于社会条件下的工程建设"物理"要素供给过程中。当工程建设单位对于供应商的责任、诚信、商誉、道德、实力等私有信息缺乏足够了解，或者参与工程建设的相关单位缺乏足够的政治觉悟、工程荣誉和工程责任意识且未被工程建设单位了解时，工程建设社会条件下的物资要素获取方式将存在因委托代理关系而导致的信息不对称现象。在此条件下，"物理"要素存在偏离标准和要求、抵抗不确定性能力降低、安全隐患增加、对工程的适应性衰退等诸多不和谐因素，其直接结果为"物理"要素难以达成"物适态"，最终结果必然是工程建设管理低效或失败。

因此，工程建设过程中社会条件下的"物理"要素获取必须加强监督和反馈，提高对于供应商的选择标准，特别是需要通过了解该供应商以前的业绩和经历，提供能够证明自身实力、品牌和诚信的资料等信号示意方式，促进工程建设单位对其全面地了解，降低信息不对称性。

（3）方案备选机理

社会条件下的物资资料获取方式增加了"物理"要素向"物适态"转变的不确定性，并可能改变"物理"要素的自然属性。考虑到工程建设单位一旦与供应商签订合同或相关协议，特别是在各类物资材料交付使用后，"物理"要素的价值属性难以改变，"物理"要素的沉没成本已经形成，资源要素的获取途径相对固定时，即便发现"物理"要素无法达到"物适"，却难以调整和更改。基于此，工程和谐管理过程中很有必要建立借助社会力量进行采购和调配的预警预控机制，加强对各节点和过程的监控，特别是可以考虑为部分关键或特殊设备、原材料等"物理"要素的采购和调配设立多种备选方案和相应的应急预案。当发现物质资料在流通过程中可能在质量稳定性、技术时效性、结构适应性等方面难以符合要求或者面临突发变故时，可迅速启动相关方案，确保从物资资料的替代品选择、紧缺资料的安全库存、多家供应商联合供给等角度给予"物理"要素必要的保障。

工程建设"物理"要素的方案备选为"物理"要素从非和谐态向"物适态"转变提供了多种不同的通道和途径，但从工程建设所必需的"物适态"而言，其最终结果和目标是相对一致的。同时也必须承认，方案备选是从"人理"要素和"事理"要素角度强化和保证"物适"状态的必然选择。

6.3.3 组织作用下的和谐

组织作用下的"物适"机理是依据工程建设对于"物理"要素的动态需求，将"事理"要素作用于"物理"要素，通过他组织作用和技术手段正确、合理影响"物理"要素并推动"物理"要素向"物适态"转变。"物理"要素作为工程和谐管理重要的客体要素和物质保证，自然状态下的"物适"不足以满足工程建设对于"物适"的高度要求，因此融合部分"人和"与"事谐"特征并依赖于"人和"与"事谐"作用下的"物适"状态，是工程建设"物理"要素和谐的重要目标。相对自然状态下的"物适"以及社会条件下的"物适"而言，组织作用下的"物适"属于工程建设"物理"要素和谐态的主要形式。工程建设"物"维度的和谐在很大程度上取决于组织作用下的"物适"，如图6-11所示。

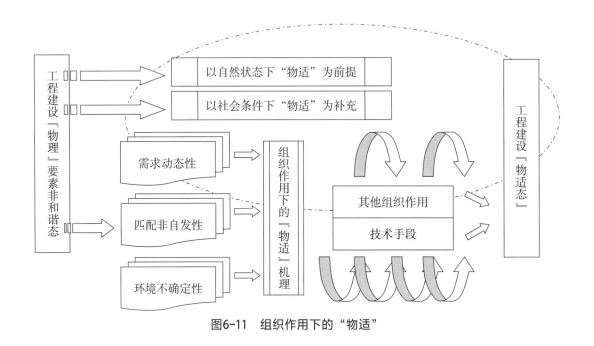

图6-11　组织作用下的"物适"

（1）造成"物理"要素与工程建设不和谐的原因

①**需求的动态性**。对于工程建设而言，尽管按照工程原材料预算和物料需求计划可以大致估算工程建设对于所有"物理"要素的数量、质量、性能、结构等指标。严格意义上的"物适"应该是在工程建设的不同阶段和时期、工程建设常态和应急状态、工程建设所涉及的不同工地和子项目、工程建设方案调整前后等不同时间、状态、项目、范围中，均能够有条不紊地满足合理的资源要求。工程建设的"物理"要素在不同时间、不同状态、不同项目以及不同范围内，对于"物理"要素的数量、质量、性能等属性要求不同，相应的"物适态"需求亦具有显著的差异性和动态性。为此，在工程建设过程中仅仅依靠某一特定标准所确定的"物理"要素属性难以满足工程建设的动态要求，迫切需要借助于"人理"要素和"事理"要素的作用对"物理"要素的状态进行合理干扰，推动其由非和谐态向和谐态转变。

②**匹配的非自发性**。一旦工程建设所需的各类"物理"要素通过社会力量获取后，其在物质层面的自然属性和物理属性相对固定，难以发生质的变化。确保"物理"要素在既定自然属性和"物理"属性条件下的"物尽其用"，需要通过他组织作用将"物理"要素和"人理"要素、"事理"要素有效结合和通盘考虑，借助他组织作用实现"物理"要素自身的匹配以及"物理"要素与"人理"要素、"事理"要素的适应。"物理"要素匹配的他组织需求特征要求，通过"人理"要素和"事理"要素的作用来弥补"物理"要素自身向"物适态"转变时存在的不足，亦是考虑到"物理"要素的"物适态"不应该是孤立的、狭义的"物适"，而应该是"物理"要素和"人理"要素相互适应和匹配的"物适"。

③**环境的不确定性**。工程和谐环境更为复杂，前者需要综合考虑自然环境、政治环境、社会环境等环境因素。工程建设所处环境的高度不确定性增加了工程建设过程中物资需求计划制定、物质要素配置方式和手段选择、物质资源安全储备、物质的工程属性确立等"物理"维度相关工作的难度。环境的不确定性使得"物理"要素的自然属性和"物理"属性在工程建设中必须具有层次性和差异化要求，否则难以在复杂多变的各类环境中达到"物适态"的要求。工程建设的"物理"要素在受到"物理"环境的影响时，将改变部分固有的自然属性和"物理"属性；当受到社会环境的影响时，即便"物理"要素的自然属性和"物理"属性未发生变化，但其向"物适态"转变的条件和能力将有所降低。在此条件下，必须借助"人理"要素和"事理"要素的作用协助"物理"要素应对各种环境的不确定性。

（2）组织作用下的和谐机理

组织作用下的"物适"并不等同于通过"人理"要素的作用推动"人理"和"物理"的耦合，通过"事理"要素的作用促进"事理"和"物理"的耦合。组织作用下的"物适"本质上只是借助"人理"要素和"事理"要素的积极作用，保证"物理"要素总能够满足工程建设的各类需求。"物理"要素在组织作用下由非和谐态向"物适态"转变时，遵循如下机理。

①**"物适"的"人理"要素补偿机理**。该机理是指在工程建设的"物理"要素质量一定、数量有限、性能与结构一般的条件下，可借助"人理"要素与"物理"要素的相互匹配性、适应性和替代性，补偿"物理"要素自身在向"物适态"转变时存在的差距和缺口。该机理包含下面几个方面：

从工程建设过程中"人理"要素和"物理"要素共同作为资源投入所构建的生产函数而言，两者具有不同的生产率和边际替代率，脱离"人理"要素来狭义理解"物理"要素的适用性、适应性、匹配性等问题本身存在一定的偏差。

从数量角度而言,"物理"要素和"人理"要素投入量的确定,必须在工程建设的工程量一定的条件下,以完成工程建设任务为目标,充分考虑"物理"要素和"人理"要素的成本、生产率以及可获取途径等问题,从而确定出"物理"要素的合理投入量。

从质量角度而言,在"物理"要素不具备可替代条件下,"物理"要素的质量相对固定且符合充分、有效的检验标准时,"物理"要素的质量属性不可调整,且必须达到专业的标准和规范。当"物理"要素具备可替代性,且能够满足工程建设基本的质量要求时,亦即当工程建设的"物理"要素质量未能达到最优时,则需要通过"人理"因素弥补"物理"因素在质量方面存在的不足。

综上所述,"物适"的"人理"要素补偿原理揭示出"物理"要素必须依托特定的"人理"要素,借助"人理"要素的引导功能,才能更好地发挥作用。

②"物适"的"事理"要素补偿机理。该机理是指工程建设的"物理"要素无论质量、数量、结构等属性如何,在依靠自身所处的状态无法满足"物适"要求时,必须依托若干模式、方法、手段、策略等调整"物理"要素自然属性和"物理"属性以外的经济属性、功能属性等,从而推动"物理"要素由非和谐态向和谐态转变。当工程建设所必需的"物理"要素处于杂乱无序状态或者未经有效梳理时,其并不具备向"物适态"转变的条件。资源配置和利用方法为工程建设所需物资的有效获取和正确使用创造了条件,使其具备了"物尽其用"的前提。工程建设管理的标准化、规范化、集成化等管理模式以及质量管理、风险管理、预警管理、库存管理等工程管理方法,可缓解工程建设的"物理"要素在数量、质量、性能、结构等属性一定的条件下向和谐态转变时存在的不足。自然状态下的"物适"在一定程度上属于主动型、自发性的"物适",组织状态下的"物适"则属于被动型、借助他组织作用的"物适",是建立在事得其法基础上的物尽其用。与此同时,"物适"的"事理"要素作用原理同样必须尊重物质要素的自然规律,确保在不影响和破坏"物理"要素自然属性和"物理"属性的基础上发挥"事理"要素的积极作用,为"物理"要素向"物适态"转变创造条件。

6.4 工程和谐管理"物适态"的多约束目标权衡机制

工程和谐管理"物适态"的多约束目标是指工程和谐管理的"人事物"系统中,

"物理"维度的工程建设对象客体的约束目标。工程和谐管理"物适态"强调物尽其用、物有所值、物超所值，遵循"物理"准则，对于质量、工期、成本、安全等工程和谐管理广义的客体要素及"物理"对象予以协调解决[129]。厘清工程和谐"物理"层面的影响因素及其作用机制能够有效促进工程和谐，并提高工程建设成功的可能性。国际上诸多学者在一定程度上已经明晰了工程建设能否实现和谐的关键要素[130-132]。由于工程建设管理目标大多从质量、工期、成本、安全等角度进行综合评估，因此现有研究普遍认为质量、工期、成本、安全等多约束目标与实现工程和谐之间存在直接关系[133-135]。现有文献对质量、工期、成本、安全与实现工程和谐之间的关系展开了大量的研究，但关于影响的具体机制仍存在较大争议。从工程主体视角来看，各利益相关方对于实现工程和谐的标准存在分歧[136]，工程建设的最终客户认为质量、工期、成本、安全等目标的达成是衡量工程和谐的重要标准[137]，而工程管理人员认为质量目标、工期目标、成本目标、安全目标等实现的过程更有助于实现工程和谐[138]。Toor等[139]亦认为工程建设需从质量、工期、成本、安全等方面符合各利益相关者的期望，最小化施工纠纷和冲突，才能实现工程和谐。从工程建设管理的宏微观视角来看，宏观的工程和谐仅涉及工程建设阶段的成果[140]，而微观上则包括建设各个阶段的质量、工期、成本、安全是否达到促进工程建设成功的标准[141]。这意味着在工程建设实施过程中不仅需要关注工程建设在长时间内的成功，亦需关注短期内各个实施阶段的工程和谐。可见质量、工期、成本和安全是实现工程和谐管理"物适态"的关键要素。因而以质量、工期、成本、安全等作为多约束目标，以质量、工期、成本、安全为主要约束条件所形成的工程质量可靠、工程期限可控、工程成本可支付、工程安全可承受情境定义为工程和谐管理"物适"。

质量、工期、成本和安全等多约束目标彼此之间并不是互相独立的，而是存在错综复杂的相关性。国内外学者通过理论和实证研究广泛讨论了质量、工期、成本和安全在实现工程和谐过程中的权衡[142, 143]。由于影响因素的复杂性，目前没有单一的最佳测量方法。早期的研究多从项目成功的角度解释质量、工期、成本、安全等与工程和谐之间的联系，比如Sambasivan等[144]通过量化马来西亚17%的建设项目的成功因素，确定了成本、工期、质量等在工程可持续发展中的关键性；Zhang等[145]开发了一个工程项目管理评估模型，确定了成本、安全等可用于评估项目绩效的关键因素。此外，基于结构方程模型（SEM）的实证分析一直受到工程建设管理研究人员的欢迎，普遍被用来分析工程和谐的各种问题[146, 147]。理论研究方面，Peckiene等[148]尝试用交易成本经济学（TCE）和博弈论来理解工程建设管理中不同要素之间的关系；Azaron

等[149]通过马尔可夫网络中的最优控制理论开发了促进工程和谐的工期—成本—安全权衡的分析模型。这些研究为探究通过质量、工期、成本、安全协调实现工程和谐提供了宝贵的数据和理论基础,但研究结论值得商榷。具体原因包括:一是相关的实证调查所选用的标准不统一,包括由于质量、安全等要素定义的主观性导致测量的不确定性等问题[142];二是基于项目管理人员、项目特征、项目团队等不同视角以及不同研究方法的研究结论存在悖论,缺乏从多因素组合的角度分析对工程和谐影响的研究[150];三是现有研究多具有工程类型差异、地域差异等特征。所以有必要对质量、工期、成本、安全等影响工程和谐的具体机制进行综合研究,从而最大限度地减少偏差,确保研究的科学性、客观性和真实性。针对已有关于质量、工期、成本、安全等目标与工程和谐的关系存在差异化结论甚至悖论的相关研究,运用元分析的研究方法,以质量目标、工期目标、成本目标、安全目标等为自变量,以工程和谐为因变量,以工程类型为调节变量,以搜集相关独立样本为研究对象,研究质量、工期、成本、安全等目标与工程和谐的影响关系[99, 151]。

6.4.1 工程和谐管理"物适态"的多约束目标权衡基本假设

(1)质量目标、工程和谐与工程类型

质量目标作为工程建设管理中最重要和最具竞争力的因素[152],对项目和企业的经济效益起到至关重要的作用[153]。工程建设是一个极其复杂的过程,涉及范围十分广泛[154],导致质量目标的影响因素较多,如地形地质和水文条件、材料机械选择、施工技术和方法差异、管理手段措施等[155]。工程质量管理的目的在于保障工程质量水平,以满足业主的要求或符合设定的标准和规范,确保合同和计划在项目管理过程中的顺利实施,保障工程与人、自然、环境等均可以和谐共生[156]。质量目标管理理念的应用和实施需要以工程建设管理人员和施工人员为载体,可以通过提高施工人员质量意识与管理人员的专业水平来提升工程项目的质量[157]。质量目标作为工程建设的主要竞争目标之一,能够通过优化资源配置创造平衡[158],以此实现项目绩效最优,促进工程和谐[159]。工程的价值可以通过工程相关的质量水平进行衡量[160],工程质量较差的项目会对工期和成本产生影响,因此需要借助质量管理对工程建设质量进行把控,实现工程项目与人员管理、项目建设和自然环境之间的和谐发展[161]。综上所述,提出如下假设:

H1:质量目标对于实现工程和谐具有正向影响。

工程建设并非单一活动,而是多任务处理的动态结合[162],不同类型的工程其新颖性、复杂性和技术不确定性的程度存在差异，工程建设质量目标实现的方法和难度也存在不同[163]。不同类型的工程对质量管理需求存在差异[164]，由于工程建设苛刻的工作条件、动态的环境变化和快节奏的工作状态，工程建设项目人员的情绪消耗水平明显高于其他类别[165]。随着项目组织数量和规模的增加，不同类型工程对质量目标的需求均有所提升，对相关工程建设质量管理人员提出了更高要求[166]。提高工作灵活性和组织支持可以从工作和家庭的角度对工程建设人员满意度产生积极影响，有助于提升工程质量目标，促进工程项目内部和谐[167]。工程建设处于动态开放的环境之中，系统环境的不断变化要求其质量目标根据不同项目类型的不同阶段进行动态变化[168]。通过项目计划调整、质量管理更新等途径，根据输出结果反馈与质量控制水平进行对比[169]，保证对工程建设质量目标的实现能够迅速响应外界环境的变化，实现工程与环境的和谐[170]。根据不同工程类型质量管理之间的不同特征，确定协调和优先关系，明确质量目标需求，提高质量目标与项目类型的匹配程度[145]，促进工程建设内部管理和谐。综上所述，提出如下假设：

H2：工程类型对于质量目标正向影响工程和谐具有调节作用。

（2）工期目标、工程和谐与工程类型

在工程建设过程中，业主、建设方和施工方均追求工程高质量、低成本和短工期[171]，只有在保证工程质量的前提下实现工期缩短，才能够和谐提升工程建设各方利益主体的经济效益[172]。一般而言，工程建设周期较长，受影响的因素较多，在实际的施工过程中会出现各类意外事件，因此工程实际完工时间与初始工期目标之间往往存在偏差[173]。延迟交付工程项目被认为是工程建设中最常见的问题之一，工期管理的失效会影响项目的预期收入并增加财务成本，包括管理人员的额外费用、材料成本上升、财务成本增加和合同罚款等[174]。在工程领域激烈的竞争背景下，未能按期完成工程建设可能会对设计方和施工方的市场形象造成损害，工程预期目标也可能因施工延误而受到影响，可见工期目标的实现对于促进工程和谐具有重要意义[175]。工期目标可以通过设置时间缓冲区减少随机事件对工程建设项目的进度和效率的负面影响[176]，缓冲区的存在能够缓解由于工程建设的复杂性和外部环境的不确定性造成的变化，进而提升工期管理效率和工程项目综合效益[177]。为了有效开展工期进度控制，通常需要定期、及时地获取相关状态信息[178]，其响应频率与准确程度对工期管理的难易程度存在影响，进而影响工程建设实施进度与目标完成情况[179]。因此工期目标不仅要保证工程按照计划执行，同时需要根据内外部环境变化进行动态调整，实现工程建设内部管理和谐与外部环境和谐[180]。综上所述，提出如下假设：

H3：工期目标对于实现工程和谐具有正向影响。

工期目标贯穿工程建设生命周期的全部阶段，需要根据不同类型的工程项目特点制定工期时间表[181]，避免工程建设受到随机因素的破坏性影响，确保工程实际建设过程满足预期规划[182]。工程建设进度受到客观环境和主观环境的多方影响，不同类型的工程项目受到的影响大小存在差异，建设过程中出现的随机事件亦有所不同。工程建设具有的特定行业性质，可能导致工程建设的工期产生变化[183]，预期目标与实际情况之间出现不和谐现象。因此需要工期目标调整来弥补其不确定性，推动工程和谐发展[184]。随着技术的发展和市场需求的提升，工程建设日益庞大和复杂，传统的工期进度管理方法已经难以满足日益丰富多样的工程项目类型需求[185]，因此需要通过建筑信息模型（BIM）和调度信息的集成，保持对工程建设调度目标的控制并提高工程项目性能[186]。不同类型的工程项目资源限制存在差异，在资源受限条件下工程建设的调度问题与工期管理水平相关[187]，需要在满足优先关系和资源约束的基础上，实现工程建设的工期最小化[188]。工期管理基于不同类型工程建设的操作条件进行多属性评估，对施工持续时间进行安全评价能够有效优化工期目标，并实现工程建设内部管理和谐[189]。综上所述，提出如下假设：

H4：工程类型对于工期目标正向影响工程和谐具有调节作用。

（3）成本目标、工程和谐与工程类型

工程建设的成本目标控制涉及人工成本和物料成本、显性成本和隐性成本等多角度的控制，是一个技术性较强的专业领域[190]，也是工程和谐的重要因素[191, 192]。由于成本估算的连续模拟问题未得到有效解决，再加上建筑、交通等领域工程的成本不确定性极为明显[193]，诸多成本超支的案例层出不穷，造成大量的时间浪费、项目纠纷以及不和谐现象[194, 195]，这极大地需要制定更为有效的成本目标。相应地，目前广泛使用的对投资成本、估算定价、合同定价和实际建筑成本的综合评估对于成本目标的实现较为适用[196]。相对而言，成本目标极大地缩小了工程建设的资金与技术上的差距，成本目标的数字化、精确化[197]以及与之配套的系统成本不确定性分析（SCUA）等成本工程方法，可减少成本目标的随机不确定性，并降低总运营成本[198]。此外，成本目标将推动工程主动识别、分析和管理其面临的成本风险，在合适的成本范围内优化工程的交付质量及进度期限，最终促进工程和谐[195, 199]。综上所述，提出如下假设：

H5：成本目标对于实现工程和谐具有正向影响。

成本目标实现的特定途径通常难以应对不同类型的工程，因为不同类型工程的成本目标往往与参与工程建设的专业人员、管理模式密切相关[190]。简言之，由于项目类型不同，成本控制的方向和成本管理的方式具有明显的差异性[200]。例如项目开发的规划阶段，成本控制的重要环节之一是估算项目实施的持续时间，然而时间的估算必须考虑项目类型、合同类型来准确评估建筑规划、合同管理和工作区影响的成本[201]。工程类型主要通过三个方面调节成本目标对工程和谐的影响。首先，不同的项目类型决定项目经理差异性的领导风格。研究表明，不同的领导风格更有可能在不同类型的项目成本管理上取得成功[202]。基于不同思维方式，针对不同类型工程的特点，领导者可以根据他们面临的挑战调整自己的思维策略，并选择一种最适合的成本目标管理模式与该类工程相匹配[203]。其次，不同的工程类型意味着差异化的成本目标控制方式，其将推动成本目标致力于获得更强的低成本地位[204]。由于工程项目必须在商定的范围内动态地解决成本问题，工程类型也可以在项目规模、持续时间、延期和项目管理者权力等角度调节成本目标控制的效度[150]。最后，不同的项目类型决定使用差异性的信息管理系统，数字技术和工具为项目成本管理提供了巨大的机会，不同类型的信息系统可以差异化地体现其成本目标实现的质量、速度、准确性、价值和复杂程度，并将改变成本目标与工程和谐之间的关系[190]。综上所述，提出如下假设：

H6：工程类型对于成本目标正向影响工程和谐具有调节作用。

（4）安全目标、工程和谐与工程类型

安全目标通常建立在沟通、咨询、分析、评估、处理、监测和审查风险等活动的基础之上[205, 206]。诸多工程表现出的建设规模大、建设速度快、施工周期长、操作复杂等特点，使得工程实施的风险巨大，极可能引发严重的社会影响和经济损失[207]。这就要求建立完善的工程安全风险管理法律法规、高水平的风险管理原则[208]、基于信息技术的管理和预警决策支持系统、良好的主动安全风险识别机制[195, 209]。为了最大限度地减少企业内外安全事故造成的损失，实现企业价值的最大化，安全管理目标制定及管理需要大量工程企业的内部审计部门参与[210, 211]。由于工程数据的质量和结果真实性对决策者起着重要作用，部分学者认为后验概率方法是适合应对偶然性风险的管理方法[212]。人为因素是导致安全风险发生的主要因素，也是发生工程合谋、工程投机行为的重点因素。在安全风险评估当中，组织影响、不安全监督、不安全行为和紧急影响极易引发工程不和谐的现象[213]。同时，操纵招标和投标是工程合谋的主要表现[214]，高水平的安全管理能更好地达到安全管理目标和客户目标的协同，控制投标违规风险[208]。因此，安全目标中涉及的风险构成、多学科性质、风险度量以及安全管理方法开发和使用等良好结合，能够通过降低工程项目风险来促进工程和谐[215, 216]。因此，提出如下假设：

H7：安全管理目标对于实现工程和谐具有正向影响。

安全管理具有系统性和复杂性，其由于工程类型的差异又表现为结构性和动态性，贯穿于工程建设全寿命周期当中[217]。由于工程类型的差异性体现出的不确定性，安全管理要尽可能有效并尽可能地适应现实。实际上，工程类型安全风险并不是在工程初期就决定好的，根据工程的阶段不同而呈动态变化趋势，每阶段的安全评估通过加权的方法确定[218]。因此，不同类型的工程吸引具有不同偏好的投资者，根据项目风险收益程度决定采用风险偏好、风险中性或者纯粹的风险规避策略[219]。有学者研究过工程类型对于安全管理的影响，该研究通过调查200名项目经理，发现工程类型的差异显著影响安全管理的难易程度[220]。也有研究表明，实体经济部门可根据不同类型工程的特征对工程项目安全进行分类，并根据项目类别进行风险调整[221]。例如，在工程建设及拆除活动中可以根据工程类型的不同，直接或者间接控制建筑废物的处理和回收安全[222]。在诸多国家，工程类型亦表现出相似的作用，工程建设的项目目标、产品质量、交付时间和客户成本比较稳定，可以大概率根据工程的种类采取安全风险规避、风险承担或者风险转移策略[223]。因此，项目类型对工程和谐的影响，侧重于在多个组织内实施控制，起着间接调节作用[224]。综上所述，提出如下假设：

H8：工程类型对于安全目标正向影响工程和谐具有调节作用。

6.4.2 工程和谐管理"物适态"的多约束目标权衡模型与结论

（1）多约束目标权衡模型的数据与方法

1）文献收集

主要收集工程项目中工期、质量、成本以及安全与工程和谐之间关系的实证文献。以工程和谐的相关关键词（如项目成功、项目绩效、工程满意等）和"物理"维度的主要因素关键词（如质量、工期、成本、安全）进行组合，查阅EBSCOhost，Elsevier Science Direct，Springerlink等数据库。此外为了减少发表偏倚，阅览了SSRN数据库、百度学术、百度文库等网络搜索软件搜索未发表的研究，总计29项研究。

在筛选有关文献的过程中主要采取的标准如下。首先，聚焦于工程建设领域，包括房建、交通、能源以及基础设施相关领域的项目，而非公司项目。其次，相关研究主要采用独立样本。在文献编码过程中，若同一数据集不止一次使用但包含不同变量，分别计算出相应的数据，而当某一变量包含多个维度时，采用平均数表示。基于该标准，经检索最终共有29项初步研究成果，亦即共有31项独立样本，如表6-1所示。

原始研究基本资料　　　　　　　　　　　　　　　　表 6-1

原始研究	样本数	国家/地区	工程类型	本科以上	工作经历	质量	工期	成本	安全
Humberto García, 2017	256	墨西哥	道路			0.428	0.398	0.497	0.438
Sameeda Semab, 2017	264	巴基斯坦	道路/建筑物/房屋		60%		−0.644		
Li-Ren Yang, 2013	213	中国台湾地区	建筑行业	53.06%	33.80%	0.56	0.92	0.87	
Herry Pintardi Chandra, 2015	180	印度尼西亚	建筑行业		15%	0.873	0.804	0.876	0.137
Herry Pintardi Chandra, 2012	204	印度尼西亚	建筑行业			0.71	0.63	0.58	
Amgad Badewi	300	世界各地	房屋				0.81	0.85	
MM Musa, 2015	276	尼日利亚	房屋	80.80%	64.10%	0.62	0.70	0.61	
HT Nguyen, 2017	586	泰国	能源			0.53	0.83	0.56	
Mohammed Shareef M. S. Hasan, 2017	376	中国	房屋					0.35	0.62
Sunhui, 2012	136	中国	道路			0.97	−0.53	−0.55	0.67
Hukai, 2016	142	中国	政企合作			1	−0.58	−0.45	0.94
Sambasivan M, 2017	308	坦桑尼亚	建筑		46%		0.59		
Sambasivan M, 2017	308	坦桑尼亚	建筑		46%				0.497
Haiyan Jin, Liyin Shen, and Zheng Wang, 2018	57	北美洲	建筑行业			−0.272			
Junying Liu, 2017	150	中国	建筑		11.34%				0.256
Dubem IsaacIkediashi; Amaka Chinweude Ogwueleka, 2014	240	尼日利亚	建筑		80%	0.526	0.307	0.441	

续表

原始研究	样本数	国家/地区	工程类型	本科以上	工作经历	质量	工期	成本	安全
Lekan M. Amusan, 2018	70	尼日利亚	建筑		42.80%	0.576	0.796	0.656	
Hemanta Doloi, 2011	97	澳大利亚	建筑		59.30%	0.46			
Kiyanoosh Golchin, 2018	152	伊朗	建筑			0.73	0.83		
Cui daihu, 2015	443	中国	建筑	90%	9.70%	0.16	0.15		
Shan Liu, 2015	63	中国							−0.5
Yajun Zhang, 2018	121	中国							−0.31
Juliane Teller, 2013	176	德国	基础设施建设						−0.15
Mohammad Suprapto, 2016	119	荷兰	基础设施建设			0.465			
Lazaros Sarigiannidis, 2014	112	希腊				−0.293			
Du Han, 2009	126		建筑			0.417		0.457	
Saif Ul Haq, 2016	354	巴基斯坦				0.173			0.089
Tran, 2016	212	越南	铁路						−0.028
Nitithamyong, 2007	82	美国	建筑物/建筑			0.629	0.792	0.773	0.625

2）研究方法与过程

①**元分析方法**。元分析成为实证分析中重要的数据统计分析和研究手段,通过对与研究主题相关的文献的所有独立样本数据进行编码并运用元分析软件进行分析,验证变量间存在的联系[225]。不同的文献在构建模型和验证模型时选择的方法以及研究对象的差异性使得选取某一文献中的样本数据得出的结论不能够准确反映变量间的关系[226,227]。为此,在整理与研究主题相关的所有文献中的样本后,运用元分析的方法和软件,能够将所有数据转化为统一的权重和指标,从而避免不同文献样本选择与研究对象的差异,以更加精准验证研究变量间的联系。美国国家医学图书馆将元分析定义为"一种综合独立研究结果和已有研究结论的定量方法,可用于评估疗效,规划新的研究并主要应用于科研、医药、教育、管理等领域[228]"。因此,医学中的"临床研究"对管理学科来说等同于"研究问题领域"[229,230]。在实际应用中,不仅在医学领域,元分析的研究方法也被广泛运用于管理学领域中,因为元分析在明晰管理策略及其实践绩效方面具有相当大的效用[231-234]。例如,学习绩效管理[235-237]、创新管理[238]、项目管理[239]、工程管理[240]等领域。元分析方法对于工程管理问题的研究具有较强的适用性。例如,针对建设时间浪费的控制指标需要结构化和可复制,元分析可以有效发挥作用[240]。元分析方法已被验证可用于研究从规划到管理的整个工程决策过程,涉及建筑信息化、土木工程、建筑和建筑技术等学科类别[241,242]。

国内外学者通过理论和实证研究广泛讨论了质量、工期、成本和安全在实现工程和谐过程中的权衡[143],但关于影响的具体机制仍存在较大争议。分歧包括实现工程和谐的标准[136],最终客户认为工程和谐源于质量、工期、成本和安全等目标的达成[137],管理人员认为是四种目标实现的过程[138],利益相关者视角则认为四种目标均需满足其期望[139]。一个问题有其组成特性,其中每个特性必须通过文本或抽象分析来识别,然后至少与一个其所属的域链接。基于贝叶斯规划的概率表示法来描述问题的元分析是一种精确的选择[230]。通过对分组结果的集合进行"分析",找出最准确的结果,以适用于给定的问题[226]。因而,这种关于影响的具体机制争议使得研究适用于运用元分析方法予以处理。

②**变量选取**。工程是否和谐以及是否处于和谐状态难以用某一标准进行衡量。Al-Bahar等[243]建议通过工程项目的综合绩效表现判断工程是否和谐。亦有学者认为利益相关者对工程的满意程度才是反映工程和谐的重要指标[244]。此外,多数学者认为项目顺利完成,在人、事、物、环境等方面均获得成功即可表现为工程和谐。整体而言,已有文献总结了以往研究的结果,认为工程和谐管理"物适态"的基本标准可以

通过质量、工期、成本、安全等因素来衡量[140]。亦即项目是否和谐，来自质量、工期、成本以及安全的综合影响。

③元分析过程。首先，对于文献编码的结果，即变量之间的相关系数矩阵中的相关系数，计算出效应值，如若某一研究中变量之间的相关系数存在多个，计算其平均值。调整测量误差的估计值，得到校正后的效应值。

其次进行出版偏倚检验。出版偏倚是因期刊偏好发表有显著差异的结果而导致的选择性偏差，对某些研究假设并未得到验证或结果不显著的成果不予以发表[229]。出版偏倚的检查常常采用失安全系数（Fail-safe Number，Nfs）表示，其是让现有结论变得不显著的最小值。数值越大，偏倚的可能性越小。当Nfs值超过罗森塔尔（1979）标准（即5×研究数+10），表示不存在显著的出版偏倚。在研究过程中，如需要找出潜在的调节变量，还需要进行同质性检验，即采用Q检验的方式，确认差异系数是否显著。

（2）工程和谐管理"物适态"的多约束目标权衡模型

1）同质性检验

同质性检验用来分析不同研究组织间是否存在同质性或异质性，也用来决定采用固定效应还是随机效应模型对关联系数进行分析。研究中针对质量、工期、成本、安全影响工程和谐的效应值同质性检验结果如表6-2所示。其中，Q值分别为720.531、1655.500、746.045和581.086，且所有的p值均小于0.001，表明效应值具有异质性。I^2分别为97.641、99.154、98.123和97.935，均大于75%，也表明效应值具有高异质性。由以上分析结果可以得出，研究应该采用随机效应模型。此外，从表6-2中的Tau^2值亦可以看出，总变异存在组间误差。

效应值同质性检验结果（Q统计） 表6-2

随机效应模型	研究数	异质性				Tau^2			
		Q值	$Df(Q)$	p值	I^2	Tau^2	SE	方差	Tau
质量	19	720.531	17	0.000	97.641	0.210	0.087	0.008	0.458
工期	15	1655.500	14	0.000	99.154	0.514	0.221	0.049	0.717
成本	15	746.045	14	0.000	98.123	0.232	0.100	0.010	0.482
安全	13	581.086	12	0.000	97.935	0.250	0.115	0.013	0.500

2）出版偏差检验

为避免选取的文献存在出版偏差，影响对于效应值的评估，研究采用失安全系数、等级相关检测、回归截距、剪补法和漏斗图（图6-12～图6-15）等多种方法对出版偏差进行度量（表6-3）。表6-3数据显示，失安全系数分别为5546、4487、4977和1051，均大于$5K+10$（质量、工期、成本、安全的K值分别为19、15、15与13）。此外，从等级相关测验的Tau值以及回归截距来看，p值均大于0.1，即不显著，表明质量、工期、成本、安全影响工程和谐的效应值不存在出版偏差。图6-12~图6-15漏斗图显示已有相关大部分研究均位于漏斗图的顶端部位，且相对均匀地分布于中间值的周边区域，亦说明效应值存在出版偏差的可能性较小。

出版偏差检验　　　　　　　　　　　　表6-3

失安全系数 (Nfs)	等级相关检测（Tau）	回归截距法	剪补法		
			观测值	调整值	变化值
5546	0.059（p=0.762）	3.094（p=0.275）	0.521	0.521	0
4487	−0.124（p=0.276）	−4.407（p=0.347）	0.548	0.648	0
4977	−0.029（p=0.461）	−3.059（p=0.342）	0.568	0.568	0
1051	−0.179（p=0.214）	−3.214（p=0.350）	0.361	0.361	0

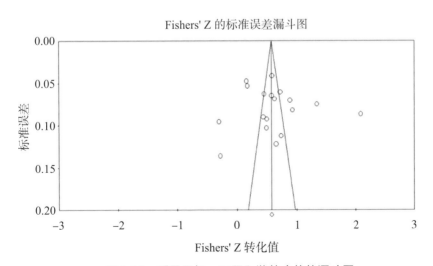

图6-12　质量目标—工程和谐效应值的漏斗图

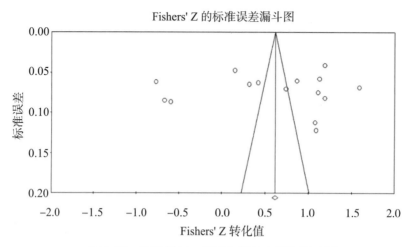

图6-13 工期目标—工程和谐效应值的漏斗图

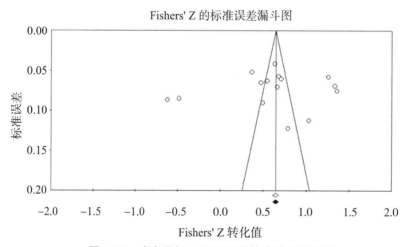

图6-14 成本目标—工程和谐效应值的漏斗图

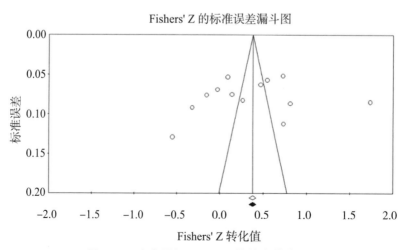

图6-15 安全目标—工程和谐效应值的漏斗图

3）总体效应量检验

由表6-4可知，关于质量、工期、成本、安全与工程和谐的关系，分别有17、14、14和12项效应值，总样本量分别为3845、3544、3495、2556，相关系数分别为0.540（$p<0.05$）、0.528（$p<0.05$）、0.548（$p<0.05$）、0.332（$p<0.05$），均为显著。依据Lipsey等[245]观点，相关系数的绝对值大于0.1时为中等相关，大于0.4时为高相关。由此可见，质量、工期、成本、安全与工程和谐的关系均为中等相关程度以上。其95%置信区间分别为[0.371，0.675]、[0.221，0.740]、[0.352，0.697]、[0.070，0.552]。由此得出，假设1、3、5、7均通过。

质量、工期、成本、安全与工程和谐关系的随机模型分析　　表6-4

自变量	研究数	样本量	效应值及95%置信区间			双尾检验	
			点估计	下限	上限	Z值	p值
质量	17	3845	0.540	0.371	0.675	5.506	0.000
工期	14	3544	0.528	0.221	0.740	3.174	0.002
成本	14	3495	0.548	0.352	0.697	4.879	0.000
安全	12	2556	0.332	0.070	0.552	2.456	0.014

4）工程类型的调节效应

将纳入元分析的工程分为单一类型和复合类型两种，表6-5中的数据显示，两种类型下工期和成本对于工程和谐的影响没有显著差异（$Q=0.254$，$p>0.1$；$Q=1.744$，$p>0.1$），两种类型下质量和安全对于工程和谐的影响具有显著差异（$Q=7.534$，$p<0.1$；$Q=12.321$，$p<0.1$）。由此表明，工程类型对于工期和成本影响工程和谐不具有调节效应，对于质量和安全影响工程和谐具有调节效应。因此，假设4和假设6未能通过，假设2和假设8通过。

工程类型对于质量、工期、成本、安全影响工程和谐的调节效应　　表6-5

自变量	K	样本量	平均效应值	95%置信区间	Q	P
质量	17	3845	0.117	−0.241～0.447	7.534	0.023
工期	14	3544	0.650	0.083～0.899	0.254	0.881
成本	14	3495	0.717	0.202～0.921	1.744	0.418
安全	12	2556	−0.066	−0.426～0.312	12.321	0.002

（3）工程和谐管理"物适态"的多约束目标权衡结论及管理启示

工程建设作为多因素集合体，具备特殊性、复杂性、差异性、重要性等特征，亦即参与方利益诉求不同、各要素间差异较大、满足人类活动的功能性需求等。因而，基于工程建设主体视角要求各利益相关者达成和谐，基于工程建设客体视角要求各要素间达成和谐。基于结果导向的工程建设客体和谐，包括工程质量可靠、工程期限可控、工程成本可支付、工程安全可承受，亦即"物适"。

1）质量目标、工程类型与工程和谐

假设1和假设2得到了验证。即质量目标对于实现工程和谐具有正向影响，通过积极开展质量管理能够有效促进工程和谐，该结论与Kiew等[246]和Sullivan[247]学者观点一致。工程质量受到人员、材料、机器、方法和环境等多方面因素的影响，其影响维度与工程和谐的人员管理、项目建设和自然环境之间的和谐发展具有一致性。工程建设是以人为本的生产活动，工程组织者的技术水平、组织能力、思想水平、心理行为以及意识水平和判断能力将直接影响工程质量，通过工程质量管理进行人员约束能够实现工程内部和谐[246]。工程材料是否达标、工程技术是否先进、工程操作是否规范，将直接影响工程质量的实现，开展工程建设质量管理能够提高工程的结构安全性和用户的人身安全，还会直接影响投资者的经济回报。工程建设质量管理能够有效提高项目的进度、质量和经济效益，能够提高客户满意度，提升业主、建设方和施工方之间的关系和谐[247]。假设2工程类型对于质量目标正向影响工程和谐具有调节作用亦得到了验证，与Lines等[248]和Aichouni等[249]学者的观点相符。由于工程类型涉及公路、铁路、房建等多个领域，不同类型的工程项目其新颖性、复杂性和技术不确定性的程度存在差异，工程建设质量管理的方法和难度也存在不同[248]。同时，质量管理是影响工程建设结果的重要因素，对于工程建设的管理方法、效果存在不同程度的影响，在工程管理的过程中，如何以质量为目标对工程建设进行阶段把控尤为重要，需要针对不同的工程类型分别对待，由此导致工程类型对质量目标正向影响工程和谐的调节效应成立。

研究表明，在工程建设实践和学术研究中，质量目标受到人员因素、物质因素和环境因素的共同影响，对工程和谐具有间接影响，因此在工程项目管理过程中要加强人、事、物三类因素的管理资源投入，平衡人员因素、物质因素和环境因素的管理资源分配[250]。实现工程和谐需要加强施工人员的培训和教育以提升人员质量管理水平，建立质量保证体系以规范物资质量管理，掌握环境变化特征和局限性，突破环境质量管理[251]。通过完善工程组织管理系统，设置工程质量监督规范，高效执行质控制方法和措施，实现工程质量管理水平提升，进而有效促进工程建设的人员管理、项目建设和自然环境之间的和谐发展[252]，并能够依据和结合不同工程类型的时间、技术等特征，制定有差异的工程管理计划。

2）工期目标、工程类型与工程和谐

假设3得到了验证，而假设4并未通过验证。即工期目标对于实现工程和谐具有正向影响，该结果验证了Fernandez-Viagas等[175]、Russell等[177]学者的研究。工程项目涉及多方利益，包括业主、建设方和施工方，其对于项目建设不仅要求施工质量保障，项目按时完成、工期得到保障亦是极为重要的。实际上，在工程建设过程中，由于施工计划、技术方案、人员调配等多方因素的影响，实际工期与计划工期并不能完全契合，存在一定的偏差[253]。工程项目提前完成且质量达标，即满足了利益相关者的需求，但是实际中往往存在工期延误的现象。由于低效率的工期目标管理不能实现项目的顺利竣工，施工方、业主无法得到预期收入，而对于整个工程建设而言会增加财务成本，另外还需要考虑管理人员的额外费用、材料成本上升、财务成本增加和合同罚款等问题[254,255]。从长远来看，工期目标管理不当所造成的工期延误会影响施工方、业主的信誉和形象，亦会造成利益相关者之间的冲突。由此可见，高效高质的工期目标能够有效实现工程和谐。假设4即工程类型对于工期管理正向影响工程和谐具有调节作用并未得到验证，与Wang等[184]学者的观点相悖。不同类型的工程项目所处的环境、技术标准、人员安排、施工方案等方面皆存在差异，因此计划工期亦存在区别[256,257]。虽然对于不同的工程类型，存在的风险不同，项目质量与效果标准各异，但是对于利益相关方而言，进度管理都是必要且必需的。工程类型的差异一定程度上会对工期管理的标准产生影响，但是工期管理的程序、目的、过程管控并没有出现较大的差异，因此工程类型并不是调节工期管理影响工程和谐的因素。

对于理论层面和实践层面而言，进度管理都是工程建设管理的重要环节，间接影响工程和谐的达成。工程类型虽然存在区别，但是工期目标实现的过程都是一致的，工期管理的标准大同小异。在实践过程中，为了防止工期延误造成相关利益方之间的冲突，可设置缓冲区，在一定程度上减缓工程建设过程中突发事件、安全等对项目施工的影响[258]。此外，需要实时跟踪和反馈项目进度信息，建立工程建设突发事件反应小组，在遇到紧急事件时，及时反馈并迅速形成应对方案，所以工期管理既需要提前做好准备，确保工期在缓冲区设置的前提下得到保障，亦需要根据环境的动态变化进行适应，实现工程建设内部管理和谐与外部环境和谐。

3）成本目标、工程类型与工程和谐

假设5得到了验证，而假设6并未通过验证。即成本目标对于实现工程和谐具有正向影响。在以往研究中，Azhar等[259]、Ameh等[260]学者认为工程建设通过追求成本的最优化提高工程绩效。而Cantarelli等[261]、Jin等[262]依据和谐管理理论，认为工程项目应通过"成本满意+持续改进"的成本管理策略对要素不和谐、排列不和谐、机构不和谐等影响因素进行控制，从而实现工程和谐。研究中假设5验证了该观点。成本目标是反映工程和谐的综合性指标，尤其在市场经济体制下，工程施工企业作为独立的竞争体，其经营管理目的在于持续地以最低成本理顺和协调内部各种经济关系，从而实现工程和谐。成本目标管理是具有战略性的成本控制，在保障工程质量的前提下，通过定量成本管理方法的满意化设计及其互动、耦合，减少资源消耗、提升劳动生产率、统筹各利益相关者的经济利益，促进工程项目管理的持续改进，最终实现成本最低化和工程和谐最大化。假设6工程项目类型对于成本目标正向影响工程和谐具有调节作用并未得到验证，这与Safapour等[263]学者的研究相悖。尽管不同类型工程具有不同程度的项目复杂性，但由于成本管理是针对工程项目全过程、全方位的动态管理过程，既有与项目本身相关的物质生产活动，亦包含非物质生产活动。且由于工程建设的内部条件和客观环境存在极大不确定性，成本目标的实现很大程度上取决于工程投资规划的可行性和目标控制的有效性，工程建设类型的影响有限。因此，工程类型不是调节成本目标影响工程和谐的要素。

该研究结论对实现工程和谐管理具有一定的启示作用。工程项目具有关键环节多、干扰因素复杂等特点，控制项目成本、实现管理和谐一直是工程建设管理追求的目标。成本目标能够为工程和谐提供稳定的空间，保障其最大绩效发展水平[201]。因此，为了应对工程建设中的内耗现象，需依据工程的成本控制特点，从短期优化转向长期优化，从单纯实现利益最大化转向工程和谐[264]。将成本目标同工程管理结合起来，构建基于工程和谐的现代成本管理体系，促进工程建设成本管理透明化，部门责任具体化，让更多的员工作为成本目标的利益相关者，从而调动其积极性和创造性[265]。

4）安全目标、工程类型与工程和谐

验证了假设7和假设8。即安全目标对于实现工程和谐具有正向影响，且工程类型对于安全管理目标正向影响工程和谐具有调节作用。该结论与Xia等[266]、Hwang等[244]、Arashpour等[267]和Szymański[268]学者的观点一致。工程项目都是存在安全风险的，而且具有动态性、复杂性、模糊性和不可预测性，且经常面临与利益相关者相关的复杂问题，包括客户和承包商等项目团队成员之间的冲突[269]，所以动态环境中的安全因素更容易导致工程合谋现象。安全目标和利益相关者诉求在建筑项目中的矛盾尤为突出，由此导致项目失败的现象亦是屡见不鲜[270]。通过对安全目标的良好控制可以在某种程度上直接或间接实现利益相关者的诉求，从而实现工程和谐[266]。此外，工程类型的差异对安全管理实现的难易程度影响较大，对实现工程和谐具有一定程度的调节作用[220]。工程项目根据重要程度可分为一般项目和重大项目。相比一般项目，重大项目涉及资金多、工序复杂、安全性要求高，因此无论是资金安全还是建设安全都较明显，其涉及工程合谋的概率也较大。工程项目按建设类型可以分为新建项目、扩建项目、改建项目和恢复项目等，每种项目的工作重点不同，所需求的安全目标也有所差异。而且工程类型的差异性也间接影响安全的管理模式，具体包括安全风险转移、风险回避、风险承担、风险分担等措施。

无论是学术研究还是在实践操作中，安全管理和利益相关者管理常常被附有负面看法[271]，即认为安全风险的发现和利益相关者的冲突不利于促进工程和谐。研究揭示了安全目标、工程类型与工程和谐三者的关系，认为若要实现工程和谐，施工企业应当重视项目安全管理，而且在安全管理过程中需要考虑不同的工程类型，根据项目类型进行针对性的安全管控。政府客户和工程承包商之间的公平合同风险分配可以激励承包商参与的高绩效[272]，安全管理的目的是增加积极事件的可能性和影响程度，并减少项目中的负面事件[267]。实现工程和谐不仅需要一套合理高效的安全管理模式，还需要深度分析各利益相关者的关系网络，根据政府、股东、债权人等利益主体利益需求的差异性，制定有差异性、针对性的安全风险预警、风险分担、风险转移、风险控制措施。

第 7 章 工程和谐管理的"耦合进化"机理

7.1 工程和谐管理"耦合进化"的复杂自适应理论诠释

从系统科学的理论视角出发，工程建设系统的耦合进化体现为工程建设系统的自组织进化、自复制进化与自创造进化。相对而言，系统的自创造进化机制更能反映工程建设系统内部要素从量变到质变，以及系统内部要素与外部环境的深层次、高强度耦合进化。

7.1.1 系统的自组织进化机制

从系统科学的角度而言，工程建设的"人和、事谐、物适"系统在耦合进化过程中与外界的自然生态、政治经济、人文社会环境存在着包括人力资源、物质资源、知识资源等在内的资源交换的开放系统。自然、经济、社会等外部环境的不断变化使得"人事物"系统不断远离平衡态，同时又维持着某种特定的平衡态。工程建设的"人事物"系统本身又可划分为若干子系统，如"人"系统包括领导、员工、团队等子系统，"事"系统包括知识、工具、方法等子系统，"物"系统包括质量、工期、成本及其影响因素等子系统，各子系统之间存在大量的非线性相干作用。当形势和要求的紧迫性和严峻性、技术指标的先进性和锁定性、经济指标的约束性和限定性等控制参量达到一定阈值时，为完成特定的政治任务，工程建设"人事物"各子系统之间的关联性增加，无规则的独立运动减少，工程建设耦合进化过程中的自组织现象随之发生。相应地，工程建设的各子系统从无序态进入有序态，从简单系统转变为复杂系统。

当影响工程建设的"人和、事谐、物适"子系统的序参量同时存在且相互之间存在矛盾时，在达到临界点之前，各参量对"人事物"系统的影响不大。依据协同学的观点，在影响"人和、事谐、物适"的若干参量中，"人事物"系统中变化最慢的参量决定着工程建设系统演化的速度和进程。因此，当各序参量使得"人和、事谐、物适"面临的矛盾和冲突无法同时得到有效解决时，序参量相互之间会通过竞争而实现折中，使得变化最慢的某参量决定工程建设耦合进化的最终状态。在此基础上，工程建设的"人和、事谐、物适"及其外部环境形成更高层次的有序结构，达到更高一级的协同。

在工程建设的耦合进化过程中，为实现"人事物"系统的持续优化与渐进稳定，必要的涨落机制不可或缺。工程建设管理的"人和、事谐、物适"必须偏离平衡态，才可能为重新恢复平衡态并达到与外部环境较佳的耦合状态创造条件。社会发展中产生的新思潮、技术领域的重大技术变革与突破以及物质资源中的创新型设备、工具等均可能对"人和、事谐、物适"产生扰动，从而使得前一阶段的稳定状态失衡。但当涨落因素作为重要的建设性因素时，上述新思潮、重大技术变革与突破以及新型设备、工具则推动"人和、事谐、物适"进入良性循环阶段。从这一角度而言，工程建设的合理冲突或者部分矛盾也可成为有正向引导作用的涨落机制。涨落机制可以通过"制造"矛盾和冲突，推动"人和、事谐、物适"以及"人事物"系统与外部环境向更深层次的和谐态以及更活跃、更稳定的进化系统转变。

7.1.2 系统的自复制进化机制

在工程建设的"人事物"系统耦合进化过程中，"人事物"各维度均存在着诸多的自复制进化过程，其为"人和、事谐、物适"的正反馈及自我催化循环提供了重要的基础。在"人"维度，工程建设主体所涉及的个体、群体、团队及组织心智模式趋于成熟，能力和素质趋于稳定，价值观和职业操守等趋于固化，从而使得工程建设主体能够形成对自身的完整认识，并通过自我强化和自我肯定实现人和维的良性发展。在"事"维度，工程建设过程中诸多尚不成熟和稳定的知识、工具、方法等在不断的工程实践中被反复尝试、检验和论证，从而使得技术要素的完备性、先进性和前瞻性等逐步得以体现，并为在工程建设及管理中选择行之有效的技术提供了支持。在"物"维度，工程建设所需要的各类新设备、新材料等被熟练掌握和灵活运用，质量、工期、成本等被有效协调，各类"物"要素依据其资源属性被优化配合和合理利用，从而为"物"要素的方便快捷获取、灵活高效运用、合理优化配置等积累了经验。

工程建设系统的自复制进化机制的作用体现于，在不断自复制进化过程中，工程建设主体要素形成工程和谐管理所需要的心理及行为特征要求，并在反复塑造中被有效定型。工程建设客体要素积累质量、工期、成本的协调处理办法及质量、工期、成本影响因素的配置和利用方法，并在屡次成功经验和失败教训中被准确固化。工程建设关系要素不断沉淀涌现出针对不同工程建设项目的知识库、工具库和方法库，并在多次试错及修正过程中被锁定。工程建设的"人事物"系统与环境不断适应和调整，并在深入的磨合过程中"人事物"系统产生了自然的同化和异化现象。系统的自复制进化机制既来源于工程建设"人事物"系统自身有意识或无意识的自我学习和强化机制，也来源于"人事物"系统中各子系统在应对诸多矛盾和冲突的过程中产生的催化循环，比如"人"的精神经过洗礼，"事"的功用得到提炼，"物"的属性产生质变，其产出均为"人事物"本身，但生成物相对于反应物而言具有明显的复制进化特征。"人"维度在应对矛盾和冲突时的学习曲线和路径依赖，"事"维度在应对矛盾和冲突时的适应性反复选择和动态性试错锁定，"物"维度在应对矛盾和冲突时的相对固化和优化组合，使得工程建设系统整体的耦合优化能够在初级层次的简单复制上升到理性科学的自我复制。

7.1.3 系统的自创造进化机制

在生物领域，自创造进化机制表现为生物自身同外环境的通信。在工程建设耦合进化中，自创造进化机制体现为"人事物"系统在耦合优化的基础上与外部环境进行"交流"所实现的协同进化。与系统的自组织进化机制与自复制机制不同，工程建设系统的自创造机制来源于工程建设的主体领导、员工与团队作为认知主体和创造主体而形成的更为高级的进化机制。这种意识和能力使得工程建设的"人事物"系统对于外界环境具有较强的感受，特别是在工程环境、技术环境、经济环境等环境因素的各种参量发生改变时，"人和、事谐、物适"将相应产生巨大的反应，并将改变自身的人本属性、资源属性、技术属性，加速或减缓自催化反应，甚至发生细微的结构改变。工程建设系统的自创造进化机制建立在为适应环境的改变而改变的能力基础上。依照熊彼特对于创新的理解，工程建设系统实现和谐态的自创造进化过程可以理解为，"人事物"子系统及其要素在应对不断出现的矛盾和冲突时所重构的一种生产函数。这一函数表现为，"人"要素的创新意识增强、创新能力提升以及创新行为强化；"事"要素的创新发现与创新运用涌现；"物"要素的创新优化组合辈出，从而使得应对矛盾和冲突的系统能力大幅度增强。

类似于所有生物利用反馈信息来与环境进行通信，即工程建设的"人事物"要素自身所处的状态作为"实际级"与"人和、事谐、物适"的"理想级"作为参照级两者之间的差距，作为重要信息和对象被用来加以利用和缩短。具体而言，负反馈机制使得"人事物"各维度的要素通过重构、重组、重排等方式实现优化配置和内稳态调节，资源缺口和能力差距被补偿，实际级与理想级之间的差距被缩小。同时，正反馈机制又使得特定任务或形势下的工程建设和谐态打破原有的平衡结构，寻找和建立新的动态平衡和结构，为实现更高层级的和谐态创造条件。因此，工程和谐管理实现通过负反馈自稳和正反馈增强来共同实现。

推动工程建设"人事物"系统的各要素实现耦合进化的"通信系统"本身亦具有进化特征，表现为参照级数据、实际数据和比较机制这3个必要条件在不断发生变化。参照级数据所反映的相对稳定的工程建设人和态、事谐态和物适态，为工程建设系统自身加强学习提供了重要的参照对象。实际级数据是"人事物"要素在现有的"人理、事理、物理"要素指导下所形成的新一轮进化的起点。比较机制将因为不同阶段进化的条件、路径以及特征差异性而形成不同的差距处理功能。随着工程建设系统的不断进化，通信系统及信息处理系统随之趋于更为复杂。因此，可以认为工程和谐管理的"耦合进化"机制是在应对矛盾和冲突的过程中，实现创造性地打破平衡态和有意地制造涨落机制或变革"通信系统"以适应新冲突和新矛盾的自我创造机制。

7.2 工程和谐管理"耦合进化"的定义、条件和特征

工程建设系统"耦合进化"体现为通过人、事、物增量存量融合、排列组合优化、稳态常态变化等耦合优化，以及人、事、物与外部环境作用的平衡态不断打破又趋于平衡、量变不断推动质变、渐进式创新不断引发激进式创新等协同进化。

7.2.1 耦合进化的定义

（1）耦合优化

①**多场耦合**。物理学认为多场耦合是许多的物理场，如温度场、引力场、湿度场等共存，均属于物理场，直接相互影响叠加解决许多问题的现象。现实工程中，投入的人力、物力、财力等要素在一般情况下认为其相对独立，并各自发挥作用。工程的人、事、物往往出现多系统的叠加放大效应，这种多系统直接相互影响的叠加作用可称为多场耦合。

②**能力耦合**。物理学认为初级与次级之间能量传递为能量耦合。工程建设中存在

上级与下级、甲方与乙方、设计监理施工等多层次管理关系和不同的利益关系体。其既有独立的机构和组织模式，同时又紧密联系并相互依赖。上级机关指挥得力、设计科学合理、施工规范、监理严格等能力的相互传递称之为能力耦合。

③**信息耦合**。物理学认为当一个模块访问其他模块时，相互之间通过简单数据参数来交换输入、输出信息的现象称为数据耦合。工程建设中系统间、要素间的数据信息传递，如设计图纸、规范等信息输入与施工进度、质量等信息输出，量大且频繁。当工程技术和新型材料发展速度极快时，策划、设计、施工等不同阶段的信息突出表现为不对等性、时效性等特点，更有必要实现系统间的数据和信息交流，其可称为信息耦合。

④**标记耦合**。物理学认为一组模块通过参数表传递记录信息即为标记耦合。工程建设实际中，信息固化和科学使用是提高工程建设信息化的主要手段。比如建立科学可靠的设备、材料、承包商信息库。在不断的实践中优中选优，将大量的优秀资源、信息固化保留下来形成合力的一部分。这种多维度的数据地址使用即为标记耦合。

⑤**控制耦合**。物理学认为一个模块通过传送开关、标志、名字等控制信息，明显地控制选择另一模块的功能，即为控制耦合。工程建设的人、事、物在不同时期、不同地点、面临不同需求时会存在着不同的主导关系（或先导关系），即一个或两个系统控制着整个系统的发展。如质量、进度、成本就存在三角形相互制约的控制关系，在经济环境合理或相对不变的情况下提高质量势必造成进度减慢、成本提高。同样，提高进度势必造成质量下降和成本增加。工程建设系统中某维度特征明显起控制作用的现象即为控制耦合。

⑥**外部耦合**。物理学认为一组模块都访问同一全局简单变量而非同一全局数据结构，并不是通过参数表传递该全局变量的信息，称之为外部耦合。因此，工程建设管理既重视实体本体同时更加强调系统内存在的关系本体。这种外部环境对单一系统整体发展的影响可称为外部耦合。

⑦**公共耦合**。物理学认为如果一组模块，均访问同一个公共数据环境，其彼此之间的耦合就是公共耦合。工程建设是关乎国家战略、社会稳定、经济发展等全社会关注的大事。虽然具体工程建设具有特殊性，但国家战略层面的建设又具有全社会关注的透明性。如近些年海洋主权问题，一直是社会热议的话题，如何发展海洋工程建设成为时代课题。这种工程建设的某维度系统对总系统产生影响的外部环境可称为公共耦合。

⑧**内容耦合**。当一个模块直接修改或操作另一个模块的数据，或者直接转入另

个模块时,物理学称之为内容耦合。工程建设中的"控制耦合"发展到一定程度即产生内容耦合。如在应急抢险的工程建设中,为达到特定目的,只要"质量、进度"一定的情况下可以完全不计"成本",即内容耦合的表现。

(2)协同进化

①**直线型协同进化**。在工程建设管理中,因"人事物"系统平衡的临时性,以及系统环境的复杂性和动态性,"人和、事谐、物适"各维度的"和谐态"逐步被打破。在通过进化推动系统重新回归平衡时,若人、事、物要素距离新的和谐态所存在的差距和缺口能够被明确界定时,进化的作用将对各维度产生卓有成效且持之以恒的补偿机制。因为从一个阶段平衡态到另一个阶段平衡态的过渡时间差非常短,人、事、物要素可近似看作始终处于和谐态的位置,从而表现为直线型的进化形式。直线所反映的斜率越大,进化的效率越高、速度越快。可以认为,直线型的进化形式对应于工程建设系统内部以及系统与环境之间的矛盾和冲突受到特定因素的稳定、持续影响的情形。不和谐因素被稳定消除,进化的效果则相应地稳步增强。

②**螺旋型协同进化**。在工程建设的"人和、事谐、物适"耦合过程中,当"人和、事谐、物适"从一个阶段的和谐态向另一个阶段的和谐态转变时,若"人和、事谐、物适"与系统耦合存在的差距和缺口不能被很快补偿,或者"人事物"系统本身在趋于新的平衡态具有时间延迟性或效果滞后性时,"人和、事谐、物适"与外部环境尽管总体趋于进化状态,但呈现出螺旋式上升的形式。螺旋型结构的复杂程度可以代表围绕系统环境,工程建设的"人和、事谐、物适"和谐态所表现出的升级速度、频次及效率。可以认为,螺旋型的进化形式对应于"人事物"各子系统以及系统与环境的不和谐因素复杂多变、不易预测的情形。

7.2.2 耦合进化的条件

工程建设系统耦合进化的条件包括"人和、事谐、物适"两两或三者之间的耦合优化条件,以及"人事物"系统与外部环境的协同进化条件。工程"人和、事谐、物适"耦合优化与协同进化的根本前提是工程建设管理所涉及的"人事物"本身能够遵循固有的原理和规律。其中,"人"可以尽其才,工程组织的能力和潜力得到最大程度的发挥和挖掘。其反映的是工程人员在社会化大背景条件下,面对需求矛盾、人性冲突、文化差异等作出的协调和融合。"事"可以尽其功,技术方法的科学性和有效性得到最大程度的体现和运用。其反映的是,知识、工具、方法等在相互借鉴、移植和配合过程中,对于运行环境、使用条件、参数标准等冲突,做出的科学合理处理。"物"可以尽其用,"质量、工期、成本"所定格的工程项目,价值和功能得到最大范围的彰显和实现。其反映的是应对工程建设的各类资源供求矛盾以及在满足质量、工期、成本等非对等要求的物资配置与利用矛盾中所实现的缓解、消除或优化。

(1) 耦合优化的条件

工程建设"人和、事谐、物适"耦合优化的条件为:在"人和"状态一定的条件下,与"事谐"相匹配的"物"要素能否从数量和质量方面满足要求,而"事谐"的因素能够让"物"要素的价值与功能得到完全体现。在"事谐"状态一定的条件下,作为"人"要素的人力资源与作为"物"要素的物质资源作为投入能够满足工程建设的各项目标要求并实现产出价值的最大化。在"物适"状态条件下,"人和态"下的"人"对于作为"事"要素的各项技术具有良好的掌控和操作能力,而"事谐态"下的技术对于作为"人"要素的各类主体具有较好的适应性。在"人和、事谐、物适"状态均一定的条件下,"人、事、物"能够要素互补、功能协同,并具有乘数效应和事半功倍的效果。换言之,以上条件主要为"人、事、物"单一维度的系统要素和谐,是对子系统不和谐因素的积极应对和有效处理,距离系统整体及与外界的和谐仍然存在距离。

(2) 协同进化的条件

工程建设"人和、事谐、物适"与外部环境协同进化的条件在于,"人、事、物"系统自身具有与外界较强的适应性和调整性,能够根据工程建设所处的自然生态、人文社会以及政治经济等环境调整自身的各类属性及作用方式,保证"人、事、物"系统能够跟随环境的变化而相应变化。同时,系统环境对于工程建设的"人和、事谐、物适"既有约束功能又具有塑造功能,能够引导后者始终向着进化的更佳和谐态方向发展。亦即,进化是在处理系统内部不和谐因素的基础上,对于系统与环境之间矛盾和冲突的进一步消除。

7.2.3 耦合进化的特征

(1) 工程组织的自我超越性

工程建设组织通常是由跨区域、跨部门、跨专业的人员所组成的动态组织。工程建设组织的成员具有经济人、社会人、复杂人等多种属性,从而在能力素质、精神觉悟、价值诉求、行为表现等方面参差不齐。工程建设组织中的人应该是理想的人,即超越经济人、社会人和复杂人属性,实现能力、品质、精神等各方面超越的人。

"人"是工程和谐管理最为重要的因素。工程建设组织的自我超越能够减少工程建设过程中因为人为的原因而造成的工作失误问题，弥补岗位职责不明确或交叉而导致的制度缺陷问题，提升自身岗位胜任力，而杜绝人岗不适的现象，深化政治觉悟而在工程建设中更看重国家、民族以及政治的利益而非个人利益，等等。事实上，当工程建设组织自我超越以完善工程建设所有参与人员的人性，提升设计、建造、管理人员的业务能力，矫正工程建设领导、员工以及团队的价值取向过程中，"人"的因素更能够发挥对于"事"与"物"的主导和引领，更能够达到与"事"和"物"的匹配和融合，更能够推动"人事物"系统与环境协同等级的跃迁和改进。

（2）工程技术的协同创新性

工程建设过程所运用的工程技术学科门类众多、适用领域和来源广泛、边界模糊。与此同时，工程建设因为工程项目本身的复杂性、特殊性和尖端性，而使得工程建设巨系统特征越来越明显。在此背景条件下，工程建设工程技术的协同创新性对于"人和、事谐、物适"以及系统环境的耦合进化显得尤为重要。工程技术的协同创新性对于工程技术运用的主体人相互之间的配合提出了更高要求，对于工程技术运用的对象物给出了特定条件。工程技术的协同创新通过组合、优化、缩减等多种手段推动了技术的升级换代，也必将催生工程建设所需的各类新技术、高技术发展。为实现工程技术的协同创新而创建创新模式、搭建创新平台，可使人与物处于更好的基础性、平台性的环境中，并借助该模式和平台为人员提供更好的工作舞台，实现物资资源的更好配置和利用。最终，以工程技术协同创新过程中的螺旋式上升为前提，引导"人事物"系统与环境耦合进化。

（3）工程价值的合作共赢性

首先，工程价值的合作共赢体现为个人价值与团队价值的共赢。即当工程建设所有参与人员追求的素质提升、修养修为、技能展示等个人价值与工程建设最终要实现的团队价值可以共同实现时，工程建设的个人目标和组织目标达成一致，内部环境和外部环境将更为融洽，其显然有助于工程建设的耦合进化。其次，工程价值的合作共赢体现为工程建设所有参与方的利益共赢。合作博弈策略的贯彻，可使工程利益相关方达到工程经济目标共赢。事实上，不同参与方对于价值的诉求不完全相同，包括地方参与方的经济价值、技术提供方的技术价值等。不同参与方的工程价值合作共赢为工程建设塑造了良好的经济环境和技术环境。亦可认为在工作价值合作共赢中为工程建设协调了自然、经济、社会等环境目标约束。以上环境目标有助于引导和推动工程建设的"人事物"系统与外部系统耦合进化。

7.3 工程和谐管理"耦合进化"的内在机理

由于工程建设耦合进化包括耦合和进化两个阶段,因此本节运用矢量合成、系统动力学以及超循环的原理,分别对耦合和进化机理内涵予以诠释。

7.3.1 耦合优化的合力机理

(1) 耦合优化的矢量维度及标识

工程和谐管理耦合优化的矢量维度分别对应于"人"要素、"物"要素以及"事"要素,并分别定义为工程和谐管理的"人和"维、"物适"维以及"事谐"维,"人事物"三维要素对应矛盾和冲突的作用方向及大小。工程建设若要实现对于各类要素的和谐管理,并推动子系统内部与整体系统和外部环境的耦合优化,则需要分别在3个维度实现对于工程建设的和谐管理。工程和谐管理要素耦合的矢量合成除必须对3个维度进行准确界定外,还需要根据三维矢量的各个维度所包括的"人"要素、"物"要素以及"事"要素划分具体标识和选择标度方法,分别给出3个维度各要素的度量公式,在此基础上才能对于工程和谐管理耦合优化的矢量维度构成进行完整阐释。工程和谐管理的三维度耦合如图7-1所示。与第3章的"人和""事谐"与"物适"三维度相对应,此处的"人和""事谐"与"物适"反映的是"人""事""物"分别遵循"人理""事理""物理",实现"人和""事谐""物适"后的具体状态。

①工程建设"人和、事谐、物适"耦合优化的"人和"维。工程建设"人和、事

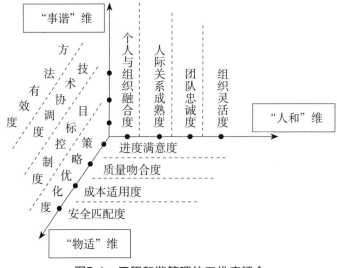

图7-1 工程和谐管理的三维度耦合

谐、物适"耦合优化的"人和"维，是将诸多"人理"维要素从和睦相处、志同道合、和气生财、一唱百和等角度进行的"人和"管理，具体包括工程建设的组织灵活度、团队忠诚度、个人与组织融合度、人际关系成熟度等。其中，组织灵活度是指纪律严明、作风严谨、行动一致的工程化组织适应和满足工程建设实际运行过程中对于各类突发事件、紧急事件、意外事件等矛盾和冲突，从组织角度进行权变管理、灵活管理甚至妥协管理的能力。工程建设实施动态管理并组建临时团队时，团队忠诚度又反映出项目团队的归属感和忠诚度。个人与组织融合度，反映出在比一般工程项目参与方更多、人员构成更复杂、人员流动性更强、人员政治素质和业务素质要求更高的工程建设中，广大工人以及其他相关人员有效融入工程建设组织的程度。团队忠诚度是从工程建设团队的视角应对团队中因性格、观点、思想、行为差异所形成的各类矛盾和冲突而实现的协调。人际关系成熟度是指参与工程建设组织之间、同一工程单位的人员之间、来自不同单位的工程技术人员和工程管理人员等，相互之间既存在等级上严格的上下级关系，也存在业务合作上的亲密伙伴关系，同时还存在稳定成熟的同志关系和战友情感。真正的"人和"还应该是个人需求与组织发展的统一，鼓励和而不同、共同发展。因此，人际关系成熟度是从个人视角对于工程建设各参与人员个体因需求、态度、目标、行为等差异性形成矛盾和冲突所进行的协调管理。

②**工程建设"人和、事谐、物适"耦合优化的"物适"维。** 工程建设"人和、事谐、物适"耦合优化的"物适"维，是将诸多"物理"要素从物以类聚、物竞天择、物尽其用、物有所值等角度进行的"物适"管理，如图7-1所示，具体包括工程建设所需各类资源要素的进度满意度、质量吻合度、成本适用度以及安全匹配度等。其中，进度满意度是工程建设所需的资金、材料、机器、设备、仪器、工具、软件等物质因素满足实际工期任务需要的程度，其中既不存在供给过剩，也不存在供给不足的情况为最佳满意度。进度满意度是"物"要素及其所在子系统在数量供求矛盾、时间对接矛盾以及绝对和相对数量的缺口矛盾等应对方面所实现的和谐管理。质量吻合度是指对于工程建设所需各类物质的高质量要求和范围，或者相应的物质在质量标准、质量品质、质量差距、质量等级等方面与实际状况之间的矛盾和冲突得到有效解决的程度。成本适用度是指工程建设所运用的资金要素是否具有保障性和预见性，不仅包括当前对于工程建设所需资金要素的短期适用度，还包括未来形势变化对于工程建设所需资金要素的变更适用度。安全匹配度是从"物"要素及其子系统在近期和远期相互衔接和战略预见过程中处理矛盾和冲突时做出的"人事物"措施协调。安全匹配度是如何在工程建设中让物质要素合理发挥科技进步贡献率以及技术替代率的作用，其

是从"物"要素与"事"要素可能的匹配矛盾和冲突视角对于"物理"要素提出的要求。

③工程建设"人和、事谐、物适"耦合优化的"事谐"维。工程建设"人和、事谐、物适"耦合优化的"事谐"维，是将诸多"事理"要素从全目标、全过程、全要素等角度进行"事谐"管理，具体包括工程建设的技术协调度、目标控制度、策略优化度、方法有效度等。其中，技术协调度是指工程建设的"事谐"管理中如何运用合理的方法和手段使得工程建设的政治利益、社会利益以及经济利益等能够兼顾实现，特别是在无法兼顾所有参与人利益目标的情况下，通过工程系统整体功能技术方法，实现多维目标的和谐。因此，技术协调度是从"事"要素及其子系统对于政治、社会以及经济利益等多方、多类利益冲突实现的协调管理。工程建设对于质量、工期、成本等目标的控制管理，同技术管理类似，必须以满足工程建设相对更高的质量目标和工期目标为前提，兼顾考虑成本目标。目标控制度是指实现这一整体目标的控制程度，是从"物"要素及其子系统角度对于质量、工期、成本等综合目标实现存在的矛盾和冲突做出的协调。工程领域的高、精、尖技术复杂且丰富，工程领域的技术创新更为频繁，工程和谐"事"要素耦合的策略优化度是指在工程建设技术领域与范畴可升级及优化的程度。策略优化度是从工程建设的技术所涉及策略、技术升级优化策略以及技术匹配策略等"事"要素及子系统可能存在的矛盾和冲突视角实现的协调管理。方法有效度是指工程建设管理所运用的集成化管理、目标控制管理、标准化管理等系列管理方法对于融合"人和"要素与"物适"要素、推进工程和谐的有效程度。方法有效度是从技术管理的"事"要素及其所在子系统的管理视角对于技术有效性引发的冲突或矛盾角度实现的协调管理。

（2）耦合优化的矢量合成基本原理

工程建设管理的"人和""物适"与"事谐"所包含的若干要素中既包括有量纲指标也包括无量纲指标，既包括共性和通用性的指标也包括差异性和专用性的指标。在矢量合成的概念模型设计中必须确立有量纲和无量纲指标在矢量合成中的"归一化"，以及共性和差异性指标、通用性和专用性指标在矢量合成中的"指向化"，为矢量合成模型的建立奠定基础。图7-2～图7-4所反映的分别为工程建设"人和"维、"物适"维与"事谐"维先两两维度矢量合成再与第三维度矢量合成的示意图，其最终目标均在于工程和谐管理在"人和""物适""事谐"三个维度上目标一致的矢量合成。

基于矢量合成的耦合优化可认为是在未考虑"人事物"系统与外部环境耦合的情况下，单纯从工程建设系统内部应对诸多矛盾、冲突和不确定因素所实现的耦合进化第一阶段。

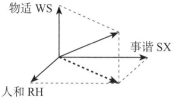
图7-2　矢量合成形式1

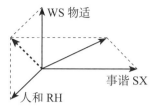
图7-3　矢量合成形式2

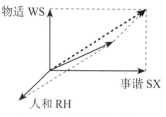
图7-4　矢量合成形式3

对于这一概念模型，解释如下：

①**单一维度标量可加性**。图7-2～图7-4中各个维度所反映的分别为"人和"维、"物适"维与"事谐"维的标识与标度，反映的是单一维度分别应对"人事物"要素及其子系统矛盾和冲突的作用力度，具有标量可加性。对于工程建设管理的"物适"维而言，推进工程建设进程所需要的物质，包括资金、装备、软件等，虽然量纲单位不完全相同，但其可以共同折算为费用（万元）、设备（台、套等）、工时（日、小时等）。所有"物适"维的显性因素与表征因素内容和形式各不相同，但在各单一维度上可以实现累计叠加。此外，"物适"维同样可以采用归一化和标准化将其折算为成熟进度满意度、质量吻合度、成本适应度、安全匹配度无量纲数据再直接相加或加权相加。相对于工程和谐管理的"物适"维，"人和"维与"事谐"维略显模糊和抽象，往往无法直接相加，其同样需要在作标准化和归一化处理之后再标量相加。

②**维度矢量相加动态性**。在工程和谐管理的动态实施过程中，尽管任何任务的完成、目标的实现以及工作的推进都离不开"人和"要素、"物适"要素以及"事谐"要素的共同作用，但"人和"维、"物适"维与"事谐"维先两两维度矢量合成再与第三维度矢量合成具有一定的随机性。其主要原因在于在不同的工程建设管理过程中，"人和"维、"物适"维与"事谐"维的状态不完全对等和相同，"人事物"不同子系统应对的矛盾和冲突亦不同。如对于某工程项目，因为工程项目组织内编制数一定、组织架构无法更改、团队内的文化氛围相对固定、个人与组织的关系已经稳定和成熟。因此，在这一条件下，工程和谐管理的"人和"维为常量，人要素及其子系统的矛盾和冲突相对显性化和凸显，"物适"维与"事谐"维为变量，需要处理情况多变的矛盾和冲突。在实际的矢量合成过程中，表现为"物适"维与"事谐"维在同一平面范围内先矢量合成，再在空间范围内与"人和"维矢量合成。同理，同样存在工程和谐管理过程中所拥有的各类物质为定值，而"人和"维的各类要素不断变化以及"事谐"维的各类要素动态调整，由此导致"人和"维与"事谐"维先矢量合成再与"物适"维矢量合成。

③**维度构成有限拆分性**。工程和谐管理的"人和"维、"物适"维与"事谐"维各维度在实际进行矢量合成时,通常需要将"人和、事谐、物适"各个维度所包括的有限数量的标识进行设定,某一个或某一类矛盾和冲突可集中处理,因而各维度具有有限拆分性。在"人和"维、"物适"维与"事谐"维各个维度的构成内容不同、构成形式复杂以及构成途径一定的条件下,在一定程度上可以实现对于各个维度的有限拆分。并且根据实际的需要及可能情况,"人和"维、"物适"维与"事谐"维在同时实现3个维度的矢量合成时,可有针对性、有选择地进行拆分和组合,并在此基础上将三维矢量合成后叠加,从而实现对于工程建设系统整体矛盾和冲突的全面处理。

(3) 耦合优化的矢量合成数学模型

工程和谐管理的"人和""物适"与"事谐"分别位于不同维度,相对独立、互不交叉,应对"人事物"子系统的不同矛盾,并且对于工程和谐管理最终和谐态的达成缺一不可。工程和谐管理受"人和"维、"物适"维、"事谐"维三力共同作用而趋于和谐态。运用力学矢量合成的基本原理,在"人和"维、"物适"维、"事谐"维三维空间内进行矢量合成来代表耦合优化,能够较为形象地反映出工程和谐管理最终达成和谐状态的过程及原理。

依据第3章所不完全列举的工程建设"人和"维、"物适"维与"事谐"维所包括的内容,以 x 表示"人和"维,用 x_1 表示个人与组织融合度,x_2 表示人际关系程度,x_3 为团队忠诚度,x_4 为组织灵活度。以 y 表示"物适"维,其中 y_1 为进度满意度,y_2 为质量吻合度,y_3 为成本适用度,y_4 为安全匹配度。以 z 表示"事谐"维,其中 z_1 为技术协调度,z_2 为目标控制度,z_3 为策略优化度,z_4 为方法有效度。以上各标度的数值均在0与1之间。以 U 表示工程和谐管理的效果(对其亦可理解为效用、效率或效能)。在此基础上,工程和谐管理矢量合成的单一维度标量可加性体现为:

$$x=\sum_{i=1}^{4}x_i \quad y=\sum_{i=1}^{4}y_i \quad z=\sum_{i=1}^{4}z_i \tag{7-1}$$

维度矢量相加动态性体现为:

$$U=(\vec{x}+\vec{y})+\vec{z} \quad U=\vec{x}+(\vec{y}+\vec{z}) \quad U=(\vec{x}+\vec{z})+\vec{y} \tag{7-2}$$

维度构成有限拆分性体现为:

$$\begin{aligned}
U &= (\vec{x}_1+\vec{x}_2+\vec{x}_3+\vec{x}_4)+(\vec{y}_1+\vec{y}_2+\vec{y}_3+\vec{y}_4)+(\vec{z}_1+\vec{z}_2+\vec{z}_3+\vec{z}_4) \\
&= (\vec{x}_1+\vec{y}_2+\vec{z}_4)+(\vec{x}_2+\vec{y}_3+\vec{z}_2)+(\vec{x}_3+\vec{y}_4+\vec{z}_1)+(\vec{x}_4+\vec{y}_1+\vec{z}_3) \\
&= (\vec{x}_1+\vec{y}_3+\vec{z}_2)+(\vec{x}_2+\vec{y}_1+\vec{z}_3)+(\vec{x}_3+\vec{y}_2+\vec{z}_4)+(\vec{x}_4+\vec{y}_4+\vec{z}_1) \\
&= \cdots\cdots
\end{aligned} \tag{7-3}$$

式（7-3）中所列举的是"人和"维、"物适"维以及"事谐"维3个维度构成有限拆分时形成的多种组合。令x_{max}、y_{max}、z_{max}分别表示工程和谐管理的"人和"维、"物适"维与"事谐"维达到最佳和谐态时的数值，$\bar{x}$、$\bar{y}$、$\bar{z}$分别表示工程和谐管理的"人和"维、"物适"维与"事谐"维达到和谐态时的平均值，α、β和γ分别表示工程和谐管理的"人和"维、"物适"维与"事谐"维各维度构成要素的权重，其反映各要素对于促进"人和"维、"物适"维与"事谐"维的贡献程度，并且$\sum_{i=1}^{4}\alpha_i=1$，$\sum_{i=1}^{4}\beta_i=1$，$\sum_{i=1}^{4}\gamma_i=1$。

①**耦合优化的绝对值度量**。运用矢量三角形的基本原理，工程建设"人和、物适"以及"事谐"耦合优化的结果π_1可记为：

$$\pi_1 = \sqrt{(\sum_{i=1}^{4}\alpha_i x_i)^2 + (\sum_{i=1}^{4}\beta_i y_i)^2 + (\sum_{i=1}^{4}\gamma_i z_i)^2} \tag{7-4}$$

"人和、物适、事谐"耦合优化的结果π_1反映的是各维度均能够目标一致、相互促进，推进各自维度的耦合优化的绝对量，并最终实现"人和、物适、事谐"3个维度的耦合优化，是"人和、物适、事谐"3个维度各自分别线性相加后的矢量合成。亦可认为，这一绝对值是在"人事物"各维度对于相应矛盾和冲突的集中应对和权变处理。

②**耦合优化的相对值度量**。工程建设"人和、物适"以及"事谐"耦合优化的效果π_2可记为：

$$\pi_2 = \frac{\sqrt{(\sum_{i=1}^{4}x_i)^2 + (\sum_{i=1}^{4}y_i)^2 + (\sum_{i=1}^{4}z_i)^2}}{\sqrt{(\sum_{i=1}^{4}x_{i\max})^2 + (\sum_{i=1}^{4}y_{i\max})^2 + (\sum_{i=1}^{4}z_{i\max})^2}} \tag{7-5}$$

显然，$0<\pi_2\leqslant 1$。工程建设"人和、物适"以及"事谐"耦合优化的效果π_2是在认为"人和、物适、事谐"各维度各要素在耦合优化过程中对于和谐的贡献力度相同条件下做出的分析，是"人和、物适、事谐"耦合优化相对于理想状态所做出的比较。

③**耦合优化的方差值度量**。工程建设"人和、物适、事谐"耦合优化的效果π_3可记为：

$$\pi_3 = \frac{\sqrt{\sum_{i=1}^{4}(x_i - \overline{x})^2 + \sum_{i=1}^{4}(y_i - \overline{y})^2 + \sum_{i=1}^{4}(z_i - \overline{z})^2}}{\sqrt{\sum_{i=1}^{4}(x_{i\max} - \overline{x}_{i\max})^2 + \sum_{i=1}^{4}(y_{i\max} - \overline{y}_{i\max})^2 + \sum_{i=1}^{4}(z_{i\max} - \overline{z}_{i\max})^2}} \qquad (7\text{-}6)$$

工程建设"人和、物适、事谐"耦合优化的效果π_3认为在工程和谐管理的"人和、物适、事谐"各个维度的要素在相互之间差距不大时，才能够很好地实现耦合优化，因此采用方差的矢量合成方式相对于理想状态下的方差值矢量合成进行相对性比较。需要特别指出的是，式（7-6）中的值越小，工程和谐管理的效果越好。

④**耦合优化的稳定性度量**。除以上3种矢量合成模型，还可通过求解"人和"因素、"物适"因素以及"事谐"因素构成的矩阵在"耦合优化"矩阵的作用下所形成的超循环矩阵的特征值，来判断工程和谐管理状态的稳定性。

令工程和谐管理的"人和"维、"事谐"维、"物适"维的初始状态为 $\boldsymbol{p}_0 = \begin{bmatrix} p_{11} & p_{12} & p_{13} \\ p_{21} & p_{22} & p_{23} \\ p_{31} & p_{32} & p_{33} \end{bmatrix}$，其中$p_{ij}(i=1,2,3，j=1,2,3)$表示"人和"维、"事谐"维、"物适"维相对于各自维度以及与其他维度的关联性。由"人和"维、"事谐"维和"物适"维所构成的"耦合优化"影响矩阵为 $\boldsymbol{s} = \begin{bmatrix} s_{11} & s_{12} & s_{13} \\ s_{21} & s_{22} & s_{23} \\ s_{31} & s_{32} & s_{33} \end{bmatrix}$，$s_{ij}(i=1,2,3，j=1,2,3)$表示"人和"维、"事谐"维、"物适"维各自以及两两之间在耦合优化过程中的相互影响，经历n次耦合优化之后，工程和谐管理的"人和"维、"物适"维、"事谐"维的最终状态为$\boldsymbol{p}=\boldsymbol{p}_0 \cdot \boldsymbol{s}^n$，令$|\lambda \boldsymbol{E} - \boldsymbol{p}| = 0$。其中$\gamma$为特征值，$\boldsymbol{E}$为单位矩阵。若特征值$\gamma<0$并且$\gamma$具有递减性，则表明工程和谐管理的耦合优化系统趋于稳定。

7.3.2 协同进化的动力机理

（1）协同进化的动力学运行机制

工程和谐管理中的"人和、事谐、物适"从各维度本身的耦合性、依存性和互促性而言，存在进化的内在动力机制，体现为无论如何先进、完备、适用的机器、设备、仪器、工具等"物理"要素，都必须与注重以人为本、以和为贵的组织、团队、个人等结合才能发挥应有的作用。无论工程建设的知识、工具、策略、手段等如何合理和有效，均必须借助于作为主体的"人理"要素以及作为载体的"物理"要素才能体现其价值。无论工程建设的各参与人员、团队以及组织的合作程度如何大、工作效率如何高、业务能力如何强,并不一定能够实现对于工程建设的和谐管理,其同样必须结合必要的"物适"要素、有效的"事谐"要素才能实现人尽其才、物尽其用、事尽其功。工程建设"人事物"各个维度的进化受到诸多动力因素的综合影响,使得其进化的动力学运行机制体现为如图7-5所示。

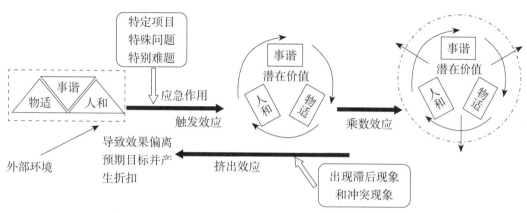

图7-5 工程和谐管理协同进化的动力学运行机制分析图

① **触发效应**。即"人和"因素、"物适"要素与"事谐"因素原本相对独立存在或存在弱关联性,受到工程建设特定目标或临时任务特别是外部环境因素的触发影响,"人和、物适"与"事谐"进化的潜在动力被激发出来。工程建设的设计、施工及管理的全过程中,存在大量的辅助性活动以及基础性活动,包括在工程建设寿命周期过程中培养出各类人才,在工程建设相关技术的基础研究、应用研究以及开发研究过程中积累和沉淀各类技术,在工程建设辅助生产活动经过技术革新所设计、开发和改进各类先进仪器、设备、材料等,在工程建设设计、施工及管理过程中所掌握的成功经验和提炼的成熟模式等,均将作为工程建设组织以及工程建设的重要资源融入工程和谐管理过程中。以上资源对于工程建设而言,具有重要的隐性价值,但可能并不为工程建设管理者所意识到,只有在特定的项目、特殊的问题、特别的难题中才能进化并发挥应急作用,体现其潜在价值。

② **乘数效应**。"人和"要素、"物适"要素与"事谐"要素及其所处系统环境对于工程和谐管理均具有促进作用,但进化过程中"人和、物适"与"事谐"的正反馈作用使得工程和谐管理的效果被无形放大。工程建设"人事物"系统与外部环境进化的乘数效应体现为:借助于"人和"要素与"物适"要素耦合优化并在外部环境的作用

下,"事谐"要素在工程和谐管理中取得良好的收益、完成工程和谐管理的目标,同时推行工程和谐管理的策略等将取得"事半功倍"的效果,包括试错成本降低、工作效率提高等。借助于"物适"要素与"事谐"要素耦合优化并在外部环境的作用下,"人和"要素在塑造良好的工程建设文化、培育优秀的工程建设团队、构建高效的工程建设组织等过程中,以文化内涵拓展方式形成工程建设的物质文化、制度文化、行为文化和精神文化,以"传帮带"方式形成工程建设的若干团队和成员。借助于"人和"要素和"事谐"要素,"物适"要素才能充分积累、有序运用、物尽所用,才能减少因"物不适"而造成的成本、工期以及劳动力付出,才能持续开展设备、工艺、工具等领域的不断创新。

③**挤出效应**。"人和"要素、"物适"要素及"事谐"要素与系统环境未能达到最佳匹配状态,"人和"要素、"物适"要素与"事谐"要素的作用出现滞后和冲突现象时,工程和谐管理进化的效果将偏离预期目标并产生折扣。触发效应和乘数效应是工程和谐管理进化的正向动力机制,挤出效应可视作工程和谐管理进化的负向机制。具体而言,体现为"事谐"要素的单一维度相对于系统环境对于技术的实际需求进化超前时,可能会导致既有的"人和"要素与"物适"要素不能与"事谐"要素匹配,无法满足利益、目标、策略等多方面的要求。或者因为"物适"要素的和谐态在具体的系统环境中对于工程建设"人和"要素提出了更高的要求,既定的工程建设人员、团队、组织等由于成长性不足、胜任力不够、融入性不强等而导致"人和"与"物适"的匹配性降低,部分"物适"要素的实用性和适应性被弱化,部分"人和"要素的积极性和能动性被挫伤。同样,亦有可能存在"事谐"要素在面临系统环境调整而权衡利弊之后被折中处理或者弱化应对的情形。挤出效应来源于工程建设"人事物"系统与外部环境进化的不确定性因素,属于工程和谐管理必须消除的对象和问题。

(2)协同进化的系统动力学分析

依据进化的两个阶段,基于系统动力学的工程建设耦合进化同样包括耦合优化阶段的系统动力学模型以及协同进化阶段的系统动力学模型。

将工程和谐管理中的组织、团队、个人与组织关系、组织内部人际关系等"人和"要素,技术、工具、方法等"事谐"要素设置为进化系统动力学模型中的"流位",将触发效应、乘数效应、挤出效应等依据各"流位"分解为不同的"流速",由此构建工程和谐管理"人和"与"事谐"进化的系统动力学模型,其可进一步分解为图7-6中四个方面的子模型。

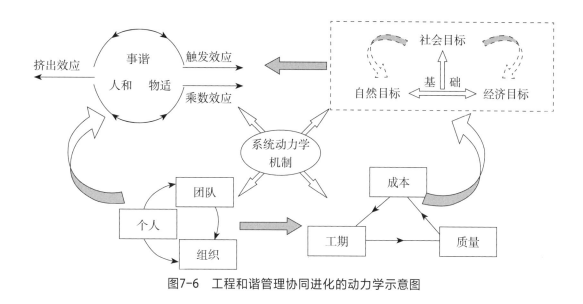

图7-6 工程和谐管理协同进化的动力学示意图

①个人、团队、组织和谐。工程建设中的个人是参与到工程建设中的广义人员，包括参与工程建设的研究机构的研究人员、设计院的设计人员、工程施工单位的广大参与方以及工程监理方工作人员，以及来自地方科研机构、高等学校、施工单位、设备及原材料供应机构等单位的相关人员等。工程建设团队包括从技术和工艺层面进行划分的专业团队，按照不同施工区域进行划分的子项目或分项目团队，工程项目多点、异地施工所组建的临时团队或跨团队，多工种协同施工而组建的跨区、跨工种项目团队。工程建设的组织不仅包括工程建设的设计组织、施工组织、监理组织、协调组织等，此模型以工程建设"人事物"系统的外部环境、项目的要求、工具设备的状况等为自变量，个人、团队、组织的和谐为因变量，且个人、团队、组织三者之间存在着单向从属、内部制约、相互作用等关系，是工程和谐管理"人和、物适"与"事谐"进化的系统动力学模型中最基础的子模型。

②**质量、工期、成本和谐**。以工程建设参与人员、团队、组织等"人理"要素，机器、设备、材料、资金等"物理"要素，策略、方法和手段等"事理"要素为自变量，质量、工期、成本等为因变量，充分考虑以上要素的投入，通过"人和、物适"与"事谐"满足质量、工期、成本等多维目标的协调模型。工程管理不能构建质量、工期、成本的唯一目标函数，必须构建多个多目标函数。即工程和谐管理不能同时追求质量的最高、工期的最短、成本的最低，而是需要考虑自然生态、政治经济、人文社会环境等因素的前提下，寻求质量、工期、成本的满意解。并且，在此子模型中，质量、工期、成本构成非等边三角形。结合实际工程建设进展情况，可对工程建设的

"人理"要素、"物理"要素以及"事理"要素变化规律进行总结，进而构建出基于时间变化的质量、工期、成本协调子模型。

③**自然目标、社会目标以及项目目标和谐。**影响工程建设生态目标、社会目标以及经济目标的主导因素各不相同。相对而言，影响自然生态目标的主要因素为"物"要素中的工程资源、工程设备、工程能源等，"事"要素中的建设技术、手段和方法，"人"要素中的人员工作创新性以及人员间可能出现的冲突。影响社会目标的主要影响因素为"物"要素中的影响质量、工期、成本、安全的物质资源要素等，"人"要素中参与人员、团队和组织的政治觉悟和素质水平，"事"要素中的设备水平、技术工艺、建造方法等。经济目标的主要影响因素为"人"要素中的劳动力数量、人员工作效率、组织模式等，"物"要素中材料的价格及数量、资源采用及方式等。以生态目标、社会目标、经济目标各自的影响因素为自变量，社会目标、生态目标以及经济目标等为因变量，从而构建出生态目标、社会目标以及经济目标等多维协调的子模型。

④**"人和、事谐、物适"与系统环境的融合。**在系统环境进化的过程中，工程和谐管理中的"人和、物适、事谐"相互之间既存在正向反馈激励作用，表现出触发效应和乘数效应，见图7-6；同时又存在不可避免的因为不适应、不匹配、不同步等反向阻碍作用，表现为挤出效应。由此可以分别建立工程和谐管理"人和"维——成长型融合子模型、"物适"维——适应型融合子模型，以及"事谐"维——调整型融合子模型，并进一步将3个子模型聚合，形成工程和谐管理复杂系统的"人和、事谐、物适"与系统环境的融合子模型，此模型是工程和谐管理"人和、事谐"与"物适"从耦合优化向协同进化升级，实现工程建设系统整体耦合进化的高层次模型。

7.3.3 协同进化的循环机理

超循环理论由德国科学家艾根于1970年提出，其认为生物化学中的循环现象包括转化反应循环（整体上自我再生的过程）、催化反应循环（整体上自我复制的过程）、超循环（催化循环在功能上耦合联系起来，称为催化超循环）3个层次。超循环具有自我再生、自我复制、自我选择以及自我优化的特征，从而向更高的有序状态进化。超循环组织并不要求所有组元均具备自催化剂的作用，只要该循环中存在一个环节是自复制单元，该循环即可显现出超循环的特征。当前，超循环理论已被广泛移植运用于经济管理的研究领域，其对于工程和谐管理同样具有一定的指导作用。

从超循环的原理出发，工程建设系统的进化体现为基于反应循环和催化循环的耦合优化以及基于催化超循环的协同进化。

（1）"人和、事谐、物适"耦合优化的反应循环

在相互关联的化学反应中，如果任一反应产物与前面某一步骤中的反应物相同，即可形成反应循环。如果该反应循环成为一个整体即可视作一种催化剂，如在酶的催化作用下的生物化学反应就是一个反应循环。工程和谐管理中进化的反应循环，表现为工程建设"人和"维系统以及"事谐"维系统等以工程建设内部特有的文化、制度、精神等为酶，带动工程建设的组织、团队以及人际关系等构成的"人和"子系统，工程建设的资金、设备、材料等"物适"子系统，工程建设的技术、工具、策略等"事谐"子系统，以简单的反应循环形式推动各子系统进入简单的有序状态，并保证各个子系统在进化过程中功能的顺利发挥。工程建设"人和"维、"物适"维、"事谐"维的反应循环分别体现为如下3个方面。

①工程建设"人和"维耦合优化的反应循环。工程建设"人和"维耦合优化的反应循环如图7-7所示。尽管工程建设参与单位及人员众多，实现对其统一管理存在一定的难度，工程建设的多方参与人员会经历熏陶、感染、同化等特殊的化学反应。工程建设参与方众多，直接或间接参与工程建设的人员构成包括各类院校、研究机构、施工单位等，只有通过组织、制度和文化才能促使各类人员目标一致、行为一致、思想一致、观念一致，组织、制度和文化成为一种特殊的、无形的系统环境因素。工程和谐管理的"人和"首先体现为工程建设中团队的系统环境形成，而和谐的团队建设有助于构建出和谐的工程建设组织。通过组织对工程建设实施全面管理，一方面可为工程建设培育出大量的素质过硬、作风严谨、水平较高的工程人员，另一方面可在工程建设实施和谐管理全过程中培育出良好的工程文化等。后者将沉淀于工程项目内部，并进一步作为化学反应的酶，助推工程建设多方参与人员形成纪律严明、作风过硬的工程项目团队。

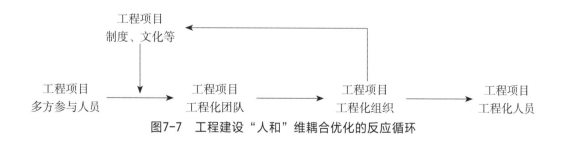

图7-7　工程建设"人和"维耦合优化的反应循环

②**工程建设"物适"维耦合优化的反应循环**。工程建设"物适"维耦合优化的反应循环如图7-8所示。完成工程建设所需的各类物质包括原材料、机器、设备、资金等,综合运用组合原理、配置方法、设计思路、创新法则等能够对于先前尚处于半成品状或仍有待加工和革新的若干物资进行组合创新、集成创新或复合创新。工程建设领域的以上创新成果在满足工程建设实际物资需求的同时,可为工程建设物资的优化配置和高效实用积累、沉淀大量的经验财富与知识宝藏,而且还将为工程建设设计开发出新型的物资装备。需要特别指出的是,经过检验和修正的组合原理、配置方法、设计思路、创新法则将进一步作为反应酶,参与工程建设各类物资的反应循环。组合原理、配置方法、设计思路、创新法则能够作为反应酶的主要原因在于,其在整合工程建设所需的各类物资,以及将工程建设的各类零散、无序物资打造成具有组合性、创新性、通用性的物资装备等方面具有一定的适用性和针对性。换言之,无论应对何种类型的工程建设,以上组合原理、配置方法、设计思路、创新法则均可以作为一种相对不变的工具或规律而存在,反复完成对于工程建设"物"要素的归并、组合、配置、创新等工作,推动"物理"要素向物适态转变,从而上述组合原理、配置方法、设计思路、创新法则具有典型的反应酶的功能。

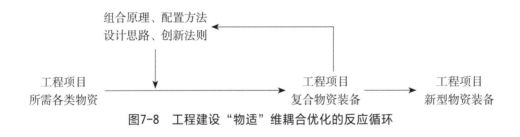

图7-8 工程建设"物适"维耦合优化的反应循环

③**工程建设"事谐"维耦合优化的反应循环**。工程建设"事谐"维耦合优化的反应循环如图7-9所示。工程和谐管理中所试图取得的利益、期望完成的目标以及尝试运用的策略,经过一定的评价标准和检验准则,将对工程建设的"事理"因素进行任务分解并将有助于"事谐态"的达成。工程和谐管理的事谐态必将催生出新的评价标准和检验准则,从而参与新一轮工程建设利益、目标以及策略等的实现和实施。同时,工程建设的"事谐"达成对于工程和谐管理的"事理"要素提出了更高要求,并将推动工程建设的"事理"和谐。以上所提到的评价标准和检验准则,与"物适"维反应循环中的组合原理、配置方法、设计思路、创新法则类似。尽管各类"事理"要素可按照其既定的规律和状态促进工程建设的和谐管理,但经过不断提炼、概括、归

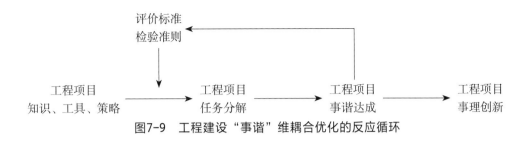

图7-9 工程建设"事谐"维耦合优化的反应循环

纳和总结的评价标准和检验准则,能够对"事理"要素起到重要的加速反应作用,推动若干"事理"要素从非和谐态或弱和谐态向和谐态的转变。以上评价标准和检验准则作为反应酶所起到的具体加速反应为:评价标准和检验准则让工程建设管理的各类方法、策略、手段、途径、模式等更加合理、高效。

(2)"人和、事谐、物适"耦合优化的催化循环

如果一个反应循环中,至少有一个中间物是催化剂,即形成催化循环。自我复制单元是保存信息所必需的最简单的催化循环。双链DNA的自我复制是一个在生物学上典型的催化循环。工程和谐管理中的催化循环表现为以工程建设的"人和"因素为投入因素,工程建设的目标、要素等作为具有重要引导、激励和触发作用的催化剂,在催化循环中产物依然为工程建设的经济、社会、生态等目标以及质量、工期、成本等要素。工程和谐管理的催化循环由"人和、物适、事谐"各个维度相互之间的若干反应循环构成,并相互联系形成催化循环或交叉催化循环。工程和谐管理"人和、事谐、物适"的催化循环是比反应循环更高级的组织形式,表现出较高级的组织水平,具体如图7-10~图7-12所示。

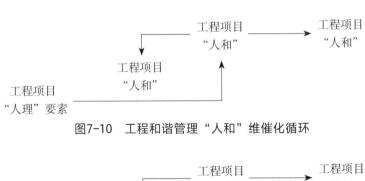

图7-10 工程和谐管理"人和"维催化循环

图7-11 工程和谐管理"物适"维催化循环

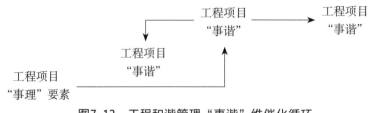

图7-12 工程和谐管理"事谐"维催化循环

由图7-10~图7-12可得,工程建设的"人"要素、"物"要素、"事"要素分别处于杂乱、无序和零散状态,分别将其作为初始反应物,同时分别以"人理"要素、"物理"要素、"事理"要素的和谐态,即"人和、事谐、物适"作为催化剂,则必然有助于工程建设新的"人和态、物适态、事谐态"形成,其中的一部分在作为化学反应产物的同时,另一部分将反馈和返回参与对于"人理"要素、"物理"要素、"事理"要素的催化反应。

以"人和"维催化循环为例,工程建设庞大的组织系统中存在大量需要统一管理的项目人员、需要有效融合的项目团队、需要兼顾考虑的项目组织等,以组织灵活度、团队忠诚度、个人与组织融合度、人际关系成熟度等工程和谐管理的"人和态"作为催化剂,则工程建设若干"人"要素的初始状态必将被改变,并将融入工程建设整体的"人和态"中。与此同时,工程和谐管理"人和"维的若干要素又将继续推动"人理"要素由无序态向有序态、由静态向动态和超静定态的转变,进而实现由"人理"要素向"人和态"的转变。

以"事谐"维催化循环为例,针对工程和谐管理中可能会出现的问题、可能会遭遇的危机、可能会存在的隐患等,工程和谐管理过程中建立有全面的方法集、丰富的案例库、系统的问题集、完善的预案库等,以此作为工程建设"事谐"维催化循环的初始反应物,以技术协调度、目标控制度、策略优化度等作为催化剂,则工程建设的若干"事理"要素由普遍的、泛泛的"事理"要素转变为具有针对性、技术性、适用性的"事谐"要素。并且,经过催化循环所形成的工程和谐管理的"事谐"要素在作为反应产物的同时,亦将形成新的标准、规范和准则,助推工程建设"事理"要素向"事谐态"的转变。

以上循环所实现的是工程建设"人和、事谐、物适"的耦合优化,要实现工程建设系统的耦合进化,还需要进一步通过超循环实现"人和、事谐、物适"及系统环境的协同进化。

(3)"人和、事谐、物适"及系统环境协同进化的超循环

超循环是由多个催化循环相互结合所构成的复杂化学循环。在艾根的超循环论

中，催化超循环是以循环联系连接各个自催化剂或自复制单元而形成的。就工程和谐管理进化的催化超循环而言，其由"人和"子系统、"物适"子系统、"事谐"子系统等多个相互作用、相互支持的子系统构成，"人和"带动"事谐"，"事谐"巩固"人和"，多个复杂的反应循环和催化循环形成了工程和谐管理进化的催化超循环。具体如图7-13所示。

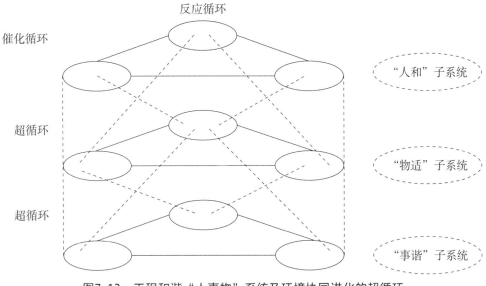

图7-13　工程和谐"人事物"系统及环境协同进化的超循环

在工程和谐管理过程中，单纯依靠"人和"维、"物适"维、"事谐"维自身各子系统，及与外部环境的反应循环和催化循环，并不能实现真正意义上的工程和谐管理要素进化。在工程和谐管理要素耦合的超循环过程中，包括若干交叉催化反应循环过程，即工程建设的"人理"要素、"物理"要素、"事理"要素在两两相互之间并与外部环境相互作用的条件下，必然产生有助于实现"人和、物适、事谐"的新的"人理"要素、"物理"要素与"事理"要素。反应产生的"人理"要素、"物理"要素与"事理"要素及其所在的系统环境在参与工程和谐管理的进化过程中，又可根据"人和、物适、事谐"应对系统环境的实际需要，充当重要的催化剂。简言之，即"人和"子系统、"物适"子系统、"事谐"子系统各子系统内部反应循环和催化循环，以及与系统环境相互作用过程中形成的产物将分别作为重要的催化剂，推动3个子系统相互之间的超循环，从而形成工程建设"人事物"系统及系统环境进化的交叉催化反应。在图7-13中，在"人和"子系统、"物适"子系统、"事谐"子系统以及所处的系统环境中，分别包括若干相互关联的反应循环和催化循环，其共同作用形成"人理"要素、"物理"要素、"事理"要素分别在"人和"维、"物适"维以及"事谐"维与系统环境的进化过程。

①工程和谐管理"人和"维与"事谐"维的超循环。首先,"人和"维与"事谐"维的超循环体现为"事理"与"人理"在系统环境中的切换性。工程建设管理在特性的系统环境中必须使用各类技术特别是较为先进的技术,其主要出发点在于可以提高工作效率,表现为工程项目的质量提高、进度缩短、精度提高等等。新技术的使用极其可能会增加仪器、设备、材料等方面的成本,而熟练工种的人工成本极有可能低于新技术使用成本。因此,"人和"维与"事谐"维要素与系统环境的超循环必须体现于人的切换性。其次,"人和"维与"事谐"维的超循环体现为"事理"与"人理"在系统环境中的适应性。技术的使用在系统环境的约束和要求下,必然提高工程建设的自动化程度,相应的其对于工程技术人员以及项目管理人员亦提出了更高要求。技术的正确选择与有效使用必须以技术运用者的知识背景和技能功底为前提,特别是部分技术的使用还需要综合考虑人机工程、工效学等因素以及对自然生态环境、政治经济环境、人文社会环境等系统环境的影响,并且对于技术运用者的培训亦是必不可少的。以上可称为"物理"与"人理"在系统环境中的适应性。最后,"人和"维与"事谐"维的超循环体现为"事理"与"人理"在系统环境中的互动性。在工程建设领域,存在着大量的原本运用于传统工程项目甚至完全不属于工程项目应用领域的技术,受到特定系统环境的约束和限制,其必须结合工程建设的特点加以修正和调整,具体方案取决于工程建设管理人员、技术人员、施工人员等对于初始技术及工程实际需求的准确把握。此外,随着系统环境不断调整和变换,工程建设逐步向"高、精、尖"方向发展,其对于各类技术将提出更高的需求,同时随着工程建设参与人员的不断学习以及能力和素质的不断提高,其对各类技术的版本及层级的要求亦将有所变动,因此,技术与人在系统环境中具有较强的互动性。

②工程和谐管理"事谐"维与"物适"维的超循环。"事谐"维在建设和谐管理中的重要作用在于能够有效整合各类智力资源、知识资源与物化资源,提高各类资源的配置与使用效率,挖掘各种能力并使其充分发挥作用。工程建设"事谐"维与"物适"维在系统环境中的超循环并不局限于对于若干构成"物理"要素狭义的反应循环或催化循环,而在于发挥系统环境中"事理"的各种职能并整合各类"物理"要素的组合效率,更在于弥补单纯的"物理"要素在工程建设管理中存在的不足。工程和谐管理倡导物尽其用,然而只有以"事谐"维与"物适"维在系统环境中的超循环为手段才能保证信息与经验的不断增加、技能的不断娴熟、水平的不断提高、工具的不断创新。因此,工程和谐管理应该不仅仅只立足于当前工程建设的需要,更应从系统环

境所导致的战略的高度、长远的角度、居安思危的思路出发，充分做好工程建设主干及分支领域的技术预见工作，对于目前已使用的各类工具需要继承和创新相结合，结合未来工程需要着手进行"物理"要素的改进与创新。

7.4 工程和谐管理"和谐态"的组态与协同机制

在工程和谐管理中，人、物、事各维度的条件变量均扮演着重要角色。从"人"维度而言，工程建设涉及的各类设计人员、施工人员及管理人员的素质与能力水平、价值观取向、工作积极性与主观能动性等在某种程度上可弥补"物"要素的数量缺口、质量短板存在的不足，亦可抵消事维度可能存在的不尽合理之处。与此类似，"物"维度各类资源要素数量与质量的充分保证以及质量、工期、成本、安全等目标的合理设定可以在"人"维度个体、群体及组织素质、能力与效率一般，"事"维度主客体关系适配程度亦较为一般的情况有效发挥作用。同样地，当"事"维度的主客体关系能够切实做到事得其法、事达其功、事半功倍时，将会对于"人"维度中观层面的组织要素、"物"维度微观层面的资源及物质要素等产生替代作用。亦即，在人、物相对不足的条件下，"事"维度诸多具有技术、工具、方法内涵和特征的要素同样可以驱动实现工程和谐。因此，人、物、事单一维度或相互组合均可以作为主导因素实现工程和谐。然而，工程和谐管理"人"维度、"事"维度、"物"维度涉及的要素众多，且两两之间并非绝对孤立。换言之，工程和谐常常依赖于人、物、事维度要素两两或三者组合的相互依赖与共同作用[99]。单纯从单一维度的单一自变量与因变量视角看工程和谐管理的形成机理已经不太合适。人、物、事维度下是否存在工程和谐管理的充分条件、必要条件或者充要条件仍有待进一步明确。正是基于此，下面论述试图揭示"人事物"组合维度工程和谐管理"和谐态"组态与协同机制。

7.4.1 工程和谐管理"和谐态"的组态机制

（1）工程和谐管理"和谐态"的组态机制的交互作用阐释

工程和谐管理相关理论近些年来被越来越多地应用于实践中，并取得了显著的成绩[273]，这里主要从以下四个方面探究工程和谐管理的"人事物"交互作用机制。

1）以"人理"为主导的工程和谐

在工程建设管理中，专业技术人员、项目施工人员、管理人员等作为参与者均对工程建设的质量起着至关重要的作用，主体要素的"人理"和谐是全过程的主导作用机理。"人理"和谐在工程建设过程中促进新老员工实现人员更迭的良性传承，促进不同工种、岗位、职务的工作者深度融合，促进组织结构更加合理，最终实现通过"人和"促进"物适""事谐"。具体表现在以下四个方面（图7-14）。

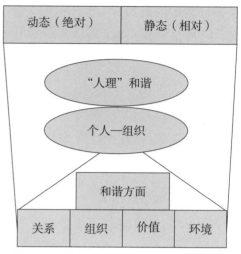

图7-14 以"人理"为主导的工程和谐

①个人与组织实现关系和谐。在工程建设中，当事和物的各要素关系确定时，人的主观能动性以及工作态度会决定工程建设的效率[274]，当工程技术人员、项目施工人员、管理人员等参与者均能充分开发其潜能，在其专业领域内发挥聪明才智，扮演好在团队中的角色，为团队协同建言献策，体现价值所在，则工程建设的质量必定会高于分崩离析、各自为战的工程建设质量。工程建设中强调以人为本，各方参与者在工程建设全过程中营造关系融洽的氛围有利于将个人、团队和组织拧成一股绳，集中力量朝着最终目标前进。在组织内部若仅有合作，缺乏竞争，在工作中可能会出现项目资料获取不及时、技术施工方案不科学、人员配置不合理等尴尬局面。为避免上述情况出现，在工程建设组织中遵循儒家倡导的"和而不同"的精神理念，在组织建设中促进各方尽可能提升自身素质以及专业水平，为更高水平的组织融合打下坚实的基础。

②个人与组织成就结构和谐。工程建设中的组织结构既涵盖组织内部人员配置的垂直结构，也包括工程建设中的各单位与组织的平行结构，二者共同构成工程建设的组织。通过工程建设中合理的人员配置可实现组织内部的人员在竞争与合作中使工程建设的质量呈螺旋式上升趋势[275]，组织内部的结构若呈臃肿状，会使得工程建设中出现信息交流不畅、组织内部机构的职能重复，使施工指令传达不一，致使产生工程延期、效率低下等负面效应。合理优化组织内部的结构，使组织内部指令传达更加明确，可以间接地促进工程建设中各平行组织间的动态和谐。相应地，工程建设中各平行组织结构的动态和谐会使各组织保持高度统一，协同作用构成工程建设的集成化组织结构，使小核心、大协作的协同创新组织模式优势更加突出，有利于统筹做好组织创新能力布局，为工程和谐造就组织保障体系。

③个人与组织达成价值和谐。个人的价值与组织的价值一致时，在工程项目建设中各单位、成员才会形成合力，实现个人价值与组织价值的动态统一[276]。当所有人的

个人价值实现时，组织的价值亦会同步实现。相反，如果工程建设中的个人价值与组织价值无法实现统一，甚至是相悖时，最终就会使组织分崩离析，使工程建设的"和谐态"达成情况大打折扣。当个人价值与组织价值一致时，每个人都会为了实现自己的价值做出最大努力，以实现自身价值，组织的价值实现建立在个人价值实现的基础上。当工程建设的各类人员价值在实现目标的过程中得到体现时，组织自然而然地聚集所有人的价值，实现更大的价值。个人价值与组织价值保持高度的一致性时，参与工程建设的各利益相关者均会站在组织的角度去全面考虑问题，"小我"融入"大我"，个人对组织产生强烈的认同感和归属感，使组织的凝聚力大大增强，直接促进工程和谐。

④个人与组织保持环境和谐。工程建设中的人、物、事以及环境均不是一成不变的，而是随着时间的推移不断变化的。在工程建设中，组织面临不断变化的环境，尊重客观事实，遵循客观规律，充分利用以往经验，发挥组织内部成员的主观能动性，集思广益，守住生命安全的底线，以工程项目高质量完成为目标，在既有经验与冒险精神间做出均衡决策。在工程建设中，不同专业领域、不同建设项目的经验总结，完全复制显然是走不通的。当工程建设团队组织内部成员的能力无法突破当前的瓶颈时，一方面应及时请教专业领域的技术人员，最大程度上减小盲目尝试对生命财产安全造成的损失；另一方面各单位、各成员都应保持不断学习、不断总结的态度，只有切实提高自身能力，才能在不断变化的环境中应变自如，在环境的复杂性、不确定性对项目建设高质量完成提出的严格要求下，加强组织内外部统一性，提升适应性和灵活性，实现个人和组织的环境和谐。

2）以"物理"为主导的工程和谐

一般条件下人是实现工程和谐管理的主体对象[124]，其作用对象既包括常规意义的"物"要素，如资金、设备、材料、能源等，还包括物化项目功能"质量、工期、成本、安全"等广义上的"物理"要素。常规意义的物质要素和谐体现为资源的有效配置与合理利用、数量与质量上的充分保证。广义上的"物理"要素以及所有客体要素和谐体现为质量、工程、成本、安全等目标的权衡。在此基础上，以必要的"物理"要素为保障才能依靠主体要素实现价值创造。综合协调客体要素实现"物理"和谐，具体体现在以下三个方面（图7-15）：

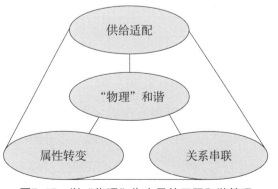

图7-15 以"物理"为主导的工程和谐管理

①"物理"要素供给和谐。当主体要素实现"人理"和谐时，必要的物质资源基础可以为实现"人理"和谐、"物理"和谐的相互渗透、相互作用打下坚实基础[277]。物质资源是参与主体顺利实现工程和谐的基础。当工程建设中所需的资源在工程现场无供给来源时，就会造成工程延期，甚至产生连环效应，造成更大的损失；当主体对象无法挖掘物质要素的最大价值时，就会形成价值冗余，造成无谓的价值浪费。此外，物质要素在质量上能否满足由于外部环境变化而不断升级的高要求，同样需要物质要素的"物理"状态与"人理"保持动态和谐。物质资源与人、事、环境保持适应，不仅需要调整物质资源的来源，使物质资源与工程建设组织实现"物适"，还需要从工程建设的质量、工期、成本等多方面综合考虑，利用"人和"机制，建立完备的物质要素和谐机制，实现物质要素的动态调整，促进客体要素的"物理"和谐[278]。

②"物理"要素关系和谐。在工程项目建设中，物质资源基础彼此之间的关系并非是相互隔离的，而是相互贯通、相互串联的[279]。善于发现资源要素之间的关系，实现资源替代、资源互补的良性循环。挖掘"物理"要素的潜在关系，使物质资源要素与非物质资源要素实现耦合，缩小物质要素价值与工程建设需求的差距，真正做到物尽其用。在工程建设中，随着技术的熟练掌握，各组织单位间的配合日益成熟，针对相同或相似的工程项目，其物质资源搭配、科学技术运用以及管理模式亦存在共通之处，使人力、物力、财力的付出成本直接减小。"物理"要素和谐有利于共同实现成本减小与效率提升，"物理"的和谐状态表现为在降低项目成本中提升了工作效率，促进工程的高质量完成。质量目标控制、进度目标控制、成本目标控制作为工程项目管理中的三大目标，亦是实现"物理"和谐中的重要要素，全面协调其对立统一关系，促进客体要素"物理"和谐[88]。

③"物理"要素属性和谐。在工程建设中，仅仅依靠"物理"要素的价值、数量等自然属性无法满足工程项目的"物理"要求，需要将物质要素的自然属性与工程建设的主体要素、事物内在机理和具体情境相结合[280]，在外界作用下，推动"物理"要素由非和谐状态过渡到和谐状态。在推动状态转变过程中，尊重"物理"要素之间存在的自然规律，在合理范围内发挥人的主观能动性，积极利用"人理、事理"的有利条件，利用催化作用，加速"物理"要素实现和谐。然而当外界条件不足以催化"物理"要素的和谐转变时，需要运用合理的资源配置方案，创造"物理"要素和谐转变的基础条件，解决"物理"要素的自然属性不协调带来的问题。根据所处的自然环境与社会环境，利用现有"物理"要素的自然属性、经济属性等带动"人理"和谐、"事理"和谐，使"人事物"保持同步变化、综合协调，引导三者向和谐状态发展。

3)以"事理"为主导的工程和谐

工程项目的建设相较于一般的项目,其往往涉及更多利益个体,施工的方法与工作程序更为错综复杂,且面临的技术与管理环境也处在持续变化中[281],这对于工程项目有序进行提出了更为严格的管理需求。因此,"事谐"是实现项目和谐管理的重要途径,即"事理"是"人理"作用于"物理"的方式和手段。"事理"以创新为基础,引导各方面工作顺利展开,即实施技术总能够满足工程建设过程中对于系统功能动态需求的"方法";管理总能够保证具有工程建设应对各种错综复杂形势的"工具";工程建设的目标总能够根据形势和条件的变化做出"知识"适应性调整,主要体现在以下三个方面(图7-16):

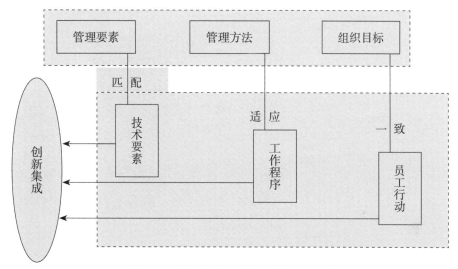

图7-16 以"事理"为主导的工程和谐

① **技术与管理要素相适配**。工程建设的技术系统和谐包括设计、建设和施工过程中保持安全、成果优质、成本节约和运行高效[282]。例如,工程建设过程中不发生安全问题和隐患;工程建设过程组织有力、运转顺畅,不存在质量缺陷;材料、能源和人力机械的消耗合理。其中,工程建设的管理要素包括人员、资金、方法、机器设备、物料、市场等方面[283],但工程建设中存在许多不确定风险,例如各个岗位的管理者之间、管理者与被管理者以及被管理者之间的复杂性与动态性,进一步加剧了工程建设的困难程度。技术系统与管理要素的适配程度是"事谐"的重要内容,有必要针对技术和管理进行创新集成,保证整个工程建设的和谐态达到预期水平。具体而言,工程建设技术必须与时俱进,在发展中会不断采用各种先进的工艺、装备和技

术，从而提高产品的质量以及市场价值。但是与此同时，管理要素也要齐头并进，强化内部管理水平，整合现有管理要素资源。从而对工程建设的质量、工期、成本等方面进行有效控制，避免产生因为管理不善和技术水平不足所带来的风险与问题，最终为工程和谐管理提供可靠的技术和管理要素基础。

②**方法与工作程序相适应**。管理方法与工作程序的和谐是提高工程管理水平、增强竞争力的关键因素之一[284]，表现为管理方法具有科学性、工作程序具有合理性，二者有效集成。所谓的管理方法就是工程建设中分析问题、处理问题等一系列的思路与原则[285]，工程建设的方法存在一定的模式，并非一成不变的定式，比如规范化管理、流程式管理、标准化管理等方法，但不同的管理方法都有其特定的适用条件。工程建设自身的特殊性决定了其工作程序的复杂性，根据工程建设流程所包含的工作程序是否具有科学性，尤其是工作流程是否能够优化、工作程序是否能够精简，亦是工程和谐管理必须考虑的问题之一。因此，迫切需要坚持和谐发展的管理理念，在实践中坚持因地制宜、顺势而为的原则，制定科学的管理方法来应对工程建设中不同来源的不确定性问题，并在此基础上确定合理的工作程序[286]，提升管理方法与工作程序的适应水平，平衡各个参与方的共同利益，从而保障工程和谐管理的动态性和系统性。

③**组织与员工目标相一致**。"事谐"的一个重要内容在于保持组织目标与员工个人目标协调，能够通过统领所有的"事理"要素实现"事理"相关工作的系统展开。工程和谐管理体系中的各类要素、功能与结构中，人与人之间的不确定性问题尤其突出[287]，这些不确定因素来源于个人的价值观念、利益需求、行为方式等方面的差异性。工程建设团队因共同目标而生，属于不同单位、不同人员临时性地组成一个单位，各个部门之间需要相互配合来保障工程建设顺利运转，保持个人行为朝着组织所期望的方向前进。一方面，工程建设团队中的核心领导干部通常作为团队的灵魂而存在，起着凝聚团队力量、协调各方利益的突出作用，引导和塑造项目成员的行为实现规范化、标准化、一致性；另一方面，项目成员的行为表现是形成组织最终目标的行动基础，其行为方式、态度、风格、模式等将决定组织整体的行为特征及目标实现模式。组织与员工行为目标的协调使得组织与员工做事的方式、方法相对保持一致，在对知识的吸收转化、工具的选择运用以及方法的移植创新等方面具有耦合性。

4）"人事物"共同主导的工程和谐

在工程建设的复杂背景下，工程建设若要实现和谐必然面临着需求矛盾、个性冲突、文化差异等管理难题，工程系统的环境和谐涉及"人和、物适、事谐"等多方面的耦合进化，保证"人事物"系统根据工程建设需求提高自身的适应性、动态性和调整性[288]。具体表现为：工程建设系统中的主客体及其作用机制所产生的耦合进化是否实现和谐态，最大程度地开发和利用主体因素的能力和潜力[289]，尽可能地积累客体要素质量、工期、成本的协调处理办法及质量、工期、成本影响因素的配置和利用方法；内部系统与外界的技术、经济、文化环境的耦合进化是否实现健康化，并基于主客体的关系和谐，协同优化内部与外部系统的交流与共进机制，保持与时俱进的发展势头（图7-17）。

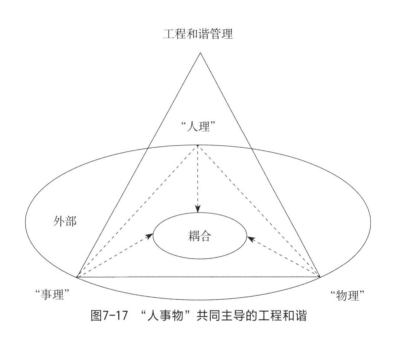

图7-17 "人事物"共同主导的工程和谐

①**主体与客体关系达成和谐态**。工程建设涉及的各类系统协同进化的重要前提在于工程建设主客体因素能够遵守科学的原理和规律[290]。其中，"人理"要素是促进和实现"耦合进化"的主体因素，高效的工程建设系统需要注重挖掘个人、团队和项目组织的主观能动性，制定合理的管理制度规范，引导各个子系统形成合力，为耦合进化提供必要的人员基础。"物理"要素是促进和达到"耦合进化"的重要载体因素，其本身必须依靠"人"的作用才能体现属性、实现价值和完成目标，借助能动主体可以将有限的物质资源实现最大化的效用，维持"物理"的质量管理、工期管理以及成本管理等的稳定性和均衡性，为耦合进化发挥必要的物质保障基础。"事理"要素是促进和实现"耦合进化"的客体因素，人尽其才、物尽其用、事尽其功是实现工程和谐管理缺一不可的条件，工程建设管理涉及许多知识、工具和方法，发挥主体的能动性以及物质载体的支撑可以保障工程建设所用知识更为先进、工具更为前沿、方法更

为创新，必须发挥其辅助催化作用。因此，对于工程建设的常态化和谐而言，需要"人理、物理、事理"的主客体及其相互关系动态适配和适应。

②内部与外部实现和谐态。工程建设过程中运用的技术、设备、人员的数量众多、来源广泛，使得工程建设对环境系统特征愈加突出。在这样的背景下，工程建设基于"人理""事理""物理"的内部系统与外部环境的耦合进化的作用更加举足轻重。根据系统论理论，工程建设的内部系统与外部经济环境存在着丰富的资源与信息交换，具体包括人力资源、物质资源、知识资源等方面[291]，进而保持内外部环境的平衡状态。工程建设的外部系统往往具有变幻莫测的特点，社会在不断的发展过程中会催生新思潮、技术领域的重大技术变革与突破以及物质资源中的创新型设备、工具等，这些不确定因素都有可能对内部的"人理""事理""物理"产生不同程度的干扰作用。如若对其不足够重视，容易使得前一阶段的内外部稳定状态失衡，甚至影响整个工程建设的正常运作。因此，从这一角度而言，内部系统的"人理""事理""物理"需要同外部环境并进同行，朝着更深层次的和谐态以及更活跃、更健康的耦合进化系统发展。

（2）工程和谐管理"和谐态"的组态机制研究方法与变量设计

1）研究方法

QCA采取整体的视角，开展案例层面比较分析，每个案例被视为条件变量的"组态"[292]。QCA分析目的是通过案例间的比较，寻求条件组态和结果之间的因果关系，解决"哪些组态可以导致期望的结果出现？哪些组态导致结果的不出现？"等问题[293]。基于传统回归视角的统一对称关系在组态中失灵，多变量的相互依赖现象决定了造成某一结果存在多重因果的概率，组态分析的多维度和整体性特征则有效解决了上述问题，利用核心条件和边缘条件的不同组合以产生等效的同一结果，换言之，组态的存在证明实现高预期结果的路径并不具备唯一性，同时QCA对于当前管理情境而言提供了在部分条件缺失的情况下如何利用已有资源或机制实现预期结果的管理重点，减少了资源的不必要损耗。

由于资源的稀缺性，工程建设管理必须保证投资、质量和工期相互和谐统一，而且"人"要素与"物"要素实现和谐统一是保证工程建设其他环节的发展基础。当前我国工程建设主要以金字塔式的分工合作模式为主，作为彼此独立的系统因素与子系统因素的关系应当是指令与命令共存的，但是一些传统的工程项目所采用的管理模式常出现管理系统因素间失衡的问题，探究如何在系统要素中保证子系统要素间相互协调、实现机制上合理配置成为工程和谐管理的必要路径。与此同时，由于和谐的层次性，其又分为微观和谐、中观和谐和宏观和谐，和谐管理以保证工程建设整体系统能够实现不同层面上的和谐为目的。但是就当前情况而言，工程建设管理仍然存在缺陷，各个层次上的共同和谐难以实现，探究最适应当前管理情境下的和谐管理方式与方法以实现整体和谐成为工程项目管理的未来方向。传统研究方法存在样本要求高和难以验证变量交互关系的缺陷，以各工程和谐管理的案例为样本难以满足传统研究方法的样本需求。同时，在高度不确定性下的管理活动中，需要从各种和谐管理方式和维度的"多重并发因果"角度探究实现工程项目和谐管理的有效路径，也需要考虑到多变量的交互作用并探明在现有条件下因素的排列组合方式。因此，相对而言，QCA研究方法的适配度更高。

2）变量设计

和谐管理所建立的世界观认为人类活动具有不确定性和多元化的特点，而有限干预对其演化方向进行作用，并在整个演化过程中由于资源的稀缺性和环境所带来的直接或间接的不确定性产生了众多博弈。和谐管理理论主张综合考虑内外部环境、未来趋势以及资源来确立发展的愿景与使命，并将其作为解决复杂问题的思路。在特定时期，内部自身情况和外部环境风险对工程建设过程提出了发展需求，企业或组织需要进行相应的核心任务与待解决关键问题的辨识，由此形成发展过程中的"和谐主题"。为了达成发展不同阶段的和谐主题，企业需要在和谐主题背景下采取不同的手段[273]。有学者提出构建多元共生动态来进行和谐管理，基于共享和共生的逻辑，通过营造生态系统，进而资源整合以刺激创新和创造价值，但这个多元共生生态体系的维护和驾驭依赖于和谐管理各方面的有机融合和适时调整。针对"人事物"组合下工程和谐管理"和谐态"的研究设计主要维度及指标如下：

①"人理"组织维度。由于人的影响贯穿于工程建设的全过程，环境的复杂变化给工程建设带来较为严重的外部挑战，而且由于人的行为的高度不确定性，工程建设组织往往在运行过程中存在着难以解决的"内耗"。为有效解决这种问题，以东方思想文化为代表的管理智慧倾向于"以人为本"，将从根本上提高组织成员的能动性作为管理核心。基于此，拟采用个人与组织融合度、团队忠诚度、组织灵活度作为"人理"的三个维度，以评判工程和谐管理中对人的因素的把控，其中个人与组织融合度从和谐战略的角度强调个人与组织在组织愿景和使命上的一致性；团队忠诚度则被认为是团队主体间积极的相互作用，是基于人性化管理模式下达到工程建设组织满意状态的重要感知条件[294]；组织灵活度被认作是柔性组织建立的评判标准，工程建设由于不确定性的存在无时无刻不处于"动态"变换中，柔性组织能够根据环境复杂性保

证对环境的适配，保证环境与组织内部的和谐一致[273]。

②"物理"项目维度。工程建设管理通常需要关注突发事件的消极作用，探寻如何通过科学的应对机制以及相互之间的适配来有效应对工程建设中的不和谐问题成为当下研究的新出口。曹春辉等[295]将工程建设管理中应对不和谐因素的机制分为以下两种：契约机制和关系机制。契约机制主要关注组织之间正式契约的缔结，主张从项目组织结构和实施流程的优化设计角度出发，通过项目参与方之间最优契约关系的缔结来有效应对工程建设中的不确定性问题。而基于契约机制的工程建设管理提前将物料进行规划配置，为减少后期风险利用契约机制保证"物理"成为常用的一种方式。因此拟将数量满足度、质量吻合度和结构适配度作为"物理"要素配置适当的评判指标。其中数量满足度表示工程建设中所需求的基本生产要素和工具等能够得到合理满足；质量吻合度作为反映社会生产时的生产力工具能够达到工程项目开展的标准，而结构适配度反映的是在整个工程建设中系统结构设置与项目需求的对接状况。

③"事理"技术维度。工程建设管理决策的环境复杂多变，工程建设相关决策往往在有限理性和有限认知的约束条件下作出，使得完全理性决策存在一定的局限性[296]。在复杂的管理情境下如何保证工程建设能够得到有效控制成为实现工程项目和谐管理的重点。西方管理学者在管理实践中存在归因偏好，倾向于从导致事件结果的因素入手来解释管理现象，这种科学哲学思维在管理控制中主要体现于应用"事理"机制来对组织流程、系统进行优化设计以提高管理效率、应对管理挑战。基于此，借鉴西方学者管理思维，拟从目标控制度、策略优化度和方法有效度三个维度作为"事理"机制的指标来衡量不确定条件下的工程建设"事理"效果。其中，目标控制度主要在于工程建设过程中对阶段性目标的实现情况和完成度的掌控情况；策略优化度则反映不确定事件多次发生时风险应对以减少损失的策略优化情况；方法有效度则作为反映工程建设过程中能够帮助实现资源利用最大化的施工手段和方式的指标。

当前关于和谐管理的结果验证研究比较匮乏，学术上更倾向于将其作为一种表征状态进行定义，许成磊等[294]从创新团队上对和谐管理机制主题辨析复杂属性进行了系统归纳，探究了和谐状态在各层次创新团队的和谐管理机制中的和谐度，故借鉴此研究，用清晰集对工程和谐管理的状态进行定义，利用工程和谐管理"和谐度"高与低进行不同工程项目和谐管理的结果判定。

3）数据来源

共选取全国范围内26个工程项目作为案例样本，具体案例如表7-1所示。案例选择依据包括：①**样本的代表性**。经济发达程度、市场环境和行业背景对工程建设管理

工程项目样本　　　　　　　　　　表 7-1

序号	类别	具体案例
1	污水处理工程项目	河北省石家庄市晋州市滹沱河流域水污染综合整治工程
2		安徽省宿州市灵璧县乡镇污水处理工程项目
3		郑州市南曹污水处理厂
4		广西大化县城乡环卫一体化及污水处理 PPP 项目
5		福建省漳州市长泰县农村污水处理设施建设工程项目
6		重庆市沙田污水处理工程
7		河南省商丘市柘城县供排水一体化项目
8		湖北省宜昌市夷陵区生态环保项目
9		广东省江门市新会区东郊污水处理厂三期工程及配套管网项目
10		广东省江门市新会区今古洲北部污水处理厂二期工程及配套管网项目
11		台山市新一轮生活污水处理设施整治捆绑项目
12		广西壮族自治区南宁市上林县象山工业园区污水处理厂工程项目
13		广西壮族自治区梧州市第三污水处理厂项目
14		四川省眉山市仁寿县球溪河（仁寿段）流域水污染综合治理一期项目
15		陕西省西咸新区沣西新城渭河污水处理厂综合工程项目
16		甘肃省武威市古浪县水环境治理项目
17		阜康市东部城区污水处理项目及配套管网项目
18	水电水利工程项目	三峡工程
19		白鹤滩水电站
20		溪洛渡水电站
21		溪洛渡水电站
22	地铁建设工程项目	武汉地铁 12 号线
23		武汉地铁 6 号线二期
24		武汉地铁 8 号线三期
25		武汉地铁 11 号线三期
26		武汉地铁 7 号线北延线

的影响具有显著的地区差异性，为保证研究结果具有代表性，在案例选取中尽可能覆盖东部、中部、西部等不同区域，力求兼顾不同行业与不同地区，这里对于不同类型的样本比例暂没有做出明确的规定。②**数据的可得性**。由于部分案例样本存在数据不完善的情况和数据的保密性，所能获取的案例样本有限，在样本选择上力求选取条件变量数据完整且统计口径相对一致的项目。研究数据主要来源于：一是人工收集。数

据通过不同途径和方式收集到不同省份关于污水处理工程项目、水电水利工程项目、地铁建设工程项目共计26份案例样本，其中包含了各个工程项目的可披露数据和工程项目介绍。二是专家。由于部分条件变量不可量化，故邀请了工程项目管理专家根据案例样本对条件变量和结果变量进行相应的分数评定。

（3）工程和谐管理"和谐态"的组态交互作用的数据分析

共搜集财政部工程建设项目17个、水利水电工程项目4个、武汉地铁工程项目5个，总共26个研究样本。采用定性比较分析方法，对"人理、物理、事理"要素按照二分归属原则进行标注。在赋值标准上，因不同样本之间的"人理、物理、事理"表现与产出的差距较大，采用平均值赋值法衡量这两者可能会有较大的偏差，所以以中位数代替平均数进行赋值，分别赋值为1（大于等于样本中位数的因素）和0（小于样本中位数的因素），详见表7-2。

测量标准　　　　　　　　　　　　　　　　　　　　表7-2

变量	指标	测量标准	赋值
解释变量："人理"维度	R1 个人与组织融合度	计算所得"R1"数值大于等于样本中位数	1
		计算所得"R1"数值小于样本中位数	0
	R2 团队忠诚度	计算所得"R2"数值大于等于样本中位数	1
		计算所得"R2"数值小于样本中位数	0
	R3 组织灵活度	计算所得"R3"数值大于等于样本中位数	1
		计算所得"R3"数值小于样本中位数	0
解释变量："物理"维度	W1 进度满足度	计算所得"W1"数值大于等于样本中位数	1
		计算所得"W1"数值小于样本中位数	0
	W2 质量吻合度	计算所得"W2"数值大于等于样本中位数	1
		计算所得"W2"数值小于样本中位数	0
	W3 成本适配度	计算所得"W3"数值大于等于样本中位数	1
		计算所得"W3"数值小于样本中位数	0
解释变量："事理"维度	S1 目标控制度	计算所得"S1"数值大于等于样本中位数	1
		计算所得"S1"数值小于样本中位数	0
	S2 策略优化度	计算所得"S2"数值大于等于样本中位数	1
		计算所得"S2"数值小于样本中位数	0
	S3 方法有效度	计算所得"S3"数值大于等于样本中位数	1
		计算所得"S3"数值小于样本中位数	0
被解释变量：工程和谐 H		计算所得"H"数值大于等于样本中位数	1
		计算所得"H"数值小于样本中位数	0

首先将数据转化为真值表，如表7-3所示。使用 fsQCA2.0软件对26个工程和谐产出数据进行分析，一致性门槛值设定为0.8，最终获得案例26个可供分析的样本，其中工程建设高和谐产出有14个样本案例。

真值表　　　　　　　　　　　　　　　表 7-3

R1	R2	R3	W1	W2	W3	S1	S2	S3	Number	H
1	1	0	1	0	1	1	1	0	2	1
0	1	0	1	1	0	1	1	0	1	1
0	1	0	1	1	1	1	1	1	1	1
0	1	1	1	0	1	0	1	1	2	1
1	0	1	1	1	0	1	0	0	1	1
1	0	1	0	1	1	0	1	0	1	1
1	0	1	0	1	1	1	1	0	1	1
0	1	1	0	1	0	1	0	1	1	1
1	0	1	1	1	1	1	0	1	1	1
1	1	1	1	0	1	0	1	1	1	1
1	1	1	0	1	0	1	1	1	1	1
1	0	1	0	1	1	1	1	1	1	1
1	1	1	1	0	1	1	1	1	1	1
1	0	1	1	1	1	1	1	1	1	1
0	0	0	0	0	0	0	0	0	1	0
0	1	0	0	1	0	1	0	0	1	0
0	1	0	1	0	0	1	0	0	1	0
0	0	0	0	0	1	0	0	0	1	0
0	0	0	0	1	1	0	0	1	1	0
0	1	0	0	1	1	0	0	1	1	0
1	1	0	1	0	0	1	0	1	1	0
1	1	0	0	0	0	0	1	1	1	0
0	1	0	1	0	1	0	1	1	1	0
0	0	1	1	0	0	0	0	0	1	0
0	0	1	1	0	0	1	0	0	1	0
0	1	1	1	0	0	0	1	1	1	0

必要性分析是指结果集合在多大程度上构成条件集合的子集，必要条件被认为是组态结果存在的必要路径。为了研究工程建设高和谐的组合效应是否存在必要条件，对人、事、物影响因素进行必要性分析，分析结果如表7-4所示。

必要性分析结果　　　　　　　　　　　表 7-4

变量	一致性	覆盖率
R1	0.6875	0.8462
~R1	0.3125	0.3333
R2	0.6250	0.5882
~R2	0.3750	0.5455
R3	0.7500	0.8000
~R3	0.2500	0.3077
W1	0.6875	0.6471
~W1	0.3125	0.4545
W2	0.6250	0.7692
~W2	0.3750	0.4000
W3	0.7500	0.7500
~W3	0.2500	0.3333
S1	0.7500	0.7500
~S1	0.2500	0.3333
S2	0.8125	0.8125
~S2	0.1875	0.2500
S3	0.6250	0.5882
~S3	0.3750	0.5455

由结果可发现，单一因素的覆盖率和一致性均低于0.9，说明不存在必要条件，因此有必要研究工程建设高和谐产出的组合影响因素。

根据QCA原理，对前因构型识别获得复杂解，然后设定简单类反事实前因条件，通过简单类反事实分析及困难类反事实分析得到简洁解和优化解[297]，同时出现在简洁解和优化解中的前因要素标称作核心条件，只出现在优化解而未出现于简洁解的前因要素称作边缘条件，得出工程建设高和谐产出的前因条件构型。经过fsQCA2.0计算之后，得出简洁解结果，三组简洁解的一致性均大于0.9，可视为在促进工程建设高和谐产出中起到了核心作用，如表7-5所示。

简洁解结果　　　　　　　　　　　　　　　　　　　　　表 7-5

简洁解	覆盖率	净覆盖率	一致性
R3 × W2	0.5	0.125	1
R3 × W3	0.5625	0.1875	1
S1 × S2	0.5625	0.25	1
总覆盖率	1		
总一致性	1		

在简洁解结果分析的基础上，对比分析简洁解和优化解，获得工程建设高和谐产出的原因构型，如表7-6所示。

原因构型　　　　　　　　　　　　　　　　　　　　　表 7-6

类别	构型1	构型2	构型3	构型4	构型5	构型6	构型7	构型8	构型9	构型10
R1	•	⊗	•		•	•	⊗	•	⊗	•
R2	⊗	•	⊗	•	⊗	•	•	•	•	⊗
R3	●	●	●	●	●	●	⊗	⊗	⊗	●
W1	•	⊗	⊗	•	•	•	•	•	•	•
W2	●	●	•	⊗	⊗	⊗	•	⊗	•	•
W3	⊗	⊗	●	●	●	●	⊗	•	•	●
S1	•	•	•	•	⊗	•	•	●	●	•
S2	⊗	⊗	•	•	•	⊗	●	●	•	•
S3	⊗	•	⊗	•	•	•	⊗	⊗	•	•
覆盖率	0.0625	0.0625	0.125	0.1875	0.125	0.125	0.0625	0.0625	0.0625	0.125
净覆盖率	0.0625	0.0625	0.125	0.125	0.0625	0.0625	0.0625	0.0625	0.0625	0.0625
一致性	1	1	1	1	1	1	1	1	1	1
总覆盖率	1									
总一致性	1									

由表7-6可发现，工程建设高和谐产出原因构型存在10组。根据核心条件可分为四大类：第一类A包括构型1、构型2；第二类B包括构型3、构型4、构型5、构型6；第三类C包括构型7、构型8、构型9；第四类D主要包括构型10。

第一类A：以R3 × W2为核心条件，即组织灵活度 × 质量吻合度，可解释12.5%的工程建设高和谐产出的案例。在构型1中，高度的组织灵活度与质量吻合度，与较高的个人与组合融合度、进度满足度、目标控制度的结合，可有效规避团队忠诚度、成本适配度、策略优化度、方法有效度产生的缺陷影响；在构型2中，高度的组织灵活度与质量吻合度，与较高的团队忠诚度、目标控制度、方法有效度的合作，可高效解决存在缺陷的个人与组织融合度、进度满足度、策略优化度带来的不利。

第二类B：以R3×W3为核心条件，即组织灵活度×成本适配度，可解释56.25%的工程建设高和谐产出的案例，超过了总高工程和谐产出案例的一半。在构型3中，高度的组织灵活度与成本适配度，与较高的个人与组织融合度、质量吻合度以及策略优化度的结合，能够规避团队忠诚度、进度满足度的缺陷；在构型4中，高度的组织灵活度与成本适配度，与较高的团队忠诚度、进度满足度、策略优化度、方法有效度的结合，能够抵消质量吻合度、目标控制度的不足；在构型5中，高度的组织灵活度与成本适配度，与较高的个人与组织融合度、进度满足度、目标控制度和方法有效度的合作，可有效解决团队忠诚度、质量吻合度带来的问题；在构型6中，高度的组织灵活度与成本适配度，与较高的个人与组织融合度、团队忠诚度、进度满足度、策略优化度、方法有效度的合作，可避免质量吻合度较低带来的影响。

第三类C：以S1×S2为核心条件，即目标控制度×策略优化度，可解释18.75%的高工程和谐产出的案例。在构型7中，高度目标控制度与策略优化度，与较高的团队忠诚度、进度满足度、质量吻合度的联合表现，可以有效规避方法有效度表现不足、组织灵活度和成本适配度显著缺陷带来的不利影响；在构型8中，高度的目标控制度与策略优化度，与较高的个人与组织融合度、团队忠诚度、进度满足度、成本适配度的有效合作，可以显著规避组织的严重不灵活、质量严重不吻合现象；在构型9中，高度的目标控制度与策略优化度，与较高的团队忠诚、进度满足、质量吻合、成本适配、方法有效的实施，可抵消个人与组织融合较差、组织灵活度不够等带来的威胁，并创造工程建设高和谐产出。

第四类D：以R3×W3和S1×S2为核心条件，即组织灵活度×成本适配度和目标控制度×策略优化度，可解释12.5%的高工程核心产出的案例。构型10也是所有案例当中整体条件控制较好的一组案例，在组织灵活性好、成本适配度高、目标控制佳、策略优化度高的条件下，结合较高的个人与组织融合度、质量吻合度、方法有效度，可抵消较低团队忠诚度带来的不利后果。

（4）工程和谐管理"和谐态"的组态机制研究结论与讨论

研究以共计26个全国各行业工程项目为样本，从工程和谐管理的"人理、物理、事理"维度出发，基于组态思维和模糊集定性比较分析方法对以上视角的9个变量进行组态分析，深度探究工程和谐管理的重要影响因素，据此提炼实现工程和谐管理的四种有效路径。基于上述的分析内容，这里得出以下结论：

1）高组织灵活度和高质量吻合度以及适度的目标控制度因素的有机结合有利于实现工程和谐管理目标

在工程建设管理中强调"人理"维度的组织灵活和"物理"维度的质量吻合因素，同时考虑"事理"维度的目标控制程度，这一适配路径充分发挥人、事、物三要素的积极作用以实现最佳协同效用。从"人理"维度来看，工程建设的所有利益关联方包括业主、监理方、施工方等多主体，共同参与工程建设以及过程管理。在工程建设不同阶段，组织成员在面对环境、融资、决策等诸多风险时往往表现出不同程度的应对行为，能够充分利用技能互补优势灵活处理工程建设困境的项目团队具有高适应性和敏捷度。从"物理"维度来看，高质量吻合度对于工程和谐管理的积极作用在杜亚灵等[298]学者的研究中得以印证。工程建设中的质量吻合不仅仅要求高强度的质量管理和控制，更是要保证在质量标准、质量验收、质量监管等多重环节的结果与速度的对接、核准，从而有效保证工程建设的协调发展。从"事理"维度来看，对于工程建设的阶段目标以及终极目标的有效把握和控制在一定程度上助力工程和谐管理绩效的实现。基于杨青等[299]学者关于工程建设目标设立和监控的重要性观点阐述，综合原因构型图表中有关目标控制度的数据结果，得出工程建设的质量目标、进度目标、成本目标等多维综合控制的积极影响。究其原因，主要是由于管理目标贯穿工程建设整个过程，并随着项目环境、团队等因素变化而动态调整，对于多维度目标的控制和调整可以使得工程建设达到效益最大化目标。

在第一条路径下，组织灵活度、质量吻合度以及目标控制度互相促进、互相影响，共同构成工程建设的和谐模式。工程建设相关利益主体通过互补效应以增强组织灵活性和适应性，为工程质量和速度提升提供前因条件，即从工程质量标准制定、阶段质量验收到质量监控等关键环节合理考虑建设条件和能力与目标的契合度，不过高或过低制定项目进度计划，科学、合理地动态调整目标，使得工程项目和谐、连续进行。在这一和谐模式下，策略优化度的作用被边缘化，表明在加强组织灵活度、工程质量吻合度并有效控制目标的情况下，能够削弱策略优化程度不高的不利影响，仍然可最大化实现工程和谐管理的高绩效目标。基于这一结论，处于动态变化环境之中的工程建设可以从组织灵活视角、质量吻合视角和目标控制视角对其管理策略进行调整，构建完善的危机应对措施和计划与控制体系，使其实现工程建设"人事物"三种维度的有机和谐状态。

2）强调组织灵活度和成本适配度的协同作用，以实现工程和谐管理

与上述结论相似的是，高组织灵活度在工程和谐管理中仍然作为核心维度，而主要区别体现在"物理"层面的成本适配度所表现的核心作用。从"物"的维度对工程项目本身进行剖析，其涵盖建筑物或构筑物、成本、质量、材料、业主等多重要素，而工程建设管理主要是工程项目质量管理、进度管理、成本管理、安全管理等相关联的对立统一体系。以工程建设的总体目标和阶段性目标对其结构进行分解，从技术、实施过程、要素等多方面细化工程建设的主要工作任务，以期以模块化、系统性的子任务和分目标来实现项目结构的完整性，加强对工程项目进度、质量和资源利用的计划和控制。为实现高效的工程和谐管理，组织灵活适应外部环境以及对结构的合理分解和高度适配的共同作用是有效路径的另一种方向拓展。

在第二条路径下，强调提升组织灵活度和成本适配度的协同效应，以实现工程和谐管理。组织灵活度的提升主要从以下几个方面考虑：了解建设项目团队成员的优势与劣势，从技能获取、时间管理、风险应对等多视角设计互补性的组织与人才管理；鼓励组织内部功能化并激发人员主动参与工程建设管理的积极性；不定期进行危机演练和人员内部调整等。成本适配度的提升可从以下几个方面开展：加强工程建设阶段性目标与验收结果的适配；强调工程建设技术要求和能力的适配；注重工程建设组织结构与人才资源的适配等。而高组织灵活度与高成本适配度之间的协同效应，意味着工程建设要实现和谐管理，不仅需要加强工程建设组织的机动、柔性管理机制，以实现对于外部环境变化的灵活适应能力，同时还需要提升技术要素与管理要素、资源需求与供应、阶段目标与实现能力等诸多物质要素之间的相互适配性。

在组织灵活度和成本适配度核心要素协同作用之下，该实施路径为表现更为优越的和谐管理效用，还可以根据实际情境适度加强个人与组织融合度、进度满足度、目标控制度和策略优化度。即在满足高组织灵活度和高成本适配度两个核心条件情况下，工程建设依据其管理机制和内部结构评估、自审结果，根据需求提升项目参与主体与组织的契合度和一致性，或是工程建设本身物质要素的数量饱和度，或是阶段性目标和总体目标的控制和动态调整能力，或是工程项目建设与管理策略的合理优化，或是以上多个维度的有机结合。这一多渠道实施路径实现了在"人理、物理、事理"三种维度的耦合进化，促进工程建设的和谐管理与有序发展。

3）工程和谐管理强调将提升目标控制度与策略优化度作为达成工程和谐的核心条件

提升目标控制度表现在三个方面：工程建设对于质量和工期等目标的重视程度高

于成本目标；工程建设过程中经常需要采取各类目标控制手段实现对于工程建设不同目标的有效协调；工程建设全流程对于质量、工期、成本等的目标控制成效卓著。提升策略优化度表现在三个方面：工程和谐管理过程中通常会设置多种可供选择的策略；工程建设管理过程存在不断改进各类策略的动力和激情；工程管理过程具有对策略进行帕累托改进的空间和范围。

在第三条路径下，工程建设对于质量、工期、成本等目标的控制管理同利益协调管理类似，必须以满足工程建设相对更高的质量目标和工期目标为前提，兼顾考虑成本目标。目标控制度是指实现这一整体目标的控制程度，是从"事"要素及其子系统角度对于质量、工期、成本等综合目标实现存在的矛盾和冲突做出的协调。当前，工程建设领域正在逐步向科技化、数字化方向转型，将诸多领域的新型技术不断革新和尝试并积极运用于工程建设及管理。工程建设领域的高、精、尖技术比过往人、材、机组合式建设内涵更为复杂和丰富，工程建设领域的技术创新比一般管理学科更为细致。工程和谐管理要素耦合的策略优化度是指在工程建设技术领域与范畴可进行升级和优化的程度。策略优化度是从工程建设的技术所涉及策略、技术升级优化策略以及技术适配策略等"事"要素及子系统可能存在的矛盾和冲突视角实现的协调管理，并最终实现从技术管理的"事"要素及其所在子系统的管理视角对于技术冲突或矛盾的协调管理。通过提升目标控制度与策略优化度实现工程建设管理所运用的集成化管理、目标控制管理、标准化管理等系列管理方法对于融合"人理"要素与"物理"要素、推进工程和谐管理的总体目标。

4）强调同时提升组织灵活度、成本适配度、目标控制度与策略优化度作为达成工程和谐管理的核心条件

提升组织灵活度表现在三个方面：组织有一定适应环境变化的弹性，同时也具有随环境而改变的塑性；组织目标与个人期望相统一，主观能动性充分发挥，实现帕累托最优；团队相处融洽，形成一种互帮互助的友爱局面；团队之间信息畅通，相互体谅和配合，工作井然有序。提升成本适配度强调在工程建设中让物质要素合理发挥科技进步贡献率以及技术替代率的作用，其是从"物"要素与"事"要素可能的适配矛盾和冲突视角对于"物理"要素提出的要求。有关目标控制度与策略优化度则与第三条路径相似。

第四条路径强调工程建设"人理、物理、物理"协同优化，将诸多"人理""事理""物理"要素从全目标、全过程、全要素等角度进行工程和谐管理，具体包括工程建设组织灵活度、成本适配度、目标控制度与策略优化度等。基于此建设"人—

事—物"适应型和谐,要求以规范化的组织和制度为前提及保障,以工程建设为纽带,既定的工程项目组织结构形式具有较强的动态适应性、自我稳定性,从而能够满足工程建设在复杂环境下对于组织结构的特殊需求。"人—事—物"适应型工程和谐组织的突出特点是目标明确、机制灵活、人员精炼,并强调组织内外优势互补。工程建设中面对各个项目部,无论是职能式组织结构还是矩阵式组织结构,其目的均在于满足工程建设的实际需求。工程建设具有关键环节多、干扰因素复杂等特点,对于多目标进行权衡一直是工程和谐管理追求的目标。保证目标控制度能为工程和谐提供稳定的空间,保障其最大绩效发展水平。因此,为了应对工程建设中的内耗现象,需依据不同类型的目标控制特点,从短期优化转向长期优化,从单纯实现利益最大化转向工程和谐。将建设目标同工程管理结合起来,构建基于工程和谐的工程管理体系,促进工程建设管理业务透明化,部门责任具体化,让更多的工程建设者作为建设目标的利益相关者,从而调动其积极性和创造性。工程建设的独特性和复杂性决定了在促进工程和谐过程中目标管理模式的多样性,因此需针对不同的工程类型采取目标管理、作业管理、战略管理、全生命周期管理等多元化的管理方法,形成层次分明的管理中心,从而实现各个项目的建设目标。此外,建立有效的监督管理机制,建设之初即对施工过程中各环节进行全过程监督检测。通过将目标管理内化到工程建设的每个阶段,从上至下吸收参与者成为利益相关者,优化人、材、机等各方面的利用效率,确保"人理""事理""物理"三方面建设有的放矢、有处可循,确保"人理、物理、事理"协同优化,达成"人—事—物"工程建设管理组态和谐。

7.4.2 工程和谐管理"和谐态"的协同机制

工程管理中的人、事、物特定维度相对不变的条件下,"人和、事谐、物适"的单一管理工具或方法即可实现工程和谐,其显然具有局限性。在大多数情况下,工程和谐管理兼顾"人和、事谐、物适"等多维度的权衡问题。亦即必须借助他组织的作用,对处于动态变化条件下的人、事、物进行有效匹配、组合与集成。因此,耦合协调度评价是实现人、事、物多维度工程和谐管理的有效工具。具体包括:

(1) 物理学领域的协同机制

借鉴物理学中的协调度模型,记"人和"为R,"物适"为W,"事谐"为S,则"人、事、物"多维度共同达成和谐状态的程度为:

$$X = \frac{3\sqrt[3]{R \cdot W \cdot S}}{R+W+S}$$

然而，考虑到以上耦合计算公式仅仅只是物理层面的叠加、重合与累积，属于初级层次的耦合与协同，但其并未考虑"人、事、物"相互之间的关联与影响。具体而言，"事谐"并非绝对孤立地存在，其是"人和"作用于"物适"产生的结果；"物适"涉及的质量、工期、成本及其影响因素等并非一成不变，而是取决于"人和"的主观能动性以及"事谐"的事半功倍性。同样地，"人和"亦是因"物适"与"事谐"的诱因而不断化解组织、员工、团队等的冲突与不和谐因素而逐步趋于稳定和和谐的过程。事实上，"人事物"多维度相互因素的耦合协调是各自独立又相互影响的结果，其来自"人事物"子系统对于外部环境因素自组织、自适应做出的动态调整。因此，综合考虑"人事物"之间的相互作用，有必要引进协调发展系数，分别记为$\alpha_R(ne, sc, pe)$、$\alpha_S(ne, sc, pe)$、$\alpha_W(ne, sc, pe)$，其中，ne, sc, pe分别表示自然生态环境、社会人文环境、政治经济环境。记$U=\alpha_R R+\alpha_S S+\alpha_W W$，则对于不同类型、不同阶段的工程和谐状态，可以运用公式$\sqrt{UX}$予以度量，以反映差异化的耦合协调度。

（2）进化视角的协同机制

对于工程管理而言，"人和、事谐、物适"均对于实现工程和谐具有积极的作用。记f为广义的效益函数，包括经济效益、社会效益、生态效益等。记g为成本函数，包括经济成本、社会成本、生态成本等。记R, S, W分别为"人和、事谐与物适"，则协同视角的耦合体现为$\begin{cases} f(R+S+W) > f(R)+f(S)+f(W) \\ g(R+S+W) < g(R)+g(S)+g(W) \end{cases}$。亦即，当"人和、事谐、物适"在耦合状态下，其产生的整体收益将明显高于"人和、事谐、物适"独立状态时的收益之和。类似地，当"人和、事谐、物适"在耦合状态下，其产生的整体成本将明显低于"人和、事谐、物适"独立状态时的成本之和。与此同时，收益与成本将表现出一定的边际特征，即：$\partial f/\partial(R+S+W) > \partial f/\partial R > 0$，$\partial f/\partial(R+S+W) > \partial f/\partial S > 0$，$\partial f/\partial(R+S+W) > \partial f/\partial W > 0$。

与此同时，$\partial g/\partial(R+S+W) < \partial g/\partial R < 0$，$\partial g/\partial(R+S+W) < \partial g/\partial S < 0$，$\partial g/\partial(R+S+W) > \partial g/\partial W < 0$。其表明，虽然"人和、事谐、物适"及其耦合对于工程和谐而言，表现出边际收益递增与边际成本递减特征，但是整体而言耦合状态下的边际效应更为明显。

基于以上分析，对于工程和谐管理中"人和、事谐与物适"耦合度如何，取决于其在多大程度上获得比独立的"人和、事谐与物适"创造的收益更多的超额比例，以及更低的成本减少比例。相对而言，"人和、事谐与物适"不断趋于成熟、稳定与和谐态的过程，亦是三者加速螺旋并实现超循环的过程，从而使得边际收益递增与边际成本递减持续加速。

（3）系统稳定视角的协同进化机制

一般而言，工程和谐涉及的"人和、事谐、物适"各自属于"人事物"维度的子系统，同时各维度又由若干要素构成。比如"人和"涉及组织、团队、领导、员工等不同利益主体，而员工又可进一步细分为设计、施工、管理、市场开发等具有不同岗位职责及名称的人员。"事谐"涉及各类知识、经验、工具、方法、策略等。工程和谐的耦合度不断达成的过程，必然是人、事、物各自维度不同优化配置与调整的过程，亦是不同维度之间相互交叉作用的影响工程。基于此，记"人和、事谐、物适"构成的系统为：

$$M = \begin{bmatrix} R_1 & R_2 & \cdots & R_n \\ S_1 & S_2 & \cdots & S_n \\ W_1 & W_2 & \cdots & W_n \end{bmatrix}$$

其中，R_i、S_i、W_i分别为"人和、事谐、物适"所在子系统的构成要素。随着外部自然生态、社会人文、政治经济等环境的不断变化，"人事物"系统亦将随之演进并表现出新的和谐态。然而，"人和、事谐、物适"所组成的和谐态是否稳定，直接决定其协同度的高低。基于此，求解$|\lambda E - M^H| = 0$，可得该矩阵特征值，其将作为判断工程和谐涉及的"人和、事谐、物适"系统是否稳定的重要依据。H表示该系统迭代演进的次数。

根据控制论的思想，当特征值为负数时，该系统区域稳定，且负数的绝对值越大，系统稳定性越强。这一结论对应于工程和谐涉及的"人和、事谐与物适"在自身不断优化的同时，亦对于其他子系统产生促进作用，使得整体子系统不断区域稳定，协调进化度亦越来越高。反之，当特征值为正数时，则可能是因为"人事物"不同子系统相互之间的挤出效应以及负外部性，影响了整体的和谐态生成，协调进化度随之降低。

第 8 章
工程和谐管理的实现方法

8.1 工程和谐管理的实现模式

工程和谐管理的"人和"维度与组织子系统相对应,"事谐"维度与技术子系统相对应,"物适"维度与项目子系统相对应,耦合进化与环境子系统相对应。因此,工程和谐管理的模式体现为组织、技术、项目以及环境四个方面的集成管理模式。

8.1.1 工程和谐管理模式的构成

工程的整体和谐要靠下面几个部分的共同和谐来实现,具体如图8-1所示。"人和""事谐""物适"及其耦合进化为工程和谐管理的模式选择与设计提供了重要的参考依据。工程和谐管理模式主要包括组织和谐、技术和谐、项目要素和谐与环境目标和谐四种子模式,其和谐管理模式的实现必须以四种子和谐模式统一、协同实现为前提与基础,只是针对不同的工程建设环境、不同的工程项目以及不同的工程建设主体,会表现出对某一子和谐模式的侧重。但无论哪一种模式均与"人和""事谐""物适"及其耦合进化息息相关。

从"人和"角度而言,有效的工程和谐管理必须建立在充分发挥个人、团队以及组织的主观能动性以及合力的基础上,即"人和"是工程和谐管理模式选择的前提条件。从"事谐"角度而言,有效的工程和谐管理模式需要在知识、方法、工具等狭义的"事理"要素的和谐以及在工程和谐管理所涉及的诸多"管理之事"的和谐角度推进工程和谐管理。从"物适"角度而言,有效的工程和谐管理模式必须以工程建设所需要、所能集成的各类物理要素的和谐为基本保证,它既是工程和谐管理的必然客体,同时又是工程和谐管理的重要载体。从"耦合进化"角度而言,工程和谐管理模式既需要"人理、事理、物理"的动态匹配,同时也需要"人和、事谐、物适"的共同进化与相互补充。最终形成"以人为本、集成创新、系统协调、天人合一"的工程和谐管理模式。

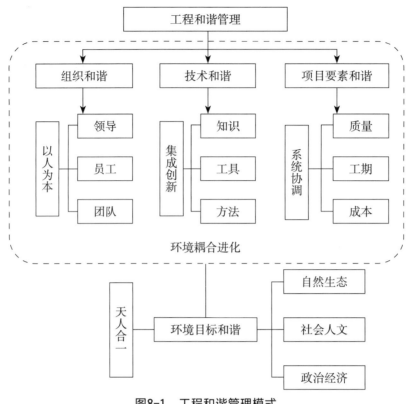

图8-1 工程和谐管理模式

8.1.2 以人为本的"领导—员工—团队"组织和谐模式

"领导—员工—团队"组织和谐体现为组织功能和谐、组织关系和谐以及组织结构和谐三个方面。其中,"领导—员工—团队"组织功能和谐是从组织内部相对稳定和独立的机制视角出发,领导、员工和团队所体现出的对于组织和谐的最大效能;"领导—员工—团队"组织关系和谐是从组织内部各类成员的联系、纽带和契约视角出发,领导、员工和团队所展示的对于组织和谐的科学逻辑;"领导—员工—团队"组织结构和谐是从组织内部的管理层级及幅度视角出发,领导、员工以及团队所呈现的对于组织和谐的合理布局。

(1)"领导—员工—团队"的组织功能和谐

工程项目无论是劳动密集型的或是知识密集型的,领导、员工以及团队作为能动主体要素,在工程建设中的核心地位都是无法替代的。员工是否被安置于工程建设组织的合适岗位中并做到人尽其才、团队在工程建设组织中的积极性是否得以调动、领导在工程建设组织中是否发挥了应有的作用,领导、员工以及团队在工程建设中是否获得了应有的物质和精神回报等,均取决于工程建设的组织功能是否和谐。与传统工程建设类似，工程和谐的组织功能是指为实现工程目标而进行设计、施工、评估、验收等组织活动，在完成工程建设目标的过程中，更加需要工程建设组织成员密切配合、形成功能合力。以工程项目为纽带，人员能够得到更好的配置、调度和使用，工程建设中的人员能够更好地融入组织；以组织为基础，集成和谐的组织结构更能够发挥快速调整、动态适应及自我稳

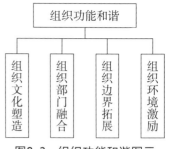

图8-2　组织功能和谐图示

定的工程建设组织功能，员工特别是长期工作于刚性极强的组织中的工程人员，能够在柔性的组织结构中、以人为本的组织氛围下充分体现其价值；以员工为核心，工程建设中参与人员更能够积极地融入团队，发挥更大的主观能动性，从而推动工程建设的进展，此即工程建设的组织和谐。基于此，工程和谐管理是对传统工程项目管理模式的辩证思考。具体而言，以人为本的"领导—员工—团队"组织功能和谐体现为建立在组织文化塑造、组织部门融合、组织边界拓展、组织环境激励等功能基础之上的组织和谐，如图8-2所示。

1）组织文化塑造

工程建设组织文化的塑造，是指在一定的工程建设时代背景下，有效地融合时代精神文化、优秀传统文化，形成特有的新型工程建设组织文化，这种文化摄取了传统思变、多元、灵活等文化内涵，对工程建设单位、利益相关单位、政府以及科研机构均能产生积极影响。工程建设组织文化是基于工程参与的领导、员工、团队组织的共同价值观及行为准则形成的，组织文化是在长期的工程实践中积累的并与时代背景和传统文化融合的结果，它以无形的作用方式使未来参与方达成一致的思维模式与价值认同，是工程和谐组织的一种隐形联系。不同地域和时间的工程项目，其管理方法、组织架构等可以相同，但因工程所处的时代背景和团队组织不同，其形成的组织文化各异且难以效仿。

组织文化包括组织的物质文化、行为文化、制度文化、精神文化四个层次的文化。相对而言，组织的物质文化是最为表层、具体的组织文化，精神文化是最具内涵、最为抽象的组织文化。在工程建设的组织文化形成过程中，杰出领导的行为表现和思想意识形态具有重要作用，其卓越地体现为个人的价值观和精神的某些方面和组织的理想追求相一致。甚至可认为，杰出领导就是工程建设组织内的灵魂人物和精神支柱，是工程建设组织文化的显著体现和重要代表，同时影响着工程组织内的团队和员工。工程组织内成员的群体行为决定工程组织整体的精神风貌与文明程度，是组织

文化形成的中坚力量。工程建设组织文化的形成应该是组织外行为与组织内员工和群体的自组织行为相互作用的过程和结果。因此，在工程组织文化塑造过程中，应该激励内部全体成员的智力、向心力和勇往直前的精神，把成员的任务和其人生目标相互联系，引导各成员意识到组织文化是个人进步及团队成长不可或缺的精神财产，以积极、奉献、创新、诚实的态度从事工程建设的相关工作，实现个人职业生涯发展与工程建设目标的相辅相成。

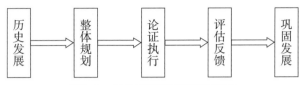

图8-3　工程组织文化塑造流程

组织文化在工程和谐管理中发挥着重要的作用，而组织文化的塑造是一个较为漫长的过程，同时也是组织发展过程中的一项艰巨任务。开放协作的文化是促使并保持组织创新与发展的关键。组织文化的塑造过程需要经过以下几个步骤，如图8-3所示。

①**历史发展**。工程组织文化的形成需要依托组织在历史发展过程中的长期积累和沉淀，能够被员工所普遍认可和遵循的诸多规章制度、行为规范、道德准则等等。组织文化的塑造既不可能一蹴而就，也不可能死搬硬套，工程建设组织的战略目标演进、组织原有的文化基础、组织文化的动态发展环境等均将作为源头对组织文化的塑造产生重要影响。因此，组织文化的塑造应尊重历史发展渊源和趋势，因势利导，同时又不墨守成规，才能使得组织文化塑造从初始阶段即是行之有效的。

②**整体规划**。整体规划的意图是促进工程建设组织文化塑造的计划性，提高工程建设组织文化的目的性和有效性。整体规划应当在尊重客观现实，并在前期调查分析的基础上，提出塑造组织文化的目标、指导思想，以及工程建设组织文化的价值观，基于价值观提出组织精神等。然后确定工程建设组织文化塑造整体方案。

③**论证执行**。该过程的目的是验证整体规划过程中各项任务的可行性，掌握拟定方案的认可度，并进一步完善方案。主要任务是把整体规划以合适的方式实施，及时多方面掌握反馈意见，修订整体规划中不合理的内容，得到大部分组织成员认可并接受的整体规划，最后通过传播执行将规划变为现实。

④**评估反馈**。该过程的目的是对工程建设组织文化整体规划的实施效果进行评价，发现存在的不足并及时反馈。重点任务是构建评价指标体系，系统掌握真实情况信息；分析总结整体规划与客观实际存在的偏差，找到改进的关键因素并反馈。

⑤**巩固发展**。该过程的任务是基于已塑造的工程组织文化，探索有针对性的方法和措施，从精神、制度和物质等方面实施及巩固组织文化，进一步凸显工程建设各参与方组织文化的个性，从而促进工程项目目标的实现。

2）组织部门融合

组织部门融合是组织功能和谐的基础，是其他业务开展的先决条件。组织中任何一个部门都不是独立存在的，都需要与其他的部门沟通合作才能完成本部门的工作，工程建设组织的整体目标也是靠各部门的共同努力才能高效顺利完成。所以各部门之间的融合对于工程而言也是非常重要的部分。组织部门融合主要可以从以下几个方面来建立，如图8-4所示。

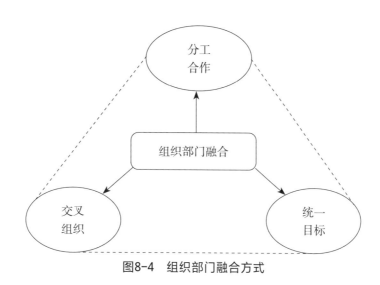

图8-4　组织部门融合方式

①**统一目标**。统一目标的建立是分析如何促使组织间各部门融合，在组织整体目标确定的情况下，各部门在整体目标基础之上将目标任务进一步分解，从而使各部门的目标具有较高一致性，进而消除目标冲突及其引起的行为冲突。因此，建立统一目标是组织各部门融合和组织功能和谐的重要方法。

②**分工合作**。各部门间的分工合作是建立在交叉组织和统一目标基础之上的组织融合的具体方法，在统一目标确立以后利用各部门的业务范围和特长，进行详细的分工，在合作的过程中展开更深层次的互动及交流，进而促进各部门间的融合。

③**交叉组织**。各部门融合可以通过交叉组织的方式使各部门之间产生联系和互动，提高生产资料的利用率以及人员工作效率。具体而言，包括设立不同部门之间的协调机构或组织，加强岗位轮换和人才流动机制，建立不同组织和部门之间的联席工作制度，以此为途径，推动部门之间的沟通和学习。

3）组织环境激励

组织的环境激励属于隐性激励。工程建设有着特殊的组织环境，组织中的每个员工都会受到组织环境的深刻影响，良好的组织环境激励可以通过和谐的同事关系、完善的内部沟通机制、建立有利于创新的团队文化等途径，引导项目成员积极主动地进行隐性知识共享和投资，创造良好的组织环境，便于实现工程建设的和谐管理。

①**和谐的同事关系**。隐性知识的共享和传播主要在同事之间进行，同事关系是否融洽直接影响到隐性知识共享的积极性和有效性。努力形成相互尊重、积极沟通、合理分工、高效协作的团队意识，将组织按照需要组建的工程建设团队转化成一个充满亲情的大家庭，可以增强团队成员在工程建设组织中的归属感，增强团队的凝聚力和向心力。

②**完善的沟通机制**。信息沟通是组织把所有活动统一起来的有效手段。对于工程建设诸多单位管理者而言，沟通是快速传达组织意图、高效引领团队、控制成员行为进而实现工程建设战略目标的最基本手段。对组织成员而言，沟通是参与业务决策、协调工作分工、保持良好人际关系的重要方式。建立有效的内部沟通机制，要从沟通的明确性、沟通的完整性、非正式组织的策略运用几点来把握。

4）组织边界拓展

随着社会的不断进步和发展，工程建设组织结构和业务流程将从刻板严格的形式向渗透扩散型——无边界组织转变。组织边界的拓展也是组织边界转变的一种形式。对于组织内部而言，组织边界分为水平边界和垂直边界两种类型。针对垂直边界，提倡提高各等级间的可渗透性；对于水平边界，提倡信息与资源能够在部门之间快速流动与共享，以此来更好地满足组织发展的需要。这样水平边界融入了快速流动业务流程，促使各部门更好地协作。

（2）"领导—员工—团队"的组织关系和谐

领导、员工、团队共同构成了工程和谐管理的主体，也是工程项目组织内部重要的成员构成。以人为本的"领导—员工—团队"组织关系和谐需要充分发挥领导的号召作用、激励作用与凝聚作用，员工的补缺功能、能动功能与应急功能，团队的头羊效应、集体效应以及融合效应，从而使得工程项目组织内部能够形成以人为本、以和为贵的组织氛围。

1）以人为本

人是组织最重要最宝贵的资源，对于工程项目组织更是如此。工程项目组织是由人、财、物等要素组成的开放系统，工程项目目标最终是通过对人的直接或间接管理来达到的。工程建设中"领导—员工—团队"的组织关系和谐最重要的就是以员工为基础的每个点的和谐，以点带动团队的线和谐，以线带动组织的面和谐，最终使得组织内部关系最大程度地达成和谐。以人为本的核心是尊重人本、崇尚个性,具体而言就是尊重工程建设组织中每个员工的个体需要和感受,调动每个员工的工作积极性以及为组织奉献的精神,更致力于员工和团队以及整个工程建设的共同发展和进步。

2)以和为贵

中国传统文化中"以和为贵"占据了非常重要的一部分。"天时不如地利,地利不如人和","人和"是一切工作的根本立足点,也是工程建设中以人为本的具体体现。以和为贵主要指工程建设各个参与方之间关系处理的一种最佳状态,是"领导—员工—团队"组织关系和谐的具体要求。以和为贵的"和"表示工程建设组织子系统处于舒适的状态。同时,以和为贵还体现为"和而不同",即承认和保护个人性格、能力、专长、偏好等多样性和互补性,鼓励百花齐放、百家争鸣,推动个人价值与群体目标的辩证统一、协调发展。

(3)"领导—员工—团队"的组织结构和谐

无论是职能式的组织结构形式还是针对不同项目的矩阵式组织结构形式,其存在的目的均在于能够满足工程建设的实际需求。然而在工程建设实际运行过程中,各组织部门的功能与职责能否得到具体体现,如采购部门能否保证工程建设所需要的大型建筑机械、高质量的建筑材料、复杂的辅助设备等准确到位;技术部门能否为工程建设提供准确无误的施工方案和相应图纸以及快速解决工程建设施工过程中出现的各类问题;人力资源部门能否为工程建设提供其所需要的各类管理人才、技术人才及一线操作人才等,均取决于组织结构与项目的匹配程度。在此过程中,领导、员工、团队是联系工程建设组织与具体项目,实现工程建设组织结构和谐的重要纽带。组织结构和谐是以组织结构的设计和谐为基础、以组织结构的实施和谐为过程、以组织结构的管理和谐为目标的整体和谐,如图8-5所示。

1)组织结构设计和谐

组织结构设计的关键内容是将管理工作活动内容进行横向及纵向划分。管理工作活动内容的划分取决于管理者有效管理幅度和效率。管理层次的多少取决于管理幅度大小和管理效率高低,进一步形成组织结构。组织结构设计和谐,就是确定合理的管理层级与幅度,避免出现高层级、宽幅度的组织形式,以此增强组织柔性,并更好地应对新时代的工程建设需

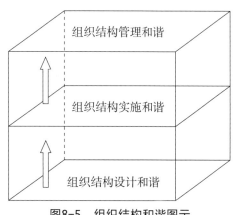

图8-5 组织结构和谐图示

求；大胆启用科技型人才，充分实现不同体制单位间人才的调动，使组织结构与工程建设能够和谐匹配，保证工程建设的顺利进行。

2）组织结构实施和谐

组织结构的实施是建立在组织结构设计之上的实施，主要通过部门化方式来实现。即将工程项目组织分解为相互依存的基本管理单元，该分解以管理工作内容横向划分为根本。组织结构划分依据的准则各异，所以建立的管理部门和部门间的流程联系也各异。工程建设组织结构实施和谐，是工程项目组织中部门的融合与调整，组织结构的和谐过程重视工程项目组织与外部企业单位之间的联系，避免非理性的部门内耗、吞并等现象。

3）组织结构管理和谐

组织结构的管理是对组织结构中各个层级的人、财、物进行管理。在管理过程中将组织的各层结构形成纵向的层级，明确规定各层级中各岗位之间的责任、权利、义务，避免越级或越权指挥。在工程项目实施过程中，确定工程各层级领导责任制，减少各层级管理领导副职数量。

8.1.3 集成创新的"知识—工具—方法"技术和谐模式

知识、工具、方法属于工程和谐管理不可或缺的3类"事理"要素，工程和谐管理所需的知识更具有隐性特征，工具具有组合特征，方法具有创新特征。基于此，建立在知识、工具、方法基础上的工程和谐管理的技术管理和谐模式必须以集成创新为保障，通过有效的内化集成、外部集成等方式推进知识、工具、方法的有效集成，实现"事理"要素向"事谐态"转变。

（1）"知识—工具—方法"的技术分解定位

工程建设集成创新必须建立在对知识、工具、方法准确测度的基础之上，依据工程建设组织目前所拥有的直接或潜在的知识、工具与方法，以及可能存在的技术工具、资源数量缺口和质量差距，对工程建设的技术创新进行分解定位。当自身所拥有的知识、工具和方法能够满足工程建设的技术创新需求时，可以采取内部集成的方式开展工作；对于知识、工具和方法条件完全不具备的技术创新任务，可以采取外部集成的方式委托外部组织开展工作；对于需要以内部和外部的知识、工具、方法集成的方式开展的技术创新，则可考虑以战略联盟、共同参与、合理分工的方式进行。

1）战略联盟

战略联盟是工程建设单位为了整体长远利益和发展而同其他单位达成的长期稳定

合作模式，分为横向联盟（从事类似活动的单位）和纵向联盟（互补性活动的单位）两种。工程项目战略联盟包括工程建设企业、高校及科研院所为了长期发展而展开的长期合作，可以称为"产学研联盟"，这是一种有效整合社会资源的方法，是以工程项目组织为载体的联盟，在项目的建设过程中能够充分体现出"产学结合，科教融合，优势互补，共同发展"的优势，有利于科学技术的快速产业化，有利于实现社会资源的有效配置和各联盟成员的共同发展。

2）共同参与

工程建设的参与者往往要涉及很多方面，任何一项工程建设的共同参与方众多，也包括战略联盟中基于同一战略意图的各方的参与者。正是在多方的共同参与下，工程建设才能顺利进行并按期完成。如果说战略联盟是基于战略角度的考虑，那么共同参与就是战略意图的实施过程。

3）合理分工

合理分工是建立在战略联盟和共同参与基础上的分工，即各个参与方根据自己的任务和专长对整个工程建设进行的分工和协作，是对人力、物力、财力的基于目标最大化的合理利用和分配，是质量—工期—成本等项目目标在实际操作过程中的具体体现。

（2）"知识—工具—方法"的技术扩散溢出

集成创新是工程建设技术创新的主要类型之一，在工程建设技术创新中占有重要作用。工程建设集成创新中的知识转移性、工具非排他性以及方法外部性，将引发工程建设的技术扩散溢出，包括在与高校、科研院所的合作过程中原本属于合作单位的技术成果能为工程单位吸收和消化；在部分领域或子项目中的集成创新成果可扩散推广至其他领域或项目；在跨团队的工程建设战略联盟与集成创新中，团队学习能够加快技术的扩散溢出速度，从而使集成创新更多地为工程建设提供源源不断的理论依据和技术支持，如图8-6所示。

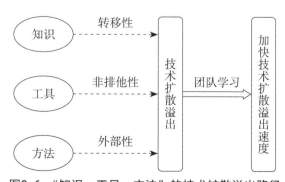

图8-6 "知识—工具—方法"的技术扩散溢出路径

1）知识转移性

由于知识的非独占性，知识表现出可转移性。在工程单位与高校、科研院所的合作过程当中，知识作为一种最有价值的生产资料，从高校和科研院所转移到工程单位并发挥其实践效应，在理论应用于实践的同时，由于知识转移性而产生的技术扩散溢出提高了工程单位技术水平并创造价值。

2）工具非排他性

工程建设的工具非排他性使得部分工具能够在某一类工程建设中得到反复推广和重复利用。工具非排他性推动了以工具为载体的技术创新扩散溢出，工具创新本身属于技术创新的重要表现形式之一。工具的通用性、适用性和针对性将加速以工具创新为表征的技术创新活动在不同项目中的快速渗透。

3）方法外部性

方法外部性既可能是有益的（正的），也可能是有害的（负的）。这里所说的外部性主要是指工程单位在进行集成创新的过程中方法所产生的正的外部性。工程项目组织在和高校、科研院所的合作过程中将原本属于合作单位的技术方法成果为工程项目组织吸收和消化，这时技术方法就发挥了它的正外部性并带来效益，在工程建设过程中发挥其价值。

4）团队学习倾向

学习倾向是组织学习的价值取向，在知识经济时代，工程单位要生存发展就必须培养员工严肃认真的学习倾向，努力学习工程建设和管理的先进技术及经验，这是组织生存与发展的必备条件。团队学习的倾向受工程单位的组织能力特别是组织文化和团队努力程度的影响。团队学习的努力程度代表了组织成员在解决问题过程中获得和创造知识的情绪、智力和体力所付出的水平。技术的有效扩散溢出需要工程单位付出相当大的时间和精力进行学习和领悟，然后在自己已有的技术基础上，经过人力、物力、财力资本的有效整合，从而变为本单位工程建设的技术基础，达到技术的有效溢出。

（3）"知识—工具—方法"的技术试错锁定

工程建设集成创新建立在工程建设对于知识、工具和方法的挖掘与整合的基础之上。工程建设所拥有的知识、工具、方法不可能也没有必要满足工程建设集成创新的全部需要，但在工程建设探索性、尝试性的集成创新过程中，其缺乏对知识、工具、方法数量多寡的度量、配合程度的权衡以及组织方式的把握。特别是在工程建设对技术创新的不确定性预测不足、对技术创新的复杂性认识不清、对技术创新的能力把握不够的条件下，工程建设集成创新必将依据知识、工具和方法对技术进行试错和锁定。

1）试错

波普尔曾指出，科学是试验性的，而且是难免要犯错误的，只有在不断尝试中才能清除错误，并以错误为参照系，不断从错误中学习。因此，从根本上说，科学知识和理论都有可能存在错误，通过试错逐渐完善科学知识和理论。工程建设中也存在着技术试错的现象，在不断的错误中吸取经验并前进。环境的不确定性、工程建设的特殊性必然导致工程单位不断尝试与修改自己的策略，从试错中寻找技术方案，并在建设过程中不断总结经验。

2）锁定

工程建设的知识、工具、方法的技术锁定主要是因为该类技术在其开发和研究过程中工程单位投入了大量的人力、物力、财力等资本，以及在同高校、科研院所的合作过程中共同投入了大量的精力，所以为了减少在外部工程建设市场进行技术转让所导致的泄密风险可能造成的损失，工程单位在进行集成创新的过程中便会对技术创新的试错成果进行一定程度的锁定，使该项技术在工程单位具有很强的竞争优势，并且提升其他工程项目组织对该技术的获得成本，保障研究方的利益。

8.1.4 系统协调的"质量—工期—成本"项目要素和谐模式

质量、工期与成本是传统工程项目管理也是工程和谐管理的项目要素，但在工程项目管理过程中由于外部环境的复杂性、决策条件的不充分性、判断准则的偏差性、自身能力的有限性等原因，质量要素、工期要素与成本要素往往难以同时兼顾。因此在运用各类方法、策略、手段、途径等对质量、工期、成本等诸多影响要素进行控制时，将不得不运用系统协调的方法推动影响质量、工期、成本的项目物质要素的和谐。亦即工程和谐管理的"质量—工期—成本"项目要素和谐模式必须以"事谐"促"物适"，实现"质量—工期—成本"要素多维目标的有效协调与综合实现。

工程建设作为一个复杂开放的系统，根据系统工程的原理，局部最优不是效益最大。只有从全寿命周期及全要素出发，综合项目目标进行目标集成管理，才能使项目增值。系统协调的项目要素和谐管理是工程和谐管理的核心。由工程建设项目的特征可知，现代的工程项目的规模越来越大，技术越来越复杂，受到各方面的限制也越来越多。所以，没有周密的计划，或目标管理计划实施得不到保证，项目是不可能取得成功的。首先，通过分析工程总目标是否合理，以及总目标确定的质量、工期、成本要求能否得到有效实施和保证；然后将工程项目目标进行分解，落实责任体系，并通过具体周密的安排，保证质量、工期、成本项目要素管理系统协调地进行。

（1）"质量—工期—成本"的点和谐

以工程项目对于质量、工期与成本的非对等性要求为前提条件，当质量、工期、成本各单一目标的满意度均能符合工程项目从社会、经济、生态等多个角度对于质量、工期、成本提出的要求，即为工程项目管理要素的点和谐，其具体体现为工程项目目标体系中质量目标优于工期目标，工期目标优于成本目标，并且三个目标是以质量目标为基础的整体目标体系。工期目标建立在质量目标之

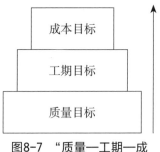

图8-7 "质量—工期—成本"目标控制关系图

上，而成本目标则是在质量与工期目标之上共同实现的，如图8-7所示。

工程项目质量、工期与成本最终均衡状态既取决于工程项目负责人以及决策者依据特定条件所给出的目标函数，还取决于项目要素之间的相互影响以及约束条件的弹性变化。工程项目和谐管理必须根据实际情况将工程建设中的人力资源、设备资源、材料资源、资金资源、技术资源等作为弹性约束条件，在不同的目标诉求中不断调整约束条件。

"质量—工期—成本"管理的点和谐是不断调整与适应的动态过程，在实际工程项目管理中，项目实际运行结果偏离预期设计方案，亦可能因为不同工程项目对于质量、工期与成本的要求本身具有范围浮动性，或者工程项目最终竣工状态受工程实际功能的检验，必须面向以质量目标为基础的质量、工期、成本单一目标，以实现差异化的点和谐。

（2）"质量—工期—成本"的线和谐

"质量—工期—成本"管理的线和谐即各两点之间的线和谐，包括质量与工期的线和谐管理，质量与成本的线和谐管理，工期与成本之间的线和谐管理。每个要素单独点的管理都会对另外两个点的管理产生一定的影响。

对于质量与工期的线和谐，必须同时处理好质量与工期之间的和谐关系。工程项目固然追求高质量、短工期，但必须承担对于质量的精益求精要以花费时间为代价，对于工期的过于关注，可能会出现急于求成、忽视工程质量的情形。基于此，对于质量与工期的线和谐管理，必须同时兼顾质量目标与工期目标或者保证质量与工期均能符合工程项目的基本要求，必须建立有效的全面质量管理体系。与此同时，实现对质量与工期的线和谐，还必须严格按照施工组织设计所事先安排的工程步骤，尽可能以

标准化、规范化、模块化、成熟化的技术和流程等加快工程进度。

对于质量与成本的线和谐，必须同时处理好质量与成本之间的和谐关系。通常情况下，高质量的工程项目意味着高精度的设备、高水平的人才、高科技含量的工艺、高质量的材料、高额度的费用等一系列高投入与高成本。质量与成本存在着非严格的正相关性，即在一定条件下，工程项目质量要求越高，成本投入将越大。从质量与成本线和谐的角度出发，尽管工程项目的质量目标优于成本目标，但保证和改进工程项目的质量必须支付额外的质量成本。

对于工期与成本的线和谐，必须同时处理好工期与成本之间的和谐关系。通常情况下，对于工期的特殊要求与严格规定，在技术标准、装配水平、人员素质等一定的条件下必然会增加成本。同时，为保证和提高工程项目的进度，在实际工程项目管理中还必须支付额外必要的工期成本。事实上，工程项目对于材料、设备、人员等的特殊要求同样会使得成本有所增加。从工期与成本的线和谐角度出发，尽管工期目标优于成本目标，但在处理两者之间的关系时仍必须将成本限制在一定范围内，以成本为基本目标，以工期为保证目标。

（3）"质量—工期—成本"的面和谐

工程系统协调的"质量—工期—成本"要素管理，是对质量要素、工期要素以及成本要素两两之间的和谐关系所构成的和谐面的管理，其必须以组织流程高效化、项目资源要素集成化与技术要素标准化为条件，其中组织流程高效化包括组织结构、过程控制、流程设计3个方面，项目资源要素集成化包括人员调配、材料供应、设备调配、资金保障4个方面，技术要素标准化包括技术适用、工艺标准、人员专业、设备配套4个方面，如表8-1所示。

工程"质量—工期—成本"要素管理表　　　　表8-1

目标条件	工程要素	功能内涵
组织流程高效化	流程设计	工期优化、人员适配、资源集成管理的基础
	过程控制	保障质量安全的基础，工程管理阶段成果及标准推广
	组织结构	管理制度保障，执行力的保障，资源统一调配的基础
项目资源要素集成化	人员调配	保证工期优化目标下的主体实施要素
	材料供应	保证工期目标下的材料供应要素
	资金保障	保障计划能够执行和技术能够突破
	设备调配	实现流水施工下的设备统一调配

续表

目标条件	工程要素	功能内涵
技术要素标准化	人员专业	工程管理实施过程先进技术及科学管理的主体
	工艺标准	多点批量生产中质量规格确保一致的重点
	技术适用	质量提高的关键要素，工艺标准化的基础
	设备配套	工程管理实施过程中质量符合要求的设备条件

8.1.5 天人合一的"NE-SC-PE"工程目标和谐模式

"NE-SC-PE"中NE、SC、PE分别是指自然生态（Natural Ecology）、社会人文（Social Culture）、政治经济（Political Economy）。"NE-SC-PE"工程目标和谐包括"自然生态—社会人文—政治经济"持续性和谐、"自然生态—社会人文—政治经济"协同性和谐、"自然生态—社会人文—政治经济"集成性和谐。

（1）"自然生态—社会人文—政治经济"持续性和谐

从生态位的视角而言，自然生态具有层级和能级并不断跃迁的特点。从社会发展阶段而言，社会大众的人文意识与精神不断积累、沉淀和发展，并推动社会进步。从发展周期而言，制度从未停止演化，经济发展总是不断推进的。因此，工程和谐的天人合一必然建立在工程所追求的自然生态、社会人文、政治经济等多维度目标的持续性和谐基础之上。

工程以人为本与系统协调。工程强调以人为本，其意味着"人"系统必须与自然生态、社会人文、政治经济等子系统有效统一。具体表现为：第一，以人为本与自然生态的系统协调。工程和谐必须在工程融入自然生态的过程中，彰显人向往自然的天性、尊重人渴望生态的诉求。随着人类对美好生活的向往越来越强烈，工程在满足基本功能需求的同时，将高度重视并充分考虑运营主体、管理主体、使用主体等不同主体对于自然和生态不同层次的需求。第二，以人为本与社会人文的系统协调。工程作为人造物，其所彰显的工程文化在很大程度上取决于设计师的设计理念、工程师的工程理念以及人文精神。当前诸多工程建设越来越注重社会大众的民意，其设计与施工亦越来越考虑融入区域文化基因中的特色元素以及风土人情、人文地理特征等。以人为本不在于满足人对工程的物理功能的低层次需求，更在于社会人文的彰显。第三，以人为本与政治经济的系统协调。住房和城乡建设部等相关部门关于绿色建筑与建筑节能、低碳建筑与建筑工业化等相关制度文件体现的低碳环保、绿色生态、集约高效等理念具有典型的以人为本的政治文化。其虽是硬性约束规定，但又充分彰显出人文关怀。随着集约经济、绿色经济、生态经济等成为工程领域的主流方向，以人为本的内涵亦越来越突出。

工程绿色建造与持续发展。绿色建造遵循五大发展理念中的绿色发展理念，将资源节约与环境友好理念及准则贯穿始终，致力于将绿色的新技术、新材料、新工艺、新装备、新组织等运用于建造方式中，实现人与自然和谐共生。工程绿色建造是工程和谐的重要体现之一，其从策划、设计、施工到交付全过程逐步递进，推动工程建造活动的绿色化、工业化、智能化、集约化和产业化持续发展。整体而言，工程绿色建造是兼顾自然生态、社会人文与政治经济等多维度目标而实现可持续发展的重要举措。

（2）"自然生态—社会人文—政治经济"协同性和谐

工程所处的自然生态、社会人文、政治经济等子系统既相对独立，又相互依存、相得益彰。从价值链的角度而言，工程和谐管理的基础性生产活动、辅助性生产活动本身嵌入自然生态、社会人文、政治经济等子系统中，与其不可分割。由此，实现自然生态、社会人文与政治经济的协同性和谐。

工程与自然生态子系统的协同。工程设计、建设及运营中，往往对于自然环境审时度势、因地制宜、因势利导，充分考虑地形、地质、地貌等因素，合理利用与风险规避。自然环境不仅不是工程和谐管理的瓶颈和束缚，反而使得工程以及工程管理成为经典、标杆和亮点的重要诱发因素。特别是在诸多工程的全寿命周期过程中，已充分考虑到生态修复、生态补偿、生态治理等因素。工程自身对于生态设计、生态施工、生态运营的布局与工程所处的自然生态浑然天成、融为一体。亦即，在工程自身的生态价值诉求以及外部的自然生态约束中，工程实现协同性和谐。

工程与社会人文子系统的协同。当前的工程系统绝不是孤立的人造物，其将越来越融入社会人文的更多元素。事实上，越来越多的工程在开展民意调查或者广泛征求社会大众的意见和建议，举办各类听证会、咨询会等。位于不同区域的工程在开展前期工程可行性研究、外部环境分析中，必然会对社会与人文相关因素展开全面系统的分析。相应地，社会大众的参与关注程度越高、人文精神与氛围越浓厚，对于所处区域工程的激励与约束效果亦越明显。特别是具有显示度的工程甚至可以成为社会人文的重要标识。因此，工程与社会人文系统可以实现协同性和谐。

工程与政治经济子系统的协同。工程领域对于绿色、智能、生态等价值的追求以及趋势的把握，在很大程度上将引领和推动制度的不断规范化发展及创新性变革。在某些时候，制度规范可能滞后于行业发展中出现的新鲜事物与现象。反过来，国家政策法规高屋建瓴、高瞻远瞩，从宏观层面对于工程领域的绿色化、智能化、生态化等和谐化发展趋势予以引导、规范和约束，使得工程和谐管理有法可依、有章可循、有据可查。同样地，工程建设在推动经济发展的同时，经济增长与驱动方式亦在不断升级，其同样对于工程设计理念、建设模式、运营方式等提出更高要求。由此可见，工程系统与政治经济子系统互促互进并实现协同性和谐。

（3）"自然生态—社会人文—政治经济"集成性和谐

工程所处的自然生态子系统、社会人文子系统、政治经济子系统近似对应于工程和谐管理致力于实现的生态效益、社会效益与经济效益。三者作为工程和谐管理的外部环境，亦是追求的除项目微观层面目标以外的宏观目标，需要在全员、全要素、全周期、全流程等基础之上实现集成性和谐。具体如下：

工程"组织、技术、项目"集成。工程和谐管理建立组织层面的领导、员工、团队等"人"要素，技术层面的知识、工具、方法等"事"要素，项目层面的质量、工期、成本及其影响因素等"物"要素。其中，"人"要素的集成在于通过内部挖潜、外部引智整合人力资源，在人力资源的科学引、用、育、留、服中发挥人的主观能动性。"事"要素的集成在于综合运用各类知识、工具、方法并予以组合、匹配与创新，特别是针对特大型复杂工程项目甚至需要移植、原创、引进等多种途径对于"事"予以集成。"物"要素的集成在于对于质量、工期、成本等项目微观层面的目标予以权衡和协调，并合理配置、有效利用显性资源与隐性资源、内部资源与外部资源。"人""事""物"要素的集成在于应对自然生态、社会人文、政治经济等外部环境约束，遵循"人理、事理与物理"，对于处于不同"人和态"、"事谐态"、"物适态"的"人事物"要素予以集成，以此推动"和谐态"的生成。

工程"投资、建设、使用"集成。工程从投资、建设到使用将经历不同的阶段，其所处的自然生态、社会人文、政治经济等外部环境随之不同。因此，从系统的角度而言，工程和谐管理需要综合考虑外部环境，并对于投资、建设、使用等不同阶段的不确定性因素、风险因素、不和谐因素等予以通盘考虑并全面集成。亦即，工程初始阶段即必须在风险预留金、风险储备、风险预警、风险补救等方面系统设计，针对投资、建设、使用全过程中自然生态、社会人文、政治经济等环境因素可能引发的风险传递与扩散等有的放矢、集成应对。特别是，当工程不断推进、外部环境不断变化时，既有的集成策略具有预见性、柔性与动态稳定性特征，从而确保工程和谐得以实现。

8.2 工程和谐管理的系统工具

8.2.1 组织集成化系统管理

（1）功能要求

根据工程和谐管理的复杂环境，从适应工程系统管理的需求出发，工程建设组织管理的基本功能在于能够实现工程建设管理的基本目标，即项目管理层面质量、工期、成本、安全等目标均能够实现。同时，工程建设组织管理又必须与系统环境结合。因此，工程建设组织和谐管理必须立足于建设单位资源集成化、参与方组织协同化，实现工程组织和谐的目标。

（2）集成理念

集成本身是聚集、综合之意，是以系统思想为指导，创造性将两个或两个以上的要素或系统整合为有机整体的过程。工程建设集成化管理的主旨在于综合规划项目全过程各阶段的要素体系与目标体系构成，确立多个要素体系与目标体系的投入产出模式，构建各个参与方之间的职责与利益的权变关系，促使各参与方能够协同工作，以提高工程建设整体效益与效率为目的的一种新型组织管理模式。工程建设集成化组织管理的内容包括：①知识集成，即多学科知识综合的运用，总结项目施工过程中已形成的宝贵经验，或挖掘项目施工过程中已积累和沉淀的知识。②技术集成，即按照一定的技术原理或功能目的，将两个或两个以上的单项技术通过重组而获得具有统一整体功能的集成技术，可以发挥单个技术实现不了的技术需求目的。③方法集成，是指为获得某种东西或达到某种目的而采取的集成化手段与结构方式。工程和谐管理环境更为复杂，时间更为紧迫，动态性和不确定性更为突出，因此工程建设组织管理的方法应更能适应这些特殊性，综合集成解决问题。

（3）结构设计

设计思路：从工程建设系统与环境出发，立足于实现工程建设整体效益的最大化，发挥组织管理的主体能动作用，整合直线结构适宜效率、职能结构适宜复杂、矩阵结构适宜机动、网络结构适宜协作等优势，调动系统要素核心积极因素，优化协同建设一种功能集成化工程建设组织管理模式。

这种组织结构具有典型"直线型""扁平化"的特征，弱化了专业分工和等级制，减少了管理层级和职能部门的数量，加强了内部信息互动和沟通，凸显速度和效率，精简了结构层次，有利于信息的传递和组织效能的提高。在工程和谐管理过程中，具体问题具体分析，必要时可采用职能式、网络式和矩阵式相结合的灵活高效的集成化组织管理模式。

集成化组织管理模式具有高度柔性；矩阵式组织架构保障了专业化分工和分项目的作业方法[300]；网络式组织结构不拘泥于等级的约束，灵活高效；直线式组织结构保障项目间的集中调配，这种模式实现了各级管理人员都能随时了解现场工程进展情况，及时发现问题并快速解决问题。

8.2.2 项目协同性要素控制

协同性的工程项目要素控制，以集成产品开发（IPD）成本控制为例。

（1）IPD的概念

相关文献对IPD进行了不同的定义，目前认可度较高的是国际会计师协会（AIA）于2007年提出的IPD概念[301]：一种将人员、系统、商业结构、实践集成到一个流程中的项目交付方法，该流程提倡所有参与者共同利用实践经验，旨在优化项目执行结果，提升项目对业主的价值，在建设项目设计—采购—建造的各阶段实现浪费最小化和效率最大化。

当在传统采购模式中更多地应用集成的实践时，IPD作为一种理念应运而生。将IPD作为一种理念，除了没有多方合同外，以使用传统的事务型的非代理型CM或DB合同、共担有限的风险、应用有限的IPD原则等为特征，称为IPD-ish、IPD Lite、非多方IPD、技术增强型协同、混合IPD、综合实践等[301]。

（2）基于IPD-ish的建设项目成本协同控制基础

1）IPD-ish的模式

如表8-2所示，根据上述级别划分，IPD可分为两类，前两种协同只是利用了IPD理念，最高级协同则是从思想到实践上真正地运用IPD采购模式。第一，IPD作为一种理念。IPD理念属于标准型还是增强型，取决于IPD原则的应用程度，在设计团队、施工团队、分包商等参与绩效激励和风险共担、提高生产率等方面存在差异。在基于IPD-ish的建设项目中，一些IPD原则已被证明可以应用于传统的标准型协同的承包模式。IPD-ish引入的结果可能没有达到必备型协同中多方合同能达到的水平，但是优于传统行业合作多年的方式，IPD-ish达到了增强型协同效果。第二，IPD作为一种采购模式。IPD作为一种采购模式，除了存在多方合同外，以具备一份激励协同行为和团队风险共担的合同、其他IPD原则与实践为特征的必备型协同。其使用一份多方合同将每个参与方捆绑在一起，该合同中设计团队和承包商将共同签署一份协议。

因此，多方合同本质是关系型而非事务型驱动，定义行为、要求强烈的合作、鼓励各方积极的行为，且只能通过最终的项目成功来衡量这些积极的行为。

业主视角下基于协同程度的 IPD 模式级别划分　　　　　表 8-2

	第一级别 标准型协同	第二级别 增强型协同	第三级别 必备型协同
协同程度	低	←——————→	高
作为理念或采购模式	IPD 作为理念	IPD 作为理念	IPD 作为采购模式
其他称呼	N/A；non-IPD	IPD-ish；IPD Lite；非多方 IPD；技术增强型协同；混合 IPD；综合实践	多方缔约；纯 IPD；关系合同；联盟；精益项目采购系统 TM
采购模式	CM-at risk 或 DB	CM-at risk 或 DB	IPD
描述	无需合同的合作	需要某些合同的合作	要求多方合同的协同
通用合同类型	公开式；成本加保证最大工程费用（GMP）；固定费用	公开式；GMP；固定费用	多方合同；公开式；GMP；与项目成果相关的利益共享风险共担
合同本质	事务型	事务型	关系型
主要特征	无需协同的合同语言；有限的团队风险共担；CM 或 DB 共享节省	需要协同的合同语言；某些团队的风险共担；团队的协同定位	业主—设计方—承包商共同签订一份协同工作的合同；团队的风险共担；团队共同决策；整体优化；利益共享；责任豁免；团队的协同定位
通用选择过程	资质评审法或最佳值（收费）	资质评审法	资质评审法

2）我国使用IPD-ish条件

由表8-2可知，目前我国建筑行业正处于将IPD作为一种理念的级别，IPD-ish的引入条件是使用BIM技术和协同定位（Co-location）（图8-8）[302]。协同定位是指关键参与方聚集在某个地方，通过跨专业头脑风暴、现场集思广益并解决问题，旨在增加协同和创新的机会。BIM技术是实现协同工作的技术支撑，协同定位是协同工作的具体表现形式之一，因此使用BIM技术和协同定位是建立基于IPD-ish的建设项目的基础。

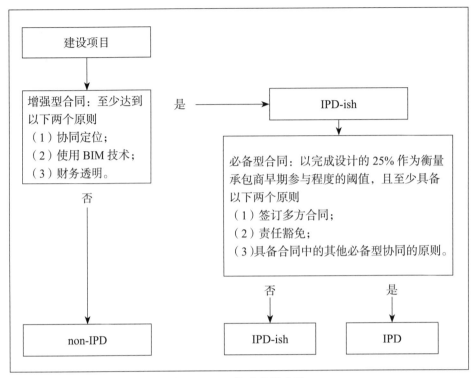

图8-8　IPD模式分类方法

3）IPD-ish构成要素

根据协同程度，IPD原则包括（表8-3）：合同原则（能够写入协议的原则）、行为原则（最终基于选择的对项目优化很重要的原则）、催化剂（对优化项目结果有益的原则），这里将IPD原则作为IPD-ish构成要素。其中，协同是IPD、BIM、LC的核心和关键。首先，IPD既是一种关系型契约也是一种协同过程，可以驱使不同的团队协同工作，IPD原则包括使用精益建造（LC）方法和BIM技术；其次，LC是一种有助于提高项目效率和协同的思维方式（方法）；最后，BIM是实践LC和应用IPD的工具（技术）。

IPD-ish 的构成要素　　　　　　表 8-3

序号	分类	IPD原则描述	简称
1	合同原则	关键参与方平等地联系在一起	KPBTE
2		关键参与方的责任豁免	LWKP
3		关键参与方的早期介入	EIKP
4		关键参与方之间财务透明	FT
5		关键参与方共同制定项目目标标准	JDPTC

续表

序号	分类	IPD 原则描述	简称
6	合同原则	基于项目产出共享成果、共担风险	SRR
7		精细化设计	ID
8		协同决策	CDM
9	行为原则	相互尊重和信任	MRT
10		合作意愿	WTC
11		开放式交流	OC
12	催化剂	签订多方协议/合同	MA
13		使用 BIM 技术	BIM
14		使用 LC 方法	LC
15		团队的协同定位	CT

（3）基于IPD-ish的建设项目成本协同控制逻辑结构模型

依托基于IPD-ish的建设项目成本协同控制理论框架，以广义的建设项目成本控制为对象，从业主的视角，梅婷婷构建了基于IPD-ish的建设项目成本协同控制逻辑结构模型[301]，见图8-9。该模型是基于IPD-ish的建设项目成本协同控制方法的具体化表现形式。

以组织协同、信息协同为目的导向，这里提出了基于IPD-ish的建设项目成本协同控制方法，即以关键参与方构建的协同管理团队为主体，以建设项目成本为客体，主体利用4CS系统工具与客体之间发生协同控制关系。基于IPD-ish的建设项目成本协同控制逻辑结构模型描述该方法的思路如下：

第一，通过建立基于IPD-ish的建设项目参与方博弈分析模型，深入研究该方法的主体—建设项目参与方。结合我国建筑行业实际情况，基于寻租理论中的委托—代理模型、参与方寻租行为的假设，建立施工方、工程监理和业主之间的博弈模型，将IPD-ish引入该模型用于研究参与方寻租行为。借鉴反证法的研究思路，通过研究基于IPD-ish的建设项目参与方寻租行为，从反面论证IPD-ish对建设项目参与方协同行为具有积极影响的推论。

第二，通过建立基于IPD-ish的建设项目成本协同控制结构方程模型，深入研究该方法的客体—建设项目成本。首先，对IPD-ish和建设项目成本的基本构面分别进行刻画，通过文献归纳法提出研究假设、构建理论模型；其次，利用问卷调查法进

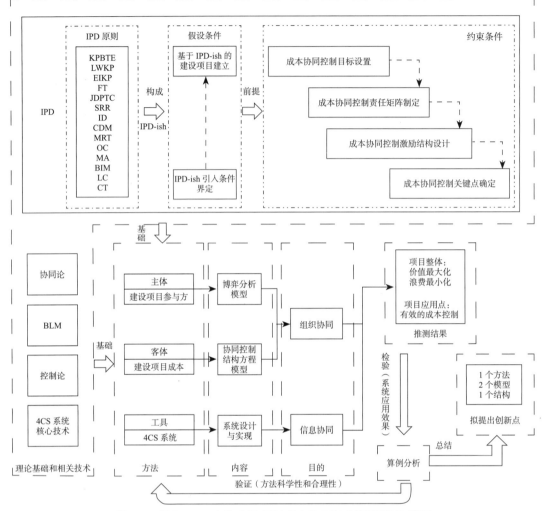

图8-9 基于IPD-ish的建设项目成本协同控制逻辑结构模型

行数据收集,借助SPSS19.0以及LISREL等数据统计分析软件分别进行数据分析;最后,建立和优化数据结构方程模型,基于此分析假设检验结果,根据结论讨论提出对策建议。

第三,借助4CS系统的设计与原型实现,进一步研究该方法的实现工具。针对狭义的建设项目成本协同控制设计了4CS系统,不仅需要体现IPD-ish实现的具体实施方法,而且要求具备可操作性的建设项目成本控制系统。尽管该系统主要针对施工阶段狭义的建设项目的成本控制,其运行前提是在重要参与方提前介入下已基本完成设计阶段的事前成本控制,因此从某种意义上也隶属于广义的建设项目成本范畴。利用多元异构数据融合技术、基于BIM的动态合约规划技术、基于BIM的挣值分析技术、基于多方法的预测技术等集成4CS系统软件体系,以实现成本协同控制过程中的信息协同。

8.2.3　工程全过程数字建造

（1）建立工程环境GIS模型

地理信息系统（GIS）建立在地理学、地图学、遥感和计算机等学科基础上，具备信息系统空间形式的数据管理系统特征。随着智慧城市、工程数字系统的建立，地理信息系统作为多门学科综合的综合性学科，不只限于地理学领域的研究和应用，其应用已经深入各行各业，且还在不断扩大影响范围。

GIS在工程的空间地理信息方面的应用。GIS不仅可以存储二维地图信息，也可以对三维坐标信息进行建模，利用GIS软件可以用形状数字表示物理对象，然后建立工程环境GIS模型并进行分析。GIS的空间分析底层以工程施工现场及周边环境的各类数据信息地图及建筑模型的形式作为内核，具有三维可视化的交互界面，GIS信息通过模型中的点、线、面与用户精准交互。GIS将地图的视觉化效果、地理分析功能以及数据库使用集成起来。用户可以通过点选不同的地点及相关资源驻地获得相应的数据信息，同时能够在空间分析可视化底层进行包括缓冲区分析、冲突分析、路线规划、事故及救援方案仿真模拟等空间分析。且空间分析底层具有良好的数据兼容性，能够对功能模块中的数据及决策结果进行清晰的可视化展示，进一步提升其可视化表达能力。运用GIS技术建立工程环境GIS模型可实现对工程、组织、人员和机械设备系统管理，可存储项目质量安全档案，辅助工程监管人员对在建工程进行监督和管理。通过工程环境GIS模型确定在建工程、设备、人员的位置，描述形象进度，动态显示施工成果。

GIS在工程建设过程的应用。将GIS和大数据、物联网、云计算结合应用于智慧工地。通过集成运用GIS技术、云计算、物联网等现代化信息技术和自动化控制技术，以技术创新为基础，开发数字化建造的建设平台或工具，对工程建设各环节各个要素进行实时监控、信息数字化处理以及存档反馈，助力施工质量、成本、进度和安全目标等"物"要素的实现。GIS技术与其他信息技术（如BIM技术）的集成可以辅助工程建设各参与方和建设行政主管部门对工程建设全过程进行多方位和多视角的管理和监控，有利于管理者对工程问题及时发现、及时处理，助力跨团队的和谐。

（2）工程结构与设施BIM设计

传统二维设计由于设计工具及手段的限制，设计耗时长、设计数据不直观、各专业设计信息交流不畅、整体性不强、协同性差，极易造成工程建设的不和谐态，常见的问题有专业间的碰撞、设计的缺漏以及功能上的错误等。传统的工程结构和设施设计受限于设计工具，无法全面兼顾质量、工期、成本等间接、隐性的类"物化"要素的项目管理内容，设计工具无法准确满足工程建设的需要，导致"事得其法"无法实现。建筑信息模型（BIM）是基于建立的三维模型，关联各种数字化的工程信息，可以为建设项目各方共享信息，促进2D绘图到3D建模的转变。在设计阶段运用BIM技术，可以提高设计效率并加强协同设计，并使设计的品质得到显著提高。通过BIM模型的集成合模之后，可以将隐藏的问题暴露出来，出现许多专业内和专业间、单项工程之间的问题；通过深化设计阶段结合施工技术规范，又可以暴露部分问题，这些问题如果没有BIM技术的应用，其中很大一部分将会带入施工阶段，带来大量的返工，对工程的进度、成本和质量控制都可能造成非常大的影响。

BIM技术辅助设计可以激发设计灵感，提高设计效率，并提高设计工作质量。首先通过建立的BIM模型，设计师可以虚拟感受到建筑设计效果，便于设计师之间的沟通交流和协同设计，激发设计师的灵感和创造力，便于对工程的空间、造型、环境等分析优化，形成更好的设计作品。其次，通过BIM模型可直接生成设计图纸、图表等设计文件，设计修改或变更也能迅速通过模型完成，极大提高了设计工作效率。此外，BIM模型与其他专业分析模拟软件有效结合，如将BIM模型导入专门的造价软件，可大大减少传统操作中对CAD图纸进行重新建模后再进行造价分析的工作量，也降低了传统造价人工操作的错误。从而让设计方案更加科学合理，提高了设计工作的质量。

从集成管理的视角出发，工程建设和谐既注重专业分工、责权明确，也强调界面的模糊性，通过各主体间的资源整合、能力互补，使得不同利益关联方的委托代理成本和沟通协调成本有效降低。利用BIM技术实现的设计阶段的集成化技术管理，可以减少设计成本，加强各设计专业间的沟通，提高设计的质量和效率，最终可以得到一个高质量的精细化设计模型。精细化设计模型对施工具有较强的指导意义，极大地降低了传统施工过程中的返工现象。

（3）基于IPD开发PMIS系统

项目管理信息系统（Project Management Information System，PMIS）是依靠计算机帮助工程管理人员来管理工程的工具，PMIS为工程建设参与方（业主、设计方、施工方、供货商等）的工程管理任务，提供信息处理和监管工具，是工程管理人员进行管理完成工程目标的重要手段。PMIS核心是运用动态控制思想，结合工程管理理论方法，将工程投资、质量和进度等目标的实际值和计划值进行动态对比，实现工程目标控制的目的。

运用工程项目管理信息系统是为了及时、准确和完整地收集、存储和处理工程项目的投资、进度、质量和合同等的规划和实际信息，以迅速采取措施，尽可能好地实现工程项目的目标。IPD是一种将人员、系统、商业结构、实践集成到一个流程中的项目交付方法，该流程提倡所有参与者共同利用智慧和实践经验，旨在优化项目执行结果，提升项目对业主的价值，在建设项目设计—采购—建造的各阶段实现浪费最小化和效率最大化，综合项目交付IPD运用其独有的三方合同结合信息化技术有效地促进了项目管理模式的发展。基于IPD的PMIS系统拥有投资控制、进度控制、质量控制等功能模块，基于IPD的PMIS系统功能模块详细划分如图8-10所示。

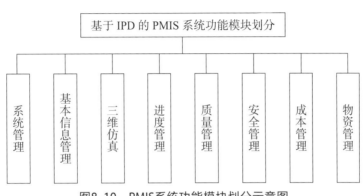

图8-10　PMIS系统功能模块划分示意图

基于IPD的PMIS的核心是建设项目全过程的目标协同控制，并非各个阶段目标控制的简单集合，而是强调通过各阶段目标控制产生"1+1>2"的协同效应。由于每个阶段接收不同的干扰，致使影响建设项目的风险不断发生变化，如：风险影响程度的强弱不同、风险发生的时间点各异等，同时上游阶段目标控制效果影响下游阶段目标控制工作。因此，项目管理团队应遵循PDCA动态循环原理使建设项目目标协同控制过程随之变化。梅婷婷建立了基于IPD-ish的建设项目成本协同控制逻辑结构模型，实现了基于IPD的项目成本控制。基于反馈控制、PDCA动态循环原理、BIM技术，以IPD-ish协同管理团队为控制机构，建设项目的质量、成本、进度等目标作为一级受控对象，目标协同控制系统作为二级受控对象，影响目标的因素（如：管理者、施工技术、资金）、目标的计划值、目标的实际值分别作为一级受控对象的内部干扰、输入变量、输出变量，BIM模型、信息反馈分别作为二级受控对象的输入变量、输出变量，且IPD-ish协同管理团队的三级管控将影响二级受控对象。在IPD原则和BIM技术的双重驱动下，即使内部环境处于高度的组织协同、目标协同、过程协同、信息协同状态，也无法避免软约束（如以信任、尊重等为代表的参与方行为）、硬约束（如以合同、合作协议、组织机构为代表的协同形式）的双重影响，同时外部环境也无法消除干扰的存在。在约束的情况下，对项目目标进行动态跟踪，收集项目目标的实际值，将实际值反向传送至输入端，与目标计划值进行比较，分析两者偏差产生的原因，根据偏差的级别进行目标预警并提出相应的纠偏措施，逐步缩小偏差，实现目标控制。基于IPD的PMIS系统目标控制原理如图8-11所示。

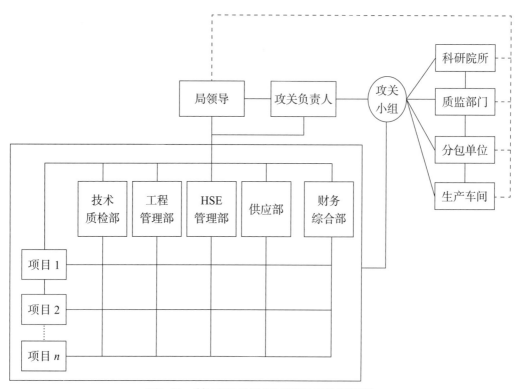

图8-11　基于IPD的PMIS系统目标控制原理

（4）基于BIM+IPD的工程数字建造

工程和谐管理要解决的问题有工程建设"人""事""物"系统的和谐，"人""事""物"各系统要素之间的和谐，以及子系统与外部环境的和谐。要实现工程建设整体系统的和谐，就必须采取数字化的建造方式，集成运用GIS、BIM、PBS、ERP等，开发基于IPD的PMIS系统，最大程度地开发和利用主体因素的能力和潜力，尽可能地积累客体要素质量、工期、成本的协调处理办法及质量、工期、成本影响因素的配置和利用方法。

在设计阶段，构建基于BIM技术的协同设计平台，实现设计建造一体化管理。首先，实现各参与方在不同阶段信息互通，促进各专业横向一体化；其次，监理方、施工方在设计阶段提早介入，对设计进行反馈，有效解决信息不对称问题，减少最终设计成果出现问题的概率，促进设计、施工的纵向一体化。

同时，结合GIS技术，建立工程施工现场及周边环境的各类数据信息地图及建筑模型，构建三维GIS-BIM融合模型。三维GIS-BIM融合模型不仅能够方便地对三维模型中的构件进行查询，调用图纸，指导施工，还能够对施工现场三维空间中的构件、管线及疏散路线等需要使用小范围三维模型的地理数据提供良好的可视化支持，也能够支持显示路网规划、资源位置等需要涉及范围较大的地理数据。同时，竣工阶段的数字模型成为伴随工程实体交付的孪生交付物，为后期的运维管理提供一种新的信息资源。

通过对工程建设项目的PBS分解，建立不同阶段的BIM-ERP系统。在项目招标投标阶段，建立招标—采购—供应商一体化BIM-ERP系统；在施工阶段，保证物资供应和项目施工的连贯性，基于BIM-ERP系统选择最优的资源供应方案，实现集成理念下的人力资源及材料、设备、器械等"物"要素的集中配置与优化利用。应用集成的理念，运用工程项目管理理论和方法，采用动态控制原理，进行项目目标优化，提升项目对业主的价值，在建设项目设计—采购—建造的各阶段实现浪费最小化和效率最大化。建立基于IPD的PMIS系统，对工程建设系统广义上的物化要素，即进度、成本、质量、安全等项目管理目标进行目标控制，实现物理要素供给和谐、关系和谐、属性和谐。

通过集成运用GIS、BIM、PBS、ERP等，开发基于IPD的PMIS系统，对工程项目进行数字化建造，尽可能实现"人理"维度的多主体利益协调、"物理"维度的多约束目标权衡、"事理"维度的多对应关系适配，推动建设组织、建设项目、建设技术等要素从非和谐态向和谐态转变，促进工程建设系统要素的耦合进化，最终达到工程建设的主体、客体及其相互关系的协调发展。

8.3 工程和谐管理实现的调节效应

8.3.1 理论基础与基本假设

（1）自然生态的调节作用

自然生态是指对人类的生存和发展产生影响的总体，包括地形地貌、气候、水文等，均与工程建设的过程和结果息息相关。在复杂和恶劣的自然条件下，合理的工程组织架构和团队专业能力能够根据需求进行动态的设计和施工，促进工程和谐管理。

依据共同体理论，一方面，自然生态环境是人类赖以生存的基本条件，自然生态系统的要素、功能、结构等均影响工程建设。专业技能突出的团队能够在保护自然生态的前提下，将工程与外部环境融合，在工程组织内部考虑对环境规则的遵循、对子孙后代的责任，探索保护环境和工程建设的协同增效，减少工程冲突，促进工程和谐管理。另一方面，工程建设对自然生态施加影响，工程建设中应协调人与自然的关系，实现利益最大化，体现以人为本、以人与自然为核心的工程生态发展理念。人类应该在工程建设中尊重自然和保护自然，推动形成人与自然和谐共生的新格局。在工程建设中不断改善物质生产方式，产生经济和社会效益。同样，如果在工程建设中过度向自然生态索取，过度强调当前效益，忽视工程建设与自然生态的和谐统一性，造成环境污染、资源过度消耗等自然生态问题，将不利于工程和谐管理。从工程的参与者来看，每个利益相关者对于实现和谐有不同的标准，但是必须维护人与自然的和谐，一旦打破平衡，恶劣的自然生态条件将阻碍工程进度，增加工程成本，破坏工程和谐管理。综上所述，本书认为，为了保持工程和谐发展的态势，工程组织内部应坚持组织结构与环境、组织与个人行为、工程建设团队的和谐，实现内部和谐发展，自然生态平衡正向调节"人和"对工程和谐的促进作用。基于此，做出如下假设：

H1a：自然生态正向调节"人和"对工程和谐的促进作用。

自然生态环境指的是存在于人类社会且对人类生存和发展产生直接影响或者间接影响的各种天然形成的物质和能量的总和。在工程项目建设中，受到诸多因素的影响，一般会从自然生态环境这一因素入手。通常所说的自然生态环境是指工程建设所处的地形、地貌、地质、水文、气候等自然生态条件的集合，良好的自然生态环境是工程项目和谐的巨大优势。

自然生态环境能够强化"物适"与工程和谐之间的关系。从工程系统论的基础出发，工程和谐管理追求建立组织或系统内外诸多要素间的最佳关系，强调最大限度挖掘和发挥各系统要素的积极作用、减少消极因素负面影响，从而实现工程建设组织内外结构与施工关系的协同化，实现工程质量、工期、成本的最优化。然而，现有一些工程建设中忽略了自然生态环境所带来的影响，具体而言，高温高湿的环境增加工程建设的技术难度，地形平坦处相对于地形起伏较大和条件复杂的区域更适合于施工；断层处、滑坡、塌方、地震多发处、喀斯特地形区、地壳活动活跃区、冻土、沼泽等地基不牢区一般不适合进行大的工程施工，以上因素均会提高工程的有形或无形成本，进而影响工程建设的工期。同时工程施工时也应当考虑对当地生态环境的影响。自然环境的约束要求工程和谐管理将复杂恶劣的施工环境和条件考虑在内，更好地对工程建设的质量、成本和工期加以控制。由此可见，所处的自然生态条件好的地方是工程质量最完美、成本最可行、工期最合理的重要条件，最终工程效益与管理效率最大化。为此，提出如下假设：

H2a：自然生态环境在"物适"与工程和谐之间起正向的调节作用。

自然生态是指对人类的生存与发展产生影响的各种天然形成的物质与能量，在一定的时间与空间范围内，依靠自然调节能力维持的生态系统被称为自然生态系统。自然生态和谐强调人与自然处于平等地位，拥有同等的权利，人与自然物都是其中不可或缺的重要组成部分。维持自然生态的工程和谐观，要求应当充分尊重"自然"的生存权与发展权，为保持工程和谐，应当热爱和保护自然，按照自然生态发展的规律进行工程施工和尊重自然。

依据生态承载力理论和可持续发展理论，在某一特定条件，如生存空间、营养物质、阳光等的约束条件下，某种个体数量存在最高的极限情况，自然界中可供工程取用的资源是有限的，自然环境的破坏必将威胁到工程的和谐稳定发展，资源的持续利用和生态系统的可持续性是保持人类社会可持续发展的首要条件。破坏自然生态将会对工程和谐发展带来影响，人类在发明新兴技术解决工程发展问题的同时，不能只顾自身、漠视自然。同样，在工程管理领域中，为维持自然生态的和谐稳定，工程施工方一定要注重所选取的技术、方法、手段、策略等，避免采用对环境损伤过大或对自然资源透支严重的技术、方法、手段、策略等，超过生态承载力的建设行为必将会限制环境的可持续性发展、影响工程和谐稳定发展、造成不可逆转的后果。综上所述，本书认为，为保持工程和谐稳定发展，工程施工方应当采用尊重自然生态发展的技术、方法、手段、策略等，在工程建设的同时对自然环境、条件、功能等进行保护保障以实现可持续发展。相应地，工程方将受益于良好的自然生态环境并实现稳定发展，自然生态的稳定可持续将会正向调节"事谐"对工程和谐的促进作用。基于此，提出如下假设。

H3a：自然生态正向调节"事谐"对工程和谐的促进作用。

（2）社会人文的调节作用

社会人文是社会中的各种文化现象，表示先进的价值观和规范。规范包括习惯规范、道德规范和法律规范。先进的价值观和规范对于工程和谐管理意义重大。

依据社会契约理论，行业规范和工程价值的关系反映于契约公正和工程人员道德规范，其中契约公正以工程职业操守和伦理道德为前提。工程人员必须具备足够的职业操守和伦理道德，才能促进工程和谐发展。同时对于工程人员的职业资格要求的规章制度也正在逐步完善。两者同时促进工程人员从观念、伦理、制度等方面出发建造工程，追求形式和精神、实用功能与象征意义的结合，改变工程视为单纯造物活动的传统观念，将地方特色与工程相融合，实现工程的文化价值，并达到经济价值、社会价值和生态价值的平衡。没有健全的安全管理体制、施工标准管理等管理机制容易造成工程事故。同时如果工程人员的职业道德受到冲击，丧失了道德规范所具备的约束能力，容易造成内部腐败、怠工现象，直接影响工程质量，不利于工程和谐发展。而在良好的社会人文环境下，工程人员契约精神提高，工程建设团队的凝聚力增强，所以健全的工程规章制度能够有效缓和"有效沟通""团队能力""技能和主动协调（组织内部因素）"与"工程管理"之间的关系。因此做出如下假设：

H1b：社会人文正向调节"人和"对工程和谐的促进作用。

社会人文环境包括社会因素和文化因素两个方面。在工程项目管理中的社会人文环境，被赋予了更多的人文内涵。项目施工管理中是否具有人文关怀，工程的设计中是否融入了人文因素，是否考虑到时代、地域、宗教、文化、艺术等条件，均属于工程建设需要考虑的社会人文环境要素。同时，随着社会大众的人文素养越来越高，对于建筑工程的材料质量、环保节能等提出更高要求。

社会人文环境能够正向调节"物适"与工程和谐之间的关系。在社会人文环境的约束下，一方面，工程项目选择的材料越低碳环保、绿色节能和可持续，资源配置和利用越合理，越能促进工程从质量、工期、成本等方面实现最优化，实现工程伦理因素中的工程和谐。另一方面，工程和谐中的人文内涵离不开设计师的灵感创意、团队文化等工匠精神，文化植入赋予工程和谐管理可以更多地积累、沉淀、传承与创新的经典文化内涵与底蕴。根据工程和谐管理理论，在工程建设中需要同时考虑人的因素和物的因素，即社会人文环境在工程建设中的作用，在其约束下，建设设计出更符合、更适配的工程，达到工程和谐管理的目标。相反，忽视社会人文环境的制约作用，在工程建设中对材料的选择、绿色施工环境等不加以考虑，容易出现工程质量不符合环保要求、成本控制不到位、超过工期等问题，在这种情况下，工程各方面的效益并未实现最大化。为此，本书提出如下假设：

H2b：社会人文环境在"物适"与工程和谐之间起正向的调节作用。

人文是人精神需求的一种，是满足生理需求、安全需求后的更高层次需求。良好的社会人文环境对工程管理至关重要，各个地区的社会人文环境千差万别，充分尊重与顺应地方的风俗习惯、生活方式以及宗教信仰，会对工程和谐发展产生强大的助力。

利益相关者是指与组织进行生产经营行为利益相关的群体或者个人，对于工程方而言，利益相关者可以分为工程方的管理者与资金提供者，工程中的工作人员、消费者、地方社区与管理机构，以及在社会利益上产生关联的利益相关者群体。依据利益相关者理论，工程建设方获取资源以及资源价值的产生依赖于利益相关者，利益相关者多与企业有着相似的目标与方向，正确处理组织与利益相关者的关系将有助于完成组织工作并提升企业绩效。建设工程立足于地方市场，工程和谐发展的过程离不开和利益相关者之间的交互作用。为使得建设工程能够平稳有序发展，工程方应当注重与工程利益相关者的沟通，充分遵从工程利益相关者的意见，在不损害工程利益相关者利益的同时，采用适宜的技术、方法、策略等手段，实施工程项目。在良好的社会人文环境下，各个利益相关者之间能够维持更加和谐的关系，处理个体间矛盾面临的阻碍更小，工程方能够更加高效地进行工程建设，提高工程和谐管理效果。因此本书做出如下假设：

H3b：社会人文正向调节"事谐"对工程和谐的促进作用。

（3）政治经济的调节作用

政治主要是指在工程管理中的政府等组织的治理行为。经济主要是指工程建设所涉及的生产、流通、分配和消费的各项活动中的动态现象。工程建设的政治经济行为对于推动工程和谐管理的评价维度、表现方式和操作规范的行为形成和推广具有重要作用。

依据协同发展理论，当国家经济发展方式转型升级时，工程建设的政策和经济制度的组合出台和不断更新，同时跨区域、跨部门、跨流域、跨层次的制度协同发展，共同促进工程和谐管理。随着外部国家和地方政策、法律、体制和文化等情景的调整，以及工程项目目标优先权的变化，在不断调整工程项目实际需求的同时，工程和谐管理目标、评判标准亦在不断提高。如果工程建设团队内部主动掌握了政治经济格局变动的方向和趋势，适应政治经济环境，能够减少工程风险，促进工程和谐管理。工程方应该准确把握工程具备多主体参与的利益复杂性、对经济环境的依赖性、成本和投资的动态性等特性，协调工程特质和宏观经济发展形势，推动工程和谐管理。由此假设：

H1c：政治经济正向调节"人和"对工程和谐的促进作用。

在工程建设领域，政治经济环境是工程和谐管理的重要保障，该领域一系列政策的出台、正式与非正式的制度对工程和谐管理起着引领和约束的作用，所有项目的建设必须在政策上允许、法律上合法、制度上合规的范围内进行。

工程建设领域制度的制定、政策的出台、法律的颁布无形中对项目使用的机器、设备、材料有规范；对于项目的质量、工期、成本有要求。具体来说，质量是工程建设的核心问题，明确的质量标准在竣工验收、解决工程质量争议、确定违约责任等问题上起着关键的作用。随着相关政策的不断完善和制度的不断规范，工程项目的管理愈发科学化、精细化、系统化，所有影响因素的资源属性能够得到有效体现而无重复或浪费，资源的配置和利用充分合理且恰到好处。尽管政治经济环境在一定程度上提高了工程管理的难度和要求，但从可持续发展的角度来看，在正确的政策、规范的制度引导下，其有利于建立科学规范的建筑标准，推动质量、工期、成本的协调与最优，从而实现更高水平的工程和谐。工程建设处于复杂多变的政治经济环境之中，外部环境的不断变化要求其质量、工期、成本等根据相适应的政策和制度要求进行动态变化和调整，通过准确把握和控制工程所需的设备、材料、资金等物质资源的合理配置与优化利用，能够保证在数量充分、质量优秀、结构合理、成本合适的条件下适应质量、工期、成本的要求，促进工程和谐管理的实现。为此，提出如下假设：

H2c：政治经济环境在"物适"与工程和谐之间起正向的调节作用。

经济是生产、流通、分配、消费等一切物质、精神资料的总称。政治是政府、政党等治理国家的行为，政治是以经济为基础的上层建筑，经济集中表现为以国家权力为核心开展的各种社会活动和社会关系的集成。工程和谐发展受到国家政策、政治环境、金融环境、经济环境、地方产业发展等多方面的影响。

依据动态能力理论，为使得产品能够快速上市、把握市场中千变万化的商机，组织需要具备较强的动态能力与技术创新速度，应对市场环境变化中经济全球化、市场一体化、顾客多样化需求等变化。组织需要具备依据组织内部资源情况及外部市场情况进行快速调整的能力，通过获取这项弹性能力，组织能够显著提升竞争优势。工程和谐管理过程中面临的政治风险主要源于工程所在地的政府运营情况及政策背景是否稳定、政府机关工作效率与权力机关营商环境等，均可能对工程和谐发展带来一定的影响。经济风险主要源于工程所在地区的经济实力与发展趋势，包括市场是否健全完善、公司在合同制定中是否存在不规范行为等，可能会为工程带来经济风险。组织在进行工程管理的过程中，如果能充分地考量技术、方法、策略等手段为工程管理带来的综合影响，投入必要资源并完善技术工具，将会显著地提升组织的动态能力，帮助组织应对市场中的复杂多变的政治环境与经济环境，有助于工程和谐稳定发展。良好的政治经济环境下,企业面临的政治风险与经济风险较低,并能够享受政府对于经济发展的激励与经济发展带来的红利,降低工程在经营过程中面临的风险,提高组织运营效率,有助于工程的和谐稳定发展。基于此,本书提出假设:

H3c:政治经济正向调节"事谐"对工程和谐的促进作用。

基于上述研究,构建概念模型如图8-12所示。

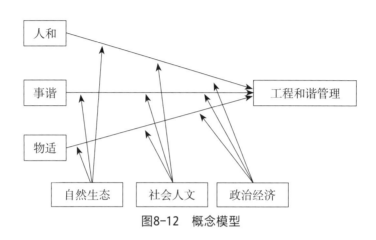

图8-12 概念模型

8.3.2 研究设计与统计分析

(1)问卷设计

本节的变量测量均在广泛查阅前人文献的基础上,借鉴国内外学者成熟量表修订而成。研究项目均采用Likert5级量表,从"1"到"5"代表"完全不符合"到"完全符合",共设计31个题项,具体见表8-4。

问卷设计　　　　　　　　　　　　　　　表8-4

变量	序号	题项	参考文献
控制变量	1	您的性别	
	2	您的年龄段	
	3	您的学历	
	4	您所在单位的性质	
	5	您从事工程行业的年限	
人和	6	您明确在组织中的角色定位,清楚自己的工作任务	
	7	您可以较好地完成组织分配的任务	
	8	您对团队的工作目标表示认同	

续表

变量	序号	题项	参考文献
人和	9	您认为团队对于预料外的事件能迅速应对并作出正确决策	
物适	10	您认为在建设过程中需要的生产工具（硬件、软件等）在数量上能得到满足	贾馥蔚，（2018）[303]；谭玲玲，（2019）[304]
	11	您认为在建设过程中的生产工具的质量（规格、等级等）能满足工程建设的需要	
	12	您认为在建设过程中本项目的施工技术和管理方法较为先进	
	13	您所在项目的资源调配及时合理	
事谐	14	您所在的团队能够很好地将项目整体目标分解为多个合理的阶段性目标（包括质量目标、成本目标、进度目标）	
	15	您所在的团队能够很好地完成阶段性目标（包括质量目标、成本目标、进度目标）	
	16	您所在的项目未出现重大安全事故	
	17	您所在的团队有详细的风险应对策略	
	18	您所在的团队不存在资源浪费的情况	
自然生态	19	您所在的项目未对周围的自然环境和社会生产造成影响	
	20	您所在的项目施工不会影响周边居民的正常生活	
	21	您所在的项目在施工过程中使用了绿色能源或材料	
社会人文	22	您所在的项目的历史继承度高	佘健俊，（2007）[305]
	23	您所在的项目与城市文化的融合程度高	
	24	您所在的项目可以提升城市的品牌形象	
政治经济	25	当地物料水平的上涨未对项目建设造成实质影响	
	26	汇率、税率等变动未对项目建设造成实质影响	
	27	当地政府部门的政策对于您所在的项目的顺利建设有推动作用	
	28	政府相关质量标准、规范的变化未对项目建设造成影响	
工程和谐	29	您所在项目实施过程的协同化程度高	单英华，（2015）[306]
	30	您所在项目的资源调配及时合理	
	31	您所在项目的不同单位技术合作程度高	

（2）数据分析

对问卷第一部分调查人员总体情况进行描述性分析。在被调查的人员中，男性221人，占总数的82.5%；女性47人，占被调查人员总数的17.5%，两者比例为4.7∶1；年龄方面，25~35岁136人，占被调查人员总数的一半左右；另外，在学历方面，本科以下学历80人，占被调查人员总数的29.9%；本科学历168人，占被调查人员总数的62.7%，占到一半以上；在单位性质方面，施工单位218人，占被调查人员总数的81.3%；在从业年限方面，10年以上的93人，占被调查人员总数的34.7%，具体见表8-5。

研究对象描述性统计　　　　　　　　　　表 8-5

项目	类别	人数（N=268）	百分比（%）
性别	男	221	82.5
	女	47	17.5
年龄	25 岁以下	59	22.0
	25～35 岁	136	50.8
	35～45 岁	43	16.0
	45～55 岁	23	8.6
	55 岁以上	7	2.6
学历	本科以下	80	29.9
	本科学历	168	62.7
	硕士学历（含在读）	18	6.7
	博士学历（含在读）	2	0.7
单位性质	建设单位	45	16.8
	施工单位	218	81.3
	咨询单位	1	0.4
	其他单位	4	1.5
工作年限	2 年以内	67	25.0
	2~5 年	52	19.4
	5~10 年	56	20.9
	10 年以上	93	34.7

在制作量表或调查表（即测试工具）之后，首先，应对测试工具进行信度测试，以确保其可靠性和稳定性不会影响到问卷内容分析的精确性。从受试者的测验时间和测验内容来看，可以将信度划分为内部信任与外部信任。内部信任是一套问题是否对同一概念进行度量，也就是问题内部的连贯性，以及对这个概念（变量或维度）的稳

定性度量，最普遍的检验方法是Cronbachs'α系数。外部信度是对同一受试者在不同时期的测试结果的一致性。本节以克朗巴哈于1951年所提出的阿尔法为基础，对各变量进行了测试。公式如下：

$$\alpha = \frac{k}{k-1}\left(1 - \frac{\sum_{i=1}^{k} s_i^2}{s_T^2}\right)$$

其中，k为问卷检验题目的总数；s_i^2为第i题得分的方差，s_T^2为总得分的方差。克朗巴哈的α系数是目前最常用的信度系数，不同的研究者对其系数的界限值有不同的看法，一般认为，0.65~0.70是最小可接受值；0.70~0.80是相当好，0.80~0.90就是非常好。本书将问卷搜集数据经SPSS26.0软件分析处理后，得到表8-6所示的结果。其中，α=0.828，标准化后α=0.788，超过所建议的0.7，故认为本问卷的信度较高。

其次进行效度分析，KMO检验是Kaiser，Meyer和Olkin提出的抽样适合性检验（Measure of Sampling Adequacy）。该检验是对原始变量之间的简相关系数和偏相关系数的相对大小进行检验。其公式如下：

$$KMO = \frac{\sum\sum_{i \neq j} r_{ij}^2}{\sum\sum_{i \neq j} r_{ij}^2 + \sum\sum_{i \neq j} r_{ij \cdot 1,2,\cdots,k}^2}$$

Kaiser给出了常用的KMO度量标准：0.9以上表示非常适合；0.8表示适合；0.7表示一般；0.6表示不太适合；0.5以下表示极不适合。当所有变量间的简单相关系数平方和远远大于偏相关系数平方和时，KMO值接近1。KMO值越接近于1，意味着变量间的相关性越强；当所有变量间的简单相关系数平方和接近0时，KMO值接近0。KMO值越接近于0，意味着变量间的相关性越弱。其中KMO值为0.964，说明本书采用的问卷结构比较合理。

信效度分析结果　　　　　　　　　　　　　　表 8-6

α 值	标准化 α 值	项数	KMO
0.828	0.788	12	0.964

最后，对控制变量、自变量、调节变量和因变量进行描述性统计与相关性检验，如表8-7所示。由相关性结果可知，"人和"与工程和谐呈显著正相关（$r=0.732$，$p<0.01$）；"物适"与工程和谐呈显著正相关（$r=0.869$，$p<0.01$）；"事谐"与工程和谐呈显著正相关（$r=0.823$，$p<0.01$），为进一步验证研究假设提供了依据。

第 8 章 工程和谐管理的实现方法

表 8-7 相关性分析

变量	平均值	标准偏差	性别	年龄	教育	单位	工龄	人和	物适	事谐	社会人文	自然生态	政治经济	工程和谐
性别	0.82	0.381	1											
年龄	2.19	0.962	−0.082	1										
教育	1.78	0.592	−0.069	−0.112	1									
单位	1.88	0.478	−0.078	0.1	0.157**	1								
工龄	2.65	1.194	−0.044	0.693**	−0.096	0.122*	1							
人和	4.077	0.902	0.012	−0.064	−0.088	−0.049	−0.056	1						
物适	3.782	0.997	0	−0.145*	−0.039	−0.084	−0.160**	0.826**	1					
事谐	3.965	0.961	−0.003	−0.104	−0.028	−0.053	−0.135*	0.851**	0.911**	1				
社会人文	3.842	1.007	−0.001	−0.113	0.024	−0.08	−0.133*	0.811**	0.844**	0.877**	1			
自然生态	3.828	1.007	−0.02	−0.105	0.011	−0.101	−0.141*	0.802**	0.818**	0.829**	0.876**	1		
政治经济	3.703	1.011	−0.019	−0.154*	−0.011	−0.08	−0.200**	0.746**	0.850**	0.823**	0.829**	0.861**	1	
工程和谐	3.655	1.08	0.004	−0.167**	0.002	−0.112	−0.178**	0.732**	0.869**	0.823**	0.850**	0.828**	0.900**	1

注：*代表 $p<0.05$；**代表 $p<0.01$；***代表 $p<0.001$。

本书采用层级回归方法对假设予以检验，检验结果见表8-8。表中M_1为将控制变量引入回归模型中分析结果。M_2在M_1的基础上加入解释变量"人和"，回归结果表明"人和"与工程和谐显著正相关（$\beta=0.726$，$p<0.001$），即"人和"能促进工程和谐管理，假设H1得到支持。同理，M_3在M_1的基础上加入解释变量"物适"，回归结果表明"物适"与工程和谐显著正相关（$\beta=0.861$，$p<0.001$），即"物适"能促进工程和谐发展，假设H2得到支持；M_4在M_1的基础上加入解释变量"事谐"，回归结果表明"事谐"与工程和谐呈显著正相关（$\beta=0.812$，$p<0.001$），即"事谐"能促进工程和谐发展，假设H3得到支持。

主效应回归分析　　　　　表8-8

变量	工程和谐			
	M_1	M_2	M_3	M_4
性别	−0.015	−0.013	0.001	−0.003
年龄	−0.083	−0.042	−0.023	−0.064
学历水平	−0.005	0.062	0.038	0.026
单位性质	−0.090	−0.071	−0.041	−0.064
工作年限	−0.111	−0.095	−0.016	−0.014
人和		0.726***		
物适			0.861***	
事谐				0.812***
ΔF	2.391*	310.667***	779.383***	541.861***
R^2	0.044	0.563	0.760	0.689
ΔR^2	0.44	0.520	0.716	0.645

注：*代表$p<0.05$；**代表$p<0.01$；***代表$p<0.001$。

（3）结果分析

1）自然生态、社会人文和政治经济在"人和"与工程和谐之间的调节作用

本书使用SPSS26.0层次回归分析来检验自然生态、社会人文和政治经济在"人和"与工程和谐之间的调节作用，按照温忠麟等（2005）[307]总结的检验步骤来进行操作，首先纳入控制变量分析，得到M_1；其次将自然生态与"人和"分别做中心化处理，再计算"人和"与自然生态的交互项，放入SPSS26.0中进行统计分析，M_2表示的是去中心化后的"人和"与工程和谐的关系，M_3是在M_2的基础上加入了去中心化后的自然生态变量，M_4在M_3的基础上加入了"人和"与自然生态的交互项；M_5在

M_2的基础上纳入去中心化的社会人文变量，M_6在M_5的基础上纳入"人和"与社会人文的交互项；M_7在M_2的基础上纳入去中心化的政治经济变量，M_8在M_7的基础上增加"人和"与政治经济的交互项。

根据温忠麟等（2005）[307]得到的结论可知，交互项与工程和谐的关系显著则能说明自然生态、社会人文和政治经济在"人和"与工程和谐之间起到调节作用，结果如表8-9所示。表中M_4显示，"人和"与自然生态的交互项对于工程和谐来说起显著作用（β=0.097，p<0.05）。因此，自然生态在"人和"与工程和谐之间起到调节作用，因此H1a得到支持。表中M_6显示，"人和"与社会人文的交互项对于工程和谐来说未起到作用（β=0.081，p>0.05）。因此，社会人文在"人和"与工程和谐之间未起到调节作用，假设H2a未得到验证。如表中M_8所示，"人和"与政治经济的交互项对于工程和谐来说没有起到作用（β=0.025，p>0.05），因此，政治经济在"人和"与工程和谐之间未起到调节作用，因此H3a得到支持。

"人和"与工程和谐之间的调节作用　　　　表8-9

变量	工程和谐							
	M_1	M_2	M_3	M_4	M_5	M_6	M_7	M_8
性别	−0.015	−0.013	0.007	0.007	−0.006	−0.007	0.013	0.013
年龄	−0.083	−0.042	−0.063	−0.060	−0.048	−0.051	−0.048	−0.048
学历水平	−0.005	0.062	0.008	0.008	−0.007	−0.006	0.028	0.029
单位性质	−0.090	−0.071	−0.027	−0.019	−0.037	−0.032	−0.044	−0.043
工作年限	−0.111	−0.095	−0.027	−0.037	−0.037	−0.042	0.029	0.027
人和		0.726***	0.201**	0.269***	0.135*	0.194**	0.140**	0.159*
自然生态			0.654***	0.647***				
人和*自然生态				0.097*				
社会人文					0.727***	0.720***		
人和*社会人文						0.081		
政治经济							0.791***	0.787***
人和*政治经济								0.025
ΔF	2.391*	310.667***	127.561***	4.841*	169.111***	3.576	380.997***	0.557
R^2	0.044	0.563	0.7070	0.712	0.735	0.739	0.823	0.823
ΔR^2	0.44	0.520	0.144	0.005	0.172	0.004	0.260	0.000

注：*代表p<0.05；**代表p<0.01；***代表p<0.001。

2）自然生态、社会人文和政治经济在"物适"与工程和谐之间的调节作用

本书使用SPSS26.0层次回归分析来检验自然生态、社会人文和政治经济在"物适"与工程和谐之间的调节作用，按照温忠麟等（2005）[307]总结的检验步骤来进行操作。首先，纳入控制变量分析，得到M_1；其次将自然生态与"物适"分别做中心化处理，再计算"物适"与自然生态的交互项，放入SPSS26.0中进行统计分析。M_2表示的是去中心化后的"物适"与工程和谐的关系；M_3是在M_2的基础上加入了去中心化后的自然生态变量；M_4在M_3的基础上加入了"物适"与自然生态的交互项；M_5在M_2的基础上纳入去中心化的社会人文变量；M_6在M_5的基础上纳入"物适"与社会人文的交互项；M_7在M_2的基础上纳入去中心化的政治经济变量；M_8在M_7的基础上增加"物适"与政治经济的交互项。

根据温忠麟等（2005）[307]得到的结论可知，交互项与工程和谐的关系显著则能说明自然生态、社会人文和政治经济在"物适"与工程和谐之间起到调节作用，结果如表8-10所示。表中M_4显示，"人和"与自然生态的交互项对于工程和谐来说没有起到作用（$\beta=0.062$，$p>0.05$），因此，自然生态在"物适"与工程和谐之间不起调节作用，H1b未得到支持。表中M_6显示，"物适"与社会人文的交互项对于工程和谐来说未起到作用（$\beta=0.036$，$p>0.05$），因此，社会人文在"物适"与工程和谐之间未起到调节作用，H2b未得到验证。如表中M_8所示，"物适"与政治经济的交互项对于工程和谐来说没有起到作用（$\beta=0.015$，$p>0.05$），因此，政治经济在"物适"与工程和谐之间未起到调节作用，H3b未得到支持。

"物适"与工程和谐之间的调节作用　　　　表8-10

变量	工程和谐							
	M_1	M_2	M_3	M_4	M_5	M_6	M_7	M_8
性别	−0.015	0.001	0.007	0.006	0.000	−0.001	0.013	0.012
年龄	−0.083	−0.023	−0.038	−0.038	−0.032	−0.032	−0.037	−0.037
学历水平	−0.005	0.038	0.021	0.021	0.013	0.014	0.028	0.029
单位性质	−0.090	−0.041	−0.026	−0.021	−0.033	−0.030	−0.037	−0.037
工作年限	−0.111	−0.016	−0.005	−0.005	−0.014	−0.015	0.031	0.031
物适		0.861***	0.575***	0.585***	0.522***	0.525***	0.372***	0.379***
自然生态			0.351***	0.374***				
物适*自然生态				0.062				
社会人文					0.401***	0.417***		

续表

变量	工程和谐							
	M_1	M_2	M_3	M_4	M_5	M_6	M_7	M_8
物适＊社会人文						0.036		
政治经济							0.582***	0.583***
物适＊政治经济								0.015
ΔF	2.391*	779.383***	52.106***	3.609	60.920***	1.258	163.480***	0.296
R^2	0.044	0.760	0.800	0.803	0.806	0.807	0.853	0.853
ΔR^2	0.44	0.716	0.040	0.003	0.046	0.001	0.093	0.000

注：*代表$p<0.05$；**代表$p<0.01$；***代表$p<0.001$。

3）自然生态、社会人文和政治经济在"事谐"与工程和谐之间的调节作用

本书使用SPSS26.0层次回归分析来检验自然生态、社会人文和政治经济在"事谐"与工程和谐之间的调节作用，按照温忠麟等（2005）[307]总结的检验步骤来进行操作。首先，纳入控制变量分析，得到M_1；其次将自然生态与"事谐"分别做中心化处理，再计算"事谐"与自然生态的交互项，放入SPSS26.0中进行统计分析，M_2表示的是去中心化后的"事谐"与工程和谐的关系；M_3是在M_2的基础上加入了去中心化后的自然生态变量；M_4在M_3的基础上加入了"事谐"与自然生态的交互项；M_5在M_2的基础上纳入去中心化的社会人文变量；M_6在M_5的基础上纳入"事谐"与社会人文的交互项；M_7在M_2的基础上纳入去中心化的政治经济变量；M_8在M_7的基础上增加"事谐"与政治经济的交互项。

根据温忠麟等（2005）得到的结论可知，交互项与工程和谐的关系显著则能说明自然生态、社会人文和政治经济在"事谐"与工程和谐之间起到调节作用，结果如表8-11所示。表中M_4显示，"人和"与自然生态的交互项对于工程和谐来说起显著作用（$\beta=0.100$，$p<0.01$），因此，自然生态在"事谐"与工程和谐之间起调节作用，H1c得到支持；表中M_6显示，"事谐"与社会人文的交互项对于工程和谐来说起显著作用（$\beta=0.077$，$p<0.05$），因此，社会人文在"事谐"与工程和谐之间起到调节作用，H2c得到支持；表中M_8显示，"事谐"与政治经济的交互项对于工程和谐来说没有起到作用（$\beta=0.036$，$p>0.05$），因此，政治经济在"事谐"与工程和谐之间未起到调节作用，H3c未得到验证。

"事谐"与工程和谐之间的调节作用 表8-11

变量	工程和谐							
	M_1	M_2	M_3	M_4	M_5	M_6	M_7	M_8
性别	−0.015	−0.003	0.007	0.005	−0.003	−0.005	0.013	0.012
年龄	−0.083	−0.064	−0.067	−0.064	−0.055	−0.057	−0.053	−0.054
学历水平	−0.005	0.026	0.008	0.008	−0.003	−0.002	0.022	0.024
单位性质	−0.090	−0.064	−0.036	−0.028	−0.043	−0.037	−0.045	−0.044
工作年限	−0.111	−0.014	−0.004	−0.007	−0.018	−0.020	0.038	0.038
事谐		0.812***	0.438***	0.475***	0.338***	0.368***	0.258***	0.281***
自然生态			0.454***	0.476***				
事谐*自然生态				0.100**				
社会人文					0.541***	0.557***		
事谐*社会人文						0.077*		
政治经济							0.684***	0.680***
事谐*政治经济								0.036
ΔF	2.391*	541.861***	66.478***	7.209**	70.577***	4.166*	232.554***	1.400
R^2	0.044	0.689	0.752	0.759	0.755	0.759	0.836	0.837
ΔR^2	0.44	0.645	0.063	0.007	0.066	0.004	0.147	0.001

注：*代表$p<0.05$；**代表$p<0.01$；***代表$p<0.001$。

8.3.3 研究结论与管理启示

通过构建"人和、物适、事谐"影响工程和谐的模型，并引入自然生态、社会人文以及政治经济变量作为调节变量，对工程建设的管理人员及施工人员进行调查，对收集到的268份有效调查问卷进行实证分析，主要结论为：

（1）研究结论

1）"人和"对工程和谐管理存在较强的正向影响

工程往往由来自于不同组织、不同文化的人有机地集合在一个特定的组织内，这也大大提升了工程和谐管理的复杂性[308,309]，因此"人和"对工程和谐管理具有重要意义。"人和"是指军队工程建设中的人、事、物体系中的各相关人员的"人理"要素的协调，亦即领导、员工、团队等达到人尽其才的状态[310]。通过合理优化组织结构、员工关系的竞争与合作，实现员工、组织内部以及外部等多方协调。"人和"机理是工程建设中的主导机理，可以实现组织内部人际关系的和谐[311]。在工程建设过程中以人为本，充分利用"人"的要素，发挥员工的积极性和协作精神，提高员工的团队合作能力，进而在施工过程中实现整个系统的和谐。以往研究表明，在项目主体内部团队成员间的协调能够充分发挥项目参与主体的积极性和主观能动性，减少成员在利益、文化、心理等方面的冲突，从而降低主观性和不确定性所带来的负面影响，达到工程建设的和谐[310]。一方面，"人和"意味着项目施工人员等能够明确自己的位置，承担起主体责任，各司其职、履行职责，从而有利于项目的顺利开展[281]。另一方面，工程项目内人员对整个团队的认可在很大程度上改善项目内工作氛围，有利于工程建设任务的展开并提升工程建设积极性，进而促进工程和谐[312]。此外，"人和"可以提升团队成员对整体项目的认同，从而有效地发挥团队的主人翁意识，推动项目高质量、高效率地完成任务。因此在工程内部，"人和"可以有效地提高企业的工作效率，实现人员的高效配置，推动工程的和谐管理。以人为本，在项目施工中，"领导—员工—团队"促使团队内的协作配合，提升了整个项目的协作能力，整体上实现组织系统的关系、功能和谐。

2）"物适"对工程和谐管理具有显著的积极影响

"物适"是指在工程建设中"人—事—物"体系中所包含的物质资源等"物理"要素的协调，也可以理解为工程建设的设备、资金、材料、工具等达成物尽其用的状态[310]，亦即项目施工中通过供需对接、信息对称等技术手段，确保各种资源有效满足工程建设的需求。"物适"在工程建设上主要表现为基础生产设备完善充足、资源调配合理等，实现了人力资源及材料、设备、器械等"物"要素的集中配置和优化利用，达到物尽其用的效果。工程和谐管理理论认为，以质量、工期、成本等影响因素为对象的"物理"协调，是整个系统协调的基础。在项目施工中，资源配置、施工作业、技术创新、质量控制、成本控制和进度安排等都会对项目进度产生深远的影响[289]，因此"物适"对工程和谐具有重要的影响。一方面，基础生产设备完善在很大程度上提高了工程生产的速度，较高层次的物质保障体系能有效推动工程建设过程中质量、工期、成本等多要素的协调；其次，采用先进的施工技术与管理手段，可以有效解决项目建设中存在的各种资源不均衡问题，从而使项目资源得到合理分配，达到节约投资、提高工程质量、促进工程和谐的目的。此外，工程和谐需要工程在合理使用各种资源、运用相关技术来实现工程目标的同时，采用综合协调的方式，对工程质量、工期、成本等影响因素进行全面控制[313]，并建立起一套精益的物质保证系统，使各方面的要素得到有效协调，进而实现工程和谐。在项目实施过程中，要充分利用各种技术手段，使资源合理分配，实现整个生态系统高效协调地发展。"物适"是工程建设和谐管理的基本依据和功能目标，以"物适"为硬保障，实现项目协调发展。

3）"事谐"对工程和谐管理具有显著的积极影响

工程建设是各要素集合体，并具备差异性和复杂性。当各方利益需求不同时，需要结合各方视角，以尽可能达成子系统、大系统甚至巨系统不同层次的和谐管理。"事"维度的和谐即"事谐"，其能够对工程和谐管理起到促进作用，日常建设中可以通过建设技术的提升达到"事谐"的目的。施工方可以加大投入进行技术研发、严格制定工程标准、提前预测、提升技术本领、选用恰到好处的工程技术。严格制定工程标准，能够最大程度地使施工方注意自己的行动准则。行动准则的确立是工程建设过程的标准，基于建设标准进行的工序将会更加严谨、减少损耗和节约成本，以更好地进行工程和谐管理。提前预测、未雨绸缪，提前对工程建设过程中可能发生的事情进行预测，可以通过提前预防不确定因素来实现和谐管理。工程建设过早的准备将会对于施工方的随机应变水平有所提升，临场问题的准备、事物的提前准备和安置将会对工程和谐管理起到积极的促进作用。技术本领是工程建设中最基础的能力，只有坚实的技术支撑才能够使得工程顺利进行、提升效率。技术选用在不同的工程建设中会起到不尽相同的作用，恰当的技术能够使得效率最大化。在拥有良好的技术本领的基础上，多种技术的针对性运用对于工程建设过程中的效率起到决定性的作用。工程使用是选用特定的工程策略，以达到对症下药的效果。工程设计往往会有针对性的应用环境，选用恰当的工程方法，将会使得"事物"维度尽可能达到和谐的状态。通过这些方法，能够帮助施工方在工程建设过程中从全方位、多角度减少差距，进而在工程建设过程中提升建设效率、减少工程建设的成本，使得工程建设更加适合当下所处环境，尽可能地达到"事谐"的程度，进而促进工程和谐管理。

4）自然生态正向调节"人和"对工程和谐的促进作用

基于系统论视角，工程要素中的"人"存在统一指挥与灵活应对、彰显人性与规范约束、有效激励与适度约束之间的矛盾。自然生态是一种能够影响到人类生存和发展的自然物质和能源，自然生态和谐强调人与自然是平等的，均不可缺。自然生态能够正向调节"人和"对工程和谐的促进作用。自然生态环境是人类的基础，同时，由于工程建设会对自然生态产生一定的影响，在工程建设中要做到人与自然之间的协调，以达到最大的效益，从而体现出以人为中心，以人和自然为中心的工程生态发展思想。因此，在项目中，拥有优秀技术的团队，可以在维护自然环境的同时，将项目与外界的环境相结合。优秀的团队将会拥有较为良好的个人品质和团队精神，对于工程建设过程中的建设质量将会更有保障。同时，良好的自然生态体现的是一种更为良好的以人为本的生态环境，这对于"人"维度的和谐起到促进作用，更加有利于调节自然生态在人和工程和谐间的正向作用。在项目组织中，基于一种对子孙后代可持续发展的责任感，要充分考虑到对良好的生态环境、对子孙后代的责任，兼顾经济发展与保护环境的协同作用，降低项目矛盾，推动和谐管理。同时，由于工程建设会对自然生态产生一定的影响，在工程建设中要做到人与自然之间的协调，以达到最大的效益。通过上述手段，可以更好地实现"人"维度的和谐。结合工程建设过程的自然生态，工程组织要维护项目的协调发展，必须在工程组织中实现组织结构与环境、组织与个人行为、工程建设团队之间的协调，以更好地正向调节"人和"对工程和谐的促进作用。

5）自然生态未能在"物适"对工程和谐的促进中起到调节作用

"物适"意味着在工程建设过程中，对当下资源的物尽其用、物超所值。自然生态环境是指那些对人类生存与发展有直接或间接影响的自然生成的各类物质与能源的总和。数据分析表明，在自然生态对"物适"对工程和谐影响的过程中，有正向作用，但并不显著，因而相比自然生态对"人和"对工程和谐的正向调节中，自然生态的投入加大将更加偏重于提升"人和"对工程和谐的作用，对于"物适"对工程和谐的促进作用不显著。在工程建设的过程中，进行物资准备时，需要进行提前预算和计划，以备依据资源需求进行资源购入。在当下的自然生态中，由于所有的物质资源都是有限的，自然资源的过分掠夺和消耗都将造成工程和谐的不稳定发展。而提前的预算和计划都能够避免这一现象的发生，并且能够减少资源购入费用、控制成本，将工程建设中的每一笔费用最大化利用。依据现有资源进行整体目标的制定，良好的自然生态可以给施工方提供一个良好的资源储备和完备的资源条件。自然生态的好坏决定了整体目标的制定水平，工程项目建设过程中，应尽量避免使用对环境造成严重损害或严重透支的技术、方法、手段、策略。如果采取超出生态承受能力的行为，势必会约束环境的可持续性发展，影响工程的和谐稳定发展，造成不可逆转的影响。资源过剩和资源匮乏的调度问题需要尤为关注，资源过剩将会造成生态资源的浪费，资源的匮乏将会导致工程建设中的"物"维度的缺失。通过上述手段可以更好地做到工程建设中的"物适",以更好地在建造过程中达到物尽其用。在项目实施过程中,通过对自然环境和自然资源的保护来保证项目的可持续发展,使项目方从良好的自然生态环境中获益,可持续的自然生态系统将会起到积极的调节作用,使得工程整体达到和谐调度的状态。

6) 自然生态未能在"事谐"对工程和谐的促进中起到调节作用

自然生态是一种能够影响到人类生存和发展的自然物质和能源,因而自然生态对于人和工程和谐的调节作用将会更为显著。"事谐"即事物维度的和谐,是一种工程建设过程中事达其功、工作效率高的表现。数据分析表明,自然生态对于"事谐"对工程和谐的调节作用并不显著。因为自然生态更明显和直接的是针对人的作用,在事物上的表征相对没有那么直接,因而自然生态对于"事谐"对工程和谐的调节作用并不显著。对于"事谐"本身,在工程建设过程中,需要对"事"有创新的态度。创新能够将工程建设中的人、事、物更好地结合,进而更好地增强事的先进性,对工程建设的生态环境进行进一步的构建和优化,不断地对已有的工程建设生态进行打破和重建,使得工程建设系统内部达到动态平衡,进而提升自然生态环境水平,增强"事谐"对工程和谐的促进作用。在工程建设过程中,需要对于事物有创新的技术,以更好地适应环境,使得"事"维度对于工程建设更有积极作用。在工程建设过程中,需要对于"事"有一种新的探索模式,综合考虑复杂、苛刻的施工环境,更好地控制工程建设的质量、成本和工期。自然生态的多变性还要求事物在探索改变的过程中能够更具先进性和实用性。通过上述方式,使"事"维度向创新方向发展,以更好地在工程建设过程中事达其功,使得工程整体达到和谐调度的状态。

7) 社会人文未能在"人和"对工程和谐的促进中起到调节作用

社会人文由社会和文化两部分组成,在工程建设中,社会人文环境被赋予更多的人文意义,在建设管理中应体现出人文关怀,在工程设计中应考虑到人文因素,并结合时代、地域、宗教、文化、艺术等因素。同时,由于人们文化素质的提高,人们对工程的材料、质量、环保和节能的要求也日益提高。在工程建设过程中,帮助人构建价值观、培养思想觉悟,以提升其思想认知。要实现项目的协调发展,需要有专业的职业道德和职业操守。二者都促使工程师从观念、伦理、制度等方面进行工程建设,力求形式与精神、实用功能与象征能力的统一,打破传统的工程只是一种造物的观念,把当地的特点与工程有机结合起来,以达到工程的人文价值,达到经济、社会、生态三方面的均衡。在良好的社会人文环境中,工程师的契约精神得以提升,项目团队的凝聚力也随之增强。因此，良好的人文氛围可以促进有效的沟通，提升团队的技能，实现主动的项目管理。在项目建设中，物质生产方式不断改进，才能取得良好的经济效益和社会效益。必要的人文素养和能力禀赋使得施工方在工程建设中可以做到以人为本、天人合一、协调统一、构建和谐。行业标准与项目价值之间的关系体现在合同公平与工程师职业道德，而合同公平则体现在职业道德操守的基础之上。良好的外在人文社会环境和强大的工程建设人员内在技能双管齐下才能更好地推动"人"维度的和谐。由此看出，社会人文未能在"人和"对工程和谐的促进中起到直接的调节作用。

8）社会人文未能在"物适"对工程和谐的促进中起到调节作用

社会人文主要是指表现先进价值观和准则的各种社会文化现象。规范包括习惯规范、道德规范和法律规范。先进的价值观念与准则，在项目建设中具有重要的作用。在项目施工期间，材料的准备工作必须事先做好预算，以便根据所需的资源进行采购。在目前的自然生态环境下，资源的过度掠夺、过度使用会导致工程建设的不稳定发展。而事先做好的预算和规划，则可以有效地避免这种情况，降低采购成本，控制成本，使项目的成本优势得到最大程度的发挥。社会人文在其中可以通过加强施工者的学习力度、提升其预算意识，起到正向的作用。依据已有的资源来确定总体目标，在工程建设中，要尽可能地减少对环境的破坏或过度透支技术、方法、手段、策略。如果采用超过生态负荷的行为，将会对环境的可持续发展产生不利影响，从而对工程的和谐、稳定发展产生不可挽回的损失。资源过剩与资源短缺的调度是一个亟待解决的问题，过度的资源将会造成生态资源的浪费，而资源的短缺则会使项目的物质条件缺乏。社会人文的强调能够提升施工方对此的意识，以更好地进行资源利用。在工程建设中，项目是以当地市场为基础的，而市场中的资源往往是有限的，项目的协调发展与各利益相关者的互动是分不开的。利用以上方法，能更好地实现项目施工的"物适"，进而更好地推动社会人文对"物适"在工程和谐中的促进作用。

9）社会人文正向调节"事谐"对工程和谐的促进作用

人文是人类在满足生理和安全需求后的更高心理需求。良好的社会人文环境是项目管理的关键，不同区域的社会文化环境差异很大，对当地的风俗习惯、生活方式、宗教信仰的充分尊重和适应，将对项目的协调发展起到很大的促进作用。社会人文对于"事谐"维度的影响更为显著，数据分析结果显示社会人文能够正向调节"事谐"对工程和谐的促进作用，社会人文环境的发展能够更好地促进"事谐"对工程和谐的影响。而对"事谐"自身而言，在施工过程中，必须要有一种对"事"的创新态度。

其可以使工程的人、事、物更好地融合，从而更好地提高技术的先进性，使工程的生态建设得到进一步的完善与优化，实现工程建设的内在动态平衡，从而提高自然生态环境，增强"事谐"对工程和谐的促进作用，以达到工程的社会人文价值，实现经济、社会和生态平衡目标。在工程施工中，必须用一种新的方式去探寻事物。由于环境和目标的变化，项目的主体和对象关系也会随之变化，而自然环境的限制则要求对复杂、苛刻的施工技术进行综合考虑，以达到对工程质量、造价、工期的要求。在现有的工程中，由于对社会人文的重视，将更加注重企业的文化发展和员工教育作用，从而使"事谐"在工程中发挥更大的作用，以实现整个项目的协调发展。

10）政治经济在"人和"与工程和谐之间未起到调节作用

假设H3a未能验证成立，究其原因可能存在以下两种情况：一是政治经济环境在"人和"对工程和谐的影响中作用有限。在区域政治经济环境对项目建设有利的条件下，我们通常认为工程团队的较好管理能更加促进工程和谐。然而，优越的经济和政策也可能会使得工程管理者对当前项目建设状况产生认知偏差，做出自身未能意识到的非理性决策从而损害工程利益。基于群体传染机制，当有些人对于某工程风险的认知在群体中反复且一致，传染机制将会使得群体的认知趋向统一[314]，群体普遍无法意识到决策错误，因此这种条件下的"人和"事实上会反向作用于工程和谐。其次，尽管"人和"在工程和谐中起着重要作用，但在良好的政治经济条件下，这种正向影响的力度很可能被削弱，工程企业越是面临逆境，优秀管理者的管理行为越是能出成果。基于以上两点原因，政治经济环境在"人和"与工程和谐的关系中作用方向无法确定，故而其未能表现出明显调节效应。此外，政治经济环境作为企业和组织的外部环境，存在动态性和不确定性的特点，要求企业具有较强的动态适应能力[315]，对于不具有这种能力或者能力较差的工程企业，无法较好地利用外部优势、规避外部风险，故而政治经济环境的变动对其整体未能及时造成明显影响。二是工程参与人对政治经济环境变化感知有限。首先，诸如汇率、税率此类经济政策变动信息并非生活常识，若非企业财务人员和高层管理者，工程建设参与者普遍了解且实时关注该类信息的可能性较小，而问卷填写具有较大程度的主观性，这种群体认知背景下得到的结果存在一定程度的失实。其次，材料与产品的物价信息对于不涉及采购、销售工作的人员也极少触及，研究涉及样本有理由对市场经济环境感知迟钝，使得此部分的调节作用用实证检验无法较好吻合分析结果。

11）政治经济在"物适"与工程和谐之间未起到调节作用

工程建设过程中，明晰且严格的相关制度法规对项目资源合理配置与工程和谐之间理论上能起到促进作用,但本书发现这种作用的力度是有限的。"物适"基础上工程的多维良好协同更多依赖行业标准、企业内部制度而非外部宏观政策法规。政治经济环境作用于企业与外部单位的经济活动中,诸如材料采购、技术合作等,对外部环境的适应与利用能降低资源获取成本、提高资源使用效率。一般而言,政治环境在很大程度上影响企业和项目的跨国经营;经济环境直接影响企业和项目在国内从事生产经营活动的条件。当材料、工具、硬性技术条件都已经具备充足,以上外部环境因素对其具体调配与生产流程的运行无法直接造成影响,甚至几乎可以忽略不计。此种情况下,工程和谐达成的要点在于标准化、规范化内部制度的出台。工程施工规范是指在工程项目中,涉及各种工程的勘察、规划、设计、施工、安装和验收等方面的工作所需遵循的统一标准,详尽的工程标准规范将使得"物适"在工程管理中起到更好的效果。而标准的形成是企业、市场、政府共同作用的结果,有了正确的政策、规范的制度引导,还需要企业管理者合理采取措施应对,市场其他参与者积极进行响应与支持,故而政策与法规并不能独立发挥作用。此外,此部分同样不能排除受调查者对政治经济环境变化感知不足的原因。事实上,对于国内工程建设企业,处于相同的政治体制下、在同一时间段里,其政策条件、市场经济环境也相差无几,几乎没能对项目内部材料、工具使用这类具体生产建造流程产生重要影响,故而本书中不论是由于感知不足造成的误差,还是政治经济的确未能发挥明显调节作用的情况,相对都是可以理解的。

12)政治经济在"事谐"与工程和谐之间未起到调节作用

良好的技术、方法、手段、策略的使用即为在工程和谐管理中的"事谐",其对整体工程和谐的作用毋庸置疑,而实证分析结果证明政治经济环境在这一正向影响过程中同样未能发挥显著作用,可以尝试从以下方面入手进行解释。由于工程参与者普遍感受到当前所使用的技术、方法、手段、策略取得了良好的成果,适应当前良好的政治经济环境,故而可能造成项目团队成员普遍不愿意改变既有的局面。创新能力的提升产生于动态变化的外部环境,因无法对工程管理产生显著的影响或未能将企业置于"逆境",工程项目组织几乎不需要花费成本适应这一变化,故并不属于事实意义上的变化,这种条件下企业依然处于自身原有"舒适圈",变化的发生无法对企业创新产生正向影响,因此不存在理论上创新导向的"事谐"为工程和谐可能带来的正向影响机制。正所谓,当从一种技术转换到另一种新技术需要付出较高的使用成本时,原有技术将获得独特的市场优势,从而使经济决策行为陷入一种锁定状态[316]。首先,从一个良好的适应外部环境的技术创新转变,发展为效果未知的技术,这一过程无疑面临着较高的机会成本和无法避免的潜在风险,工程管理者不愿意花费更多的成本、冒着可能的风险进行更优技术、方法等的更迭，主观抑制了工程企业探索性创新能力；其次，企业在现有技术、方法、手段、策略使用的"事谐"良好反馈中获得了利益，使得管理者满足于现有技术方法，并对其未来表现充满信心，故而有意在创新改革的进行中选择保守的方式，使得技术、方法等创新的路径依赖愈发严重。尽管技术、方法、策略等的创新路径依赖在国内现有工程管理甚至企业管理中可能普遍存在，但并不意味着工程管理应该推行打压式的行业政策、法规，而是应当从这一非正常现象产生的源头因素入手，探寻解决这一问题的本质措施，例如更新企业管理战略、推行激励政策以提高企业自主创新能力。

（2）对工程和谐管理评价的理论启示

1）将和谐管理理论运用于工程建设相关单位的项目管理中，为工程管理效果的实现提供了较好的切入角度，为完善行业制度提供了借鉴

经过多年的发展，我国学者们把和谐管理理论运用到了深化管理理论创新和管理实践改革的各个层面，对相关行业的管理产生了深远的指导意义。而以往针对工程管理的研究主要集中在风险管理、质量管理、成本管理等方面[296, 317, 318]，与传统的项目管理方法相比较，运用"和谐"的思想来进行大规模的工程项目管理，不仅为这一研究领域提供了新的思路，且具有明显的多维优势。本书以"工程和谐"这一概念来衡量工程管理效果优劣，并且通过科学的量表设置来反应这一指标，从传统的仅仅衡量其经济性或者效率性的管理成效研究中跳脱出来，基于系统工程学理论，划分了工程管理效果的各种子系统，并提出当子系统内部以及各自之间达到和谐状态，工程和谐才据此达成。此外，尽管国内和谐管理理论发展已有一段不短的历史，但针对"工程和谐"的相关研究文献数量仍旧较少，且主要集中在系统理论分析、主客体关系研究等方面，尤其是在近年来，学术界对此未能出现新的观点。本书首先明确了工程和谐构成中三个子系统的积极作用，其次从探究外部环境对工程和谐作用机制的角度对这一领域的研究进行了一定程度的完善。

2）界定"人和、物适、事谐"且证明其为实现工程和谐不可缺少的三方面重要因素

工程和谐管理理论的根本理念是使各子系统内部以及互相之间协调统一，以实现整体协调。"人和"机理通过合理优化组织结构、员工关系的竞争协作，实现组织内部、员工以及外部等的协调，是工程建设中的主导机理；物适则通过资源配置、施工作业、技术创新、质量控制、成本控制和进度安排等，对项目的完成产生深远的影响；事谐以技术研发、严格制定工程标准、提前预测、提升技术本领、技术的选用使

得工程顺利进行、提升其效率。从工程系统论角度出发，在"人"要素方面，项目进行过程中存在着统一流程与灵活应对、标准规范化与适度人性化、有效激励与适度约束的系列冲突；从"事"因素看，技术手段与未来创新发展需求、管理方法策略与实际应用、工程运行现状与预期状态之间也可能有着一定的差距；从"物"的观点来看，工程建设也会存在资源供给与需求的匹配、有限资源条件下的资源配置、资源冗余等各种问题。在工程系统中，"人、事、物"子系统不能满足其最优的要求，势必造成总体系统的不协调和不稳定。基于以上分析，"人、事、物"分别作为构成工程的子系统，必须同时向"人和、物适、事谐"三种和谐状态转变，且三个系统无法独立完善自身，"物适、事谐"的形成依赖于"人和"，唯有从人自身的能力、感受、反馈等特性与行为出发，将创新与改革的关注点放在工程作业人员身上，才能更好地追求"以人为本、物尽其用、事达其功"的工程和谐状态。

3）探索了自然生态、社会人文、政治经济等外部条件作用于工程和谐的机制

工程项目管理的整体和谐是指系统结构、组织结构、内部环境、外部环境的协调与和谐[125]，这种和谐非单纯的自身构成、内部环境、外部环境简单相加，而是由各个系统自身的协调，以及各个子系统之间的互动协同达成。理论分析通常认为代表外部环境的自然生态、社会人文、政治经济三者能同时在"人和、物适、事谐"方面对工程和谐起到正向调节作用。然而本书基于问卷结果的数据分析得出三者的作用均较为有限。自然生态仅在"人和"与工程和谐之间起增强作用，由于这种良好的自然生态环境也可以理解为更好地以人为本的生态环境，对于"人"维度的和谐起到促进作用，故而调节自然生态在工程和谐"人和"间的正向作用；社会人文仅在"事谐"与工程和谐之间起增强作用，其在工程和谐之中的作用可表现在对"事物"的创新态度，是项目建设的重要推动力；政治经济则并未在任何过程中起到明显作用，我们考虑的是由于国内政治经济环境存在着稳定性与一致性，以及受访者对该种外部环境的感知程度较低。故而，工程和谐间接受到系统外部环境影响，且主要通过在子系统与总系统之间的调节效应来发力，但影响程度总体不大，其更直接受到系统内部"人、物、事"三个构成子系统的影响。

（3）对工程和谐管理评价的管理启示

1）工程管理过程中，应当追求"人和、物适、事谐"三方发展平衡，构建以人为本的工程和谐协同作用机制

首先，"人和"要求工程团队任用优秀的管理者，以此带领出优秀的工程队伍。在"人和"的组织中，领导者具备较强的管理能力，在制定施工计划、进行经济决

策、维持组织运作的过程中取得出色成果。成员具有较强的个人素质和团队合作意识，极大程度上保障了施工质量。在项目主体内部，团队成员间的协调能够充分发挥项目参与主体的积极性和主观能动性，减少成员在利益、文化、心理等方面的冲突，从而降低主观性和不确定性所带来的负面影响。其次，"物适"在"人和"的基础上发生，要求工程具备充足、良好的材料、工具等资源供给，为施工人员提供强有力的后勤以及安全保障，同样这也是工程质量管理不可或缺的一环。此外，"事谐"要求施工方具备支撑施工流程必要的技术、手段、方法，以及应对各种局面的理性决策，从而帮助工程达到高质、高效的目标。显然，"物适"与"事谐"的达成离不开"人和"的助力，在三个子系统中"人"的因素最为基础，也最为重要，另外两个子系统与其相辅相成。故而，工程管理须遵循"以人为本"的第一要义，广纳贤才的同时也要关注一线施工人员的工作感受以及问题反馈，并及时据此对"事"与"物"进行调整与改革。

2）工程建设过程中，应当注重对自然生态的保护与合理利用，以充分发挥其直接与间接的积极作用

工程建设规划应该指根据不同地域的气候、地形地貌、地质、水文以及岩土等自然条件的异同性对地理区域进行划分，充分考虑工程的具体要求。通过对自然生态多方面内容的深入研究，制定科学的区划指标，为工程设计方案的制定提供指导，保障工程建设质量达到理想要求。一方面，工程建设要和自然生态环境以及景观相协调。在工程管理过程中要清楚地认识到自然生态环境因素的影响，并合理选用施工工艺以最大程度地降低工程建设对自然环境的负面影响。在具体的实施过程中，要采取有效措施减少工程污染，保障对自然资源的合理保护，使工程和自然环境、景观相互适应协调，在保障工程质量的基础上尽可能地使自然环境条件保持原状。另一方面，工程建设要和环境完美融合。在工程建设施工过程中，要秉持可持续发展的原则，同时兼顾工程质量和自然环境保护双重方面，实现经济效益和社会效益的共同提高。此外，在工程规划阶段，应将环境保护纳入考虑范围内，制定完善的措施，避免出现水土流失、生态破坏等情况，务求在工程建设完成的同时同步完成生态修复工作。因此，工程施工环保标准应根据不同地区的具体环境特性进行划分，为工程建设中环保措施的应用提供指导。

3）项目组织管理中，应当有意识地加强成员对于企业文化、社会人文观念的学习与理解，以突破旧的认知，增强工程团队对新环境的适应融合能力

科学且合理地管理工程项目人员，不仅能提升队伍的稳定性和技能水平，还能降

低工程施工风险，节约项目施工成本，更好地助推项目优质履约。项目管理人员需要有丰富的工作经验和先进的专业知识，要在工作过程中发挥自己的岗位责任感以及社会道德。成员能不断加深对企业文化建设水平的理解，有利于建立互动式管理体系，聚焦企业文化建设的目标与原则，关注到项目组织管理中各个成员的差异性，使得项目管理人员对企业文化建设的理解力与领悟力得到进一步加深，提升员工的满意度与积极性。同时，要加强对项目管理人员发散思维和把握全局的能力的培训，要让成员清楚知晓与项目相关的各因素以及之间的关联，采用动态的管理方式去适应其中的变化。从全局性把控出发，要求结合社会人文，从项目管理一直延伸至项目后期的试运营，从根本上保证项目符合定位和预期，在追求项目成效的基础上综合考虑项目的社会性。

总的来说，工程建设中的工程和谐建设涉及管理体制中的各类问题，例如经济环境、政治背景、社会制度、技术手段等等，无法用本书上述提到的自然生态、社会人文和政治经济高度完整地概括。因此，应更加充分地提炼各方领域，以更好地使工程建设中"人、物、事"的应用恰到好处。

和谐是创造的根本，而创新则是维护和谐的内在动力，也是促进和谐发展的内在动力[319]。"人和、事谐和物适"的达成需要工程建设中的创新理念，通过创新可以帮助工程和谐管理的基础构建，良好的基础可以帮助工程进行更好的建设，进而更加促进"人、事、物"的和谐。在自然生态和社会人文环境下，应该更好地构建对于"人、事、物"适宜的生态和社会，来提升自然生态对"人和"在工程和谐中的促进作用，以及社会人文对"事谐"在工程和谐中的促进作用。在该过程中，三者并不是孤立的，而是相互联系、各司其职的，工程建设的和谐管理是工程结构、功能与环境相互作用、共同演化的过程。因此，在以"人和"为前提、"物适"为依据、"事谐"为手段的同时，"人"因素的能动性、主导性的增强，"事"的适宜性、先进性的提高，"物"的充足性、有效性的改善，"人和、事谐、物适"之间的协同优化与生态环境的协调演化，是促进以人为本、天人合一的有效方法。

第 9 章 工程和谐管理实践应用

9.1 以人为本的管理组织集成化"人和"工程实践——岷山 2 号隧道工程

9.1.1 岷山2号隧道工程项目背景

岷山2号隧道工程是西气东输二线湘赣段控制性隧道工程,全长1524.7m,位于江西省九江市,该工程于2009年8月29日开工,原计划在2010年8月25日完工。然而2010年5月国家审计署在对岷山2号隧道工程的审计中,发现工程存在重大质量问题。该工程是空军支援国家经济建设的一项重要任务,为了确保国家西气东输能源战略的实施,为了体现军队高质量完成国家重点工程建设的决心,空军党委提出"坚持最高标准、保证按期完工、不留任何隐患",急调原广州空军工程建设局(简称"原广空工程局")千里奔赴九江,组建新的岷山2号隧道工程项目部,承担质量整改及后期建设任务。组织要求从2010年6月25日到8月25日,必须按原计划完成全部工程任务。

多年来,原广空工程局已经惯于承担上级交付的"急、难、险、重"特殊任务,然而此次岷山2号隧道工程任务却使他们感受到未曾有过的巨大压力。如果是一项正常进行的工程,岷山2号隧道工程本来并不算十分的"高、难"。然而,由于此前施工留下了过多的问题,工期紧迫成了最大的难关。该工程地处一座山梁上,洞口与地面高差50多米,临时施工通道狭窄、坡陡、弯急,建筑材料和物资需历经3次倒运,长达2个多小时才能到达洞口。洞内大量低等级围岩,施工安全隐患大。施工作业面小,大型机械无法展开。根据该工程围岩复杂程度、施工作业难度、施工质量要求以及工程量等综合因素考虑,正常施工至少需要6个月时间,以2个月时间完成这样的工程任务几乎是不可能的。"临危受命"的原广空工程局,面对着"军令如山",经受了一次不同寻常的重大考验,其不仅仅是对团队战斗力的考验,对军人忠诚度的考验,更是对在突发紧急事件情况下管理能力的考验。胜利完成任务的事实表明,工程和谐管理的思想和方法，再次为其提供了制胜的武器。

岷山2号隧道工程管理中，原广空工程局较好地处理了与甲方及先前施工方之间的关系，三方共同合作配合，有效避免了矛盾与冲突，并按时保质保量地完成了任务。在时间紧、任务重的情况下，原广空工程局充分发挥出人的主观能动性与工作积极性，突破了施工物理环境约束、技术前期资料缺乏、项目物资条件匮乏等不利因素的影响，在"事理、物理"一定条件下，实现了以"人和"为主导的工程和谐。

9.1.2 以人为本的组织"人和"主要做法

（1）以政治目标和谐为前提

政治目标是工程管理的根本前提，政治和谐亦是工程建设和谐管理的最高层次。原广空工程局项目组始终站在讲政治、讲大局的高度，用军委首长和空军首长的指示来统一大家的思想，不断提高执行力。在充分理解老项目部人员心情的同时，在满足工程建设的业主、监理方、承包方等主体利益协调的基础上，依靠工程建设主体中领导者、团队的共同努力，通过与各方进行有效的沟通，促进工程建设组织内集成创新，提高工程和谐管理组织的凝聚力与核心竞争力。该项目最终赢得了良好的局面，使得整改工作取得了关键性的进展，将不可能变成了可能。

以政治目标和谐为前提，西气东输二线（东段）岷山2号隧道工程项目的和谐管理才能在"人和、事谐、物适"的耦合进化过程中，"不惜一切代价"抓整改，急工程之所急、想工程之所想，随时处理、解决施工中的矛盾。具体包括在成本可控的条件下，以最短时间、最有效方式获得工程项目所需要的人力资源和物质材料。充分发挥有效沟通在工程和谐中的重要作用，解决了工程建设参与人员个性偏好和需求层次等差异性导致的个体目标与工程项目组织目标偏差问题。同时通过积极的强化措施，充分调动"人"的积极性，使之与工程目标相匹配。以常规条件下不可能达到的速度完成该项目，甚至以小单位经济利益的退让保障国家和军队的重大利益，体现了特殊条件下"工程目标环境"的基本原则。基于政治目标和谐与"人和"机制，对于展示我军工程部队诚信守约、优质安全的良好形象，提高社会的质量和安全意识，解决工程建设行业出现的不良现象，对于改变社会道德建设方面出现的信念不足、缺乏诚信、作风漂浮、管理松弛、弄虚作假等问题，具有典型鞭策作用。

（2）以集成化项目组织为支撑

为保证项目在特殊条件下的顺利完成，原广空工程局探索建立了一种"集成化"的工程组织结构模式，如图9-1所示。这种集成化组织结构管理模式具有高度柔性，矩

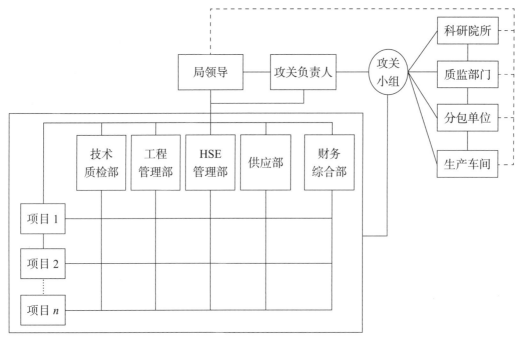

图9-1 "集成化"的工程组织结构模式

阵式的全局组织结构保障了专业化分工和分项目的作业方法，网络式组织结构不拘泥于等级的约束灵活高效，直线式组织结构保障项目间的集中调配。集成化的工程项目组织模式实现了各级管理人员均能随时了解现场工程进展情况，及时发现问题并快速解决问题。集成化的工程项目组织培育和塑造了和谐的组织文化、工作模式，其丰富了不同岗位的工作设计，充分尊重人的心理和行为表现及其客观规律，提高工程建设主体特别是管理者预测、引导和控制人的行为的能力，最终实现工程建设组织既定目标。

（3）以和谐建设团队为核心

岷山2号隧道工程是一项特殊的工程，其特殊性除了紧迫工期之下的高难度外，还在于其同时有多支队伍联合作战，如何使这些分属不同部门的队伍协同一致，这对于由原广空工程局组建的新项目部来说是一种特别的考验。原广空工程局从组建新项目部时起，就提出"团结协作共同完成任务的决心不动摇"，表现出对原项目组及兄弟单位携手并肩、共担重任的诚挚意愿。他们的大局观深深地感染了兄弟单位。后来的事实表明，正是在兄弟单位的积极配合下，才为工程争取到更多的宝贵时间。正是新老项目部人员的同心协力，成为工程顺利进展的关键。这种积极配合、不为个人利益、一心追求责任担当的"自我超越"需求以及"自我价值实现"，体现了原广空工程局项目部内部和谐的团队文化。项目成员受组织文化的熏陶和感染，受组织内部模范人物的示范和带动作用，受组织中核心领导的教育和指引，通过内化道德规范、内化社会及文化环境的价值观念来约束、规范、监督自我行为。这种和谐的组织文化充分激励了组织成员，提高了工程建设效率，实现了团队与工程的和谐。

同他们"团结协作共同完成任务"的不仅有原项目部单位，还有临时调来支援的多支专业施工队伍以及当地的农民工队伍。施工高峰正值盛夏，各路队伍顶着酷暑，夜以继日地奋力工作，官兵一致，军民同心，真正是"劲往一处使，汗往一处流"，在岷山工地形成了一个激情昂扬的战斗集体。和谐的项目团队充分调动了"人"的积极性，实现了工程建设"人和态"。战斗集体中存在的奉献、合作、奋斗、敬业等和谐文化为良好的"人和态"提供了坚实的基础。作为这一和谐团队集体核心的原广空工程局用对合作伙伴的真诚尊重，换得了充分的理解和真挚的友谊，创造了各方和谐相处的大好局面。如果说岷山2号隧道工程从原先的被动局面实现了大逆转，在一项看似"不可能完成"的重大任务上创造了奇迹，其首位原因就是"人和"因素的充分发挥。

营造团结和谐的局面，共创团结战斗的业绩，这早已是原广空工程局工程和谐管理的传统思想。其在快速成长过程中，就是构建工程团队亲情、友情，汇聚和谐大家庭的过程，同时也是与许许多多兄弟单位真情友谊发展的过程。"干一项工程，树一座丰碑，交一方朋友"是他们富有特色的口号。和谐团队中人尽其才、才尽其用、用尽其能，各利益关联方的多主体价值取向一致、利益协调均衡是实现"工程和谐"的基石。在岷山2号隧道工程中，他们再一次树起"丰碑"的同时，使工程和谐管理之路，越走越宽广。

（4）以和谐施工组织为补充

新项目组成立后，虽然工期紧迫、一刻千金，但项目部懂得，正因为只有一次机会，没有任何再次返工的时间，所以在工程项目组织上更要保持科学的态度。在紧急调动施工队伍和进行工程准备的同时，项目团队全力投入实地勘察和整改方案研究，每一个关键性环节均慎重斟酌。经过反复的比选和测算，最终确定出一套可行度最高的施工组织方案和相应的应急预案。这时，离完工时间仅剩下52天。后来的事实表明，正是有了科学的施工组织方案，才保证了工程在紧急情况下的有序开展和顺利完成。其充分发挥了工程和谐管理对于组织结构的补缺功能、应急功能，实现了组织结构与项目的紧密融合，避免了工程系统中矛盾问题的持续增长和恶化，减弱甚至抵消了系统中的衍生，控制了项目可能造成的损失。工程整改和后续施工的关键性节点是：欠挖石方处理—二次衬砌施工—道面混凝土浇筑，与此相关的要进行工程物资设备的调运、专业爆破队伍的选配、隧道渗水的处理、现场运输力量的组织、生产用电的保证、辅助设施的施工、专用设备如台车的改造与制作、商品混凝土的供给、生活设施的搭建等。由于现场空间狭窄，运输问题一度成为瓶颈，交叉施工干扰难以避免，稍有安排不妥，就会造成关键工序受阻而严重影响工期。为此，在和谐的施工组织方案中，对各个环节都做了尽可能周到的安排和预案，排除和避免了冲突、缺漏和脱节，确保了工程关键线路运转顺畅、高效与和谐。

（5）以和谐项目资源为保障

在工期异常紧迫的情况下，为了保证工程必需的物质条件和技术条件支持，项目组果断地做出一系列决定，具体包括：一是迅速做出材料设备的需求计划，通过各地调运、就地采购、临时租用、应急赶制的途径，按必需的时间节点配置到位；二是对各分部分项工程所需要的专业技术力量做出安排，按不同的施工阶段，调集充足的工程师、技术员和技术工人到达工地；三是从单位紧急调来大笔应急资金，确保工程用款。为了保证及时开工，几天之内，项目部从分散在广东省的多个施工工地，迅速调集410名工程人员和110台（套）机械设备，组建了岷山2号隧道工程施工突击队。为了处理隧道欠挖的石方，他们2天内调来了技术力量充足的专业爆破队伍。他们以最快的速度将2台4m台车分别加长到10m和14m，并从福建赶制了一台21m台车，加快了二次衬砌的施工。每一个关键性环节和重要工序，均召开专家会议进行论证，确保每一个决策的科学性。以"人"的开放性、灵活性、机动性所构筑的"人和"为和谐的项目资源配置及利用奠定了良好的物资基础，在弥补"事"与"物"不足的同时将可能存在的隐患予以及时消除。

9.1.3 岷山2号隧道工程"人和态"触发机制

工程建设的"人和、物适与事谐"并非始终处于常态，必须以特定的工程建设为纽带，以工程任务为触发源，以工程目标为导向，推动"人理"要素、"物理"要素和"事理"要素从非和谐态向和谐态转变。人和、事谐、物适状态的形成，在一定程度上是"人理"要素、"物理"要素和"事理"要素受到特定条件的触发而形成的。在西气东输二线（东段）岷山2号隧道工程项目中，团队的责任感、使命感和荣誉感因为受到临时任务、突发任务或者说具有挑战性的政治任务而被激发出来，不同区域的团队配合更为默契、人际关系更为和谐、组织的灵活度更高。在物资装备的供应层面，因为受到西气东输二线（东段）岷山2号隧道工程项目迫切的物资需求的触发，而能够通过有效集成和组合的组织方式加以满足和实现。在技术层面，通常需要在技术、方法、途径、技巧等方面满足特定军事工程项目的差异化需求，正是因为如此，西气东输二线（东段）岷山2号隧道工程项目组织坚持以全新的"人和"模式等开展工作，确保项目按照原有的时间节点和质量标准出色地完成任务。

9.2 集成创新的数字化建造技术"事谐"工程实践——天投国际商务中心项目

9.2.1 天投国际商务中心项目背景

天投国际商务中心项目位于成都市国家级新区天府新区，项目效果与形象进度如图9-2所示。项目包括两栋超高层建筑、裙楼商业以及公园绿地，净用地面积约为47375.84m²，总建筑面积约31万m²，主要功能为商业、餐饮及办公。B栋超高层地下4层，地上55层，建筑总高度268.4m；C栋超高层地下4层，地上38层，建筑总高度197.6m，塔楼结构形式采用钢管混凝土柱—型钢梁—钢筋混凝土核心筒。项目开工时间为2017年3月30日，原计划竣工时间为2021年5月28日，总工期1530日历天。该工程示范的目标就是通过数字化建造，确保施工现场固体废弃物减量化。即建立在与数字化有关的知识、工具、方法等"事"和谐的基础之上，使得建设项目事得其法、事半功倍，适应和匹配工程和谐对于"事谐"的需求。

（a）项目效果图

（b）项目形象进度图

图9-2 项目效果与形象进度图

9.2.2 集成创新的技术"事谐"工程数字化建造——固废源头减量化技术应用

（1）基于设计优化及深化的工程"事谐"

该项目以工程可持续为目标，将工程和谐管理"事谐"理念贯穿项目设计与生产的全过程中，既包括前期结构选型工作中有助于实现工程和谐的设计理念，从设计环节开始考虑对固体废弃物减量予以控制的"事谐"技术，通过设计优化、施工过程管控与施工组织优化的"事谐",减少施工现场固体废弃物对于工程和谐造成的不利影响,陈蕾等进行了具体分析[320]。

1）设计优化

第一,设计选型优化。项目充分考虑传统纯现浇钢筋混凝土构件在施工时由于人、机、料及环境等多方面影响所出现的不可避免的材料浪费（如产生落地灰）,以及构件施工质量出现问题（如发生胀模）需要剔凿修补等现象。项目围绕设计的学科知识领域及多元信息协调,通过多方面对比,积极促进设计选取工厂预制化程度高、废弃物源头可控的结构形式,避免导致施工现场建筑垃圾产生量大、材料浪费量多等不利于工程和谐的情形。项目最终确定工程结构形式为钢管混凝土柱—混凝土核心筒—钢梁与压型钢板组合楼盖,增大构件预制化程度。此方案外框钢结构各构件不需要设置模板及支撑体系,相对于常规结构形式节省了大量模板、木方、钢管等措施材料投入（图9-3）,从而避免因资源浪费而导致的工程不和谐现象。

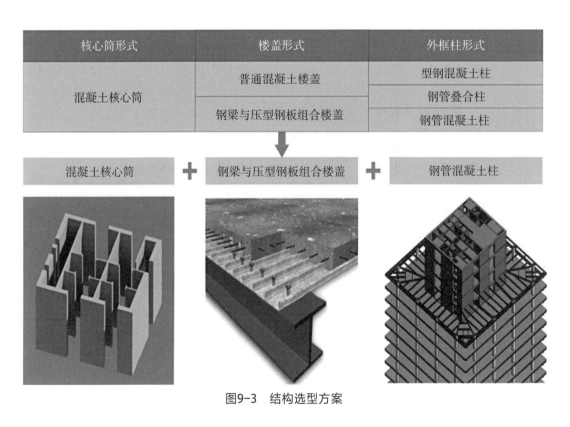

图9-3　结构选型方案

第二,源头减量优化。该工程在确定结构选型后两栋塔楼用钢量预计达19000t,通过X-STEEL建模、展开放样、导入AutoCAD、数控排版、沿重合圆弧线切割钢板,将原始整板切割浪费边角余料改进为放样连续切割,能够有效减少废料并降低原材料损耗。同时利用X-STEEL建模圆锥台作用于钢柱变径部位，导出独立构件细部构件图，并展开平面放样得到制作下料的尺寸图纸，指导制作施工。依托"知识—工具—方法"等"事"的和谐，项目合理完善钢柱变径、钢梁变截面、牛腿斜角、搭筋板、异形零件板等方面的制作施工，进一步实现钢结构的源头减量化，从而有效控制材料损耗，减少固体废弃物等工程非和谐态的生成。按照传统放样方式，材料损耗约占比例20%（460t），达成工程和谐态的效益体现为切割异形零件材料损耗控制在4%（92t），异形零件方面共节约钢材368t，B栋综合损耗控制在1.5%（168t），见图9-4。

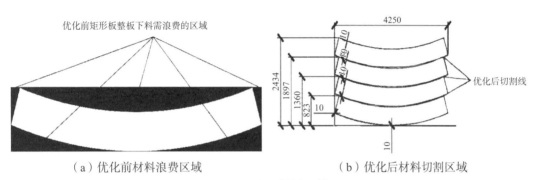

图9-4 优化材料下料

2）深化设计

第一，施工设计深化。及时利用直观的虚拟模型发现并解决隐性问题，有效避免施工时的拆改，达成高效利用施工资源的目标。利用BIM软件进行管线综合排布，通过持续改进的模型对业主进行交底，并依据虚拟现实技术实现设计与业主监理的审核，分楼层分区域对控高交底，重点说明复杂节点以及突破控高要求地方，最终将各方审核无误后的三维模型导成二维图纸并由设计单位出具施工蓝图，以此为依据开展施工。三维模型的建立让该工程提前发现并解决了很多问题，以技术"事谐"为引领的工程和谐体现为工程开工三年未出现因节点或控高等原因产生的变更，有效推进工程近零变更管理目标的实现，设计出图效率高，图纸错点与冲突点少，为现场顺利高效地施工铺平了道路。具体如图9-5所示。

第二，资源配置深化。"知识—工具—方法"所实现的"事谐"的重要表现在于不断优化资源配置，最大限度从施工源头避免资源的浪费和控制固体废弃物的产生。具体包括采用基于Revit的机电管件的加工组合优选插件，将正负许可误差与废料误差输入三维模型，根据施工流水段，快速、多维度（按系统、按区域）选定精

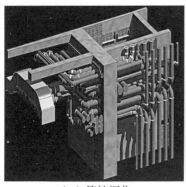  

（a）管综深化　　　　　（b）交底审核　　　　　（c）碰撞模拟

图9-5　设计深化措施

细化切割内容。借助工艺要求、标准规范限定、材料定尺情况，通过参数设置，进行与现场实际匹配的基于项目特异性的定制化切割，通过智能重组优化已有切割方案，从源头减少机电管线余废料。基于资源配置深化的技术"事谐"所实现的最终工程和谐体现为工程管道废料损耗率由传统设计施工中的2%～35%降低到2.2%以内，充分达到节约材料、减少固体废弃物的产生及降低成本的目的。具体如图9-6所示。

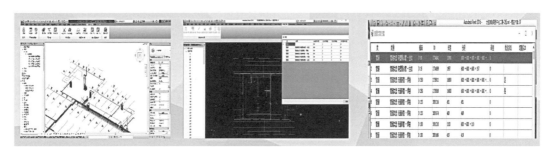

图9-6　机电管件精细化切割

（2）基于施工组织优化的"事谐"

该项目以工程组织的科学性为核心，推进全面施工组织优化，主要从高效配置施工资源"事谐"角度实现以控制施工废弃物产生为目标的工程和谐，相应的"事谐"手段包括土方平衡、现场加工厂配置、质量控制、施工材料与机械工具选择等，具体如表9-1所示。

施工组织优化措施"事谐" 表 9-1

"事谐"项	"事谐"表现	"事谐"实例
土方施工	商业办公区域先行施工，该区域基坑深度约20m，肥槽宽度1.5~2m，支护方式均为排桩支护。设计图纸要求"地下室施工完成后，在主体结构施工至3层前应完成基坑回填"。开挖出的土方经处理可用于商业办公区域的基坑回填，极大地减少了绿地公园区域的土方外运及商业办公区域的土方外购量，很大程度上实现了场内土方平衡	
钢筋施工	钢筋连接采用螺纹套筒连接技术，减少钢筋浪费	
	底板利用抗浮锚杆钢筋作为钢筋马镫，减少措施钢筋投入	
混凝土构件施工	一次现浇结构采用清水混凝土技术，构件外观成型效果好，可减少墙体抹灰工序，节约材料用量	
集中加工	现场设置钢筋集中加工场，从源头减少钢筋加工产生的建筑垃圾	

续表

"事谐"项	"事谐"表现	"事谐"实例
工厂化定制	本工程三栋单体外立面均为幕墙（玻璃幕墙、铝板幕墙以及石材幕墙），材料均在加工厂定尺加工完成后运至场内直接安装，减少现场加工产生的固体废弃物	
措施选择	塔楼核心筒外侧采用液压爬模系统，减少大量非实体投入，进而减少材料损耗	
	核心筒一次浇筑构件均采用铝合金模板，损耗低，构件成型质量好，减少材料投入，且拆模完成后，悉数配件均可重复使用，无施工废弃物产生	
	框架构件支撑体系采用轮扣式脚手架，构件种类单一，损耗小	
	框架柱加固采用成品可调节柱箍，减少损耗，构件成型质量好，减少材料投入	

基于施工组织优化的技术"事谐"，工程和谐表现为土方基本实现场内平衡，有效降低成本，钢筋废料的产生大幅减少，铝模爬模的使用持续提高施工效率和结构成型质量，深化的模型成功对生产资源配置达成优化。

（3）基于施工过程管控的"事谐"

采用数字化建造技术，尤其是BIM技术对用料的全过程进行精准管控，并通过工地智慧管理，进行平台联动，如表9-2所示。

施工过程管控　　　　　　　　　　　　　　　　表9-2

管控项	管控措施	管控实例	实施效果
混凝土用量控制	采用BIM软件建立了混凝土、钢筋结构模型。每次混凝土浇筑前，依托计量模型分层或分流水段对混凝土和钢筋的工程量进行提取，在原有混凝土工程用量基础上扣减钢筋所占体积得到混凝土净量。通过对工程部上报工程量、商务预算量、实际浇筑小票量进行三量对比		通过精准下料，减少施工现场混凝土废料产生。以C栋37层核心筒混凝土浇筑为例，商务部预算量（扣除钢筋图示净量）204.34m^3，实际浇筑量206.27m^3，超量1.93m^3，损耗率为0.95%，低于混凝土损耗管控值1%
钢筋用量控制	钢筋管理采用BIM软件，首先根据施工图纸进行精细化建模，将模型导入软件后，软件通过分析后可提供多种钢筋优化方案		经过实测分析，本工程精细化的钢筋管理相对于传统"粗放型"的钢筋管理，减量钢筋废料50%以上
砌体材料用量控制	在二次结构施工之前利用BIM三维软件进行深化设计。通过BIM软件将砌筑模型建立后，软件自带的排砖功能可智能生成最优排砖方案		实际构件砌筑材料损耗率仅为1.15%。空心砖实际施工用量比通过软件生成的砌筑模型导出的空心砖理论用量多33块，损耗率为1.54%

续表

管控项	管控措施	管控实例	实施效果
模架用量控制	从整板使用率最高、精细化切割等方面进行优化，完成模板加工的智能放样，直接生产配模图及模板切割图		模板实际损耗率控制在7.3%左右，远低于行业施工中平均损耗率15%，减少施工现场模板废弃物的产生
智慧工地应用	通过智慧工地系统协同管理平台，把数字工地、物料管理、质量安全管理、环境监测等内容结合在一起，推动实现绿色施工、节能减排、精细化施工管理等目标		通过智慧工地物料验收称重系统，确保了场内材料倒运、入库出库、垃圾清运等材料数据的实时掌握，确保项目固废数据准确性

9.2.3　天投国际商务中心项目工程"事谐态"乘数机制

随着建设工程规模越来越大，施工技术和管理难度越来越高，传统建造过程中技术、进度、物料、质量、安全各线分散管理的模式已经难以满足实际需求，容易导致信息不一致、沟通不及时等工程非和谐态的问题。数字建造集成管理技术作为一种有效解决分散式管理难题的技术手段，已经成为施工现场管理的发展趋势，并将成为工程和谐的重要途径。其旨在通过应用信息平台、智能移动设备等技术实现建筑全过程信息收集，利用BIM模型进行信息集成和可视化展现，应用网络化的项目管理平台支持在线、协同的场地、进度、物料、质量、安全、资料管理，从而为工程和谐奠定"事谐"与"物适"基础。

传统项目管理模式为离散型收集工程建设的数据信息，各专业与各环节都是相对独立的，沟通协调成本较高，难以实现数字模型的共享与传递，因此使得工程和谐的形成存在技术鸿沟。虽然既有的"知识—工具—方法"等"事理"要素能够在一定程度上进行文件传输和信息传送，但无法从根本上实现项目参与各方的实时交流及建设工程项目的协同管理，导致施工现场流于粗放管理。基于项目协同管理构建的信息交互平台系统，能够达成工程知识、工具与方法的事谐。通过集成工程项目全过程中各流程和专业产生的模型、图纸、文档等各种信息，利用数据的实时交互及反馈，建立设计施工一体化现场集成管理的协同工作网络环境，形成工程和谐管理事谐态的乘数机制。

"知识—工具—方法"所形成的"事谐"通过系统科学的信息集成管理，借助工程的智能化管理工具、信息化建设手段、数字化协同方法，经过工程建设中的技术原理与建造准则等要素耦合，最终使得事谐态具有乘数效应。"技术"层面的"知识—工具—方法"构筑的信息交互建设平台，可作用于项目各阶段并发挥积极作用。施工准备阶段项目参与方通过项目管理协同平台传递设计模型和设计方案，降低施工资源消耗。施工实施阶段利用项目管理协同平台共享工程进度、质量、安全方面的可视化资料，实现建设单位、质量监管部门、设计单位、建立单位和施工单位之间的协同工作。竣工验收阶段采取项目管理协同平台补充更新项目模型和构件信息等，辅助业主将项目管理协同平台转化为运维管理平台。从施工准备阶段、施工实施阶段到竣工验收阶段，"知识—工具—方法"所形成的"事谐"产生的工程和谐效果逐步传递并不断放大，表现出明显的乘数效应。项目管理协同平台通过整合、集成建筑全生命周期的数据信息所形成的"事谐"，实现高效率的信息交流和协同工作并具有乘数效应，从而最终提高工程项目的管理水平并达成工程和谐态，具体如图9-7所示。

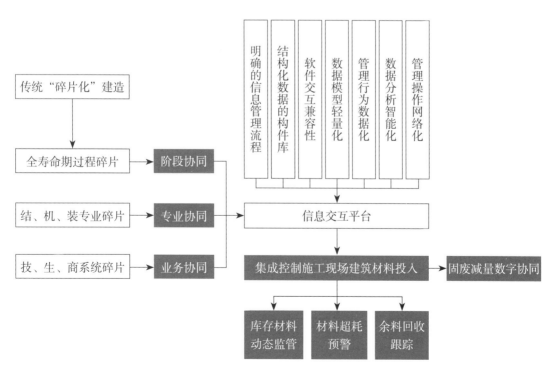

图9-7 基于源头减量的设计施工数字集成管理机制框架

9.3 系统协调的项目要素信息化"物适"工程实践——鄂州花湖机场工程

9.3.1 鄂州花湖机场工程项目概况

鄂州花湖机场位于鄂州市鄂城区燕矶镇杜湾村,距武汉市中心76km,与鄂州、黄石、黄冈等三个城市的直线距离均在20km以内。机场外部交通包含高速公路、铁路、港口,共同形成"铁水公空"多式联运的交通网络体系,具备强大的运输能力与通达的外部交通条件。机场紧邻长江,周围环绕7大深水港、4条快速路、2条高速公路以及6条高铁线。机场1000km半径内,可覆盖占全国90%的经济总量、80%的人口的城市和5个国家级城市群;300km半径内辐射中部武汉、长沙、南昌、合肥等40个城市,城市人口总量共计1.5亿人次;100km半径内,覆盖武汉、鄂州、黄冈、黄石、咸宁5个地级市,经济总量占湖北省60%、城市人口总量占湖北省40%。鄂州花湖机场地理位置及覆盖圈示意图如图9-8所示。

鄂州花湖机场本期占地约1189hm^2,主要包括机场工程、转运中心工程、顺丰航空基地工程和供油工程等单项工程。其中,转运中心工程是整个机场的核心建筑。项目

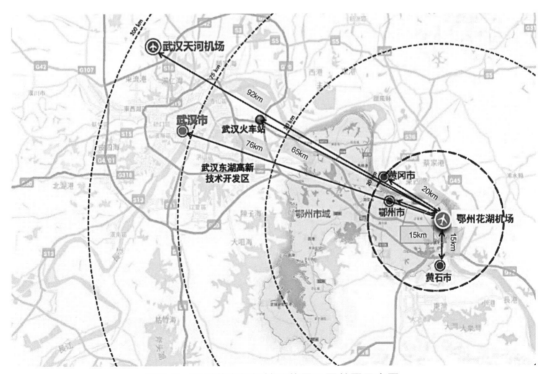

图9-8 鄂州花湖机场地理位置及覆盖圈示意图

设计预计近期内到2030年,鄂州花湖机场年旅客吞吐量150万人次、货邮吞吐量330万t、飞机起降量9.2万架次;项目设计预计远期,到2050年,鄂州花湖机场年预测旅客吞吐量2000万人次、货邮吞吐量908万t、飞机起降量27万架次。

9.3.2 系统协调的工程项目要素信息化"物适"管理

(1)基于BIM技术+EPMS的全项目要素"物适"

鄂州花湖机场项目提出全阶段、全专业、全业务、全参与的信息化管理,为实现鄂州花湖机场项目实施过程中对质量、工期、成本的管理需求,结合实际情况和项目组织管理的应用需求,建设了一套基于BIM技术的EPMS项目组织管理平台,致力于达成工程建设组织协同化,实现基于系统化的集成组织管理,其平台架构如图9-9所示。EPMS平台的应用实现了鄂州花湖机场的多项目管理、驾驶舱数据管理模块数据关联、全过程管理流程、全过程资料管理、移动端APP应用。其通过平台设计有效优化工程中设备、材料、资金等物质要素的契合程度,促进工程在自然状态、社会条件、组织作用下的"物适"。

1)多项目的"物适"

EPMS平台支持通过多层级配置实现鄂州花湖机场多项目、多标段、多区块的综合性项目质量、工期、成本及其物理影响因素的广义"物"和谐。其通过组织权限对

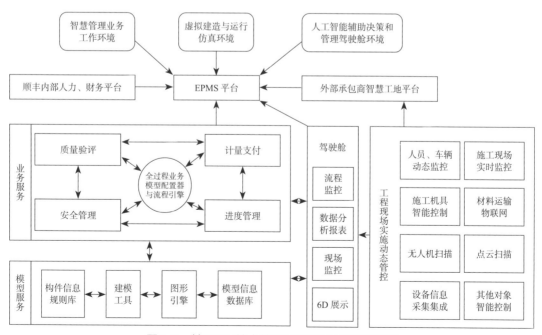

图9-9 基于BIM技术的EPMS项目组织管理架构

项目可见性进行管理，各项目之间数据分开管理、集中分析，开展多维度的数据统计并助推工程和谐态的形成。EPMS项目管理平台的多项目管理界面和全过程管理数据集成界面如图9-10和图9-11所示。

EPMS平台可进行大数据分析与展示，鄂州花湖机场项目的各参与方在现场工作产生的质量、工期、成本等"物理"要素数据均可实时显示在驾驶舱模块的相应图表中。在完成账号、文档、流程及第三方检测系统数据对接工作后，根据甲方管理所需，管理员可从后端数据库中抓取质量、工期、成本及其影响因素的相关数据，配置到驾驶

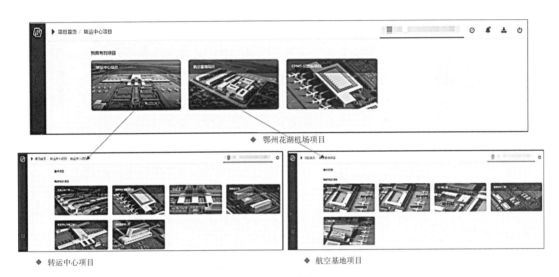

图9-10　多项目管理界面

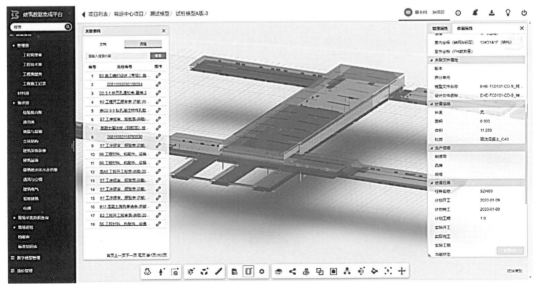

图9-11　全过程管理数据集成界面

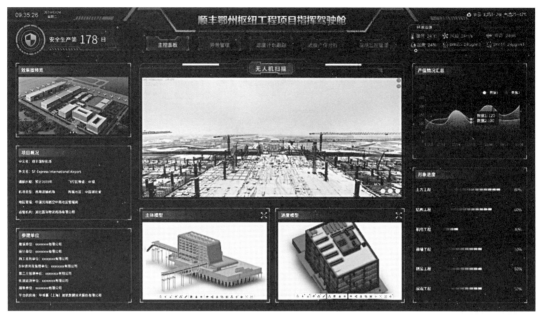

图9-12 驾驶舱数据管理界面

舱系统界面进行应用。同时，通过驾驶舱数据管理模块数据关联，实现生产数据的集中展示，最终实现工程和谐辅助决策。鄂州花湖机场的驾驶舱数据管理界面如图9-12所示。

2）全过程的"物适"

根据项目不同阶段和不同角色的工作内容，EPMS平台将鄂州花湖机场项目各阶段工程所需的协同流程进行配置，并分配到各个阶段及角色中。随后，管理者能够在EPMS平台中控制所有管理流程的可见性及审批权限。EPMS平台中的所有管理流程均以BIM模型为核心，实现与工程项目紧密结合。EPMS模型实现了鄂州花湖机场项目全过程管理，有效提升了工程执行效率。项目组织管理系统任务流程界面示意图见图9-13。

3）物资材料的"物适"

鄂州花湖机场项目体量极大，在项目运营过程中有数以万计的大量材料需要管理，且受到人员变更遗失、工程竣工退场、资料堆放混乱等因素影响，产生资料查阅不便的问题，其必将成为工程和谐的阻碍因素。通过EPMS平台设置资料目录，所有资料均以电子版存放，有效保障了资料的完整、准确，为各参建单位的资料检查提供了方便，有效减少了鄂州花湖机场项目在资料存储、查阅方面的时间损耗，工程管理达成了物理条件相应的"物适"。EPMS的文档管理界面如图9-14所示。

图9-13　项目组织管理系统任务流程界面

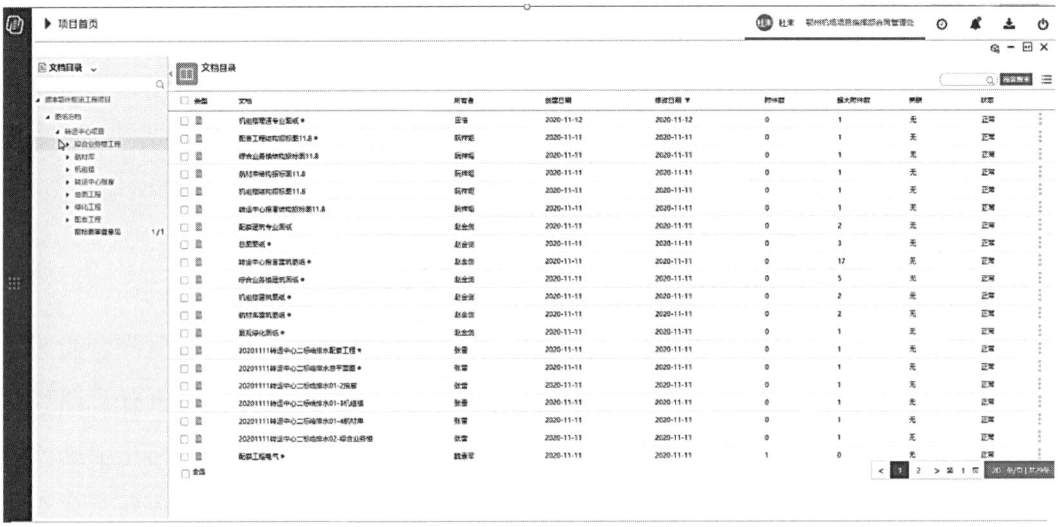

图9-14　文档管理界面

（2）基于BIM技术的项目全要素"物适"

鄂州花湖机场项目基于BIM技术的项目管理，从质量、成本、工期的客体"物理"要素出发，具体包括质量验评、计量支付、进度管理、深化变更等，实际为BIM的nD应用。基于BIM技术的项目全要素"物适"逻辑见图9-15。

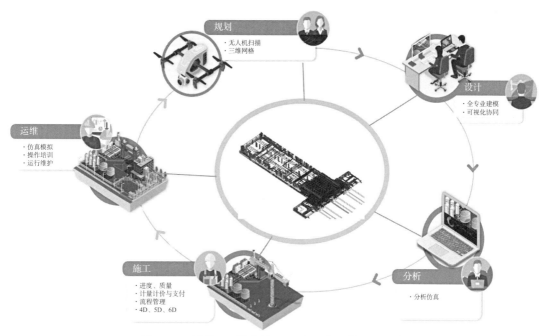

图9-15　基于BIM技术的项目全要素"物适"逻辑

鄂州花湖机场基于BIM技术的工程和谐管理建立在各参建方基于BIM模型辅助甲方进行"三管两控一协调"所实现的"物适"基础之上。主要包括：基于检验批构件的质量验评管理；BIM模型进度展示、跟踪与管控；BIM模型算量及计量支付管理；数字化模型变更管理；BIM模型风险预警及管控等。在鄂州花湖机场项目中，项目部提出"1+4+2+X"的"物适"理念，以BIM模型替代传统二维图纸，充分利用模型属性及可视化模式作为管理工具，在招标投标阶段就约定参建各方以模型作为施工管理依据，奠定后续的所有"物适"行为均以模型数据作为依据。其中：1表示BIM模型轻量化；4表示质量、进度、变更、造价管理；2表示PC端、移动端应用；X表示安全、文档、流程、数字工地等模块系统集成。

（3）基于规则库的项目全过程"物适"

BIM模型从设计单位创建开始，即要求按照数据标准创建标准的设计信息，并预留施工管理阶段的字段（由项目管理平台处理业务事件产生管理数据）。通过规范化的设定，形成完整、有效的BIM模型属性标准数据，在平台中形成BIM标准属性数据库，并设置64位编码规则与之对应。在构件编码的基础上，鄂州花湖机场项目形成了构件库、造价库和工序库等规则库，鄂州花湖机场项目规则库如图9-16所示。规则库的设立有效帮助了鄂州花湖机场项目快速实现零件取用、造价匹配以及工序阐述，良好的电子系统为工程"物适"提供了强有力的保障。

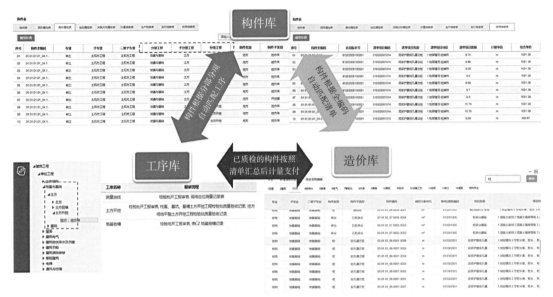

图9-16 鄂州花湖机场项目规则库

1) 构件库

按照模型结构、编码规则,由BIM实施各参建方梳理模型构件实例,并按照管理要求在BIM项目管理平台中,进行构件库的信息录入、审核和发布。其是构件级别的实例数据库,也是造价库和工序库的映射对象。构件信息总表(构件库)界面如图9-17所示。

图9-17 构件信息总表(构件库)界面

2）造价库

为实现模型构件的清单自动挂接，整理清单分类编码，并将构件编码与清单编码的规则映射，形成清单编码规则库（造价库），其是BIM项目管理平台实现造价管理应用的基础。清单编码规则库（造价库）界面如图9-18所示。

图9-18　清单编码规则库（造价库）界面

3）工序库

为实现模型构件的工序自动挂接，整理各类工程的施工工序，并将构件编码与施工工序进行规则映射，形成工序库，是BIM项目管理平台实现质量验评应用的基础。施工工序库界面如图9-19所示。

图9-19　施工工序库界面

9.3.3 基于BIM技术的项目要素"物适态"纠偏机制

(1) 进度要素的"物适"纠偏

建设方对施工阶段的进度管理主要体现在控制性进度计划及作业性进度计划的编制、进度计划的实施、进度计划的检查和进度计划的调整。在传统进度管理模式中,基本都是依靠个人经验及"拍脑门"的方式来管理,很多都是估算等模棱两可的管理模式,导致进度计划的编制准确度较低、可实施性差,不能快速应对进度计划的检查和调整。因此,工程"物适"往往难以实现。建设方在施工阶段的进度管理关系到整个工程的完成时间、成本、资金投入等方方面面的问题,甚至存在法律上的风险问题,传统的进度管理模式显然已经不适合大型化、复杂化的项目"物适"要求。BIM模型在进度管理方面的创新应用将极大地改善传统的管理方式,提高进度管理的效率,同时也是体现BIM模型投资回报率的重要应用。因此,其对于项目进度及其影响因素具有重要的"物适"纠偏机制。

BIM模型可以与反映工程进度的各类数据关联,通过对施工过程进行精准模拟的方式为编制合理化的进度计划提供重要的技术支撑,以此为基础可以对施工单位提供的施工进度计划进行审核,确认其合理性。同时也可以对施工进度进行实时动态的管理,根据现实中的施工进度与BIM模拟过程做对比分析,寻找两者之间的不同点,及时做出调整。此外,BIM模型可以实现信息之间的关联演示,在施工阶段开始前与建设方和供货商进行沟通,便于其了解项目的相关计划,从而保证施工过程中资金和材料的充分供应,避免因为资金和材料不到位对施工进度产生影响。

鄂州花湖机场项目进度管理应用主要包括进度计划上报和实际进度管控两个方面。进度计划上报模块首先通过建立总里程碑计划的方式,为相关单位提供深化依据,随后依次进行检验批和施工计划的创建和调整,计划报监理审核,自动生成报验流程,最后录入BIM模型中,形成基于BIM4D的计划模型。实际进度管控模块中,首先对开工工序进行报审,随后采集施工信息,确定工序开始时间与结束时间,实时反映当前的进度情况,并通过与计划进度进行对比,形成BIM4D的实际进度模型。其流程和界面如图9-20~图9-23所示。

(2) 质量要素的"物适"纠偏

工程质量问题频发是当前工程界普遍存在的问题,由于工程影响因素多、波动大、变异大、隐蔽性以及终检局限大等特点,造成工程质量管理中的盲区,进而使得

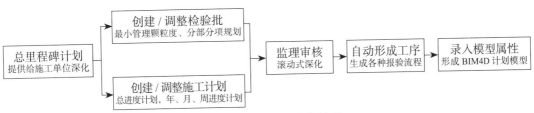

图9-20 进度计划上报流程

图9-21 进度计划管理界面

图9-22 实际进度管控流程

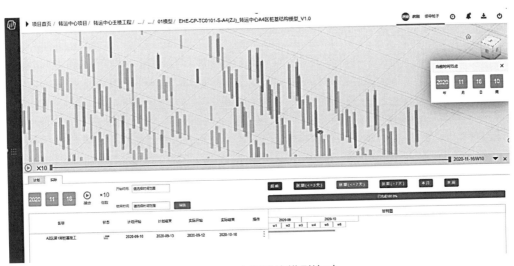

图9-23 实际进度模型比对

"物适"维度的工程质量难以实现。建设方的项目管理团队作为整个工程质量管理的核心,担负着质量管理和控制的重要职责,其工程质量管理水平直接影响着整个项目最终使用功能能否达标以及能否实现工程和谐。传统的质量管理体系相对比较完善,但是工程实践表明,大部分管理方法在理论上可行,却很难在工程实际操作中得到实施。BIM模型在项目全过程的应用为传统的项目质量管理提供了重要保障,也是促进质量管理体系在工程实践中实现"物适"的重要支撑技术。

BIM在前期设计阶段能够为施工阶段的质量管理奠定基础。BIM模型结合质量管理目标对施工单位、监理单位进行设计交底和培训,让施工单位和监理单位充分理解设计意图、施工过程的重难点,为后期的动态质量管理提供支持。在施工过程中,可以将BIM模型和施工质量的参考标准体系关联起来,作为施工指导和评判施工质量"物适"的依据。通过BIM软件平台动态模拟施工技术流程的方式,能够由各方专业工程师合作建立标准化工艺流程,保证专项施工技术在实施过程中细节上的可靠性。再由施工人员按照仿真施工流程施工,减少施工技术信息传递过程中的信息遗失,大大提高质量管理的实操性。鄂州花湖机场BIM模型储存了大量的建筑构件、设备信息,通过软件平台,从物料采购部、管理层到施工人员个体的项目各方均可快速查找所需的材料及构配件信息,并可根据BIM设计模型,对现场施工作业产品进行核验、追踪、记录、分析,降低施工过程中的"物理"要素不确定性,提升施工质量"物适态"。鄂州花湖机场质量验评应用从检验批创建到报验信息录入,首先是对检验批的创建和调整,进行分部分项规划。每完成一道工序后,进行检验批、分部分项工程、单项工程的报验,每完成一次报验均写入模型。其流程和界面分别如图9-24和图9-25所示。

(3)计量支付要素"物适"纠偏

在鄂州花湖机场的计量支付管理过程中,利用BIM技术对工程全过程进行模拟和快速工程量计算,为编制资金使用计划、投入资金偏差分析与控制提供决策依据,提高决策效率。利用BIM对项目施工中核量、核价、费用支付审核提供决策依据,提高审核效率。计量支付应用从计量申请到支付信息写入模型,每完成一定数量的检验批报验即可进行施工计量申请,系统会对检验批、遇检问题是否闭环进行判断,经监

图9-24 质量验评应用流程

理、造价、业主审批通过后，写入BIM模型属性，通过颜色显示已计量范围。随后进行费用支付申请，同样经系统判定和各级审批后，写入BIM模型属性，通过颜色显示已支付范围。其流程和界面分别如图9-26和图9-27所示。

图9-25 分部分项检验批列表界面

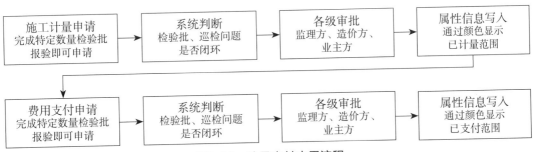

图9-26 计量支付应用流程

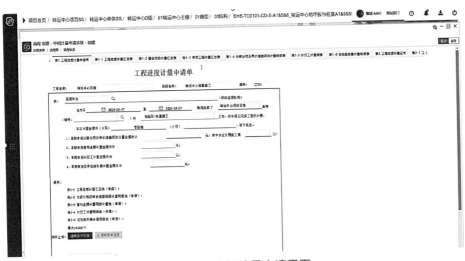

图9-27 中间计量申请界面

（4）变更深化要素"物适"纠偏

变更管理以施工过程中的模型变动过程为主线，围绕其过程开展的各项管理业务对全过程的工程模型变动数据和文件进行记录与分析，反映模型变动对工程的进度、质量、造价等"物适"状态的影响趋势状况，可随时查询、统计、分析审批过程中的各种数据版本和流程审批记录，并生成各类报表及图形，实现数据报表及图形的保存与打印。鄂州花湖机场项目利用BIM模型对施工中发生的工程变更进行快速核算，为施工投资管理提供决策依据，提高审核与决策效率。鄂州花湖机场项目变更深化应用流程从变更申请发起到费用变更审批止，变更申请分为带模型申请和不带模型申请，不带模型的变更申请需要设计方或者第三方进行BIM模型的变更调整。通过变更模型的对比分析，自动分析变更位置及工程量，进入变更审批阶段，最后调整合同价格，从而实现工程和谐管理"物适"。其流程和界面分别如图9-28和图9-29所示。

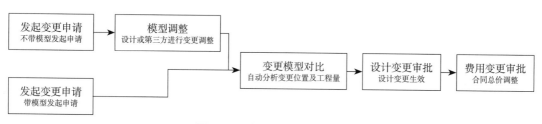

图9-28　变更深化应用流程

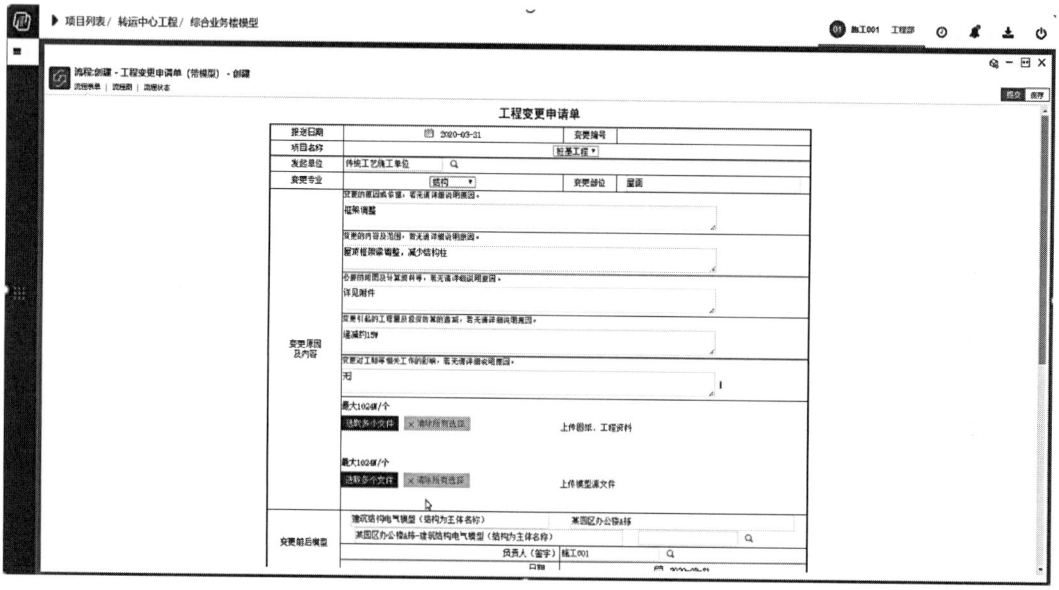

图9-29　变更申请表单界面

9.4 天人合一的项目与目标环境"和谐"工程实践——装配式地下防护工程

9.4.1 高寒环境下装配式地下防护工程背景

高原高寒地区的地下防护工程项目建筑施工面临重重困难。交通条件方面，高原高寒地带交通不便，大量建筑材料存在运输问题。生产条件方面，缺水缺氧缺电的恶劣条件下，建筑机械设备安装困难。人员条件方面，高原高寒地区的地下防护工程项目需要配备大量建筑施工人员，人员消耗大。然而，在特殊条件下，由于现浇钢筋混凝土结构所使用的常规建筑材料抗冻性较差，因此材料性能稳定性不能得到保证，导致项目施工周期较长，养护过程长。在这种情况下，特殊地区在应对紧急情况时，难以及时做好庇护防备措施，对高寒地区人员及设备造成严重伤害。

装配式结构工程作为新型工程结构体系，越来越受到社会的关注。将装配式结构工程应用于高寒地区，能够完美解决现浇混凝土地下防护工程的弊端。第一，在特殊环境条件下，装配式结构工程可保证地下防护工程大规模的快速建造以及紧急安全防护。第二，装配式结构工程可以组织大规模批量化工厂生产，能够严格控制各装配式预制构件的强度及耐久性，减少不同构件的差异性。第三，预制构件可直接托运到施工场地进行现场拼装，方便快捷，可以大大缩短工程建造时间。第四，装配式结构在快速拆卸方面具有显著优势，极大提高使用的灵活性，与现阶段我国特殊区域的实际需求相契合。第五，装配式结构工程还具有保护自然生态环境的特殊优势。

掌握特殊条件下地下防护工程的快速、高效安装和拆卸技术，提高结构装配效率及安全防护性能，对我国大规模工程建设产生重大的社会、经济及战略意义，能够提高我国高寒地区安全保障能力以及快速反应能力，使我国防护工程提高一个新的高度。

9.4.2 天人合一的工程与目标环境"和谐态"的主要做法

（1）防护工程建设组织"人和态"

装配式地下防护工程在高寒地区建立，通过利用当地材料和改造当地地形，并结合装配式工程组件，运用人工和机械的力量快速建造而成。该工程是为保障内部人员的安全和工作,以及各类机械装备的正常运行而构筑的一系列辅助工程设施。根据装配式地下防护工程建设的耗时短、取材快、安装易和质量佳的特点,防护工程组织需要设置高效灵活的机制,调动施工人员工作积极性。施工单位完善、严格的制度规范使工程人员遵循相应的行为标准,施工活动要求"一切行动听指挥"。组织稳定性良好,为快速建设防护工程提供制度保障。组织内部提倡不计个人得失、不怕流血牺牲、不畏艰难险阻的精神,极大调动了工程人员的能动性。以爱国主义为核心的民族精神赋予工程人员最高层次的要求和动力,为快速建设防护工程提供文化保障。施工单位对施工人员素质的重视、对施工人员技能的培养,为快速建设防护工程提供人才保障。即实现从环境恶劣的异常到人员适应环境的正常、从畏惧困难的异常到人员克服困难的正常、从推进不畅的异常到组织分工有序的正常,完成工程和谐管理"人和维"的自组织进化。

(2)防护工程装配技术"事谐态"

根据防护工程的防护要求和结构设计原则,借鉴常见地下防护工程结构形式对装配式地下防护工程的结构形式进行设计。该防护工程的主要目的是在突发特殊情况时保障人员和设备的安全,所以快速建造、安全可靠成为该结构的重要因素。

装配式建筑能够实现工厂预制、现场拼装,整体工事结构简单,从而大大缩短建造过程耗时,将损失降到最少。装配式地下防护工程结构为浅埋单建掘开式人工防护工程,浅埋结构提高了防护结构的装配速度,可人工挖掘,减少大型机械设备使用率,为快速隐蔽作业提供可能。该防护工程主体采用装配式弧形屋盖结构体系,以满足人员、设备对空间的需求。简单的工事结构、优化的装配效率、有效的机器维护得以固化和定型,并在不断的循环实践中得以巩固和完善,完成工程和谐管理"事谐"维的自复制进化。

主体结构的立面图、剖面图、俯视图及整体结构图见图9-30和图9-31。

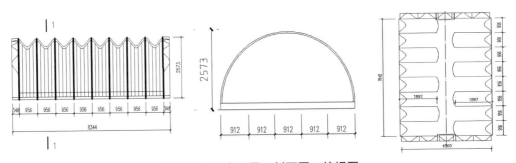

图9-30 正立面图、剖面图、俯视图

图9-31 整体结构图

（3）防护工程建设要素"物适态"

由于装配式结构的配件是提前预制好的，所以各个配件之间能否安全可靠连接直接影响着整体结构的性能。装配式结构的连接性能关系到整体结构的受力性、主体结构对变形的适应性、防护结构的安全性。装配式地下防护工程通常采用金属套管灌浆连接、插筋连接、机械连接、法兰盘连接、齿槽式连接、钢筋焊接和钢板连接等装配式结构连接方式，由于该装配体主要由钢板构成，通过螺栓连接能够大大缩短安装时间，整体结构性能得到保障。装配式连接组件如图9-32所示。

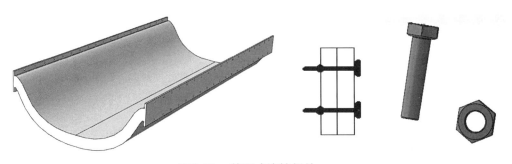

图9-32 装配式连接组件

为提高地下防护工程结构层在冲击爆炸荷载作用下的防护能力，削弱爆炸荷载作用引起的爆炸波对结构的破坏作用，耗散爆炸荷载产生的应力波的能量，提高人员以及重要设备的生存能力，装配式地下防护工程中的三维波纹钢板各层会采用不同性能的材料，以有效提高防护结构的防爆能力。

轻质、多孔、疏松材料能够大量吸收冲击荷载作用产生的冲击波以及爆炸碎片产生的冲击能量，提高结构防护能力。装配式地下防护工程在组合层中加入多孔、密度小且变形大的材料来耗散爆炸波产生的能量，防止处于防护状态的人员受到高强度的爆炸波作用。

与一般混凝土相比，钢纤维混凝土材料具有较高的抗压、抗拉、抗剪、抗弯、抗冲击以及抗疲劳能力，能够提高结构的使用寿命。装配式地下防护工程使用钢纤维混凝土材料能够增加防护结构的延性，提高防护结构的抗打击能力，防止防护结构层直接被炸弹贯穿。

装配式地下防护工程采用的分层组合波纹钢板组件各层材料组合如图9-33所示。第一层采用3mmQ345压型波纹钢板；第二层使用20mm泡沫铝的多孔柔性防护材料，该层主要用于耗散爆炸荷载作用产生的冲击波能量，防止冲击波对防护体系内部人员造成伤害；第三层使用40mm厚的高强度、高韧性的钢纤维混凝土刚性防护材料，增加防护层对弹体的阻力，该层作为主要的防护层，对直接作用于结构上的外荷载起到防护作用；第四层采用10mmQ345压型波纹钢板，主要用于固定装配式结构的螺栓，同时能够避免混凝土结构破裂造成的碎片崩落，防止对防护人员造成二次伤害。优化的材料选用、强化的技术运用、最大化的资源利用，促使矛盾、冲突得以应对，进而完成工程和谐管理"物适维"的自创造进化。

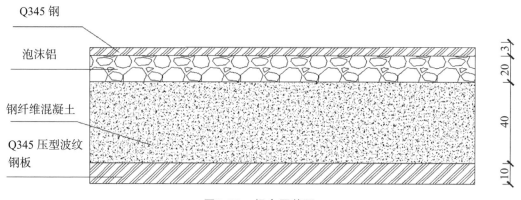

图9-33 组合层截面

9.4.3 工程项目装配化与工程目标环境"和谐态"生成机制

（1）施工组织和谐适应

高寒环境气候较恶劣，交通条件、机械设备等受限，对工程建设极为不便，因此特殊环境建设装配式地下防护工程需要工程组织明确功能目标、保持机制灵活、人员精炼且调配迅速，并有效利用组织内外资源。

为使地下防护工程效益最大化，首先，需明确人员具体分工，建立专门的运输、安装团队，形成工程建设团队的管理细则，全力配合和支持装配式地下防护工程施工。其次，改善工程项目组织结构形式，提高其动态适应性、自我稳定性，使之与装配式地下防护工程相匹配，满足工程建设在复杂环境下对于组织结构的特殊需求。同时，在实际情况中，需要以具体工程为基础，实现组织结构与项目的紧密结合。对施工人员和组织进行和谐管理，增强工程建设人员的工作积极性，发挥组织的主观能动性。

（2）施工荷载和谐控制

对于装配式地下防护工程，不仅土层内部结构会受到作用于结构面上的竖向和水平方向上的土压力，土层外部也会受到地面上工程人员、运输车辆、机械设备等较大荷载的作用。因此，需要对装配式地下防护工程具体结构安装步骤进行规范管理。

以地下波纹拱结构为例，地下波纹拱结构的基础主要包括三部分：预制混凝土基础、钢连梁和波纹拱底梁。地下波纹拱基础形态如图9-34所示。对地下波纹拱结构的安装步骤进行规范：首先，需要明确工程项目规模要求，结合建筑需求，规划所需建设人员、运输车辆等因素；其次，结合土层松散程度、重量等情况，推算地下波纹拱

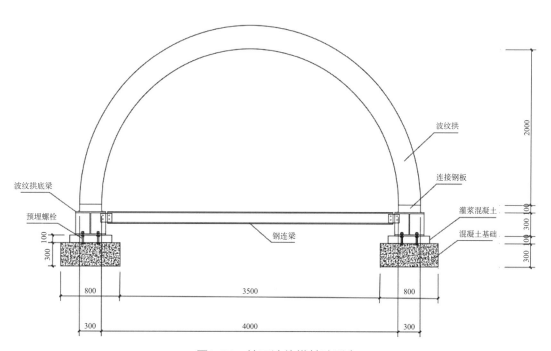

图9-34 地下波纹拱基础形态

结构的内部土层受力作用大小；最后，进行相应的工程项目实施。

（3）施工环境和谐保护

装配式防护工程对保障人员和物资安全具有重要的作用。该工程结构主要包括钢

筋混凝土装配式结构、型钢结构、波纹钢结构、复合材料结构等结构形式，因此需要关注工程结构对于生态环境的影响。以工程生态效益为前提，结合防护工程的特殊性，对施工环境进行和谐保护主要有以下要求：

第一，装配式防护结构多数部件为工厂大规模标准化生产，尽可能减少对现场环境改造程度。

第二，完善建造技术，合理规范设计装配结构，保证现场安装简便易行，避免破坏生态环境。

第三，科学配置工程项目资源要素，准确计算装配部件设计建造、现场施工埋深与覆盖土层厚度等数值，对现场资源条件充分利用，防止出现不必要的资源浪费。

第四，工程与政治经济社会环境协同进步，在达到政治经济目标的同时，依靠技术进步，从根本上提高防护能力。

第五，遵循持续装拆与循环利用原则，最大可能践行工程生态理念，使工程建设真正实现"以人为本、集成创新、系统协调、天人合一"和谐发展。

已公开发表的论文成果

［1］ 林茂光，王乾坤，彭华涛，等. 军事工程建设和谐管理研究与实践［M］. 北京：科学出版社，2011.

［2］ 林茂光，王乾坤，王松俊，等. 军事工程建设和谐管理的哲学解析［J］. 中国工程科学，2013，15（11）：62-66.

［3］ 王乾坤，李鹏，王予东. 军事工程建设集成化组织管理模式探索与实践［J］. 科技进步与对策，2013，30（23）：10-12.

［4］ 林茂光，王乾坤，彭华涛，等. 工程和谐管理的源起与系统分析［J］. 中国工程科学，2014，16（10）：15-21.

［5］ 王乾坤，王亚珊. 基于ANP的装配式建筑多项目战略风险评价研究［J］. 武汉理工大学学报，2018，40（4）:76-79，96.

［6］ 王乾坤，年春光，杨冬，等. 基于T-S模糊神经网络的地铁深基坑安全预警［J］. 中国安全科学学报，2018，28（8）：161-167.

［7］ 王乾坤，冯海洋，杨蜜，等. 基于BIM的关键链进度预警系统研究［J］. 建筑经济，2018，39（2）：27-32.

［8］ 吴穷，王乾坤，任志刚，等. 大跨度钢结构施工过程仿真分析［J］. 工业建筑，2018，48（3）：127-131.

［9］ 王乾坤，张雨峰，刘捷，等. 基于WSID与BIM的钢支撑轴力实时感知预警研究［J］. 施工技术，2018，47（1）：19-23.

［10］ 王乾坤，年春光，邓勤犁. 基于云物元理论的装配式建筑施工绿色度评价方法研究［J］. 建筑经济，2020，41（11）：84-89.

［11］ 王乾坤，年春光，邓勤犁，等. 基于灰色关联聚类-粗糙集的民用建筑低碳环保数据指标体系构建［J］. 建筑经济，2020，41（6）：114-120.

［12］ 王乾坤，朱科，王军武，等. 工程项目风险管理文献计量分析［J］. 中国安全科学学报，2021，31（7）：15-23.

［13］ 王乾坤，亢显卫，朱科. 地铁深基坑施工风险耦合评价方法［J］. 东北大学学报（自然科学版），2021，42（8）：1152-1158.

［14］ 王乾坤，申楚雄，郭曾. 装配式建筑施工能耗量化研究［J］. 建筑经济，2021，42（12）：105-112.

［15］ 王乾坤，段宏磊，申楚雄，等. 装配式建筑弹性供应链影响因素研究［J］. 建

筑经济，2021，42（10）：79-82.

[16] 左慰慰，王乾坤，彭华涛. 工程建设和谐管理的主客体关系适配机理研究[J]. 武汉理工大学学报，2021，43（4）：74-82.

[17] 王乾坤，朱科，郭佩文，等. 基于相互作用矩阵-模糊认知图的装配式建筑施工安全风险评估[J/OL]. 安全与环境学报：1-11 [2022-12-11]. http://kns.cnki.net/kcms/detail/11.4537.X.20220707.1437.001.html

[18] 王乾坤，亢显卫，年春光. 基于灰色聚类的装配式建筑绿色施工评价研究[J/OL]. 武汉大学学报（工学版）：1-9 [2022-12-11]. http://kns.cnki.net/kcms/detail/42.1675.T.20210722.1502.002.html

[19] 王乾坤，申楚雄，郭曾，等. 基于BIM的装配式建筑施工能耗可视化模型与系统开发[J]. 土木工程与管理学报，2022，39（1）：50-54，67.

[20] Wang Qiankun, Li Peng, Tian Yapo, et al. Mechanical properties and microstructure of Portland cement concrete prepared with coral reef sand [J]. Journal of Wuhan University of Technology（Materials Science），2016, 31（5）: 996-1001.

[21] Mei Tingting, Wang Qiankun, Xiao Yaping, Yang Mi. Rent-seeking behavior of BIM & IPD-based construction project in China[J]. Engineering Construction & Architectural Management, 2017, 24（3）: 514-536.

[22] Wang Qiankun, Guo Zeng, Li Qianyao, et al. A BIM-based Labor Crew Moving Path Obstruction Detection Approach[C]. 2018 IEEE International Conference on Industrial Engineering and Engineering Management（IEEM），2018, Bangkok, Thailand, IEEE Computer Society.

[23] Wang Qiankun, Guo Zeng, Mei Tingting, et al. Labor crew workspace analysis for prefabricated assemblies' installation: A 4D-BIM-based approach[J]. Engineering, Construction and Architectural Management, 2018, 25（3）: 374-411.

[24] Wang Qiankun, Guo Zeng, MINTAH K, et al. Cell-Based Transport Path Obstruction Detection Approach for 4D BIM Construction Planning [J]. Journal of Construction Engineering and Management, 2019, 145（3）: 04018141.

[25] Wang Qiankun, Zuo Weiwei, Guo Zeng, et al. BIM Voxelization Method Supporting Cell-Based Creation of a Path-Planning Environment [J]. Journal of Construction Engineering and Management, 2020, 146（7）: 04020080.

[26] Wang Qiankun, Zuo Weiwei, Li Qianyao. Engineering harmony under multi-constraint

objectives: the perspective of meta-analysis [J]. Journal of Civil Engineering and Management, 2020, 26（2）: 131-146.

[27] Wang Qiankun, Zhu Ke, Guo Zeng, et al. Research Hotspots and Tendency of Green Buildings Based on Bibliometric Analysis[J]. IOP Conference Series: Earth and Environmental Science, 2021（719）: 022032.

[28] Li Peng, Wang Qiankun, Guo Zeng, et al. Identifying Falling-from-Height Hazards in Building Information Models: A Voxelization-Based Method[J]. Journal of Construction Engineering and Management, 2022, 148（2）: 04021203.

[29] Zuo Weiwei, Wang Qiankun, Li Peng. Rent-seeking decisions of the main participants in construction projects based on evolutionary-game and system dynamics[J]. Journal of Civil Engineering and Management, 2022, 28（2）: 106-119.

[30] Zuo W, Yan N, Wang Q. The Environmental Influencing Factors of the Realization of Engineering Construction Harmony from the Perspective of Ren–Shi–Wu: Evidence from China. Buildings 2024（14）：1620.

参考文献

[1] 林茂光,王乾坤,彭华涛,等. 工程和谐管理的源起与系统分析[J]. 中国工程科学,2014,16(10):15-21.

[2] 何继善,陈晓红,洪开荣. 论工程管理[J]. 中国工程科学,2005,7(10):6-10.

[3] 殷瑞钰. 哲学视野中的工程[J]. 西安交通大学学报(社会科学版),2008,28(1):1-5.

[4] 殷瑞钰,汪应洛,李伯聪. 工程哲学[M]. 北京:高等教育出版社,2007.

[5] 何继善. 论工程管理理论核心[J]. 中国工程科学,2013,15(11):4-11,18.

[6] 刘少兵. 和谐项目管理理论与实证研究[D]. 长沙:中南大学,2009.

[7] 何继善,王孟钧,王青娥. 中国工程管理现状与发展[M]. 北京:高等教育出版社,2013.

[8] 刘光. 论和谐概念[J]. 东岳论丛,2002,23(4):118-122.

[9] 刘笑敢. "自然"的蜕变:从《老子》到《论衡》[J]. 哲学研究,2020(10):50-64,129.

[10] 肖萐父. 略论王夫之的矛盾观中的"分一为二"与"合二以一"[J]. 江汉论坛,1979(3):26-37.

[11] 席酉民,尚玉钒. 和谐管理思想与当代和谐管理理论[J]. 西安交通大学学报:社会科学版,2001,21(3):23-26.

[12] 爱因斯坦著,许良英,王瑞智. 走近爱因斯坦[M]. 沈阳:辽宁教育出版社,2005.

[13] 亚当·斯密,郭大力. 国民财富的性质和原因的研究[M]. 北京:商务印书馆,2011.

[14] 刘志国. 经济人与道德人之融合——论社会主义市场经济下的人性构建[D]. 上海:华东师范大学,2005.

[15] 巴斯夏,王家宝. 和谐经济论[M]. 北京:中国社会科学出版社,1995.

[16] 席酉民,尚玉钒. 和谐管理理论[M]. 北京:中国人民大学出版社,2002.

[17] 席酉民,汪应洛,李怀祖. 和谐理论[J]. 系统工程学报,1989(2):79-89.

[18] 席酉民,汪应洛,李怀祖. 系统状态和谐性诊断模型[J]. 管理工程学报,1989,1(3):1-10,26.

[19] 席酉民. 和谐理论与战略研究[M]. 贵州:贵州人民出版社,1989.

[20] 王亚刚,席酉民. 和谐管理理论视角下的战略形成过程:和谐主题的核心作用

[J]. 管理科学学报, 2008, 11 (3): 1-15.

[21] 席酉民. 和谐理论 [M]. 西安: 西安交通大学出版社, 2004.

[22] 席酉民, 韩巍, 葛京. 和谐管理理论研究 [M]. 西安: 西安交通大学出版社, 2006.

[23] 何继善等. 工程管理论 [M]. 北京: 中国建筑工业出版社, 2017.

[24] 关西普. 论科学学的总体社会功能 [J]. 科学学与科学技术管理, 1989 (12): 9-35.

[25] 顾基发, 唐锡晋. 物理—事理—人理系统方法论: 理论与应用 [M]. 上海: 上海科技教育出版社, 2006.

[26] 顾基发, 唐锡晋, 朱正祥. 物理—事理—人理系统方法论综述 [J]. 交通运输系统工程与信息, 2007, 7 (6): 51-60.

[27] 燕雪, 张劲文. 跨境重大工程多主体间决策冲突处理机制研究 [J]. 工程管理学报, 2015, 29 (1): 12-17.

[28] Shouke Wei, Alin Lei, Albrecht Gnauck. Application of Game Theoretic Models to Solve the Benefit Conflicts in Water Resources Management[J]. Shuili Xuebao/Journal of Hydraulic Engineering, 2009, 40 (8): 910-918.

[29] 陈树荣, 徐江, 王爱民. 基于多元主体利益博弈的跨界冲突—协作研究——以广珠铁路为例 [J]. 现代城市研究, 2016, 31 (11): 65-70, 97.

[30] Yongqiang Chen, Yangbing Zhang, Sujuan Zhang. Impacts of Different Types of Owner-contractor Conflict on Cost Performance in Construction Projects[J]. Journal of Construction Engineering and Management, 2014, 140 (6): 4014017.

[31] Jichuan Sheng, Weihai Zhou, Bangzhu Zhu. The Coordination of Stakeholder Interests in Environmental Regulation: Lessons from China's Environmental Regulation Policies from the Perspective of the Evolutionary Game Theory[J]. Journal of Cleaner Production, 2020, 249 (10): 1259-1271.

[32] Woosik Jang, Giwon Yu, Wooyong Jung, et al. Financial Conflict Resolution for Public-Private Partnership Projects Using a Three-Phase Game Framework[J]. Journal of Construction Engineering and Management, 2018, 144 (3): 05017022.

[33] 张志华, 李瑞芝, 赵波. 多主体参与的协同创新体利益分配机制研究 [J]. 科技进步与对策, 2016, 33 (20): 25-29.

[34] Wencong Lu, Yongxi Ma, Huibo Qi. Study on the Investment-benefit Coordination

Mechanism of Cross-regional Water Project[J]. Shuili Xuebao/Journal of Hydraulic Engineering, 2010, 41（8）：935-942.

[35] 孙宏斌. 政府监管下多元主体利益分配机制演化博弈研究[J]. 经济研究导刊，2019，000（016）：182-183.

[36] 陈晓华. 多主体参与服务创新的利益分配研究[D]. 成都：电子科技大学，2008.

[37] Billings, R Bruce. Demand-based Benefit-cost Model of Participation in Water Project[J]. Journal of Water Resources Planning and Management, 1990, 116（5）：593-609.

[38] Yuqing Fan, Songdong Ju. Research of Benefit Distribution Mechanism of Steel Logistics Resources Integration Based on Cooperative Game [J]. Open Cybernetics and Systemics Journal, 2015（9）：874-879.

[39] Yibin Ao, Yongxiang Wu, Yan Wang, et al. Stakeholders' Harmonious Integration of Construction Project Based on Game Theory[J]. Advances in Intelligent Systems and Computing, 2015（362）：1541-1555.

[40] 段庆康. 考虑公平偏好的工程项目多主体间利益协调机制研究[D]. 南京：南京大学，2014.

[41] Jie Li. Research on Benefit Coordination Mechanism of Service Supply Chain of Highway and Railway Combined Transportation Based on Pricing Game Model[J]. Boletin Tecnico/Technical Bulletin, 2017, 55（10）：643-648.

[42] 尹涛. 我国废弃食品回收处理问题的多主体利益博弈研究[D]. 大连：东北财经大学，2018.

[43] 刘沛，穆东，夏辉. 基于系统动力学的区域运输多主体利益协调[J]. 计算机集成制造系统，2016，22（3）：859-869.

[44] Qingguo Jiang, Lizi Zhang, Yunyun Wang. Distribution Generation Cost-benefit Model and Simulation Based on System Dynamics Take Photovoltaic Power Generation as an Example[J]. International Journal of u- and e- Service, Science and Technology, 2016, 9（6）：77-90.

[45] Yong Wang, Zhiguang Liu , Zipu Liu, et al. Distribution Mechanism of International Oil and Gas Project Stakeholders Based on Game Model[J]. Metallurgical and Mining Industry, 2015, 7（6）：166-171.

[46] Shengyu Guo, Pan Zhang, Jianying Yang. System Dynamics Model Based on Evolutionary Game Theory for Quality Supervision among Construction Stakeholders [J]. Journal of Civil Engineering and Management, 2018, 24（4）：316-328.

［47］ Jingfeng Yuan, Miroslaw J Skibniewski, Qiming Li, et al. Performance Objectives Selection Model in Public-private Partnership Projects Based on the Perspective of Stakeholders[J]. Journal of Management in Engineering, 2010, 26（2）: 89-104.

［48］ 王先甲, 万仲平. 时间—资源权衡协调问题的多目标优化决策模型［J］. 中国工程科学, 2005（2）: 35-40.

［49］ 何威, 史一超. 基于BIM–遗传算法的建筑施工期多目标优化设计［J］. 土木工程与管理学报, 2019, 36（4）: 89-95.

［50］ Magdalena Rogalska, Wojciech Bozejko, Zdzisław Hejducki. Time/cost Optimization Using Hybrid Evolutionary Algorithm in Construction Project Scheduling[J]. Automation in Construction, 2008, 18（1）: 24-31.

［51］ Minyuan Cheng, Duchoc Tran. Two-phase Differential Evolution for the Multiobjective Optimization of Time-cost Tradeoffs in Resource-constrained Construction Projects[J]. IEEE Transactions on Engineering Management, 2014, 61（3）: 450-461.

［52］ Mohammad Javad Taheri Amiri, FarshidReza Haghighi, Ehsan Eshtehardian, et al. Multi-project Time-cost Optimization in Critical Chain with Resource Constraints[J]. KSCE Journal of Civil Engineering, 2018, 22（10）: 3738-3752.

［53］ 张静文, 徐渝, 何正文. 多模式资源约束型折现流时间—费用权衡项目进度［J］. 系统工程, 2005, 23（5）: 17-21.

［54］ Pohan Chen, Haijie Weng. A Two-phase GA Model for Resource-constrained Project Scheduling[J]. Automation in Construction, 2009, 18（4）: 485-498.

［55］ 谢芳, 徐哲, 于静. 柔性资源约束下的项目调度问题双目标优化［J］. 系统工程理论与实践, 2016, 36（3）: 674-683.

［56］ 李雪, 何正文, 王能民. 不确定环境下基于时间、费用及鲁棒性权衡的多目标项目调度优化［J］. 运筹与管理, 2019, 28（1）: 6-16.

［57］ Hua Ke, Weimin Ma, Xin Gao, et al. New Fuzzy Models for Time-cost Trade-off Problem[J]. Fuzzy Optimization and Decision Making, 2010, 9（2）: 219-231.

［58］ 刘佳, 刘伊生, 施颖. 基于模糊集理论的施工项目工期—成本—质量权衡优化方法研究［J］. 北京交通大学学报（社会科学版）, 2017, 16（3）: 30-38.

［59］ 高云莉, 李宏男, 王楠楠. 不确定条件下工程项目的多目标模糊均衡优化［J］. 数学的实践与认识, 2010, 40（11）: 152-159.

［60］ A Sathya Narayanan, C R Suribabu. Multi-objective Optimization of Construction

Project Time-cost-quality Trade-off Using Differential Evolution Algorithm[J]. Jordan Journal of Civil Engineering, 2014, 8（4）: 375-392.

［61］ John Wanberg, Christofer Harper, Matthew R Hallowell, et al. Relationship Between Construction Safety and Quality Performance[J]. Journal of Construction Engineering and Management, 2013, 139（10）: 04013004.

［62］ Yancang Li, Shuren Wang, Yongsheng He. Multi-objective Optimization of Construction Project Based on Improved Ant Colony Algorithm[J]. Tehnicki Vjesnik, 2020, 27（1）: 184-190.

［63］ San Cristobal Mateo, Jose Ramon. An Integer Linear Programming Model Including Time, Cost, Quality and Safety [J]. IEEE Access, 2019（7）: 168307-168315.

［64］ 杜学美，赵文林，雷玮. 基于粒子群算法的项目工期—成本—质量—安全的综合优化［J］. 系统工程，2019，37（4）: 139-150.

［65］ Choongwan Koo, Taehoon Hong, Sangbum Kim. An Integrated Multi-objective Optimization Model for Solving the Construction Time-cost Trade-off Problem[J]. Journal of Civil Engineering and Management, 2015, 21（3）: 323-333.

［66］ 杨国森，谢湘生. 考虑风险相关性的工程项目多目标风险决策［J］. 土木工程与管理学报，2017，34（6）: 159-164.

［67］ 郑欢，白海龙. 考虑生态环境影响的大型建设项目多目标优化决策［J］. 系统工程，2018，36（2）: 80-94.

［68］ 袁剑波，毛红日，戴坤阳. 非线性关系下绿色施工管理多目标权衡研究［J］. 科技进步与对策，2017，34（9）: 33-37.

［69］ 李本洲. 工程活动主客体关系研究［D］. 南昌：南昌大学，2006.

［70］ 周丽昀. 工程实践中主客体关系的存在论解读［J］. 上海大学学报（社会科学版），2007（6）: 19-23.

［71］ 郭庆军，杜雨露. 地铁工程施工阶段主客体匹配性评价［J］. 科技管理研究，2018，38（5）: 237-242.

［72］ 杜雨露. 地铁工程施工阶段主客体匹配性测度［D］. 西安：西安工业大学，2017.

［73］ 丁烈云，周诚. 复杂环境下地铁施工安全风险自动识别与预警研究［J］. 中国工程科学，2012，14（12）: 85-93.

［74］ 丁烈云，周诚，叶肖伟，等. 长江地铁联络通道施工安全风险实时感知预警研究［J］. 土木工程学报，2013，46（7）: 141-150.

[75] 邓斌超,赵博宇,彭鸣,等. WSR理论视角下PPP项目再谈判风险分担研究[J]. 建筑经济, 2020, 41(4): 34-39.

[76] Ping Li, Bing Bai. Ann Integrated Three-dimensional Model on Financing Risk Evaluation for PPP Power Plant Projects Based on WSR[J]. BioTechnology: An Indian Journal, 2014, 10(10): 4454-4461.

[77] 段媛媛,鲍宇. 基于WSR方法论的施工现场风险识别与预控[J]. 项目管理技术, 2019, 17(1): 84-87.

[78] 刘志远,车辉. 基于WSR-AHP方法的地铁建设项目风险管理研究[J]. 保险职业学院学报, 2017, 31(4): 45-49.

[79] 宋静,聂亚军. 基于WSR方法论的工程项目风险管理研究[J]. 江西建材, 2016(21): 262-264.

[80] 王丹,陈凌姗,刘洋. 基于WSR方法论的建设工程安全管理研究[J]. 安全, 2016, 37(1): 13-15, 19.

[81] 周一兵. 基于WSR的城市燃气项目全面造价管理研究[J]. 项目管理技术, 2019, 17(2): 66-70.

[82] 高翡. 基于WSR方法论的高速公路全面造价管理研究[J]. 价值工程, 2016, 35(28): 64-66.

[83] 谢中祥. 基于WSR-模糊综合评价法的工程项目承发包模式评价与决策[J]. 建设监理, 2019(10): 32-35.

[84] Qiang Wang, Siqi Li. Shale Gas Industry Sustainability Assessment Based on WSR Methodology and Fuzzy Matter-element Extension Model: The Case Study of China[J]. Journal of Cleaner Production, 2019(226): 336-348.

[85] Hua Zhang. AHP and WSR Analysis-based Community Sports Facility Layout Evaluation Research[J]. BioTechnology: An Indian Journal, 2014, 10(9): 3477-3485.

[86] 卢明湘,谢晓莉. 基于WSR的水利工程全过程协同管理研究[J]. 经济数学, 2019, 36(2): 85-90.

[87] Boya Ji, Yuming Liu, Zhanyong Jin. An Evaluation of the Design and Construction of Energy Management Platform for Public Buildings Based on WSR System Approach[J]. Kybernetes, 2018, 47(8): 1549-1568.

[88] 林茂光,王乾坤,彭华涛,等. 军事工程建设和谐管理研究与实践[M]. 北京: 科学出版社, 2011.

[89] 卢启文. 现代综合进化论和社会生物学[J]. 北京大学学报(哲学社会科学版), 1988(3): 67-76.

[90] 万舒全. 整体主义工程伦理研究[D]. 大连: 大连理工大学, 2019.

[91] 马克思, 恩格斯. 马克思恩格斯选集(第4卷)[M]. 北京: 人民出版社, 1995.

[92] 钱学森, 许国志, 王寿云. 组织管理的技术——系统工程[J]. 上海理工大学学报, 2011, 33(6): 520-525.

[93] 李喜先. 工程系统论[M]. 北京: 科学出版社, 2007.

[94] 戚安邦. 项目管理学[M]. 北京: 科学出版社, 2007.

[95] 杜澄, 李伯聪. 工程研究: 跨学科视野中的工程(第4卷)[M]. 北京: 北京理工大学出版社, 2009.

[96] ＭＷ马丁. 工程伦理学[M]. 李世新, 译. 北京: 首都师范大学出版社, 2010.

[97] 钱晶晶. 探究中国特色的管理理论创新——2017中国本土管理研究论坛述评[J]. 管理学报, 2017, 14(11): 1603-1607.

[98] 斯蒂芬·罗宾斯. 组织行为学(第七版)[M]. 孙建敏, 李原, 译. 北京: 中国人民大学出版社, 1997.

[99] 左慰慰. 基于"人事物"系统方法论的工程建设和谐管理机理研究[D]. 武汉: 武汉理工大学, 2020.

[100] 向鹏成, 孔得平, 刘晨阳. 工程项目主体行为博弈分析[J]. 数学的实践与认识, 2009, 39(10): 83-89.

[101] 狄小华, 冀莹. 工程腐败: 形成机理与防治思路[J]. 理论探索, 2012, 4(4): 48-51, 61.

[102] 谢识予. 经济博弈论(第三版)[M]. 上海: 复旦大学出版社, 2011.

[103] Weiwei Zuo, Qiankun Wang, Peng Li. Rent-seeking Decisions of The Main Participants in Construction Projects Based on Evolutionary-game and System Dynamics[J]. Journal of Civil Engineering and Management, 2022, 28(2): 106-119.

[104] 向鹏成, 任宏. 基于信息不对称的工程项目主体行为三方博弈分析[J]. 中国工程科学, 2010, 12(9): 101-106.

[105] 戚安邦. 项目管理学(第三版)[M]. 北京: 科学出版社, 2019.

[106] Project Management Institute. 项目管理知识体系指南(PMBOK指南)(第六版)[M]. 北京: 电子工业出版社, 2020.

[107] 于景元. 系统科学和系统工程的发展与应用[J]. 科学决策, 2017(12): 1-18.

［108］耿新. 知识创造的IDE-SECI模型——对野中郁次郎"自我超越"模型的一个扩展［J］. 南开管理评论，2003，6（5）：11-15.

［109］左慰慰，王乾坤，彭华涛. 工程建设和谐管理的主客体关系适配机理研究［J］. 武汉理工大学学报，2021，43（4）：74-82.

［110］何文学，李荼青. 城市"排水、排涝、防洪"工程之间的和谐关系研究［J］. 给水排水，2015，51（s1）：85-88.

［111］胡杰，徐志超. 和谐管理在工程项目中的应用研究——以深圳地铁5号线BT项目为例［J］. 建筑经济，2014，35（9）：39-42.

［112］林茂光. 基于军事工程实践的工程和谐管理探索性案例研究［J］. 科技进步与对策，2014，31（11）：100-104.

［113］张祝平. 社会支持与社会融合：水库工程和谐移民实证研究——以浙江丽水市为例［J］. 南京人口管理干部学院学报，2013，29（3）：14-20.

［114］陈希斌，王霞，余学农. 以大党建促企地共建保大岗山工程和谐建设［J］. 人民长江，2012，43（22）：4-7.

［115］张铃. 和谐语境下工程的伦理规约［J］. 自然辩证法研究，2011，27（7）：48-53.

［116］易明. 基于和谐管理理论的铁路工程供应链管理研究［J］. 铁道工程学报，2011，28（6）：107-112.

［117］傅梦. 建筑工程生态和谐的社会实现［J］. 福建论坛（人文社会科学版），2012（5）：174-177.

［118］卢耀如. 工程建设要贯彻安全理念与和谐地质—生态环境［J］. 重庆交通大学学报（自然科学版），2011，30（S2）：1185-1187.

［119］阿卢沙布，刘婷婷. 基于ISM的建筑企业投资PPP项目的风险关系分析［J］. 项目管理技术，2018，16（9）：7-12.

［120］于淼，杨筱恬，朱方伟. 总承包项目计划成熟度的测量与评价［J］. 项目管理技术，2018，16（7）：58-62.

［121］余伟萍，祖旭，孟彦君. 重大工程环境污染的社会风险诱因与管理机制构建——基于项目全寿命周期视角［J］. 吉林大学社会科学学报，2016，56（4）：38-46，189.

［122］寿涌毅，车文，彭晓峰. 基于内容分析法的大型项目特征研究［J］. 项目管理技术，2013，11（6）：43-48.

［123］宁延. 和谐视角下水利水电工程移民目标体系设计［J］. 科技进步与对策，2009，26（21）：22-25.

［124］曾国平，付强. 特大型工程项目多任务多代理人和谐管理［J］. 科技管理研究，2008（6）：302-304.

［125］李准，王进，陈国政. 工程项目管理的和谐性研究［J］. 现代管理科学，2008（1）：104-105.

［126］邵翔，丰景春. 水资源工程和谐的涵义与层次［J］. 水资源与水工程学报，2009，20（5）：31-36，40.

［127］黄晓辉. 基于生态和谐理念的水利工程建设管理研究［J］. 南水北调与水利科技，2009，7（3）：127-128，132.

［128］胡小凡. 建设和管理好生态和谐经济持续发展的南水北调中线工程水源区城市群［J］. 环境保护，2008（19）：49-50.

［129］Deborah A Garwood, Alex H Poole. Project Management as Information Management in Interdisciplinary Research: "Lots of Different Pieces Working Together"［J］. International Journal of Information Management, 2018, 41（4）: 14-22.

［130］Sadi A Assaf, Sadiq Al-Hejji. Causes of Delay in Large Construction Projects[J]. International Journal of Project Management, 2006, 24（4）: 349-357.

［131］Kasimu Alhaji Mohammed, Abubakar Danladi Isah. Causes of Delay in Nigeria Construction Industry[J]. Interdisciplinary Journal of Contemporary Research in Business, 2012, 4（2）: 758-794.

［132］M M Marzouk, T I El-Rasas. Analyzing Delay Causes in Egyptian Construction Projects[J]. Journal of Advanced Research, 2014, 5（1）: 49.

［133］Keith R Molenaar, Q Tran Dai. Exploring Critical Delivery Selection Risk Factors for Transportation Design and Construction Projects[J]. Engineering Construction & Architectural Management, 2014, 21（6）: 631-647.

［134］Qing Chen, Zhigang Jin, Bo Xia, et al. Time and Cost Performance of Design-Build Projects[J]. Journal of Construction Engineering & Management, 2016, 142（2）: 414-415.

［135］Junying Liu, Qunxia Xie, Bo Xia, et al. Impact of Design Risk on the Performance of Design-Build Projects[J]. Journal of Construction Engineering & Management, 2017, 143（6）: 04017010.

［136］M M Musa, R B Amirudin, T Sofield, et al. Influence of External Environmental

Factors on the Success of Public Housing Projects in Developing Countries[J]. Construction Economics and Building, 2015, 15（4）: 30-34.

［137］Jeffrey K Pinto, Dennis P Slevin. Critical Factors in Successful Project Implementation[J]. IEEE Transactions on Engineering Management, 1987, EM-34（1）: 22-27.

［138］Randal Wilson. Mastering Project Time Management, Cost Control, and Quality Management: Proven Methods for Controlling the Three Elements that Define Project Deliverables[M]. London: Pearson FT Press, 2015.

［139］Shamas-Ur-Rehman Toor, Stephen O Ogunlana. Construction Professionals' Perception of Critical Success Factors for Large-scale Construction Projects[J]. Construction Innovation, 2009, 9（2）: 149-167.

［140］C S Lim, M Zain Mohamed. Criteria of Project Success: an Exploratory Re-examination[J]. International Journal of Project Management, 1999, 17（4）: 243-248.

［141］Yajun Zhang, Shan Liu, Jing Tan, et al. Effects of Risks on the Performance of Business Process Outsourcing Projects: The Moderating Roles of Knowledge Management Capabilities[J]. International Journal of Project Management, 2018, 36（4）: 627-639.

［142］John Ebhohimen Idiake, Abdulganiyu Adebayo Oke, Abdullateef Adewale Shittu. Analysis of Cost and Quality Relationship of Private Building Projects in Abuja, Nigeria[J]. International Journal of Construction Engineering and Management, 2015, 4（2）: 35-43.

［143］Lekan M Amusan, Adedeji Afolabi, Raphael Ojelabi, et al. Data Exploration on Factors that Influences Construction Cost and Time Performance on Construction Project Sites[J]. Data in Brief, 2018（17）: 1320-1325.

［144］Murali Sambasivan, Yau Wen Soon. Causes and Effects of Delays in Malaysian Construction Industry[J]. International Journal of Project Management, 2007, 25（5）: 517-526.

［145］A Di Zhang, Yu Heng Zeng. Engineering Project Management Evaluation Based on Team and Structural Equation Modeling[M]. Springer Berlin Heidelberg, 2013.

［146］S. Thomas Ng, Yoki M. W. Wong, James M. W. Wong. A Structural Equation Model of Feasibility Evaluation and Project Success for Public–Private Partnerships in Hong

Kong[J]. IEEE Transactions on Engineering Management, 2010, 57（2）: 310-322.

[147] Humberto García, Adán Valles, Jaime Sánchez, et al. Statistical Equation Modeling Analysis for Industrial Projects, Designing for Critical Factors and Latent Variables: Quality, Cost, Time, and Success[J]. The International Journal of Advanced Manufacturing Technology, 2017, 88（1）: 767-779.

[148] Aurelija Peckiene, Andzelika Komarovska, Leonas Ustinovicius. Overview of Risk Allocation between Construction Parties [J]. Procedia Engineering, 2013, 57（1）: 889-894.

[149] Amir Azaron, Hideki Katagiri, Masatoshi Sakawa. Time-cost Trade-off Via Optimal Control Theory in Markov PERT Networks[J]. Annals of Operations Research, 2007, 150（1）: 47-64.

[150] Otávio Próspero Sanchez, Marco Alexandre Terlizzi. Cost and Time Project Management Success Factors for Information Systems Development Projects[J]. International Journal of Project Management, 2017, 35（8）: 1608-1626.

[151] Qiankun Wang, Weiwei Zuo, Qianyao Li. Engineering Harmony Under Multi-constraint Objectives: The Perspective of Meta-analysis[J]. Journal of Civil Engineering and Management, 2020, 26（2）: 131-146.

[152] Aditya M Deshpande, I G Siddhalingeshwar, Nagaraj Ekabote. Implementation of Advanced Product Quality Planning in Engineering Project[J]. Journal of Engineering Education Transformations, 2016（29）.

[153] P L Alger. Engineering and Quality Control[J]. Electrical Engineering, 2013, 66（1）: 16-19.

[154] Sheheryar Qureshi, S M Qureshi, M Ullah, et al. Assessment of the Extent of Implementation of Quality Management System（QMS）and Cost of Quality（COQ）Concepts: A Case from a Developing Country[J]. Journal of Engineering Research, 2017, 14（2）: 145-155.

[155] Preethi S, Manoharan Monisha. Project Management and its Effects of Quality Control in Construction Sector[J]. International Journal of Engineering and Management Research, 2017, 7（2）: 92-96.

[156] T D Foy. Quality Control as a Management Tool: Organization of Quality Control as a Management Tool[J]. Electrical Engineering, 2013, 66（5）: 483-486.

[157] R Al-Ani, F I Al-Adhmawi. Implementation of Quality Management Concepts in Managing Engineering Project Site[J]. Jordan Journal of Civil Engineering, 2011, 5 (1): 89-106.

[158] Dho Heon Jun, Khaled El-Rayes. Multiobjective Optimization of Resource Leveling and Allocation During Construction Scheduling[J]. Journal of Construction Engineering & Management, 2015, 137 (12): 1080-1088.

[159] Gholamreza Heravi, Shiva Faeghi. A Group Decision Making for Stochastic Optimization of Time-Cost-Quality in Construction Projects[J]. Journal of Computing in Civil Engineering, 2012, 28 (2): 275-283.

[160] Matthew J Liberatore, Bruce Pollack-Johnson. Improving Project Management Decision Making by Modeling Quality, Time, and Cost Continuously[J]. IEEE Transactions on Engineering Management, 2013, 60 (3): 518-528.

[161] F Fu, T Zhang. A New Model for Solving Time-Cost-Quality Trade-Off Problems in Construction[J]. Plos One, 2016, 11 (12): e0167142.

[162] Hai Xie, Xuan Liu. Research on the Process and Types of the Construction Projects[J]. Applied Mechanics & Materials, 2014 (501-504): 2664-2667.

[163] Moti Frank, Arik Sadeh, Sharon Ashkenasi. The Relationship among Systems Engineers' Capacity for Engineering Systems Thinking, Project types, and Project Success[J]. Project Management Journal, 2011, 42 (5): 31-41.

[164] Jeffrey K Pinto, Peerasit Patanakul, Mary Beth Pinto. Project Personnel, Job Demands, and Workplace Burnout: The Differential Effects of Job Title and Project Type[J]. IEEE Transactions on Engineering Management, 2016, 63 (1): 91-100.

[165] Jeffrey K Pinto, Shariffah Dawood, Mary Beth Pinto. Project Management and Burnout: Implications of the Demand–Control–Support Model on Project-based Work[J]. International Journal of Project Management, 2014, 32 (4): 578-589.

[166] Shahryar Monghasemi, Mohammad Reza Nikoo, Mohammad Ali Khaksar Fasaee, et al. A Novel Multi Criteria Decision Making Model for Optimizing Time–cost–quality Trade-off Problems in Construction Projects[J]. Expert Systems with Applications, 2015, 42 (6): 3089-3104.

[167] G Wu, K Duan, J Zuo, et al. System Dynamics Model and Simulation of Employee Work-Family Conflict in the Construction Industry[J]. International Journal of

Environmental Research & Public Health, 2016, 13（11）: 1059.

［168］Aynur Kazaz, Serdar Ulubeyli, Bayram Er, et al. Construction Materials-based Methodology for Time-Cost-quality Trade-off Problems [J]. Procedia Engineering, 2016(164): 35-41.

［169］Wenfa Hu, Xinhua He. An Innovative Time–Cost–Quality Tradeoff Modeling of Building Construction Project Based on Resource Allocation[J]. The Scientific World Journal, 2014, 2014: 673248.

［170］Seyed Hossein Razavi Hajiagha, Hannan Amoozad Mahdiraji, Shide Sadat Hashemi. A Hybrid Model of Fuzzy Goal Programming and Grey Numbers in Continuous Project Time, Cost, and Quality Tradeoff[J]. International Journal of Advanced Manufacturing Technology, 2014, 71（1-4）: 117-126.

［171］Chandrasekaran R, Pillai VS, Vatsa PK. Monitoring and Forecasting in Construction Projects Using Time Buffer[J]. Journal of Construction Engineering, Technology and Managementt, 2016, 6（2）: 9-16.

［172］Andrzej Czemplik. Application of Earned Value Method to Progress Control of Construction Projects[J]. Procedia Engineering, 2014, 91（6）: 424-428.

［173］Piotr Jaśkowski Biruk, Sławomir. The Method for Improving Stability of Construction Project Schedules through Buffer Allocation[J]. Technological & Economic Development of Economy, 2011, 17（3）: 429-444.

［174］Solís-Carcaño R G, Corona-Suárez G A, García-Ibarra A J. The Use of Project Time Management Processes and the Schedule Performance of Construction Projects in Mexico[J]. Journal of Construction Engineering, 2015(2015): 868479.

［175］Victor Fernandez-Viagas, Jose M. Framinan. Controllable Processing Times in Project and Production Management: Analysing the Trade-off between Processing Times and the Amount of Resources[J]. Mathematical Problems in Engineering, 2015, 2015（P1）: 9.

［176］Marion Mark Russell. Allocation of Time Buffer to Construction Project Task Durations[J]. Journal of Construction Engineering & Management Asce, 2013, 139（10）: 04013008.

［177］Marion M Russell, Min Liu, Gregory Howell, et al. Case Studies of the Allocation and Reduction of Time Buffer through Use of the Last Planner System[J]. Journal of

Construction Engineering & Management, 2015, 141（2）: 04014068.

［178］ Huihong Feng, Jingjing Wei, Guohong Zhang. Earned Value Method in the Application of the Project Schedule and Cost Management of Highway Construction[J]. International Journal of Science, 2015, 2（7）: 21-24.

［179］ Nestor Raul Ortiz Pimiento, Francisco Javier Diaz Serna. The Project Scheduling Problem with Non-deterministic Activities Duration: A Literature Review[J]. Journal of Industrial Engineering and Management, 2018, 11（1）: 116-134.

［180］ W Bożejko, Z Hejducki, P Rajba, et al. Project Management in Building Process with Uncertain Tasks Times[J]. Production Engineering Committee of the Polish Academy of Sciences, 2011, 2（1）: 3-9.

［181］ Young Choi Jin. Minimizing Total Weighted Completion Time under Makespan Constraint for Two-agent Scheduling with Job-dependent Aging Effects [J]. Computers & Industrial Engineering, 2015, 83（C）: 237-243.

［182］ Piotr Jaśkowski. Methodology for Enhancing Reliability of Predictive Project Schedules in Construction[J]. Eksploatacja i Niezawodnosc-Maintenance and Reliability, 2015, 17（3）: 470-479.

［183］ Marion M Russell, Simon M Hsiang, Min Liu, et al. Causes of Time Buffer and Duration Variation in Construction Project Tasks: Comparison of Perception to Reality[J]. Journal of Construction Engineering & Management, 2014, 140（6）: 04014016.

［184］ Yu Ren Wang, Chung Ying Yu, Hsun Hsi Chan. Predicting Construction Cost and Schedule Success Using Artificial Neural Networks Ensemble and Support Vector Machines Classification Models[J]. International Journal of Project Management, 2012, 30（4）: 470-478.

［185］ Zoran Pučko, Nataša Nataša, Uroš Klanšek. Building Information Modeling Based Time and Cost Planning In Construction Projects[J]. Organization Technology & Management in Construction An International Journal, 2014, 6（1）: 958-971.

［186］ Evelyn Ai Lin Teo, Longhui Liao, Linhui Li, et al. Improving Construction Schedule and Cost Information Feedback in Building Information Modelling[J]. Management Procurement & Law, 2014, 167（2）: 91-99.

［187］ C W R Lin, H J Hsiau. A Genetic Algorithm Approach for Optimizing Chemical

Towers Construction Project Scheduling with Dynamic Resources Constraints[J]. International Journal of Industrial Engineering Theory Applications & Practice, 2010, 17（2）：128-141.

[188] Deblaere F, Demeulemeester E, Herroelen W. Generating Proactive Execution Policies for Resource-Constrained Projects with Uncertain Activity Durations[J]. SSRN Electronic Journal, 2010：1-29.

[189] V Fernandez-Viagas, J M Framinan. Integrated Project Scheduling and Staff Assignment with Controllable Processing Times[J]. The Scientific World Journal, 2014(2014)：924120.

[190] Peter Smith. Global Professional Standards for Project Cost Management [J]. Procedia-Social and Behavioral Sciences, 2016(226)：124-131.

[191] Tom Mclean, Tom Mcgovern, Shanta Davie. Management Accounting, Engineering and the Management of Company Growth：Clarke Chapman, 1864–1914[J]. British Accounting Review, 2015, 47（2）：177-190.

[192] G Schuh, J P Prote, M Luckert, et al. Adaptive Design of Engineering Change Management in Highly Iterative Product Development[J]. Procedia Cirp, 2018（70）：72-77.

[193] Jui Sheng Chou. Cost Simulation in an Item-based Project Involving Construction Engineering and Management[J]. International Journal of Project Management, 2011, 29（6）：706-717.

[194] Peter Smith. Project Cost Management – Global Issues and Challenges [J]. Procedia-Social and Behavioral Sciences, 2014(119)：485-494.

[195] Chike F Oduoza, Onengiyeofori Odimabo, Alexios Tamparapoulos. Framework for Risk Management Software System for Smes in the Engineering Construction Sector[J]. 2017(11)：1231-1238.

[196] Olga V Didkovskaya, Olga A Mamayeva, Marina V Ilyina. Development of Cost Engineering System in Construction [J]. Procedia Engineering, 2016(153)：131-135.

[197] U Götze, P Peças, A Schmidt, et al. Life Cycle Engineering and Management – Fostering the Management-orientation of Life Cycle Engineering Activities[J]. Procedia CIRP, 2017(61)：134-139.

[198] Arturo Estrada, David Romero. Towards a Cost Engineering Method for Product-

Service Systems Based on a System Cost Uncertainty Analysis [J]. Procedia Cirp, 2016(47): 84-89.

[199] Sanaz Toutounchian, Madjid Abbaspour, Tooraj Dana, et al. Design of a Safety Cost Estimation Parametric Model in Oil and Gas Engineering, Procurement and Construction Contracts[J]. Safety Science, 2018(106): 35-46.

[200] Fam F Abdel-malak, Usama H Issa, Yehia H Miky, et al. Applying Decision-making Techniques to Civil Engineering Projects[J]. Beni-Suef University Journal of Basic and Applied Sciences, 2017, 6 (4): 326-331.

[201] Muhammad Irfan, Muhammad Bilal Khurshid, Panagiotis Anastasopoulos, et al. Planning-stage Estimation of Highway Project Duration on the Basis of Anticipated Project Cost, Project Type, and Contract Type[J]. International Journal of Project Management, 2011, 29 (1): 78-92.

[202] Ralf Müller, J Rodney Turner. Matching the Project Manager's Leadership Style to Project Type[J]. International Journal of Project Management, 2007, 25 (1): 21-32.

[203] Anja Orcik, Petar Vrgovic, Zeljko Tekic. Thinking Styles and Product Development Project Types: How to Match Them? [J]. Procedia Engineering, 2014, 69 (1): 830-837.

[204] João Mota, Luís M de Castro. Embedding of a New Business as a Cumulative Process of Combining Different but Complementary Types of Projects: The Case of a Project-based Firm[J]. Industrial Marketing Management, 2017, 16 (9): 124-138.

[205] Shabtai Isaac, Tsah Edrei. A Statistical Model for Dynamic Safety Risk Control on Construction Sites[J]. Automation in Construction, 2016, 63 (18): 66-78.

[206] Jim Galvin. Critical Role of Risk Management in Ground Engineering and Opportunities for Improvement[J]. Journal of China University of Mining & Technology, 2017, 27 (5): 725-731.

[207] Qi hu, Qian Peng. Safety Risk Management of Underground Engineering in China: Progress, Challenges and Strategies[J]. Journal of Rock Mechanics and Geotechnical Engineering, 2016, 8 (4): 423-442.

[208] A Olechowski, J Oehmen, W Seering, et al. The Professionalization of Risk Management: What Role can the ISO 31000 Risk Management Principles Play?[J]. International Journal of Project Management, 2016, 34 (8): 1568-1578.

［209］Majda Lachhab, Cédrick Béler, Thierry Coudert. A Risk-based Approach Applied to System Engineering Projects: A New Learning Based Multi-criteria Decision Support Tool Based on an Ant Colony Algorithm[J]. Engineering Applications of Artificial Intelligence, 2018（72）: 310-326.

［210］Yumei Wang, Man Li. The Role of Internal Audit in Engineering Project Risk Management[J]. Procedia Engineering, 2011, 24（8）: 689-694.

［211］Xu dong Ji, Wei Lu, Wen Qu. Internal Control Risk and Audit Fees: Evidence From China[J]. Journal of Contemporary Accounting & Economics, 2018, 14（3）: 266-287.

［212］Miroslava Tegeltija, Josef Oehmen, Igor Kozin. Risk Management Challenges in Large-scale Energy PSS[J]. Procedia CIRP, 2017（64）: 169-174.

［213］Xuecai Xie, Deyong Guo. Human Factors Risk Assessment and Management: Process Safety in Engineering[J]. Process Safety & Environmental Protection, 2017（113）: 467-482.

［214］Maxime Reeves-Latour, Carlo Morselli. Bid-rigging Networks and State-corporate Crime in the Construction Industry[J]. Social Networks, 2016（51）: 158-170.

［215］M Huth, C Vishik, R Masucci. 8–From Risk Management to Risk Engineering: Challenges in Future ICT Systems[J]. Handbook of System Safety & Security, 2017: 131-174.

［216］Meng Li, Hongliang Yu, Hongyu Jin, et al. Methodologies of Safety Risk Control for China's Metro Construction Based on BIM[J]. Safety Science, 2018（110）: 418-426.

［217］Maria S Q Domingues, Adelina L F Baptista, Diogo Miguel Tato. Engineering Complex Systems Applied to Risk Management in the Mining Industry[J]. International Journal of Mining Science and Technology, 2017, 27（4）: 611-616.

［218］Cinzia Muriana, Giovanni Vizzini. Project Risk Management: A Deterministic Quantitative Technique for Assessment and Mitigation[J]. International Journal of Project Management, 2017, 35（3）: 320-340.

［219］Shahid Iqbal, Rafiq M Choudhry, Klaus Holschemacher, et al. Risk Management in Construction Projects[J]. Technological & Economic Development of Economy, 2015, 21（1）: 65-78.

［220］Daranee Pimchangthong, Veera Boonjing. Effects of Risk Management Practice on the Success of IT Project[J]. Procedia Engineering, 2017（182）: 579-586.

[221] Yurii Rolik. Risk Management in Implementing Wind Energy Project[J]. Procedia Engineering, 2017(178): 278-288.

[222] Vivian W Y Tam, L Y Shen, C M Tam. Assessing the Levels of Material Wastage Affected by Sub-contracting Relationships and Projects Types with Their Correlations[J]. Building & Environment, 2007, 42(3): 1471-1477.

[223] T Grennberg. Project Types in Building and Construction[J]. International Journal of Project Management, 1993, 11(2): 68-71.

[224] Li Liu, Mark Borman, Jun Gao. Delivering Complex Engineering Projects: Reexamining Organizational Control Theory[J]. International Journal of Project Management, 2014, 32(5): 791-802.

[225] David R King, Dan R Dalton, Catherine M Daily, et al. Meta-Analyses of Post-Acquisition Performance: Indications of Unidentified Moderators[J]. Strategic Management Journal, 2004, 25(2): 187-200.

[226] John E Hunter, Frank L Schmidt. Methods of Meta-analysis: Correcting Error and Bias in Research Findings[M]. US: Sage Publications, Inc, 1990.

[227] H M Cooper, Larry Hedges, Jeffrey Valentine. The Handbook of Research Synthesis and Meta-Analysis(Second Edition)[M]. New York: Russell Sage Foundation, 2009.

[228] Leandro G Meta-analysis in Medical Research. The Handbook for the Understanding and Practice of Meta-analysis[M]. Oxford: Blackwell Publishing, 2005.

[229] Noel A Card. Applied Meta-analysis for Social Science Research[M]. New York, US: Guilford Press, 2012.

[230] L Razo, F Ramos, M Occello. METAOSE: Meta-analysis for Agent Oriented Software Engineering[C]. 2010 IEEE Electronics, Robotics and Automotive Mechanics Conference, 2010: 197-204.

[231] Jacqueline Davis, Kerrie Mengersen, Sarah Bennett, et al. Viewing Systematic Reviews and Meta-analysis in Social Research through Different Lenses[J]. Springer Plus, 2014, 3(1): 511.

[232] Gene Glass, Barry McGaw, M L Esmith. Meta-Analysis in Social Research[M]. Beverly Hills, CA: Sage, 1981.

[233] Charles C Mann. Can Meta-Analysis Make Policy?[J]. Science, 1994, 266(5187): 960-962.

[234] M M Petty, Gail W McGee, Jerry W Cavender. A Meta-Analysis of the Relationships Between Individual Job Satisfaction and Individual Performance[J]. Academy of Management Review, 1984, 9（4）: 712-721.

[235] Frances E Bowen, Mahdi Rostami, Piers Steel. Timing is Everything: A Meta-analysis of the Relationships Between Organizational Performance and Innovation[J]. Journal of Business Research, 2010, 63（11）: 1179-1185.

[236] Leonard Springer, Mary Elizabeth Stanne, Samuel S Donovan. Effects of Small-Group Learning on Undergraduates in Science, Mathematics, Engineering, and Technology: A Meta-Analysis[J]. Review of Educational Research, 1999, 69（1）: 21-51.

[237] Matthias Weiss, Martin Hoegl, Michael Gibbert. How Does Material Resource Adequacy Affect Innovation Project Performance? A Meta-Analysis[J]. Journal of Product Innovation Management, 2017, 34（6）: 842-863.

[238] Thorsten Büschgens, Andreas Bausch, David B Balkin. Organizational Culture and Innovation: A Meta-Analytic Review[J]. Journal of Product Innovation Management, 2013, 30（4）: 763-781.

[239] Paul Littau, Nirmala Jyothi Jujagiri, Gerald Adlbrecht. 25 Years of Stakeholder Theory in Project Management Literature（1984–2009）[J]. Project Management Journal, 2010, 41（4）: 17-29.

[240] Michael J Horman, Russell Kenley. Quantifying Levels of Wasted Time in Construction with Meta-Analysis[J]. Journal of Construction Engineering & Management, 2005, 131（1）: 52-61.

[241] Bashar Abdal Noor. Review of BIM Literature in Construction Industry and Transportation: Meta-analysis[J]. Construction Innovation, 2018, 18（4）: 433-452.

[242] Xianbo Zhao. A Scientometric Review of Global BIM Research: Analysis and Visualization[J]. Automation in Construction, 2017（80）: 37-47.

[243] Jamal F Al-Bahar, Keith C Crandall. Systematic Risk Management Approach for Construction Projects[J]. Journal of Construction Engineering and Management, 1990, 116（3）: 533-546.

[244] Bon Gang Hwang, Boey Ng Han. Project Network Management: Risks and Contributors from the Viewpoint of Contractors and Sub-contractors[J]. Technological & Economic Development of Economy, 2016, 22（4）: 1-18.

［245］M W Lipsey, D B Wilson. The Way in Which Intervention Studies Have "Personality" and Why It Is Important to Meta-analysis[J]. Evaluation & the Health Professions, 2001, 24（3）: 236-254.

［246］Poh Ngoh Kiew, Syuhaida Ismail, Aminah Mohd Yusof. Integration of Quality Management System in the Malaysian Construction Industry[J]. Journal of Organizational Management Studies, 2016: 45-53.

［247］Kenneth T Sullivan. Quality Management Programs in the Construction Industry: Best Value Compared with Other Methodologies[J]. Journal of Management in Engineering, 2011, 27（4）: 210-219.

［248］Brian C Lines, Kenneth T Sullivan, Jake B Smithwick, et al. Overcoming Resistance to Change in Engineering and Construction: Change Management Factors for Owner Organizations[J]. International Journal of Project Management, 2015, 33（5）: 1170-1179.

［249］Mohamed Aichouni, Noureddine Ait Messaoudene, Abdulaziz Al-Ghonamy, et al. An Empirical Study of Quality Management Systems in the Saudi Construction Industry[J]. International Journal of Construction Management, 2014, 14（3）: 181-190.

［250］Asmoni M N A M, Mohammed A H, Mei J L Y, et al. Critical Success Factors of Project Quality Management System for Malaysian Construction Industry[J]. Jurnal Teknologi, 2015, 74（2）: 123-131.

［251］Yihua Mao, Tuo Xu. Research of 4M1E's Effect on Engineering Quality Based on Structural Equation Model[J]. Systems Engineering Procedia, 2011（1）: 213-220.

［252］Potti Srinivasa Rao, K G Viswanadhan, K Raghunandana. Best Practices for Quality Improvement-Lessons from Top Ranked Engineering Institutions[J]. International Education Studies, 2015, 8（11）: 169-183.

［253］Reza Aliverdi, Leila Moslemi Naeni, Amir Salehipour. Monitoring Project Duration and Cost in a Construction Project by Applying Statistical Quality Control Charts[J]. International Journal of Project Management, 2013, 31（3）: 411-423.

［254］Romel G Solis-Carcaño, Gilberto A Corona-Suarez. Project Time Management and Schedule Performance in Mexican Construction Projects[C]. Construction Research Congress, 2016: 2119-2128.

[255] Deborah Ann Blackman, Fiona Buick, Michael O'Donnell, et al. Strengthening the Performance Framework: Towards a High Performing Australian Public Service[J]. SSRN Electronic Journal, 2013: 135-157.

[256] Thipparate Thoedtida. Fuzzy Critical Chain Risk Management for Quantifying Impact of Variation in Non-critical Activity Duration on Project Duration[J]. International Journal of Project Organisation and Management, 2014, 6 (1-2): 48-66.

[257] Homayoun Khamooshi, Denis F Cioffi. Uncertainty in Task Duration and Cost Estimates: Fusion of Probabilistic Forecasts and Deterministic Scheduling[J]. Journal of Construction Engineering & Management, 2013, 139 (5): 488-497.

[258] Lorenzo Tiacci. Simultaneous Balancing and Buffer Allocation Decisions for the Design of Mixed-model Assembly Lines with Parallel Workstations and Stochastic Task Times[J]. International Journal of Production Economics, 2015, 162 (4): 201-215.

[259] Nida Azhar, Rizwan U. Farooqui, Syed M. Ahmed. Cost Overrun Factors in Construction Industry of Pakistan[C]. International Conference on Construction in Developing Countries, 2008.

[260] O J Ameh, A A Soyingbe, K T Odusami. Significant Factors Causing Cost Overruns in Telecommunication Projects in Nigeria[J]. Journal of Construction in Developing Countries, 2010, 15 (2): 49-67.

[261] Chantal C Cantarelli, B Flyvbjerg, Søren L Buhl. Geographical Variation in Project Cost Performance: The Netherlands Versus Worldwide[J]. Journal of Transport Geography, 2012 (24): 324-331.

[262] Haiyan Jin, Liyin Shen, Zheng Wang. Mapping the Influence of Project Management on Project Cost[J]. KSCE Journal of Civil Engineering, 2018, 22 (9): 3183-3195.

[263] Elnaz Safapour, Sharareh Kermanshachi, Mohammadreza Habibi, et al. Resource-Based Exploratory Analysis of Project Complexity Impact on Phase-Based Cost Performance Behavior[C]. Construction Research Congress, 2017.

[264] Vahid Khodakarami, Abdollah Abdi. Project Cost Risk Analysis: A Bayesian Networks Approach for Modeling Dependencies Between Cost Items[J]. International Journal of Project Management, 2014, 32 (7): 1233-1245.

[265] Moses T Adoko, Thomas A Mazzuchi, Shahram Sarkani. Developing a Cost Overrun

Predictive Model for Complex Systems Development Projects[J]. Project Management Journal, 2015, 46（6）: 111-125.

［266］Nini Xia, Patrick X W Zou, Mark A Griffin, et al. Towards Integrating Construction Risk Management and Stakeholder Management: A Systematic Literature Review and Future Research Agendas[J]. International Journal of Project Management, 2018, 36（5）: 701-715.

［267］Mehrdad Arashpour, Babak Abbasi, Mohammadreza Arashpour, et al. Integrated Management of On-site, Coordination and Off-site Uncertainty: Theorizing Risk Analysis within a Hybrid Project Setting[J]. International Journal of Project Management, 2017, 35（4）: 647-655.

［268］Paweł Szymański. Risk Management in Construction Projects[J]. Procedia Engineering, 2017（208）: 174-182.

［269］Liisa Lehtiranta. Risk Perceptions and Approaches in Multi-organizations: A Research Review 2000–2012[J]. International Journal of Project Management, 2014, 32（4）: 640-653.

［270］Ka Yan Mok, Geoffrey Qiping Shen, Jing Yang. Stakeholder Management Studies in Mega Construction Projects: A Review and Future Directions[J]. International Journal of Project Management, 2015, 33（2）: 446-457.

［271］Xueqing Wang, Nini Xia, Zhitao Zhang, et al. Human Safety Risks and Their Interactions in China's Subways: Stakeholder Perspectives[J]. Journal of Management in Engineering, 2017, 33（5）: 05017004.

［272］Timothy Rose, Karen Manley. Client Recommendations for Financial Incentives on Construction Projects[J]. Engineering Construction & Architectural Management, 2010, 17（3）: 252-267.

［273］席酉民，熊畅，刘鹏. 和谐管理理论及其应用述评［J］. 管理世界，2020，36（2）：195-209.

［274］Christopher Mulanda Aura, Melckzedeck K Osore, Farida Hassan, et al. Engaging Poor Academic Performers（PAP）in Marine and Coastal Management in a Capacity-building Initiative：Experiences from the Kenya Coastal Development Project（KCDP）[J]. Ocean & Coastal Management, 2017（137）：34-42.

［275］戴荣里. 具有人文思想底蕴的工程技术人员在高速铁路建设中对工程实体质量

的影响［J］. 自然辩证法研究, 2013（7）: 115-120.

［276］席酉民, 尚玉钒, 井辉, 等. 和谐管理理论及其应用思考［J］. 管理学报, 2009, 6（1）: 12-18.

［277］张晓军, 席酉民, 毛景立. 基于和谐管理理论的武器装备采购质量管理研究［J］. 管理工程学报, 2012, 26（2）: 48-57.

［278］林茂光, 王乾坤, 王松俊, 等. 军事工程建设和谐管理的哲学解析［J］. 中国工程科学, 2013, 15（11）: 62-66.

［279］夏宁. 基于和谐管理理论的企业内部控制框架研究［J］. 理论学刊, 2013（7）: 56-59.

［280］郎淳刚, 席酉民. 和谐管理理论在复杂管理决策中的应用探析［C］. 第三届（2008）中国管理学年会, 2008: 709-715.

［281］邢会歌, 宋会民, 王卓甫. 基于和谐管理理论的工程项目管理模式分析［J］. 人民黄河, 2008, 30（3）: 80-81.

［282］甄浩宇, 王飞. 谈城市隧道工程建设的和谐管理［J］. 山西建筑, 2014, 40（20）: 269-271.

［283］麦强, 陈学钏, 安实. 重大航天工程整体性、复杂性及系统融合: 北斗卫星工程的实践［J］. 管理世界, 2019, 35（12）: 190-198.

［284］袁雷. 军事工程建设和谐管理的理论构建研究［J］. 中国高新区, 2018（12）: 242.

［285］林鸣, 王孟钧, 王青娥, 等. 论本质管理思想——基于港珠澳大桥岛隧工程管理实践［J］. 中国工程科学, 2019, 21（2）: 103-110.

［286］刘曦东. 和谐管理理论视角下的工程项目管理［J］. 现代装饰（理论）, 2014（6）: 168-169.

［287］薛伟锋. 分析工程项目管理中应对不确定性的机制［J］. 低碳世界, 2018（8）: 248-249.

［288］万涛, 薛顺利. 基于和谐管理理论的日本型经营体系再探讨［J］. 现代日本经济, 2005（2）: 34-36.

［289］邱星萍, 张龙, 宗恒恒. 基于和谐管理理论的工程建设项目和谐主题优化控制［J］. 项目管理技术, 2012, 10（5）: 90-93.

［290］张勇, 寇进忠. 军事工程建设项目投资方案综合评价研究［J］. 山西建筑, 2008（10）: 23-24.

[291] 甄志禄，艾红梅. 基于系统论的建设工程紧缩工期管理研究［J］. 施工技术，2012，41（16）：56-60.

[292] Benoit Rihoux, Charles C Ragin. Configurational Comparative Methods：Qualitative Comparative Analysis（QCA）and Related Techniques[M]. Thousand Oaks：Sage, 2009.

[293] 杜运周，贾良定. 组态视角与定性比较分析（QCA）：管理学研究的一条新道路［J］. 管理世界，2017（6）：155-167.

[294] 许成磊，段万春，孙永河，等. 创新团队和谐管理机制的主题辨析优化［J］. 管理学报，2014，11（3）：390-395.

[295] 曹春辉，席酉民，张晓军，等. 工程项目管理中应对不确定性的机制研究［J］. 科研管理，2011，32（11）：157-164.

[296] 陈勇强，顾伟. 工程项目风险管理研究综述［J］. 科技进步与对策，2012，29（18）：157-160.

[297] 郭元源，贺易宁，邓晓慧. 基于QCA方法的创新资源诅咒治理模式研究［J］. 科研管理，2019，40（4）：83-91.

[298] 杜亚灵，李会玲，闫鹏，等. 初始信任、柔性合同和工程项目管理绩效：一个中介传导模型的实证分析［J］. 管理评论，2015，27（7）：187-198.

[299] 杨青，武高宁，王丽珍. 大数据：数据驱动下的工程项目管理新视角［J］. 系统工程理论与实践，2017，37（3）：710-719.

[300] 王乾坤，李鹏，王予东. 军事工程建设集成化组织管理模式探索与实践［J］. 科技进步与对策，2013，30（23）：10-12.

[301] 梅婷婷. 基于IPD-ish的建设项目成本协同控制研究［D］. 武汉：武汉理工大学，2018.

[302] F J Boodai. Achieving Construction Project Success through Integration in the Project Delivery System from an Owner's Perspective[D]. The University of Wisconsin-Madison, 2014.

[303] 贾馥蔚. 基于WSR的企业文化建设影响因素模型构建与实证研究［D］. 南京：南京农业大学，2018.

[304] 谭玲玲. 基于"物—事—人"方法论的供应链企业知识泄露风险管理研究［D］. 西安：长安大学，2019.

[305] 佘健俊. 公共工程全寿命期价值及其综合评价研究［D］. 南京：东南大学，

2017.

[306] 单英华. 面向建筑工业化的住宅产业链整合机理研究［D］. 哈尔滨：哈尔滨工业大学，2015.

[307] 温忠麟，侯杰泰，张雷. 调节效应与中介效应的比较和应用［J］. 心理学报，2005（2）：268-274.

[308] 席酉民，刘鹏. 管理学在中国突破的可能性和途径——和谐管理的研究探索与担当［J］. 管理科学学报，2019，22（9）：1-11.

[309] 何继善，王孟钧. 工程与工程管理的哲学思考［J］. 中国工程科学，2008，10（3）：9-12，16.

[310] 林茂光. 军事工程建设和谐管理的理论架构与实现模式［J］. 中国工程科学，2012，14（7）：24-33.

[311] 席酉民，肖宏文，王洪涛. 和谐管理理论的提出及其原理的新发展［J］. 管理学报，2005，2（1）：23-32.

[312] 陈宏伟，雷涛. 和谐管理理论视角下的工程项目管理分析［J］. 广东科技，2013，22（10）：24-25.

[313] 罗小军. 基于和谐管理理论的工程项目管理模式分析［J］. 砖瓦，2022（6）：102-104.

[314] 古斯塔夫·勒庞，冯克利. 乌合之众：大众心理研究［M］. 桂林：广西师范大学出版社，2007.

[315] 温敏璐，杨芳芳. 创新生态情境下企业动态能力构建及演化研究［J］. 技术经济与管理研究，2022（1）：55-60.

[316] W Brian Arthur. Competing Technologies, Increasing Returns, and Lock-In by Historical Events[J]. The Economic Journal,1989, 99（394）:116-131.

[317] 李亚东，郎灏川，吴天华. 基于BIM实施的工程质量管理［J］. 施工技术，2013，42（15）：20-22，112.

[318] 毕星. 基于项目管理理论的工程项目成本管理系统研究［D］. 天津：天津大学，2007.

[319] 何继善，王进，喻珍. 工程和谐与工程创新的互动关系研究［J］. 中国工程科学，2008，10（12）：4-9.

[320] 陈蕾. 施工现场固体废弃物量化与减量化及资源化利用研究［D］. 武汉：武汉理工大学，2020.

后记

历经十余年，从"军事工程建设和谐管理研究与实践"到"工程和谐管理论"，经工作团队参与人员持续研究与修改，对同行专家成果不断的学习与思考，对相关高级顾问不断请教与垂询，终于形成了《工程和谐管理论》，虽洋洋30多万字，但高度概括有如下基本结论。

（1）基于工程系统、工程哲学、工程伦理观念的工程和谐管理必然而生

凡工程都是人工系统，工程和谐管理是一个复杂的系统，必须通过组织管理使系统的整体功能最优，并能适应环境的变化，实现系统的目标，即实施系统管理。按照工程系统论的观点："系统的结构、功能、环境之间有着复杂的关系，一般地，功能不仅仅由结构决定，而应由系统的元素、环境和结构共同决定。"

工程和谐管理必须从工程哲学角度，探讨工程本体论、工程认识论、工程方法论等问题。工程本体论探讨工程建设的本原与基质，需要回答工程和谐"基本构件"实体是什么，即工程组织主体"人"与工程项目客体"物"的和谐问题，还需要回答"构件之间"的"关联"关系，即工程组织建造项目对象的技术"事"的和谐问题。工程认识论是探讨人类认识工程和谐的本质与结构问题，即工程和谐管理的目的，就是要针对工程组织、项目对象及其相互关联的环境矛盾，提出解决问题的技术方法，所谓"工程问题求解"。工程方法论是认识工程和谐问题的基本思想方法，工程和谐管理需要从实践方法论角度对工程实践进行系统总结梳理，需要从理论方法论角度对工程组织、实施对象、技术创新、系统协同等进行综合创新。

工程体现了人类的创造，人类不论制造任何物体都是为人的某种需要服务的，建筑让人居住、机器便于生产、车辆方便运行等等。人们利用资源、发明技术、建造物体的过程本身就是工程建造的过程，工程和谐管理的伦理价值要求人实现工程的某种需要的同时，不能轻视人、伤害人、毁灭人，相反，必须尊重人、服务人、发展人，也就是强调工程伦理、以人为本。

由此，基于工程系统、工程哲学与工程伦理观念的工程和谐管理必然而生。

（2）工程和谐管理理论是工程项目管理理论与和谐管理理论的创新发展

"项目"是在一定的资源与时间等约束条件下为完成某一特定的产品与服务目标所做的一次性努力。工程项目管理具有"项目"管理"过程的一次性、运作的独特性、目标的确定性、组织的临时性、成果的不可挽回性"等基本特点。工程建设是由工程主体组织作用于项目客体对象、利用相应技术所实现的工程功能活动，那么，工程管理活动则是由工程的各参与者组织、工程项目的资源物质、实现工程目标的相关技术以及约束组织、项目、技术的环境所组成的系统整体。

从工程项目管理角度不难看出，工程项目参与者众多，特别是工程项目利益相关者复杂，受利益驱使，他们的阶段行为必然影响到工程系统结果，特别是不同利益相关者对项目有不同的期望和需求，他们关注的问题往往与工程目标相去甚远，出现项目周期目标与工程全生命周期目标内涵上的客观差异。

从工程生态观角度不难看出，工程的决策者对工程的功能目标是否考虑人与自然的和谐而进行科学论证？工程的建设者是否考虑工程原材料及工程建造能否真正实现以人为本、环境友好与可持续发展？工程的使用者是否延续工程决策者、建设者的科学使命，使工程与人及生态环境协调发展？这些从哲学与生态角度思考的许多新问题，是工程项目管理的重要缺陷。

由此，工程和谐管理主张用和谐理念推进工程建设管理，是"工程系统论"和"项目管理理论"在工程建设管理中创新发展的一个重要尝试。

（3）工程和谐管理由"一目标、二阶段、三维度、四机理"与系统环境构成

工程和谐管理以实现工程系统和谐为一个目标，以"人事物"系统的耦合优化以及"人事物"系统与外部环境的协同进化为两个阶段，以工程人、事、物为三个维度，以"人和"（工程组织及其"人"要素的和谐）、"物适"（工程项目及其"物"要素的和谐）、"事谐"（工程技术"事"作用下的主客体关系的和谐）、"耦合进化"（工程人、事、物与环境作用的系统整体和谐）为四个机理。

工程和谐管理整体系统包含工程组织及其"人"要素的协调，工程项目及其"物"要素的协调，工程方法及其技术"事"要素的协调，以及工程"人""事""物"系统的协调，还有工程系统核心要素与自然社会"环境"的协调。

由此，工程和谐管理的特征，是工程系统组织合理利用资源、运用适用技术，实现工程目标的管理过程，是工程生态理念下工程全生命周期管理的新发展，是工程回归"以人为本、天人合一"本性的新要求。

（4）建设组织"人和"、建造技术"事谐"、项目要素"物适"，并与工程环境"耦合进化"可生成"工程系统和谐态"

"人和"指工程建设"人—事—物"系统涉及的所有参与主体的人

理要素的和谐，也可以理解为工程建设的领导、员工、团队等达成人尽其才时所处的状态；"人和机理"指通过组织结构的合理优化、人员关系的竞争合作、组织与个人的目标一致性以及组织与环境的学习适应性，结合组织行为理论，可生成工程建设主体的人理组织要素和谐态。

"事谐"指工程建设"人—事—物"系统涉及的核心技术、规范标准、创新工具等事理要素的和谐，也可以理解为工程建设的知识、工具、方法等达成事尽其功时所处的状态；"事谐机理"指组织与员工行为目标的协调性、技术与管理要素的匹配性、管理方法的科学性和程序的合理性等，结合现代管理科学理论，可生成工程建设主客体关系的事理要素和谐态。

"物适"指工程建设"人—事—物"系统涉及的物质资源与目的物等"物理"项目要素的和谐，也可以理解为形成工程项目"质量、工期、成本"功能的设备、资金、材料、物资等达成物尽其用时所处的状态；"物适机理"指工程建设客体——项目中，相关物质资源的可获性及其与目标的适应性、物质要素的完备性及相互匹配性、物质资源配置的合理性及其使用的经济性等，结合项目管理理论，可生成工程建设客体的物理要素和谐态。

"耦合进化"指工程建设涉及的所有人、事、物要素，以"人和"为前提，"物适"为基础，"事谐"为手段，进行子系统内部、子系统之间及与外部系统超循环耦合优化；"耦合进化机理"指和谐管理的组织行为，可使工程建设系统中人、事、物各要素实现耦合优化，以及系统在协同进化理论指导下，工程建设全要素向系统整体和谐态的转变以及系统整体不断创新发展的机制。

（5）工程和谐管理目标是"以人为本、集成创新、系统协调、天人合一"

工程和谐管理模式主要包括组织和谐、技术和谐、项目要素和谐与环境目标和谐四种子模式，无论哪一种模式均与"人和""物适""事谐"及其耦合进化息息相关。从"人和"的角度而言，有效的工程和谐管理必须建立在充分发挥人、团队以及组织的主观能动性以及合力的基础上，即"人和"是工程和谐管理模式选择的前提。从"物适"而言，有效的工程和谐管理模式必须以工程建设所需要、所能集成的各类物理要素的和谐为基本保证，它既是工程和谐管理的必然客体，同时又是工程和谐管理的重要载体。从"事谐"角度而言，有效的工程和谐管理模式需要在方式、方法、途径、工具等狭义的事理要素的和谐以及在工程和谐管理所涉及的诸多"管理之事"的和谐角度推进工程建设的和谐管理。从耦合进化而言，工程和谐管理模式既需要人理、事理、物理的动态匹配，同时也需要"人和""事谐""物适"的共同进化与相互补充。最终形成"以人为本、集成创新、系统协调、天人合一"的工程和谐管理模式。

在得到上述五点结论的同时也必须看到，历经十余年，从"军事工程建设和谐管理研究与实践"到"工程和谐管理论"，尽管经工作团队参与人员不断的补充与完善，但实事求是讲，没有"专著成就"的兴奋，只有"不留遗憾"的欣慰，更多是"道行不深"的忐忑；但既然有了多年的系统研究与感悟，"丑媳妇终须见公婆"，权且把它作为同行批评的"靶子"也算一种价值，因而促成我们在"自觉不满足中"还是出版了。或许有一些理论创新价值和值得思考的地方，但确实存在一些不足，还望同行批评和今后进一步研究。

（1）此书立足工程系统理论，基于工程生态、工程哲学、工程伦理进行研究，但在工程建设与工程自然生态、政治经济、社会人文等环境关联关系方面研究不够深入，显然站在工程建设"中观系统"研究较多，宏观理论研究较欠缺。

（2）此书将工程和谐管理作为工程项目管理理论的创新性发展，在组织人和、技术事谐、项目物适、环境和谐态等具体实现方法上只是原则性的论述，具体与工程建设实践相结合的实操性方法与案例还需要进一步丰富。

（3）此书作为工程和谐管理的中观系统理论，"人事物"耦合进化机制的研究比较抽象，以及"人事物"与外界环境的协同进化机制等还需要进一步研究。